2010/2011

中国棉花年鉴

CHINA COTTON ALMANAC

中储棉花信息中心 编

Edited By China National Cotton Information Center

中国财政经济出版社

图书在版编目（CIP）数据

中国棉花年鉴．2010～2011／中储棉花信息中心编．—北京：中国财政经济出版社，2012.5
ISBN 978－7－5095－3627－8

Ⅰ.①中…　Ⅱ.①中…　Ⅲ.①棉花－作物经济－中国－2010～2011－年鉴　Ⅳ.①F326.12－54

中国版本图书馆 CIP 数据核字（2012）第 068165 号

责任编辑：杨钧珺　　　　责任校对：胡永立
版式设计：录文通

中国财政经济出版社出版

URL：http：//ckfz.cfeph.cn
E－mail：ckfz＠cfeph.cn

社址：北京市海淀区阜成路甲 28 号　邮政编码：100142
营销中心电话：88190406　北京财经书店电话：64033436　84041336
北京富生印刷厂印刷
880×1230 毫米　16 开　18.25 印张　498 000 字
2012 年 5 月第 1 版　2012 年 5 月北京第 1 次印刷
定价：480.00 元（含光盘 1 张）
ISBN 978－7－5095－3627－8/F·2989
（图书出现印装问题，本社负责调换）
本社质量投诉电话：010－88190744

中国储备棉管理总公司

CHINA NATIONAL COTTON RESERVES CORPORATION

中国储备棉管理总公司(简称中储棉公司)于2003年3月成立。受国务院委托，中储棉公司具体负责中央储备棉的经营管理。中储棉公司为国务院国有资产监督管理委员会直接监管的大型国有企业，注册资金10亿元。在国家宏观调控和监督管理下，实行自主经营、统一核算、自负盈亏。中储棉公司负责对中央储备棉经营管理系统的人、财、物实行垂直管理，公司直属储备库主要分布于全国各主要棉花产销区，初步形成了布局合理、设施先进、管理规范的棉花仓储体系。

成立以来，中储棉总公司在国家有关部门的指导和支持下，扎实工作，艰苦创业，充分利用国内、国际两个市场、两种资源，圆满完成国家下达的棉花市场调控任务，企业核心竞争力不断增强。截至2012年3月，中储棉总公司圆满完成了2011年度棉花临时收储任务，储备棉成交量逾300万吨，不仅收储数量创历史新高，而且顺利实现了稳定市场的预期调控目标，并在国内外市场赢得了广泛影响和良好声誉。

诚信 高效 团结 进取

经营范围
MAJOR BUSINESS

国家储备棉的购销、储存、运输、加工业务;仓储设施的租赁、服务业务;棉花储备库的建设、维修、管理;相关的信息咨询服务;自营和代理各类商品和技术的进出口;棉花国营贸易进出口。

经营宗旨
GUIDELINES

遵守国家法律法规，执行国家棉花政策，强化管理，搞活经营，不断提高企业经营管理水平和经济效益，确保国家储备棉存储安全，质量良好，调运通畅，促进国有资产的保值增值，完成国家宏观调控任务。

北京西城区华远街17号
邮编：100032　电话：010-58519398　网址：www.cncrc.com.cn

仓储体系
LOCATION OF WAREHOUSES

九江直属库	0792-8733788
阜阳直属库	0558-2377276
徐州直属库	0516-66665988
天津直属库	022-84988091
武汉直属库	027-81946586
兰州直属库	0931-6273808
漯河直属库	0395-3394666
泾阳直属库	029-36382640
盐城直属库	0515-86013016
绍兴直属库	0575-88324987
青岛直属库	0532-66916501
岳阳直属库	0730-8571813
广州直属库(筹)	020-82060195
德州直属库(筹)	0534-2263888
库尔勒直属库(筹)	0996-2013988

新疆棉花产业集团有限公司

党委书记、董事长:魏高成

新疆棉花产业集团有限公司（以下简称：新棉集团）隶属新疆维吾尔自治区供销合作社联合社，是在新疆维吾尔自治区棉麻公司的基础上，联合区内外14家涉棉企业共同组建成立的现代公司制企业。公司注册资本1.76亿元，资产总额60亿元，是自治区二类企业和农业产业化重点龙头企业，并享有棉花的出口经营权。

新棉集团拥有全资、控股企业38家，轧花厂121个，年加工皮棉生产能力100万吨；纺织企业5家；棉花现货交易市场一家；五星至三星级酒店四家；6个大型专业化棉花中转储运站，是国家棉花指定监管库及定点储备中转库，库区总面积158万平方米，库容量66万吨，储备库78栋，面积7.68万平方米，铁路专用线10条，总长度10.66公里，年中转量150万吨。在全国华东、华北、中南、中原、西北等五个区域设有28个销售网点，棉花销售遍及全国20多个省、市的300多家纺织企业。现已具备覆盖新疆棉花主产区的资源基地、完整配套的收购加工设施、稳定的客户资源和专业人才等优势，形成了辐射全国，联接国内外市场的销售网络，是国内大型棉花流通企业之一。

中央新疆工作座谈会的召开给新疆带来大建设、大开发、大发展这一千载难逢的历史机遇，新棉集团将秉承“用心服务，倾情三农，开拓进取，再创辉煌”的经营理念，一如既往地坚持服务“三农”的宗旨，紧紧围绕新疆优质商品棉基地建设和优质棉纱、棉布、棉纺织品加工基地建设，继续大力实施“两头延伸”发展战略，进一步完善经营服务网络和服务功能，延伸棉花产业链，增强辐射带动能力，提升企业整体实力和核心竞争力，努力打造发挥行业特点的为农服务平台，在推进新疆棉花产业跨越式发展中发挥重要作用。新棉集团真诚地希望与国内外客商加强交流与合作，互惠互利，共谋发展，共创新疆棉花产业和中国棉花产业的美好未来。

全国供销合作社系统 百强企业 中华全国供销合作总社 二〇一〇年十一月

全国供销合作社系统技能人才培育 突出贡献奖

自治区农业产业化 重点龙头企业

自治区级 文明单位 新疆维吾尔自治区精神文明建设指导委员会

公司地址：新疆乌鲁木齐市火车北站四路38号
邮　　编：830000
电　　话：0991-3876730
传　　真：0991-3879008
电子邮箱：xmjt5853284@163.com

安徽省棉麻有限责任公司

安徽省棉麻有限责任公司由原安徽省棉麻公司改制后于2004年12月注册成立，是安徽省供销商业总公司控股企业。公司注册资本1800万，实际拥有资产3亿元，是安徽省规模最大、实力最强的产、购、销一体化的大型综合型棉花企业。

近年来，公司牢固树立“为农服务”的宗旨，不断拓展业务范围，延伸产业链，大力实施“农工贸一体、内外贸并举”战略，积极参与和推动棉花产业化经营，在大力发展棉花基地、巩固棉花资源、探索与棉农结成利益共同体的同时，努力发展战略合作伙伴，努力向棉花生产及纺织业延伸。

公司业务覆盖安徽全省主要产棉区，以所属的轧花厂为依托，以棉花专业合作社为纽带，以“加工厂＋基地＋农户”的形式先后在当涂、宿松、东至、无为、肥西、全椒等地建立了12个棉花产业基地，实行棉花收购、加工、经营“一条龙”服务；在新疆、甘肃、山东等棉花主产省区也开辟了棉花收购、加工网点，积极发展同中央涉棉单位及其他产棉省相关单位之间的联系。

公司经营客户遍及全国300多家企业，购销网络遍布全国各棉花主产和主销区，棉花进口代理的范围拓展到美洲、澳洲、亚洲及非洲等多个国家，年销售额为10亿元左右，公司拥有的“皖棉”牌棉花品牌在省内外拥有较高的信誉。公司拥有合肥、蚌埠、巢湖、宿州、无为、东至、安庆7个直属棉花库和分库，总仓储量达20万吨棉花、2011/2012年度，公司直属巢湖、宿州、蚌埠、宿松四个仓库先后申报成为国家储备棉代储仓库，其中巢湖库荣获国家储备棉代储库优秀仓库称号。

电　话/传　真：0551-3443210
地　址：安徽省合肥市徽州大道1603号
邮　编：230051

江苏省棉麻（集团）有限公司

始建于1958年……

50余年 我们伴您一路走来……

江苏省棉麻（集团）有限公司成立于1958年，为原江苏省棉麻（集团）公司改制企业。公司注册资金3000万元，主要从事棉花、麻类、茶叶的收购、加工和销售以及仓储运输业务等。公司拥有5家参股企业，9家独资、控股企业，注册资金累计3732万元；拥有5个专业棉花仓库，占地350多亩，室内仓库面积4万平方米，室外仓储面积6万平方米，可存放棉花10万多吨；公司拥有棉花收购加工企业3个，加工设备15台套，年加工能力2万多吨。公司通过资产重组，棉花经营业务初具规模，把以销定购、加快周转、规模经营、市场化服务作为公司发展的经营策略。我们将以江苏省棉花交易市场为平台更好地为省内外客户提供棉花、化纤、羊毛等各种棉纺织原料的存放、销售等服务，使公司的效益和运作水平再上一个新台阶。

热忱欢迎广大客户朋友前来公司指导、洽谈业务。

董事长：许多

总经理：曹润生

电　话：025-86632246

传　真：025-83327396

地　址：南京市中山北路28号10-12层

广东省广业纺织物流产业(集团)有限公司

广东省广业纺织物流产业（集团）有限公司2001年在广东省纺织工业总公司基础上重组成立，主要从事棉花、棉纱、化纤等纺织原料及服装的生产、贸易、进出口、仓储物流等业务。

广东纺织物流集团长期担任广东省纺织协会及广东省纺织工程学会的会长、常务副会长单位，也是广东省内经营纺织原材料的省属国有企业，下属全资、控股企业和科研院所十余家，已形成“原料收购—生产加工—流通贸易—仓储物流—科研支援”完整的纺织产业链条，年营业规模近30亿元。

广东纺织物流集团由广东省政府指定，与中国储备棉管理总公司以“政府出面，企业运作”的方式合作建设国家级重点项目广州中央直属棉花储备库，该项目现已建成并进入了运行。

广州中央直属棉花储备库是国家“十五”期间规划建设的中央直属棉花储备库工程中第13个库点，建设地点位于广州经济技术开发区东区杨梅岭，离广州黄埔港仅5公里，占地约10万平方米，建有现代化的15座标准的棉花仓库，仓容5万吨（100万担），并配有直达库区的铁路专用线。

地址：广州市麓景路黄田直街一号广信商业中心

电话：（020）83599669

传真：（020）83573766

江西省银海棉麻有限公司

董事长、总经理：黄年秀

南昌9010仓库

轧花厂

鄱阳6902储备库

彭泽6901储备库

江西省银海棉麻有限公司系2003年由江西省棉麻集团公司整体改制，由江西省供销社控股的股份制公司。公司拥有总资产1.92亿元，是江西最大的棉花专业经营公司，兼营仓储、物业租赁、房地产开发和进出口等业务，并参与一系列新农村现代流通服务网络工程建设。公司现有一栋建筑面积为1.74万平方米的银海大厦和建筑面积为3.07万平方米的三处仓库群，其中彭泽6901库为北京全国棉花交易市场指定交割库，南昌9010库为国储棉代储仓库。公司在省内外均有较大规模的棉花采购基地及其配套设施，并已形成遍布全国棉花主销区的销售网络，具有广泛的棉花业务信息渠道和丰富的客户服务经验，在业内享有良好声誉。公司是中国棉花协会和中国棉麻流通经济研究会的理事单位，是北京全国棉花交易市场的股东和会员。公司系年轧花能力1万吨的江西省赣锦棉业有限公司、年棉花交易量3万吨的江西省鄱阳湖棉花交易市场有限公司和江西省农产品市场有限公司的控股企业，是南昌银行和江西省赣华生态科技养殖发展有限公司的参股企业。

公司改制以来，奉行诚信、稳健、创新、发展的经营管理理念。立足棉花主业，大力服务三农，努力盘活资产，强化企业管理，连续9年各项经济指标大幅度增长。精心培育企业文化，通过“创建企业精神家园”活动，打造企业团队精神，激励员工爱岗敬业，提升员工综合素质，促进了企业持续稳健发展。

公司陆续荣获中华全国供销合作总社农业产业化重点龙头企业、南昌市农业产业化龙头企业、省供销社年度综合考核评比第一名，省供销社先进基层党组织、省供销社社会治安综合治理先进单位等称号，省农发行黄金客户。

电 话：0791-88215198

传 真：0791-88215695

地 址：江西省南昌市洪都中大道89号

邮 编：330002

四川省棉麻集团有限公司

伴随着棉花流通体制改革，四川省棉麻集团有限公司不断发展壮大，到2011年末，企业总资产达9亿元，经营规模达20亿元，位列全国供销合作社企业百强，是四川省农业产业化重点龙头企业，跻身四川省出口企业50强、进出口综合100强行列。公司坚持科学发展观，以“棉花产业”为经营主线，推进“工贸结合、内外贸一体”的发展战略，着力搭建一、二、三产业互动发展架构，外构网络，内炼管理，形成了以棉花产业、涤纶短纤维、农业产业化、物流配送、外贸进出口为主的五大经营格局。公司年经营棉花5万吨，化纤4万吨，短绒2万吨，购销网络遍及全国二十多个省市，是中石化涤纶短纤四川总经销商，是西南地区最大的纺织原料综合供应商；仓储物流设施齐备，在成都、德阳等地拥有近8万平方米的仓储物流设施，旗下龙泉库是川渝中烟公司醇化样板库；外贸进出口突破6000万美元，在省内建成了蜡染布和皮革手套两大出口加工生产基地；在新疆联合投资建成了年产6万吨浆粕的加工生产线。

公司将继续秉承“追求创新，潜心服务，锐意进取，永续发展”的经营理念携手与您共创美好明天。

地址：四川省成都市白丝街56号

电话：028-86615356

传真：028-86624791

邮箱：scmmjt@163.com

天津宏棉股份有限公司

天津宏棉股份有限公司是1999年9月经天津市人民政府批准正式注册成立的股份制企业。办公地点位于天津市和平区大沽路174号。公司由市供销合作总社所属五家企业投资，注册资金4388万元。公司现有棉花流通、仓储物流、房产经营和项目投资四大主业，是一个综合性企业。经过多年潜心经营和整合，公司的资产优势进一步凸现，目前拥有三个直属仓库，占地近600余亩，库房面积约110000余平方米；两个酒店以及10000多平方米商业店铺等优质资产。

棉花流通业： 主要从事棉花现货流通，电子撮合棉，期货棉、商品棉、仓单质押等业务，公司以诚信为宗旨，搭建棉花加工企业和棉纺织企业之间沟通和流通的桥梁，为双方提供方便、快捷、优质的咨询和服务。

仓储业： 由三家大型现代化专业仓库组成，仓库总占地面积近600余亩，库房面积110000平方米，仓库具备优良的储存、运输、办公条件，具备完善的管理、服务、安全体系，24小时全天候理货，适合大宗物资储存和大型物流经营。公司旗下的杨柳青仓库是国家储备棉代储库，期货棉交割库、电子撮合棉交割库，已成为专业棉花承储库，在2010年代储库安全综合评比中获得“安全管理先进仓库”荣誉称号。在棉花行业的知名度不断提高。

房产经营： 主要从事自有房屋，包括写字间、商业店铺及房屋住宅的租赁、管理、服务业务。公司始终以“创造一流的服务水平，最大限度地满足客户需求”为宗旨，管理严谨、服务优良，企业发展迅速。

项目投资： 近年来，公司凭借自身优势，在合资合作、项目开发等方面取得突出进展，主要有津投期货有限公司、天津市北辰村镇银行等对外投资项目，公司还与福建商会合作，共同开发建设津门饭店改造提升项目，项目总建筑约6万平方米。

公司以“团结、务实、创新、发展”为企业核心理念，愿与社会各界致力于合作事业发展的企业真诚合作，携手共绘企业发展宏图。

联系方式：电话：022-23302596　传真：022-23132184

自强不息 厚德载物

南阳大地棉业有限公司

南阳大地棉业有限公司坐落于南阳市美丽的白河南岸——新能源产业集聚区内。作为全国历史文化名城的南阳，交通便利，资源丰富。这里气候温和，土壤肥沃，为全国著名的优质棉花基地，是一个新兴的现代化工业城市。

南阳大地棉业有限公司成立于2002年，注册资金1亿元，是一家集棉花收购、加工、纺织、进出口贸易为一体的综合性现代化企业集团。公司下辖5个新体制400型棉业公司，年加工皮棉30000吨；2个纺织公司，年生产棉纱20000吨。两个纺织公司分别是南阳裕祥纺织公司和南阳世纪精纺有限公司，约占地500亩，建设规模20万锭，气流纺5000头，拥有国内一流的先进纺织设备，能够生产各种规格的精梳、普梳和天然纤维纱线。旗下的5个分公司分别是裕麒棉业、裕昇棉业、裕源棉业、盛大棉业和溧河分公司，分别分布在南阳市郊和周边县区。这些公司拥有具备国内一流水平的生产设备，采用国际标准的400型棉花加工设备生产线和条码扫描信息系统。公司下设专业的国际业务部门和经营部门，主营美棉、澳棉、西非棉、印度棉等各种进口棉，棉花销售网络已辐射至全国各纺织市场。

公司先后荣获“重合同守信誉企业”、“产业化龙头企业“、“河南省棉花质量管理先进企业”等一系列荣誉称号，是“AAA”信用等级企业。

面对新形势新机遇，南阳大地棉业有限公司坚持以实务为根，以诚信为本，铸造品质，广交朋友，----“自强不息、厚德载物”的企业理念，以现代化、尖端化、国际化为目标，全力打造具有国际先进水平的现代化企业，真诚与八方客商建立长期、友好的合作关系，携手开拓国内外市场、合作共赢、共创未来。

公司地址：河南省南阳市伏牛路新能源产业集聚区
邮　　编：473000
联系电话：李淑华 0377-60660989 18939210519
余明虎 0377-60669088 18937780898

无为县华龙棉业有限公司

Wuwei County Hualong Cotton Industry Co., Ltd.

无为县华龙棉业有限公司始建于2001年，是一家纳入国家规划登记的现代棉花加工企业，2009年9月获得ISO9001：2008质量管理体系。公司是无为县大型棉花加工企业之一，公司占地面积70亩，其中建筑面积12000.91平方米，拥有总资产2748万元，公司拥有一台400型打包机和四台98型轧花机成套设备生产流水线，年加工能力一万吨皮棉以上，公司现有职工28人，大专以上学历6人，中专以上学历10人，初级职称6人。

公司产品主要有皮棉、短绒、开花棉、棉籽。公司产品主要销往江浙一带，深受客户欢迎。公司在总经理吴学祥同志带领下，全体员工的努力拚搏，企业经营活力不断增强。在各级党委、政府以及有关部门的关怀和大力支持下，公司本着诚信经营，规范管理的原则，锐意进取，开拓创新，坚持安全、优势、低耗、高效的宗旨，年产值1.5亿元，年利税580万元，公司取得了一定的经济效益和社会效益。公司获得市“优秀诚信私营企业”、市、县农业龙头企业、AA级信用企业、省“银行诚信客户”，守合同重信用单位、镇党委“优秀民营企业”和“先进党支部”。总经理吴学祥同志被县共青团授予“十大杰出青年”、县农村百佳致富带头人、农村青年“创业之星”，镇党委授予优秀党员和优秀党务工作者。

公司始终坚持以“诚信为本，质量第一”的经营理念，坚持科学发展观，将进一步发挥自身优势，苦练内功，视产品质量为企业生命力，以一流的产品质量迎接新老客户的惠顾光临。

联系人：董事长兼总经理　吴学祥　手机号码：13966332718

地址：安徽省无为县陡沟镇庙后小农场　邮编：238326

销售热线电话：0553-6550088

传真：0553-6550666

冀州恒通棉花仓储有限公司

冀州恒通棉花仓储有限公司是一家以棉花仓储为主，集棉花现货检验、监管、物流配送为一体的大型仓储物流公司，位于河北省冀州市周村镇北曹村106国道东侧，距大广高速冀州出入口12公里，距正在施工的邯黄铁路冀州货站仅2公里，公路、铁路交通十分便利，便于大宗物资运输。公司占地316亩，皮棉室内储存量20万吨，露天储存量10万吨。冀州市是河北省棉花主产县市，周围六十公里范围内的南宫、广宗、巨鹿、威县、枣强、故城、景县、辛集、深州等县市棉花种植面积超过300万亩，是全国内地棉花种植最集中区域之一，也是河北省优质棉基地。周围有新体制棉花加工厂100多个，年加工能力40余万吨，作为优质棉中心的冀州恒通棉花仓储有限公司具有很强的地域优势和资源优势。

公司现有高层管理人员8人，专业技术人员16人，各部门业务人员36人，警消人员28人。公司的骨干力量有较高的技术水平和管理能力，各业务人员均进行了岗前培训，熟悉仓储业务和棉花专业知识，消防以及警卫人员均训练有素。公司各种规章制度健全完善，配套设施完备，能够为客户提供全面及时的服务。

2010年公司成为全国棉花交易市场指定交割（监管）仓库，并成为了北方最大的现货交易平台，为棉花企业销售皮棉以及国内纺织企业、国外多家棉商采购皮棉提供了方便。目前公司已经与多家银行、信用社合作，成功的开展了货物质押融资业务，为客户经营提供了资金保障。

公司交通便利，仓储规模大，储存条件良好，资金实力雄厚。我们的口号是：“客户需要的，就是我们应该做的”。我们将用一流的、人性化的服务精神，完善高效科学的管理制度，竭诚为涉棉企业服务！

公司经营项目

公司经营项目：棉花仓储及购销。公司将以棉花仓储业务为主体，积极利用现货交易和电子交易平台开展棉花业务，同时为客户提供代购代销业务和融资业务，做到合作共赢，实现利益最大化。

服务理念

全天候24小时装卸　　完全满足客户需求

地　址：河北省冀州市周村镇北曹村北106国道东侧316公里处

邮　编：053200

联系人：张经理　15222732571

侯经理　15127819958

肖经理　18631216103

传　真：0318-8776608　0318-8776610

网　址：www.cottonhb.com

编写说明

2010/2011年度，国内外棉花市场在产量下降、需求减弱及国际经济形势动荡起伏等客观环境下，出现大幅波动的局面。国家加大储备棉投放力度、积极组织棉花进口、加快新疆棉调运、制定《2011/2012年度棉花临时收储预案》，合理引导市场总体趋于平稳，保障了纺织用棉需求和生产稳定。《中国棉花年鉴2010/2011》全面系统客观地反映了2010/2011年度中国棉花市场运行情况，主要涵盖行业发展概况、主要产棉省区概况、年度报告、统计资料、大事记、政策法规和附录等七个部分。

《中国棉花年鉴》（以下简称《年鉴》）是至今我国唯一一部集中反映棉花行业年度发展与趋势的工具书，《年鉴》集权威性、史实性、研究性、收藏性为一体，主要面向国内外棉花加工流通、纺织企业，金融与投资、贸易与咨询、科研与教育机构以及各级政府管理部门和行业社团组织发行。

本书涉及大量统计数据和史实资料，总体上按照棉花年度计算（2010年9月1日至2011年8月31日）。除国家棉花市场监测系统外，统计数据主要来源于国家统计局、棉花主产省（市、自治区）统计局、中国海关总署、中国纺织品进出口商会、郑州商品交易所、美国农业部（USDA）、国际棉花咨询委员会(ICAC)和美国洲际交易所（ICE）等相关涉棉机构。

为增强可读性，我们在编写过程中对部分数据进行了二次整理，相应部分的原始数据以原出版单位为准，年度报告中所涉及的数据、资料、观点均由文章作者提供，政策法规部分均采用相关部门的政策原文，未标明作者的文章均由《年鉴》编辑部编撰。

在编写过程中，国家发展改革委等主管部门给予我们大力支持，各相关单位、地方有关机构也给予了热情帮助，我们在此表示诚挚的感谢。

由于编写时间较紧，书中难免有不足之处，望各位读者不吝赐教，我们将认真改进，把《年鉴》做得更好，为推动中国棉花行业发展贡献微薄之力。

《中国棉花年鉴》编委会

2012年2月

目录

第一部分　行业发展概况

第二部分　主要产棉省区概况

第三部分　年度报告

第四部分　统计资料

第五部分　大事记

第六部分 政策文件

第七部分　附录

行业发展概况

第一部分

行业运行概况

2010/2011 棉花年度（2010 年 9 月至 2011 年 8 月），受棉花减产、纺织需求减弱及国际棉价大起大落等因素影响，我国棉花市场出现了较大波动。国家通过加大储备棉投放力度、合理组织棉花进口、加快调运新疆棉，规范市场秩序，引导市场运行趋于平稳，较好地保护了棉农利益，保障了纺织用棉需要。

棉花产需缺口同比缩小 据国家统计局统计，2010/2011 年度全国棉花种植面积 7275 万亩，同比减少 2%；棉花总产量 597 万吨，同比减少 6%。根据新疆棉实际运出数量测算，全国棉花总产量在 670 万吨左右，同比减少约 30 万吨，减幅 4.3%。2010 年度，全国纱产量 2828 万吨，同比增长 7.1%，增幅比上年缩小 9.5 个百分点。由于棉花与替代品涤纶短纤的价差大幅扩大，纺织企业普遍减少用棉量，增加化纤用量。全年度棉花消费量在 1000 万吨左右，同比减少 60 万吨；产需缺口约 330 万吨，缩小 30 万吨。

加强规范合理引导，保证棉市稳定运行 年度初期，受棉花减产、上市推迟及国际棉价大幅上涨带动，棉花市场价格快速上涨。一些投机资金借机炒作，部分棉区收购加工秩序混乱，企业无序竞争、争抢资源，放大了供需缺口，进一步推高了棉价，2011 年 3 月下旬一度高达 31000 元/吨，同比涨幅为 100%。针对这种情况，国家有关部门及时下发通知部署维护棉花市场秩序工作。为抑制期货市场过度炒作，有关部门协调郑州商品交易所提高棉花期货交易手续费和保证金标准，打击滥用交易权炒作行为，还组成联合巡查组赴新疆等主产棉区加强督促检查，查处游资炒棉、扰乱市场秩序等违法行为。产棉区地方政府组织发展改革委、工商、质检、物价等部门加大市场和质量监管力度，重点加强对农村棉花经纪人管理和社会游资租厂或委托收购加工棉花情况的排查，引导棉花企业有序入市、理性经营。农业发展银行强化了资金监管和风险控制，棉花协会等行业组织加强了信息引导和行业自律。

及时制定公布棉花临时收储政策 在总结近年来棉花市场调控经验的基础上，为防止棉价大起大落带来生产上的波动，有关部门及时研究保护棉农利益、稳定棉花生产的长效机制，报经国务院批准后，2011 年 3 月份棉花春播前公布了棉花临时收储预案，明确了 2011 年度皮棉临时收储价 19800 元/吨。为确保棉农收益，预案规定实行皮棉收储价格与籽棉收购价格挂钩的机制。临时收储政策的及时出台给棉农安排生产吃了“定心丸”。新的棉花年度开始前，有关部门和单位及早制定并公布了收储办法和交易规则，测算并公布籽棉收购参考价，安排收储库点，组织开展培训，为收储做了较为充分的准备。

积极推进棉花质检体制改革 按照国务院批准的《棉花质量检验体制改革方案》和改革过渡期安排，有关部门和产棉区人民政府认真落实改革各项配套政策，进一步优化棉花加工业布局，完善仪器化检验体系和加工、物流设施服务体系，积极稳妥引导 200 型棉花企业退出市场。截至 2011 年 8 月底，已有 2313 家棉花加工企业按照棉花质量检验体制改革要求完成了技术改造，占规划数的 96%；全国已建成 87 家仪器化检验实验室，检验能力达到 530 万吨。2010 年度，经仪器化检验大包棉 267 万吨，比上年度增长 5%。棉花仪器化检验结果提高了质量标识公信力，减少了贸易纠纷；大型和出口型纺织企业越来越多使用仪器化公证检验指标配棉纺纱，降低了成本。

棉　花　生　产

2010/2011 年度棉花种植面积小幅下降，棉花产量减少，棉花病虫及自然灾害不同程度发生，农资价格普遍上涨，棉花收购价格大幅上涨，农户植棉收益历史最好。

棉花种植面积小幅下降　据国家棉花产业技术体系产业经济研究室（中国棉花经济信息系统）调查，6 月份 103 个监测县的植棉面积为 2496.9 万亩，同比减少 2.7%；9 月份 134 个监测县棉花收获面积为 3214.15 万亩，同比减少 1.5%。分区域来看，9 月份长江流域收获面积为 656.05 万亩，同比增加 45.9 万亩，增幅为 7.5%，除江苏省面积略有下降外，其他各省均有不同程度的增加，其中湖北省增加 28.89 万亩，同比增幅为 26.5%；黄河流域收获面积为 1735.1 万亩，同比减少 131.97 万亩，减幅为 7.1%，其中减幅最大的山西省，减幅达到 12.4%；西北内陆收获面积为 823.02 万亩，同比增加 35.4 万亩，增幅为 4.5%，其中新疆（含兵团）同比增加 30.14 万亩，增幅为 5.1%。

棉花平均单产同比基本持平　2010 年监测县籽棉平均单产为 251.9 公斤/亩，同比下降 1.06%，其中黄河流域、长江流域和西北内陆棉区分别为 219.0 公斤/亩、249.2 公斤/亩和 349.3 公斤/亩，同比增幅分别为 -3.97%、4.37% 和 1.45%；按照棉花平均衣分率 39.1% 和 90% 的误差系数折算，预计皮棉平均单产约为 88.6 公斤/亩，同比基本持平。

棉花产量同比减少　2010 年底监测县预测产量为 280.78 万吨，同比减少 7 万吨，减幅为 2.49%。各棉区预计产量同比增减差异明显，其中黄河流域预计产量为 161.85 万吨，同比减少 8.37 万吨，减幅为 4.9%；西北内陆预计产量为 96.18 万吨，同比增加 1.67 万吨，增幅为 1.77%；长江流域预计总产 27.75 万吨，同比减少 1.47%。

棉　花　收　购

籽棉收购价格同比大幅上涨　2010/2011 年度，籽棉收购价格同比大幅上涨。据国家棉花市场监测系统数据，在收购旺季的 10－11 月，内地 3 级籽棉收购均价为 5.94 元/斤，同比上涨 2.57 元/斤，涨幅 76.1%；新疆 3 级籽棉收购均价为 5.92 元/斤，同比上涨 2.68 元/斤，涨幅 82.7%。11 月中旬，随着国家出台一系列稳定物价的政策措施，棉花期、现货价格快速下跌，籽棉收购价格跟随下跌。11 月末，内地 3 级籽棉收购均价为 5.43 元/斤，较当月最高价 6.91 元/斤下跌 1.48 元/斤，跌幅 21.4%；新疆 3 级籽棉收购均价为 4.98 元/斤，较当月最高价 6.88 元/斤下跌 1.9 元/斤，跌幅 27.6%。12 月份以后籽棉收购价格波动平缓，但仍处于高位运行。据国家棉花市场监测系统数据，2010/2011 年度，全国 3 级籽棉收购均价为 5.65 元/斤，同比上涨 2.25 元/斤，涨幅 66.2%；中国棉花收购价格指数均值为 24582 元/吨，同比大幅上涨 11021 元/吨，涨幅 81.3%。

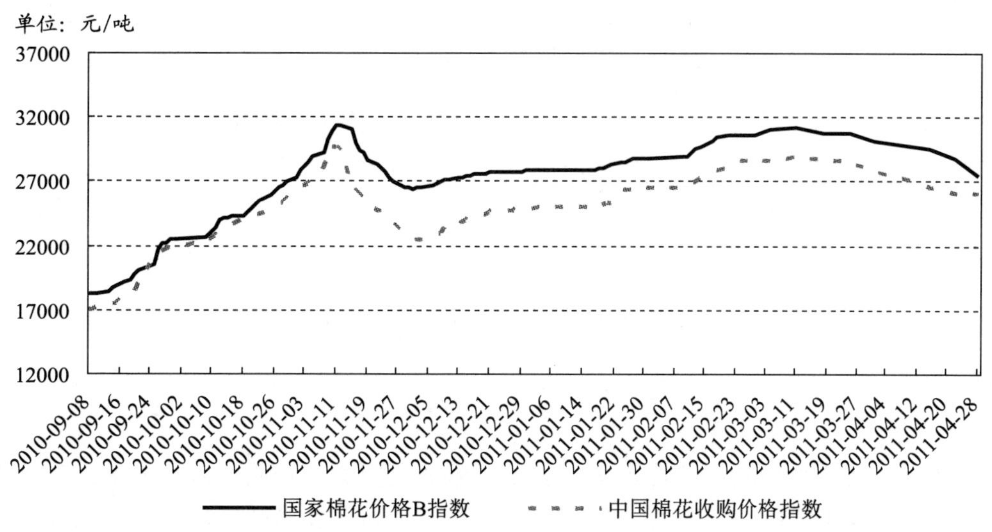

图 1－1　2010/2011 年度国家棉花价格 B 指数、中国棉花收购价格指数走势对比

表 1－1　2010/2011 年度中国棉花收购价格指数同比对比

单位：元/吨、元/斤

棉花年度	中国棉花收购价格指数	3 级籽棉收购均价
2010/2011	24582	5. 65
2009/2010	13561	3. 40

数据来源：国家棉花市场监测系统。

棉花收购进度较慢　2010/2011 年度，受不利天气影响，国内棉花产量及品质下降，上市时间推迟。新棉上市初期出现抢收现象，收购价格快速上涨，加工企业收购成本大幅增加，10－11 月份，籽棉收购价格在高位大幅下跌，市场风险较大，企业收购趋于谨慎，12 月份以后退市停收的企业数量逐步增加，同时，部分地区棉农存棉惜售也导致籽棉收购进度偏慢。据国家棉花市场监测系统数据，2010/2011 年度籽棉收购进度明显慢于 2009/2010 年度。

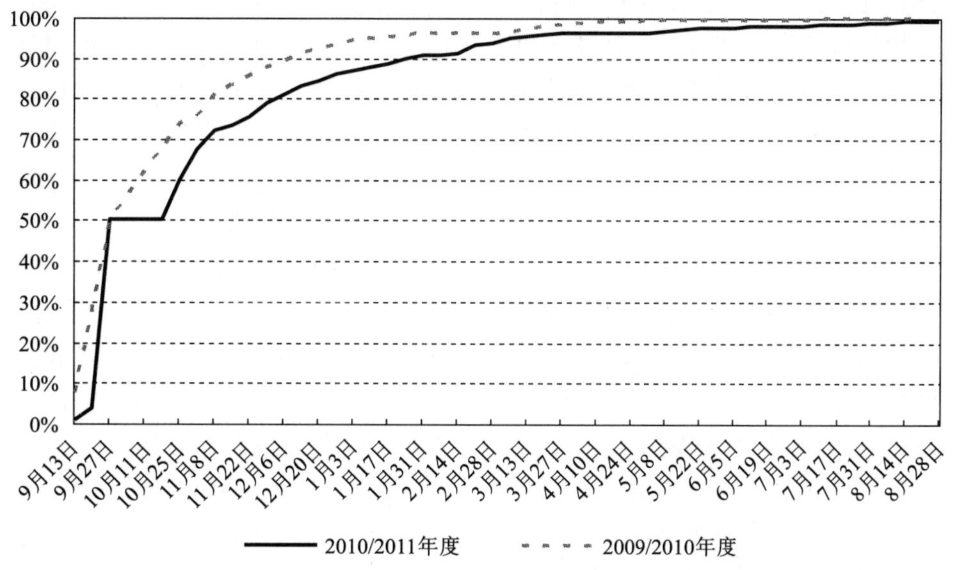

图 1－2　2010/2011 年度国产棉收购进度及同比对比

中国农业发展银行资金仍是主力收购资金 2010/2011年度，中国农业发展银行共投放棉花收购贷款398亿元，同比增加62亿元，支持企业收购棉花4060万担，支持收购量占当年全国棉花总产量的34%。其中，农发行新疆分行共发放收购贷款260亿元，支持企业收购皮棉2512万担，支持收购量占当年新疆地区棉花总产量的50%以上。

棉　花　加　工

2010/2011年度，在各种自然因素和人为因素的作用下，中国棉花市场价格经历了过山车式的起伏动荡，对棉花产业链的各个环节产生了严重影响。作为棉花加工产业的主体，400型棉花加工企业也经受了严峻考验。

我国棉花质量检验体制改革全部按计划完成 按照规划，2010年8月31日是我国棉花质量检验体制改革计划第一阶段的截止时间。据统计，2009/2010棉花年度结束后，除国家下达的“列入贴息规划企业2180家、棉花加工生产线2238条”计划尚有少量缺口外，其他改革计划已经全部完成。因此，进入2010/2011年度后，各产棉省区抓紧落实，督促实施，已经列入生产线改造计划的企业，除部分企业因特殊原因放弃改造外，大部分在新棉上市前完成了改造任务，加上后来调整新增加的企业，全国实际完成改造的企业和棉花加工生产线数量均达到计划目标。

我国机采棉加工生产能力进一步提升 2010/2011年度，新疆棉区的机采棉种植面积较上年度有了一定幅度的提高，进口和国产的采棉机拥有量已基本满足机采棉的实时收获需要。在市场需求的强力拉动下，机采棉种植地区的棉花加工企业，特别是兵团棉花加工团场进一步加大了对机采棉加工设备的投入力度，在新棉上市之前，新上和改造了一批机采棉加工生产线，促进了兵团机采棉加工生产能力的进一步提升，为新疆机采棉的大力发展打下了良好的工作基础，示范效应显著。

行业标准化工作取得新进展 2010/2011年度是我国完成棉花质量检验体制改革后的第一年。经过5年试点和推广，初步建立了符合我国国情、与国际通行做法接轨、科学权威的棉花质量检验体制，棉花检验技术标准体系已经与国际标准实现接轨，在棉花加工环节实行了仪器化、普遍性的权威检验。但在新的棉花生产形势下，棉花产业链关键环节技术标准的研究制定方面还有许多需要进一步加强和完善的地方。全国棉花加工标准化技术委员会积极配合国家标准化管理委员会组织实施的“国家标准化体系建设工程”，在全国供销合作总社等有关部门的大力支持下，加强与纤检部门、纺织企业沟通，充分考虑新形势下我国棉花加工产业发展的实际需要和大多数企业的利益，不断创新工作方法，有效组织棉花加工标准制修订工作，对初步形成的“我国棉花加工工业标准体系”进行了不断的完善和更新，取得了一系列标准化工作成果，对进一步巩固国家棉花质量检验体制改革的成果，尽快让200型企业退市，规范棉花加工市场发挥了重要的标准支撑作用。

塑钢带棉花包装技术进一步普及 棉花包装是棉花加工产业链的末端环节，同时又是棉花流通环节的开始，起着承上启下的关键作用。为解决棉花在运输过程中易起火的问题，于2008年颁布实施的国家标准GB 6975－2007《棉花包装》在棉包捆扎材料方面新增加了塑料包装袋和塑料捆扎带，在2009/2010年度全国30多家企业试用的基础上，2010/2011年度这项工作又有了进一步深化。由于GB 6975－2007《棉花包装》标准的制定正值新型棉花包装材料的成型初期，其参数指标不全且比较笼统，导致捆扎带符合国家标准却不能满足棉花包装的实际要求，给包装材料的个别指标检测认定带来了一定的难度。为切实提高新型棉花包装材料的使用效果，全国棉花加工标准化技术委员会组织相关部门和单位共同起草的GH/T 1068－2010《棉花包装用聚酯捆扎带》标准，经过三年的反复认证和不断完善，于2011年3月1日正式颁布实施。该标准在参考GB 6975－2007《棉花包装》和GB/T 22344－2008《包装用聚酯捆扎带》及美国棉花同类包装材料技术要求的基础上进一步提高了技术指标，明确了棉花包装用聚酯捆扎带的接头方式、接头拉断力、纵向开裂性、接头剥离力等技术要求和相关检验方法，解决了捆扎带国家标准中现有指标无法满足棉花实际包装要求的技术性问题。

棉　花　质　量

2010/2011年度，全国新体制棉花公证检验量达到1172.2万包、265.6万吨，参与检验的加工厂共1540家，平均每家加工厂送检1725吨。

自2006年度以来，参与新体制棉花公证检验的加工厂逐年增加，其中2010/2011年度同比增加5.6%；新体制棉花公证检验量、流通量覆盖率（以下简称“覆盖率”）显著增加，在2010/2011年度棉花产量下降、市场高位运行的情况下，检验量比上年增长4.06%，覆盖率增加5.10个百分点。

2010/2011年度全国共有14个产棉省参与了新体制棉花公证检验，其中新疆检验量最大，占全国检验量的70.32%。内地各主产棉省按检验量大小依次为：山东（8.25%）、湖北（6.56%）、河北（4.96%）、安徽（2.44%）、江苏（2.38%）、甘肃（1.94%）、湖南（1.66%）、河南（0.57%），江西（0.48%）。浙江、天津、山西、陕西等其他参与新体制棉花公证检验的产棉省合计检验量约占全国检验量的0.44%。

2010/2011年度高峰期检验量比上年同期减少，检验周期比上年延长。2010年10月至2011年1月的高峰期合计检验量232.94万吨，约占全年度检验量的87.70%，低于上年；春节后的2－4月合计检验量26.48万吨，约占全年度检验量的9.97%，形成次高峰期；5月以后，山东、河北、新疆等省仍在开展检验。

棉　花　消　费

棉花消费量明显萎缩　由于全球经济不振，消费需求乏力，2010/2011年度我国棉花消费需求明显萎缩。根据国家棉花市场监测系统测算，全年度棉花消费量926万吨，同比减少11%。

纺纱产量在时间结构上呈“V”字分布　我国纱产量季节性波动明显，通常表现为每年1、2月份产量较低，6月份达到峰值。2010/2011年度仍遵循这个规律，但不同的是下半年度产量增幅较小。

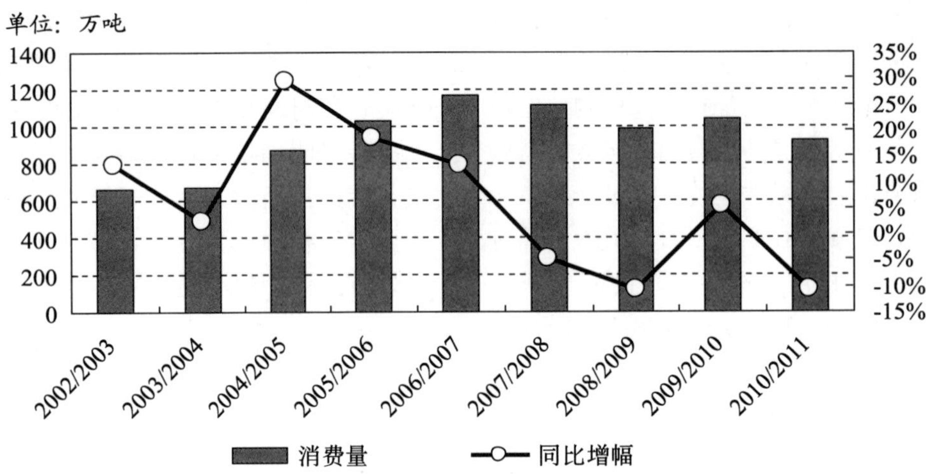

图 1-3　2002/2003-2010/2011 年度我国棉花消费量及同比增幅对比

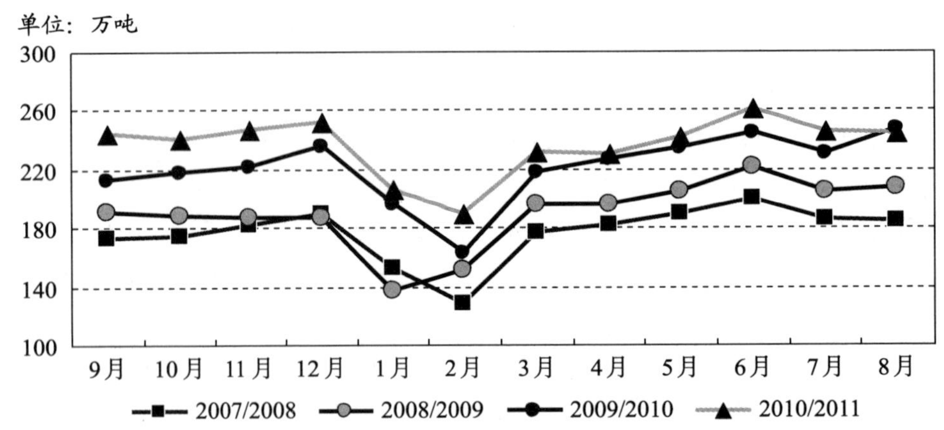

图 1-4　2007/2008-2010/2011 年度我国纺纱产量分月对比

棉花消费在空间分布上相对集中　国家棉花市场监测系统预计，2010/2011 年度国内棉花消费量为 926 万吨。分省来看，2010/2011 年度，山东、河南、江苏三省纱产量位居全国前三位，分别为 736.6 万吨、430.6 万吨和 424.1 万吨，占全国总产量的比重分别为 26.0%、15.2% 和 15.0%。在纱产量全国排名前十位的省市中，四川和河北两省纱产量同比增速较高，分别为 42.2% 和 33%。其他主要省市中，山东纱产量同比增速相对较低，为 2.1%，江苏、浙江纱产量同比分别下降 3.9% 和 0.9%。

表 1-2　2010/2011 年度分省纺纱产量及占比情况

单位：万吨

排名	地区	纱产量	同比（%）	占比（%）
1	山东	736.6	2.1	26.0
2	河南	430.6	12.2	15.2
3	江苏	424.1	-3.9	15.0
4	浙江	211.4	-0.9	7.5
5	福建	198.5	14.5	7.0

续表

排名	地区	纱产量	同比（%）	占比（%）
6	湖北	185.2	13.8	6.5
7	河北	144.1	33.0	5.1
8	四川	89.4	42.2	3.2
9	江西	87.5	17.8	3.1
10	湖南	84.5	14.5	3.0
11	安徽	60.9	10.1	2.2
12	广东	43.9	4.8	1.6
13	新疆	37.4	-3.4	1.3
14	陕西	26.8	2.3	0.9
15	重庆	16.5	19.2	0.6
合计	**全国**	**2828.5**	**7.1**	**100**

数据来源：国家统计局。

纺织品服装出口平稳增长　据海关总署统计，2010/2011 年度纺织品服装出口额 2399.4 亿美元，同比增长 24.9%。其中，纺织品出口额 905.3 亿美元，同比增长 25.5%；服装出口额 1494.1 亿美元，同比增长 24.6%。分月来看，我国纺织品服装出口同比增速整体前低后高，其中 2011 年 1－3 月波动较大。

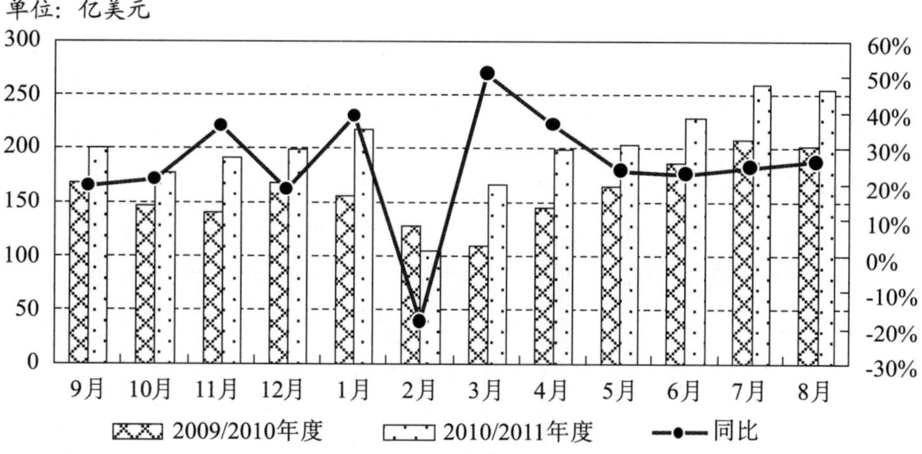

图 1－5　2010/2011 年度纺织品服装出口额分月统计及同比对比

棉花进出口

2010/2011 年度，我国棉花进口量同比增长 2.9%，棉花出口量同比增长 400.9%。

一、棉花进口量同比增长2.9%

1. 按贸易方式统计

2010/2011年度，我国棉花进口量为257.5万吨，同比增加7.3万吨，增幅2.9%。

表1－3 2010/2011年度中国棉花进口分贸易方式统计

单位：吨

项目＼年度	2010/2011	2009/2010	同比（±）	幅度（±%）
合计	**2574971**	**2502261**	**+72710**	**+2.91**
一般贸易	1497604	824870	+672734	+81.56
保税仓库进出境货物	197282	273621	－76339	－27.90
保税区仓储转口货物	384176	591888	－207712	－35.09
来料加工装配贸易	6538	11145	－4607	－41.34
进料加工贸易	489369	800736	－311367	－38.89
其他	1	0.3	+0.7	+233.33

数据来源：中国海关总署。

2. 按时段统计

2010/2011年度，我国棉花进口主要集中在2010年9月、12月和2011年1月、3月、4月、8月，这6个月棉花进口量均在20万吨以上，累计进口棉花174.7万吨，占全年度进口总量的67.8%。

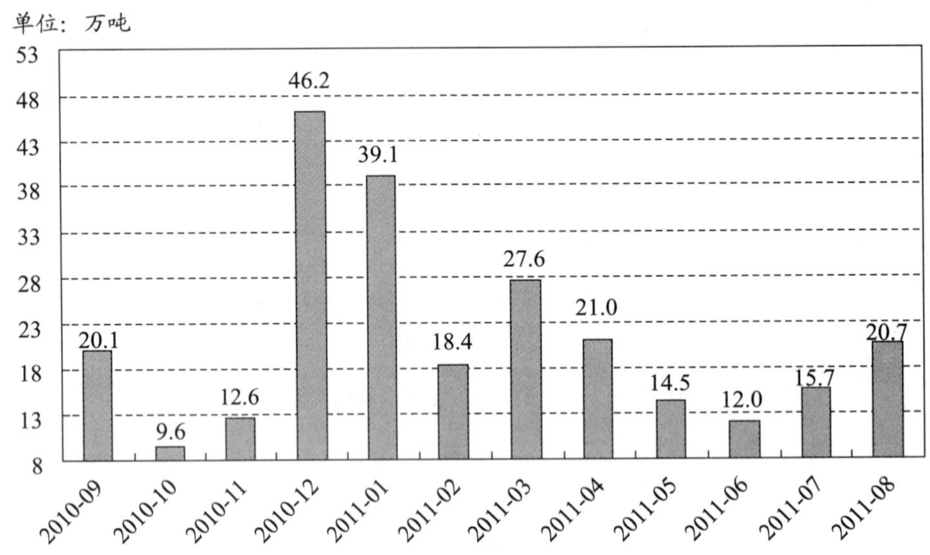

图1－6 2010/2011年度我国棉花进口量分月统计

3. 按港别统计

2010/2011年度，我国棉花进口的主要港口是青岛、上海、南京和乌鲁木齐，分别累计进口棉花100万吨、76万吨、19万吨和15万吨，共占全年度我国棉花进口总量的82%。

表 1－4　2010/2011 年度我国棉花进口分港别统计

单位：吨

港　别	数　量	港　别	数　量
合　计	**2573652**	郑州海关	19273
北京海关	3	武汉海关	39962
天津海关	150541	广州海关	3306
大连海关	26906	黄埔海关	92702
上海海关	761109	深圳海关	1689
南京海关	192108	拱北海关	4661
杭州海关	1362	汕头海关	9569
宁波海关	38342	湛江海关	33304
合肥海关	9569	江门海关	16640
福州海关	2695	乌鲁木齐海关	156353
厦门海关	8536	南宁海关	229
青岛海关	1002478	重庆海关	2315

数据来源：中国海关总署（不含已梳的棉花）。

4. 按国别统计

2010/2011 年度，美国、印度、澳大利亚、乌兹别克斯坦和巴西为我国主要棉花进口来源国家，分别向我国累计出口了 111.1 万吨、62.9 万吨、26.9 万吨、19.5 万吨和 7.3 万吨棉花，共占全年度我国棉花进口总量的 88%。

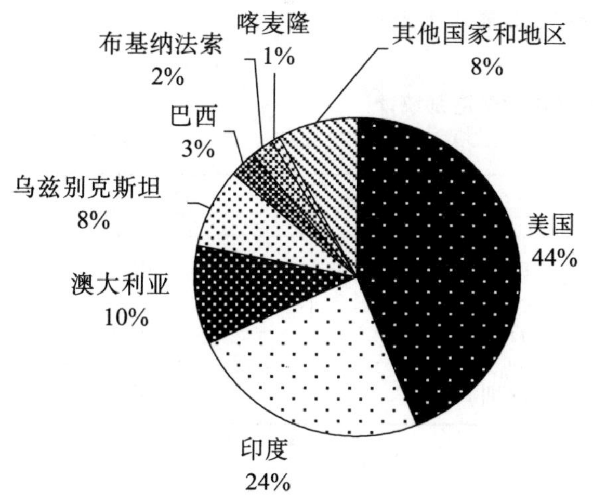

图 1－7　2010/2011 年度我国棉花进口分国别统计

二、棉花出口量同比增长 400.9%

1. 按贸易方式统计

2010/2011 年度，我国棉花出口量 26577 吨，同比增加 21272 吨，增幅 400.9%。

2. 按时段统计

2010/2011 年度，棉花出口主要集中在 2011 年 1－5 月，这 5 个月我国累计出口棉花 3662 吨，占全年度总量的 83%。

3. 按港别统计

大连和青岛是 2010/2011 年度我国棉花出口的主要港口。其中，大连累计出口 6657 吨，占全年度出口总量的 25%；青岛累计出口棉花 15541 吨，占出口总量的 58%。

4. 按国别统计

2010/2011 年度，朝鲜、印度尼西亚和越南是我国棉花出口的主要目的地，分别对其出口 6657 吨、4439 吨、4310 吨，共占全年度我国棉花出口总量的 58%。

表 1-5 2010/2011 年度我国棉花出口按贸易方式统计

单位：吨

项目 \ 年度	2010/2011	2009/2010	同比（±）	幅度（±%）
合计	**26577**	**5305**	**+21272**	**+400.97**
一般贸易	0	132	-132	-100.00
保税区仓储转口货物	22464	4858	+17606	+362.42
保税仓库进出境货物	3071	229	+2842	+1241.19
边境小额贸易	1041	86	+955	+1110.38

数据来源：中国海关总署。

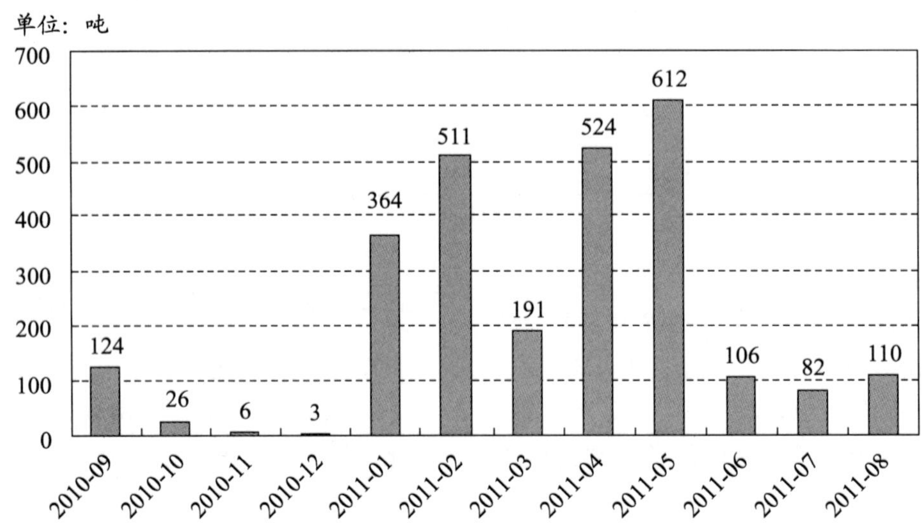

图 1-8 2010/2011 年度我国棉花出口量分月统计

表 1-6 2010/2011 年度中国棉花出口分港别统计

单位：吨

港　别	数　量	港　别	数　量
合　计	**26577**	南京海关	346
大连海关	6657	青岛海关	15541
上海海关	3950	深圳海关	83

数据来源：中国海关总署（不含已梳的棉花）。

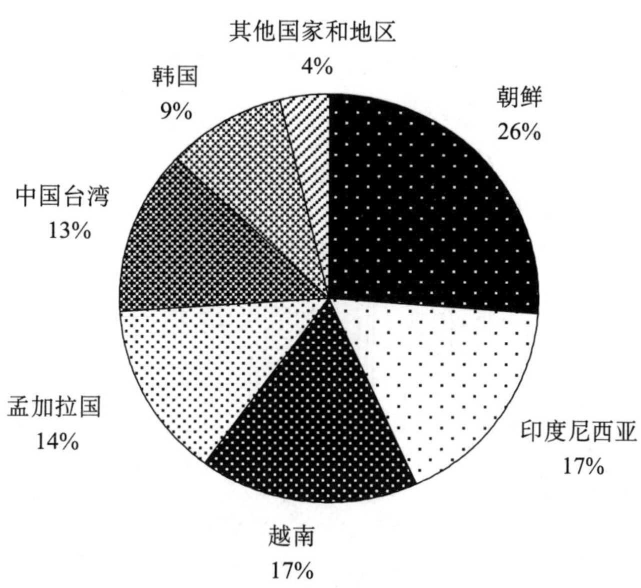

图 1－9　2010/2011 年度我国棉花出口分国家和地区统计

棉　花　库　存

棉花期末库存下降　根据国家棉花市场监测系统 2011 年 12 月对中国棉花产销存的预测，2010/2011年度我国棉花期初库存 231.7 万吨，同比下降 28.5%；棉花消费量 926.0 万吨，同比下降 11.1%；期末库存 213.1 万吨，同比下降 8.0%；库存消费比 23.0%，同比增长 3.2%。

纺织企业棉花库存下降明显　2010/2011 年度，国内棉花价格经历了"过山车"式行情，从 2011 年 3 月份以来棉价急速回落，加上全球经济持续降温，消费日趋低迷，纺织企业信心不足，棉花采购谨慎，工业库存降至近两个年度以来的最低水平。据国家棉花市场监测系统监测，2011 年 9 月初，纺织企业棉花库存折天数为 30.4 天，同比减少 17.1%，较近 3 年平均水平减少 11.3%。按照 2010/2011 年度全国棉花消费量 926.0 万吨测算，全国棉花工业库存为 83.0 万吨。

棉　花　价　格

籽棉收购价格高开高走　棉花吐絮时期，江苏、安徽、山东等主产区频繁降雨，对 2010/2011 年度我国棉花产量、质量均造成不利影响，加上年度初期纺织行业运行良好，用棉需求量较大，籽棉收购价格高开高走。2010 年 9 月至 11 月中旬，3 级籽棉收购价格由 4.05 元/斤涨至 6.90 元/斤，

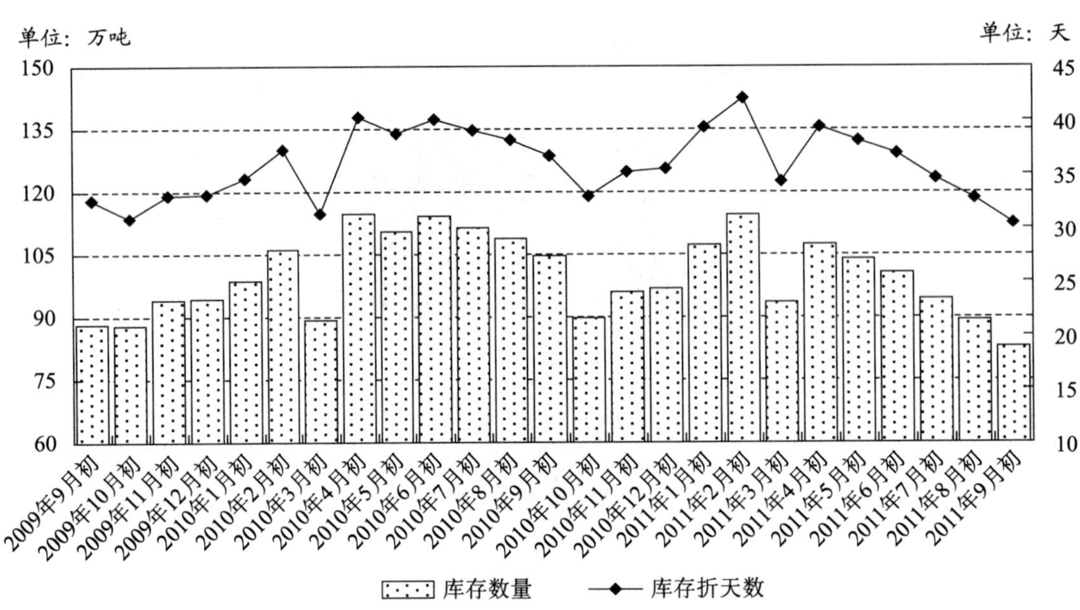

图 1－10　2009/2010－2010/2011 年度国内纺织企业棉花库存变化情况

涨幅 70.40%；11 月中旬现货价格下跌，籽棉收购价格快速下滑，最低跌至 5.23 元/斤；12 月初籽棉收购价格止跌回升，涨势持续到 2011 年 3 月下旬，最高涨至 6.43 元/斤，而后纺织行业销售日渐乏力，产成品库存大幅增加，棉花采购量下降，籽棉收购价格也开始下跌，年度末跌至 5.56 元/斤。

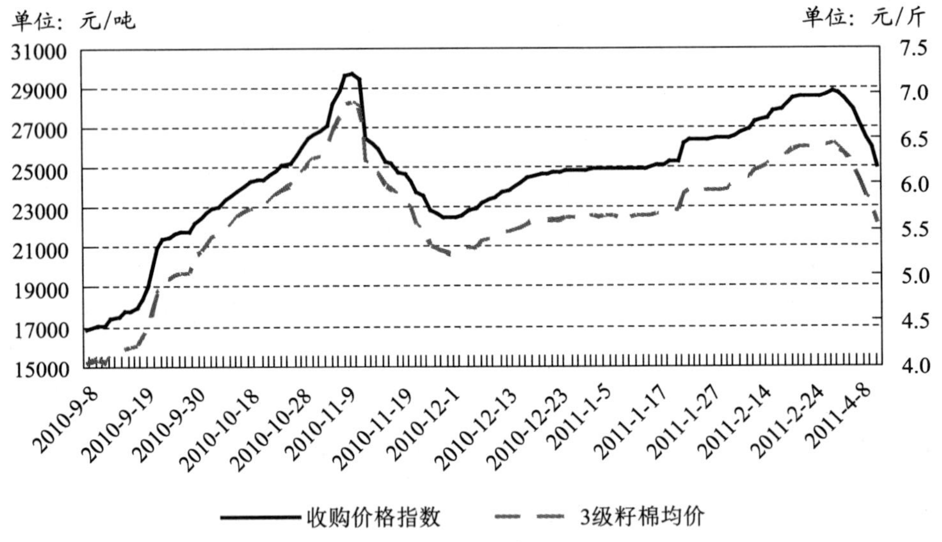

图 1－11　2010/2011 年度中国棉花收购价格指数及籽棉价格走势

皮棉销售价格冲高回落　2010/2011 年度，国内棉价呈现冲高回落格局，据国家棉花市场监测系统数据，2010 年 9 月至 11 月中旬，国家棉花价格 B 指数由 18062 元/吨上涨至 30915 元/吨，涨幅为 71.16%；2010 年 11 月中旬，受国内外信贷政策收紧、抛储政策实施等因素影响，棉价一度回落，11 月下旬最低跌至 26638 元/吨，此后受进口棉价格大幅上涨带动，棉价稳步回升，2011 年 3 月中旬涨至 31198 元/吨。3 月中旬至年度末，受下游消费需求不振等因素影响，棉价持续回落，8 月 31 日，棉价回落至 19274 元/吨，较 3 月中旬下跌 11924 元/吨，跌幅 38.2%。

国内棉价低于进口棉折人民币成本　2010/2011年度，国际棉花指数（M）滑准税折成人民币成本平均28754元/吨，1%关税下折进口棉成本平均28489元/吨，国家棉花价格B指数年度均价25646元/吨。2010年12月以前，进口棉价格折人民币成本低于国内棉价，2010年12月至2011年9月，进口棉折人民币成本明显高于国内棉价。

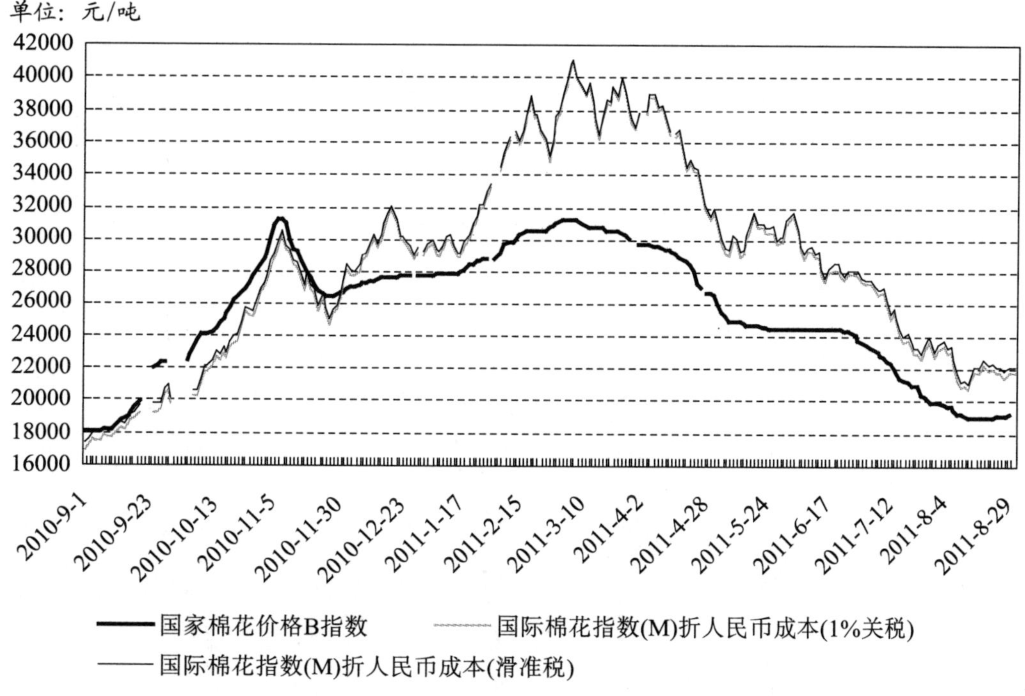

图1－12　2010/2011年度国内外棉花现货价格走势对比

国　际　市　场

一、概述

由于2009/2010年度全球棉花库存相对较低、供应量有限以及需求旺盛导致2010/2011年度初期棉花价格出现惊人涨幅，在全球库存大幅下降和国际棉价急速飙升的带动下，2010/2011年度全球棉花产量达到2535.6万吨，同比增长13.5%。但随着市场逐步降温，棉价过高、资金紧张、纱价跟涨不力等因素都影响到纺织厂的采购。根据USDA的数据，2010/2011年度全球棉花消费量同比下降3.6%，进口量同比减少1.8%，期末库存同比增长3.8%。

2010/2011年度，ICE棉花期货近月合约平均价144.02美分/磅，同比上涨70.79美分/磅，涨幅96.7%；国际棉花指数（M）平均价166.55美分/磅，同比上涨86.55美分/磅，涨幅108.2%。2011年8月31日，ICE棉花期货主力合约（2011年12月合约）收盘价为105.80美分/磅，同比上涨19.64美分/磅。

表 1－7　2010/2011 年度全球产销存预测

单位：万吨

年度	期初库存	产量	进口量	消费量	出口量	期末库存
2010/2011	986.0	2535.6	777.0	2496.0	778.3	1023.1
2009/2010	1324.0	2233.7	791.4	2591.1	775.0	986.0
同比（±）	－338	301.9	－14.4	－95.1	3.3	37.1

数据来源：美国农业部。

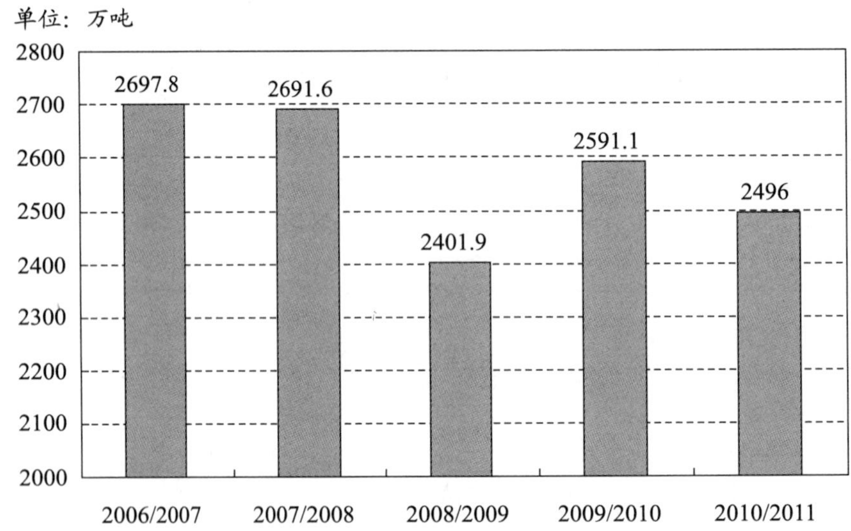

图 1－13　2006/2007－2010/2011 年度全球棉花消费量变化情况

二、产需状况

1. 产量

2010/2011 年度，多数主产棉国的棉花产量同比增加。其中，美国的增产幅度最大，同比增加 128.8 万吨，巴西、澳大利亚和印度的棉花产量也分别增加 77.3 万吨、52.8 万吨和 52.3 万吨，土耳其、乌兹别克斯坦和西非的产量仅增加 7.6 万吨、4.4 万吨和 0.3 万吨，而中国和巴基斯坦棉花产量分别减少 32.7 万吨和 17.4 万吨。

表 1－8　2010/2011 年度主要国家棉花产量及同比对比

单位：万吨

年度	中国	印度	美国	巴基斯坦	乌兹别克斯坦	巴西	土耳其	澳大利亚	西非
2010/2011	664.1	553.0	394.2	191.6	89.3	196.0	45.7	91.4	56.3
2009/2010	696.7	500.8	265.4	209.0	84.9	118.7	38.1	38.6	55.9
同比（±）	－32.7	52.3	128.8	－17.4	4.4	77.3	7.6	52.8	0.3

数据来源：美国农业部。

2. 消费量

2010/2011 年度，除印度和美国棉花消费量分别增加 14.2 万吨和 7.6 万吨之外，其他国家棉花消费量均有所减少，其中中国下降最多，达到 87.1 万吨，巴基斯坦和土耳其分别减少 12.0 万吨和 4.4 万吨。此外，孟加拉国、印度尼西亚和泰国的棉花消费量也出现不同程度的降幅。巴西消费量没有变化。

表 1-9　2010/2011 年度主要国家棉花消费量及同比对比

单位：万吨

年度	中国	印度	巴基斯坦	土耳其	巴西	美国
2010/2011	1001.5	446.3	223.2	121.9	95.8	84.9
2009/2010	1088.6	432.2	235.1	126.3	95.8	77.3
同比（±）	-87.1	14.2	-12.0	-4.4	0.0	7.6

数据来源：美国农业部。

3. 进口量

2010/2011 年度，除中国棉花进口量增加 23.4 万吨以外，其他主要棉花进口国的进口量均有所减少，其中土耳其减少 22.7 万吨，孟加拉国和墨西哥分别减少 4.4 万吨和 4.3 万吨，印度尼西亚、巴基斯坦和泰国也均有小幅减少。

表 1-10　2010/2011 年度主要国家棉花进口量及同比对比

单位：万吨

年度	中国	孟加拉国	土耳其	印度尼西亚	泰国	巴基斯坦	墨西哥
2010/2011	260.8	80.6	72.9	45.7	38.1	31.6	26.0
2009/2010	237.4	84.9	95.7	47.9	39.3	34.3	30.3
同比（±）	23.4	-4.4	-22.7	-2.2	-1.2	-2.7	-4.3

数据来源：美国农业部。

4. 出口量

2010/2011 年度，全球各国棉花出口量呈现此消彼长的态势，美国和澳大利亚出口量分别增加 50.9 万吨和 8.6 万吨，而印度、乌兹别克斯坦和西非的棉花出口量分别减少 31.6 万吨、25.0 万吨和 1.7 万吨，增减互相抵消之后，全球棉花出口量同比仅增加 3.3 万吨，但可以看出美棉的市场份额明显增加。

表 1-11　2010/2011 年度主要国家棉花出口量及同比对比

单位：万吨

年度	美国	印度	乌兹别克斯坦	西非	澳大利亚	巴西
2010/2011	313.0	111.0	57.7	48.2	54.6	43.5
2009/2010	262.1	142.6	82.7	49.9	46.0	43.3
同比（±）	50.9	-31.6	-25.0	-1.7	8.6	0.2

数据来源：美国农业部。

5. 期末库存

2010/2011 年度，全球棉花期末库存有所增加，但主要棉花消费国的期末库存却明显减少，其中中国和巴基斯坦分别减少 79.3 万吨和 11.4 万吨，美国减少 7.6 万吨，而印度和巴西则分别增加 5.4 万吨和 75.2 万吨。

表 1-12　2010/2011 年度主要国家棉花期末库存及同比对比

单位：万吨

年度	中国	印度	巴基斯坦	美国	巴西
2010/2011	252.6	136.1	55.7	56.6	170.0
2009/2010	331.9	130.6	67.1	64.2	94.8
同比（±）	-79.3	5.4	-11.4	-7.6	75.2

数据来源：美国农业部。

三、价格走势

2010/2011 年度，ICE 棉花期货价格与上年度相比明显上了一个台阶，走势大致分为三个阶段：第一阶段——冲高（2010 年 8 月底至 3 月初），棉价由 85 美分大涨至 208.22 美分，涨幅高达 145%；第二阶段——振荡（3 月至 5 月初），棉价基本上在历史高位 108-200 美分之间保持振荡；第三阶段——回落（5 月初至 8 月底），棉价跌至年度初期水平。2010/2011 年度，代表进口棉中国主港到岸均价的国际棉花指数（M）与 ICE 棉花期货走势保持一致。

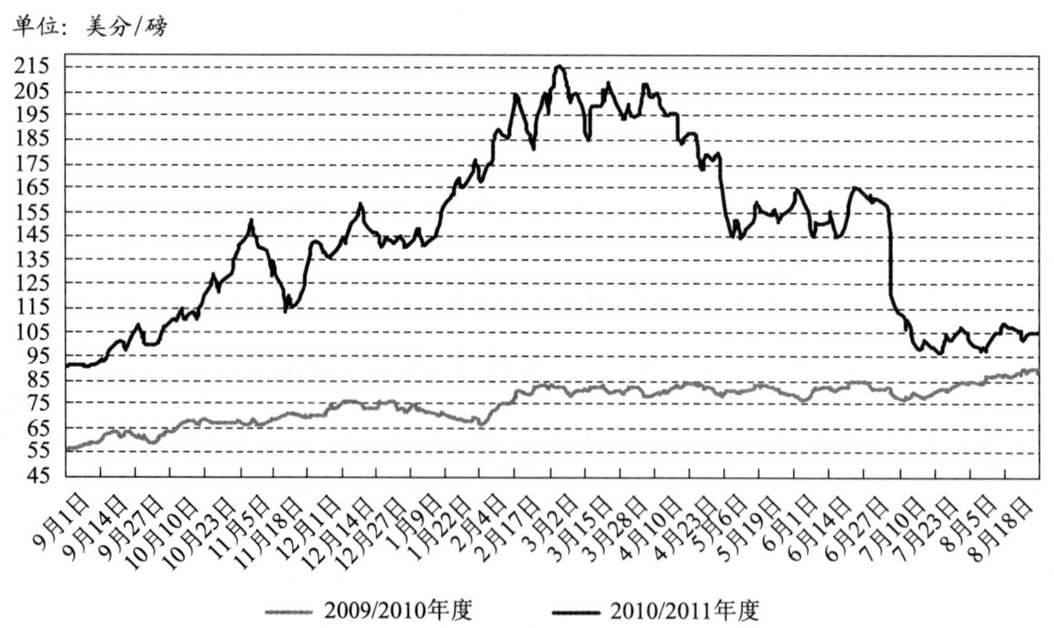

图 1-14　2010/2011 年度 ICE 棉花期货近月合约结算价走势及同比对比

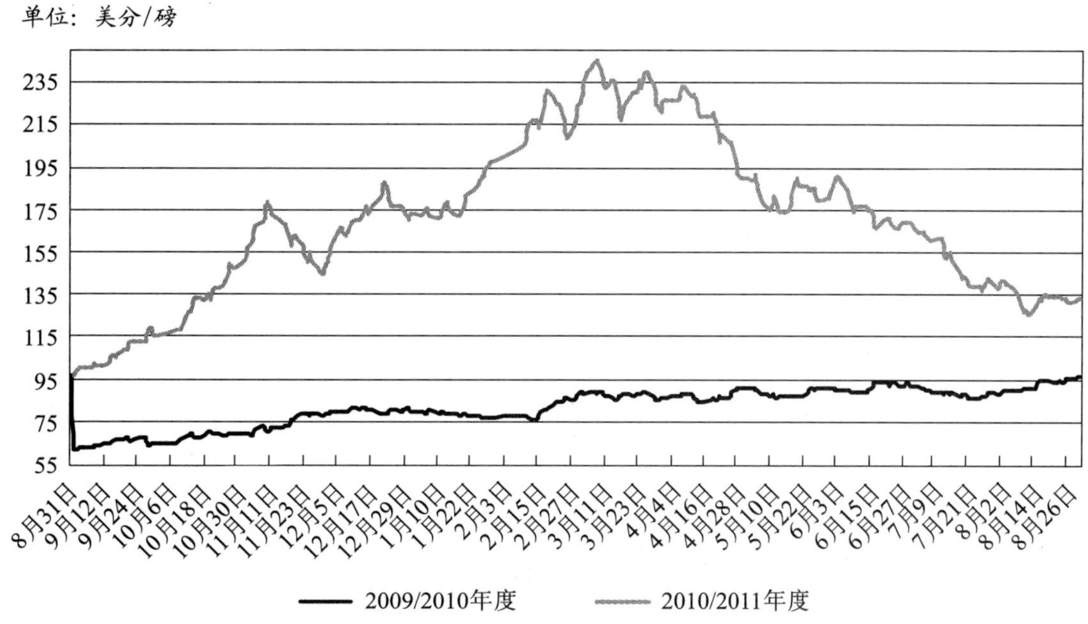

图1－15　2010/2011年度国际棉花指数（M）走势及同比对比

主要产棉省区概况

第二部分

新疆维吾尔自治区

一、棉花生产

1. 种植面积、总产量和单产

新疆植棉区域主要分布在南北疆60多个县（市）和110多个团场。据新疆自治区统计局统计，2010/2011年度全区棉花种植面积2190.9万亩（地方1421万亩），总产量247.9万吨（地方158.85万吨），单产113公斤/亩（地方112公斤/亩）。

2. 种植成本及收益

自治区发改委价格成本监审局对全区22个产棉县191户棉农的调查数据显示，2010/2011年度，棉花每亩总成本1405.51元，较上年增加210.96元。其中，生产成本1145.22元，较上年增加209.08元；物化费用540.63元，较上年增加39.87元；人工成本604.59元，较上年增加169.21元。2010/2011年度，每担棉花平均销售价格1147.62元，较上年上涨529.78元；每亩净利润1141.88元，较上年增加754.84元。

3. 种植品种

新疆棉花种植品种主要有陆地棉、长绒棉和彩色棉。目前，新疆棉花审（认）定品种140多个，其中自育品种（新陆中、新陆早等系列）占60%以上，引进品种（中棉、冀棉等系列）占30%左右，生产中主推品种40多个。2010年全区地方良种推广1350.2万亩，良种推广率91.4%，主推品种为中棉43号、中棉49号、新陆早36号、新海21号、新陆中28号、新陆早33号。

4. 生产特点

一是棉花种植面积略增。由于国家继续实施良种补贴全覆盖及上年度一路走高的棉花行情，棉农植棉积极性提高，2010年棉花种植面积较上年增加77.03万亩，增幅3.64%；二是低温冷害频发。棉花生长期中，全区多数棉花主产区都遭受了不同程度的低温、冰雹、雨雪和大风等灾害天气，棉花播种期较往年推迟10－15天，吐絮期推迟15－20天，采摘期推迟10－20天；三是棉花总产量、单产略减。据统计，全区棉花总产量248万吨，较上年减少4.4万吨，减幅1.74%；单产113公斤/亩，较上年减少6公斤/亩，减幅5.04%。

二、棉花收购加工与销售

1. 棉花收购加工企业构成及变化情况

截至2010年底，新疆地方已通过棉花加工质量保证能力审查的棉花加工企业有659家801条生产线，加工能力约400万吨。经过六年的棉花加工生产设备的更新改造，共有585家613条生产线纳入国家更新改造规划。截至2011年8月31日，573家601条生产线已完成改造任务，完成计划的98%。

2. 棉花收购、加工、销售成本及利润情况

2010/2011年度，由于籽棉收购期间国内皮棉价格高涨，全区籽棉平均收购价格在10.5－12.52元/公斤（衣分率39%－42%），折皮棉综合成本在27000－29000元/吨，加上受铁路运输压力较大和新棉上市推迟等因素影响，全区近一半的棉花加工企业处于亏损状态。

3. 棉花收购、加工及销售特点

一是新棉收购进度缓慢。受天气因素影响，新棉采摘时间延后，籽棉收购进度慢于上年。据自治区供销社统计，截至2011年8月31日，全区累计收购新棉247.1万吨，同比下降15.13%；二是收购价格先涨后跌。由于受国内外棉价上涨及棉花预期减产、采摘期推迟等因素影响，全区籽棉收购价从开秤初期8.1－8.5元/公斤一路上涨至11月12日的12.5－14.6元/公斤，11月15日开始下跌，

11月下旬收购价格最低跌至5.5元/公斤；三是销售进度缓慢。截至7月31日，全区累计销售皮棉226.2万吨，同比下降27.06%，销售率为42.51%；四是销售价格波动大。受国内外棉花价格大幅波动的影响，新疆棉花价格也“坐”上了“过山车”，2010年5月皮棉价格为17000元/吨，6个月后价格超过30000元/吨，之后持续下跌，到2011年8月31日已接近国家收储价19800元/吨。

三、纺织生产与棉花消费

1. 纺织生产构成及变化情况

2010年全区规模以上棉纺企业89家，人造纤维制造企业9家，拥有棉纺环锭480万锭，较2005年增长76.6%，转杯纺10.5万头，增长22.9%，形成了年产69万吨浆粕和40万吨粘胶的生产能力，分别占全国总产量的46%和20%。

目前全区纺织行业中，2000年以后新引进的技术装备已占到总装备的62%以上，生产的精梳纱、无接头纱、无卷化率和无梭布数量分别达到32%、70%、45%和38%，企业产品质量和附加值逐步提升。

2. 纺织生产及销售情况

2010年全区生产各类纱线42万吨、浆粕44万吨、粘胶短纤33万吨，较2005年分别增长23.24%、313%和961%。2010年全区共消耗棉花48万吨、棉短绒52万吨，产品销售率达到98.6%。

3. 纺织行业经济运行的特点

一是行业整体实力和水平快速提升；二是主导产业产能和主要产品产量大幅增长；三是技术装备水平和产品质量档次逐年提高；四是资本结构调整和民营经济发展不断加快；五是承接产业转移和优强企业培育成果显著；六是区域布局优化和产业集聚效应显现。

（新疆维吾尔自治区发展改革委经济贸易处）

新疆生产建设兵团

一、棉花生产

按照新疆建设兵团党委提出的“稳粮、优棉、增果畜”的农业结构调整方针，2010年兵团加大农业种植结构调整力度，压缩了低产量棉区面积。据统计，2010/2011年度兵团棉花种植面积747万亩，较上年增加15.22万亩。受天气因素影响，棉花播种时间偏晚，棉苗生长期气温偏低，新棉生长进程迟缓，中后期气候条件适宜，灌溉条件较好，棉花整体长势较好。兵团棉花总产量115万吨，较上年增加1.57万吨，平均单产154公斤/亩，平均生产成本在1600元/亩左右（含人工费650－750元）。

二、棉花购销

2010/2011年度，兵团各师棉麻公司累计收购皮棉107.2万吨，销售105.6万吨，库存1.6万吨。兵团棉麻公司6个发运站累计发运59.6万吨，同比减少27万吨。2010年度兵团籽棉平均收购价格在11元/公斤左右，折皮棉成本在25000元/吨左右，皮棉平均销售价格在27000元/吨左右。

三、棉花质量检验体制改革加快推进

按照国家的总体部署，2010/2011年度兵团加快推进棉花质量检验体制改革，截至2011年8月底，兵团360台套棉花加工业生产设备更新改造规划目标已完成了342条，其中有22条生产线为当年改造，已有318条生产线通过了棉花加工资格认定。参加棉花仪器化公证检验的轧花厂数量不断增多，公检量和公检率也在逐年提高。截至2011年8月底，兵团共有184家轧花厂参加棉花仪器化公证

检验，较上年增加6家，送检率（送检轧花厂与完成改造轧花厂之比）超过95%，高于全国平均水平11.5个百分点；兵团参加公检的轧花厂数量占全国的12%，棉花公证检验量达到74.5万吨，占全国公证检验总量的28%，同比增加了15万吨，增长25%，高于全国平均水平21.5个百分点；公检率（公检量与产量之比）为64.8%，同比增长12.3%，高于全国平均水平20.6个百分点。

四、棉纺织行业运行情况

1. 纺织行业生产情况

据兵团工业经济运行统计数据，截至2011年9月底，兵团共有规模以上棉纺企业42家，棉纺总生产能力达到300万锭（含气流纺）。2011年前三个季度，重点联系的17家棉纺企业累计完成工业增加值69976万元，同比下降6.6%；生产棉纱12万吨，同比下降12%；产销率87.4%，同比下降11.2个百分点。

2. 纺织行业出口情况

兵团纺织企业绝大部分都是生产棉纱等初加工产品，价格与国内相比也不具备优势，除少数几家纺织企业有少量棉纱出口外，多数纺织企业以内销为主。

3. 纺织行业运营特点

2010/2011年度棉花价格虽已回落，但纺企前期采购的皮棉价格仍在高位，加上棉纱价格下跌幅度大于棉花、劳动力成本持续上涨等因素，纺织企业成本压力不断提高，高涨的生产要素价格成为现阶段行业运行面临的突出压力。兵团纺织企业较为依赖内地下游市场，当前受通货膨胀预期、人民币升值、生产要素价格上涨等因素影响，外贸订单减少，直接影响到了兵团纺织企业的订单和主要产品的销售，棉纺织企业的库存普遍增加1倍。同时，纺织企业用工紧缺问题较为突出，部分师分别到全国各地举办就业招聘会，企业也在提高薪酬水平，但一线用工劳动力仍然短缺。

（新疆兵团发展改革委商贸处）

山　东　省

一、棉花生产

1. 种植面积、总产量和单产

据山东省统计局统计，2010/2011年度全省植棉面积1149.6万亩、单产62.99公斤/亩、总产量72.41万吨，同比分别减少50.99万亩、13.72公斤/亩和19.69万吨，减幅分别为4.24%、17.89%、21.4%，总产量为2003年以来最少的年份。

2. 种植成本及收益

2010/2011年度棉花收购价格的上涨增加了棉农植棉收入。据农业厅基点调查，2010/2011年度植棉纯收益930.93元/亩，比上年度增加214.64元/亩，全省1149.6万亩棉花合计增收24.675亿元，830万棉农人均增收297.3元。

3. 生产特点

2010/2011年度植棉面积减少主要是因为植棉费工费时，棉农种植积极性不高；单产大幅降低主要是受到极端天气的影响，全省棉花普遍受灾，高等级棉花所占比例太低，等级较差，以4级为主，平均衣分在37%左右。

二、棉花收购、加工与销售

2010/2011年度新花上市后棉价高开高走，籽棉收购均价从2010年9月份的7.50元/公斤左右一路攀升到2011年2月份的14.00元/公斤。据调查，从2010年9月到2011年2月籽棉平均收购价格达到11.39元/公斤，比上年同期的7.00元/公斤上涨63%；皮棉销售价格也相应走高，3级皮棉价格从9月初的19000元/吨左右一路上涨至2010年11月初的32000元/吨左右，两个月内皮棉价格上涨68%，受国家调控政策影响，2010年11月底皮棉价格跌到26000元/吨，随后又开始快速上涨，2011年3月初高等级棉花价格一度达到34000元/吨，2011年4月份棉价又大幅下跌，2011年8月底跌至19000－20000元/吨。

据分析，棉花价格大幅波动的主要原因：一是国内棉花减产。受种植面积下降和气候因素影响，2010/2011年度全国棉花总产量比上年度减少6.5%，其中山东省减产21.4%；二是成本上升，农资价格、人工成本、贷款利率涨幅较大，增加了棉花种植和经营成本；三是国际棉花价格高位震荡。受全球流动性充裕、美元走软、西亚北非局势动荡、日本地震灾害等影响，包括棉花在内的大宗商品价格大幅上升。2010年9月初进口棉价在100美分/磅左右，与国内棉价走势遥相呼应，2011年3月底攀升至230美分/磅的高点，随后回落到135美分/磅左右；四是市场预期改变。新棉上市时市场预期世界经济将强势复苏，棉花需求将增加，但2011年以来随着世界经济复苏步伐放缓，纺织品市场需求减弱，市场预期用棉量减少；五是游资和人为炒作。在股市、房市低迷的情况下，大量国际、国内游资投向棉花市场，加剧了棉花市场的动荡。

三、棉纺织行业经济运行

1. 经济运行情况

2011年以来，全省棉纺织行业开局良好，但由于原料价格波动剧烈、人民币升值压力加大、劳动力成本上升、招工及贷款难度增加等诸多不利因素影响，生产增速有所趋缓。主要表现在以下几个方面：

一是主要产品产量平稳增长，产销衔接良好。2010年度全省规模以上棉纺织工业企业生产纱725.1万吨、布130.92亿米，同比分别增长6.47%和6.53%，增速分别比上年度下降5.45和6.23个百分点。2011年1－8月，产销率98.51%，同比下降0.02个百分点。

二是产品提价因素致出口额快速增长。据海关总署统计，2010年度全省纺织品服装出口额199.64亿美元，同比增长23.04%，其中纺织品出口96.76亿美元，增长19.29%；服装出口102.88亿美元，增长26.78%。从出口市场情况看，仍以日、欧、美、韩等传统市场为主，对东盟出口实现了大幅增长。出口额保持较快增长的原因主要是生产成本提升所导致的出口价格上涨，真正反映纺织服装行业出口现状的出口数量增速却有所放缓。

三是经济效益实现较快增长。2010年度全省规模以上棉纺织工业企业（企业户数2010年9－12月为2335户，2011年1－8月为1764户，口径变化所致：2010年规模以上企业统计口径为年收入500万元以上，自2011年起国家统计局将规模以上企业统计口径调整为年收入2000万元以上）实现主营收入4567.25亿元，同比增长35.53%；实现利税321.23亿元，增长33.23%，其中利润292.65亿元，增长35.51%；全行业销售利润率为6.41%，与上年度持平。

2. 行业运行中存在的问题和困难

虽然各项主要经济指标反映的行业运行情况总体不错，但与乐观数据相背离的是企业经营难度越来越大，开始感受到越来越多的经营风险，陷入"产品滞销——资金紧张——乏力采购"的恶性循环。

当前面临的主要困难和问题：一是原料价格高位大幅波动，产品销售不畅，库存压力巨大；二是招工难成为当前棉纺织企业普遍面临的问题；三是人民币升值加快，出口形势不容乐观；四是资金紧张局面加重。

3. 受棉花价格上涨影响，使用化纤原料的比例略有上升

由于前期棉花价格上涨幅度较大，部分棉纺织企业积极调整产品结构，减少纯棉纱生产，加大混

纺纱和化纤纱比例，使用化纤原料的比例有所上升。据省纺织协会统计，2010 年 1－6 月，全省纯棉纱产量 325 万吨，同比仅增长 5.3%，混纺纱和化纤纱产量分别为 12.1 万吨和 14.2 万吨，同比分别增长 39.1% 和 63.2%。据聊城市统计局调查，临清华润纺织有限公司 1－7 月棉花用量 6987 吨，同比下降 37%，化纤用量 2865 吨，增长 2.8 倍。据东营市统计局调查，利津雅美纺织有限公司1－7 月累计纱产量 6280.7 吨，同比增长 14.8%，其中纯棉纱产量 1419.6 吨，下降 17.9%；混纺纱产量 4860.5 吨，增长 19.7%。

4. 受棉花价格下跌影响，纺织企业棉花库存同比大幅减少

进入 2011 年 4 月以后，随着棉花价格的持续下跌，棉纺企业对后市趋势难以做出准确的判断，对棉花采购持谨慎态度，基本上以消化原有库存、随生产随购买为主，库存同比减少。据德州市统计局调查，大多数棉纺企业的原料库存已降到历史最低，一些中小棉纺企业棉花库存甚至不到 10 天用量。据聊城市统计局调查，目前纺织企业棉花库存仅可用 3－10 天，最长的也不超过 20 天。

（国家棉花市场监测系统山东办事处）

河　南　省

一、棉花生产与成本收益

1. 种植面积、总产量和单产

据河南省统计局统计，2010/2011 年度河南省棉花种植面积 710 万亩，同比下降 11.8%；棉花产量 45 万吨，同比下降 13% 左右；平均单产 62.7 公斤/亩，同比下降 1.32%。

2010/2011 年度河南省棉花种植面积下降的主要原因：一是棉苗生长初期降雨较少，部分地区棉苗枯萎，而现蕾开花期雨水偏多，棉桃脱落、霉烂现象严重，对产量造成一定影响；二是河南省多为麦茬棉，播种晚，秋桃少，影响棉花产量。

2. 种植成本与收益

据中国农科院棉花研究所统计，2010/2011 年度河南省棉花生产成本 1018.9 元/亩，同比基本持平，平均收益约 1209 元/亩。据了解，小麦—玉米种植模式，夏季小麦亩产 800－1000 斤，单价 1 元/斤，毛收入 800－1000 元/亩，秋季玉米亩产 1300 斤，单价 0.85－0.97 元/斤，毛收入 1105－1260 元/亩，总毛收入 1900－2260 元/亩；小麦－棉花种植模式，小麦种植收益同上，棉花种植毛收入在 1105－1260 元/亩，但种棉花投入时间较长，挤占棉农外出打工时间，且劳动量较大。

3. 种植品种

近几年，随着棉花生产的发展，河南省棉花种植品种不断增多，2010/2011 年度棉花主要种植品种有：SGK791、SGK958、安棉 208、百棉 1 号、泛棉 3 号、富棉 289、冀 2000、冀 668、晋棉 38、晋棉454、开棉21、快丰868、鲁棉研16 号、鲁棉研 17 号、鲁棉研 21 号、鲁棉研 27 号、同舟棉 1 号、宛棉 9 号、奥瑞金、豫棉 10 号、豫棉 11 号、豫杂 35 号、晋棉 38 号、中植棉 2 号、中棉所 50、中棉所 58。

4. 生产特点

抗虫棉、杂交抗虫棉及其他类型的特色品种还将会有所增加，逐步成为主流品种。近几年棉花种植结构进一步优化，棉田多熟间套面积将逐步扩大，棉农效益将有所增加。棉花生产技术含量也将进一步提高，棉花生产与科研的结合将更加紧密，新技术的转化速度更快，这对提高棉花生产的整体水平具有重要意义。

二、棉花收购和加工

2010/2011年度河南省籽棉开秤均价在4.0－4.2元/斤（衣分不同），收购末期价格在3.90元/斤左右。2010/2011年度，全省棉花企业累计收购皮棉43万吨左右，占总产量的95%，加工34万吨，约占总产量的80%左右。由于采摘期阴雨天气较多，高品质棉花较少，仪器化公检结果显示，棉花平均品级为4级，占总产量的90%左右。

三、纺织企业经营情况

2010/2011年度，纺织企业经营困难。首先，原料资金的大量占用使企业资金周转受到限制；其次，期棉价格大起大落，现货价格不稳定，多数企业以接短单为主，2011年春节过后产品销售出现困难，库存压力不断加大；最后，棉价和纱价不断变化，对纺织下游生产造成直接影响，采购多持观望态度。规模较大的企业由于资金实力雄厚、产品高端，受市场冲击较小，中小型企业积极寻找对策，调换产品结构，降价促销，一些设备及产能落后的小型企业出现停产。

（国家棉花市场监测系统河南办事处）

河 北 省

一、棉花生产

1. 种植面积、总产量和单产

河北省统计局调查数据显示，2010/2011年度全省棉花种植面积872.34万亩，同比减少57.66万亩，减幅6.2%；总产量56.95万吨，同比减少3.51万吨，减幅5.81%；亩产65.28公斤，同比增加0.27公斤，增幅0.42%。

2. 种植成本及收益

2010/2011年度河北省棉花亩平均产值2428.64元，其中主产品产值1944.8元，副产品产值483.84元；生产总成本1323.73元，其中生产成本1107.71元（包括物质及服务费用371.56元，人工成本736.15元），土地成本216.02元（包括流转地租金0.03元，自营地折租215.99元）；净利润1104.91元。

3. 种植品种

河北省棉花单品种种植面积在10万亩以上的有23个，约占全省总种植面积的70%；面积在30万亩以上的有8个，约占45.6%，其中，国欣3号种植面积最大，达141.2万亩，约占全省总面积的14%；邯802居第二，为79.9万亩，鲁棉研28居第三，为56万亩。杂交棉面积为104万亩，增幅147.6%。河北省邯郸市农科院选育的邯杂98－1和邯杂429三系杂交种成为全省杂交棉推广的主力品种，种植面积分别为31万亩和26万亩。

4. 生产特点

一是棉花播种面积继续减少。从各地棉花面积增减情况看，主产棉区减幅较小，分散产区减幅较大，高水肥地减幅较大，灌溉条件较差的地方减幅较小。邯郸、邢台、衡水、沧州四个主产棉区种植面积基本保持稳定。

二是棉花生育期内低温阴雨等自然灾害重于常年。2010年春季持续低温，地表温度回升缓慢，新棉播种普遍较常年推迟7－10天。2010年7月底至8月上旬，大部分棉区出现阴雨天气，降雨量80－90毫米，个别地方达到200多毫米，给棉花生长带来不利影响。由于光照不足，通风透光条件差，棉株烂铃现象严重，直接影响了新棉质量和产量。

三是关键技术到位率高。2010年全省地膜棉田面积占植棉总面积的97%以上，抗虫棉面积占99.9%，机播面积达到94%，优种率达到96%以上，95%以上的地块使用脱绒包衣种子，棉田间套种面积超过20%。全省棉田测土配方施肥面积占总面积的90%以上，复合肥、钾肥和氮肥用量同比增加7.29公斤/亩、3.52公斤/亩和8.79公斤/亩，增幅分别为32.1%、20.6%、26.4%。

四是农资价格稳中有降，棉田投入有所增加。2010年4月份河北省国产复合肥价格为2442.5元/吨，同比下降8.88%；国产氯化钾价格为3100元/吨，同比下降26.19%；国产尿素价格为1731.67元/吨，同比下降9.49%。全省复合肥、钾肥、氮肥使用量分别为29.9公斤/亩、20.62公斤/亩、42.06公斤/亩，同比增幅分别为32.1%、20.6%、26.4%。

五是积极探索滨海盐碱荒地棉花生产技术。为缓解粮棉争地矛盾，相关部门组织有关单位和专家在发展滨海盐碱地棉花生产方面进行了积极探索，并取得了可喜成果。沧州市农科院棉花所经长期研究总结出的品种耐盐、地膜抑盐、滴灌驱盐、沟播避盐、播期躲盐、冬灌压盐等集成性技术措施，可大幅度增加棉花种植面积。

二、棉花收购加工情况

2011年春季，河北省遭受连阴雨天气，棉花品级、质量下降，邯郸、邢台市的棉花主体品级在4级左右。棉花价格从2010年9月初的19000元/吨上涨到2011年3月上旬的31000元/吨高点，此后棉价一路下行，2011年8月底皮棉价格为20000元/吨左右，棉花价格呈现大起大落走势。截至2011年12月底，河北省有234家企业全面完成棉花加工业生产设备更新改造，并通过资格认定。2010/2011年度认定200型棉花加工企业297家，同比减少118家。

三、纺织经济运行

据河北省统计局统计，2010年全省共有978家规模以上纺织企业（未含皮革、毛皮、羽绒制品制造企业），其中纺织业731家，纺织服装、鞋帽制品制造业210家，化学纤维制造业37家。2010年纺织企业共实现主营业务收入1596.06亿元，同比增长37.23%；实现利润95.11亿元，同比增长48.36%；实现利税135.39亿元，同比增长48.86%；亏损企业62家，同比增长26.53%；亏损总额5.27亿元，同比增长36.50%。2010年纺织行业实际完成固定资产投资409.53亿元，同比增长42.53%；施工项目数1090个，新开工项目数804个，竣工项目数823个，同比分别增长9.00%、7.77%和17.74%。

（国家棉花市场监测系统河北办事处　王彦章）

天　津　市

一、棉花生产

1. 种植面积、总产量和单产

据天津市统计局统计，2010/2011年度全市棉花种植面积95.34万亩，同比增加17.64万亩，增幅22.70%；总产量8.2万吨，同比增加1.93万吨，增幅30.1%；籽棉平均单产在450斤/亩左右，折皮棉单产在85.5公斤/亩左右，增幅6.6%。

2. 种植成本及收益

2010/2011年度，天津市平均植棉成本1622.5元/亩，其中农资费用在350元/亩左右，租地费用700元/亩，人工费用572.5元/亩；籽棉平均收购价格在3.90元/斤左右，按平均亩产籽棉450斤计算，收益1755元/亩，净收益132.5元/亩。

二、棉花收购和加工

1. 收购情况

2010/2011年度，天津市籽棉开秤价格在3.70元/斤左右，由于棉价下跌，棉农惜售，交售进度缓慢。随着企业交储量逐渐增多，市场价格略有回暖，标准级籽棉平均收购价格在4.1元/斤左右，较收购初期上涨10%，棉农交售积极性提高。

2. 加工情况

2010/2011年度，全市400型企业加工速度较快，销售以交储为主，除低等级皮棉和少数企业为加快资金周转采取现货销售外，大部分400型企业直接交储，收益约500元/吨，较现货销售多收益20%。

三、纺织经济运行

据天津市统计局统计，2011年1－8月，天津市245家规模以上纺织企业（不含皮革、毛皮、羽绒制品制造企业）共实现主营业务收入2133394亿元，同比增长29.21%；实现利润81736亿元，同比增长0.30%；实现利税54588亿元，同比增长6.40%；亏损企业57家，同比减少87.02%；亏损总额14024亿元，同比增长48.79%。主要产品产量：纱1834.17万吨，同比增长11.50%；布390.18亿米，同比增长13.63%；印染布391.35亿米，同比增长10.65%；无纺布116.82万吨，同比增长11.84%；绒线20.83万吨，同比增长8.28%；服装1601308万件，同比增长10.43%；化学纤维2200.84万吨，同比增长16.36%。

（国家棉花市场监测系统）

山　西　省

一、棉花生产

1. 种植面积、总产量和单产

据山西省统计局统计，2010/2011年度全省棉花种植面积103.24万亩，同比减少24.48万亩，减幅20.3%；总产量8.4万吨，同比减少2.3万吨，减幅21%；平均单产76.4公斤/亩，同比减少3.7公斤/亩，减幅5%。

2. 种植成本及收益

2010/2011年度，山西省棉花平均产值1122.14元/亩，其中主产品产值1116.45元/亩，同比增加78.58，增幅8%；生产成本932.75元/亩（包括人工成本526.91元/亩），同比增加84.76/亩，增幅10%；土地成本183.70元/亩，同比减少6.18元/亩，减幅3%；植棉净收益5.69元/亩，2009/2010年度净亏损116.47元/亩。

二、棉花收购和加工

2010/2011年度，山西省籽棉开秤价格在2.7－2.8元/斤，受预期棉花品级及资源下降等因素影响，各收购企业纷纷抢收籽棉，国庆节前夕品质较好的籽棉价格一度突破5.0元/斤，棉农售棉积极性较高，基本随摘随售，按棉籽价格1.25元/斤计算，折皮棉成本在21000元/吨左右（不含加工费）。随着籽棉价格的上涨、纺织厂采购量的增多，棉花加工企业对后市皮棉价格走势持乐观态度，存棉惜售心理不断增强。

三、纺织经济运行

据山西省统计局统计，2010/2011年度全省纱产量4.105万吨，同比上涨3%；布产量0.29亿米，同比下降30%，其中棉布产量同比下降17%，而混纺布产量同比上涨90%；服装产量1040.78万件，同比上涨5%。

从纺织经济运行情况来看，2011年1－8月，山西省规模以上纺织企业81家，亏损面53.09%；主营业务收入44.6亿元，同比增长95.35%；工业总产值43.8亿元，同比增长73.84%；工业销售产值40.01亿元，同比增长75.43%；出口交货值2.6亿元，同比增长124.90%。

（国家棉花市场监测系统山西监测站）

陕　西　省

一、棉花生产

1. 种植面积、总产量和单产

据陕西省统计局统计，2010/2011年度全省棉花种植面积74.5万亩，同比增长10.4%，其中渭南市种植棉花67万亩，占全省棉花种植面积的90%。棉花主产县区的种植面积为：大荔县23.5万亩，蒲城县18.5万亩，临渭区12万亩，合阳县7.5万亩，澄县5.5万亩。籽棉单产210公斤/亩，同比增长5%；总产量5.55万吨，同比增长13%。

2. 种植成本及收益

据陕西省物价局成本调查提供的数据，2010/2011年度棉花种植的平均物化成本568元/亩（不包括采摘、剥皮、晾晒、田间管理等人工费用），同比增加110元/亩；每亩净收入940元，同比减少48.9%。2010年4级籽棉平均收购价5.60元/斤，2011年4级籽棉平均收购价3.60元/斤。

3. 种植品种

2010/2011年度陕西省棉花种植主要品种是中棉41号提高种，所占比例约40%；鲁棉研22号，所占比例40%；中棉12号，所占比例10%。

4. 生产特点

2010/2011年度棉农植棉积极性有所提高，但是在2011年8月下旬至9月下旬，正当棉花大量吐絮需要光照时出现了持续阴雨天气，致使棉花不能正常吐絮，棉花品质下降，籽棉以弱4级和5级为主，加上棉花收购价一路下跌，而农资价格和用工成本不断上升，棉农产出失衡、收益不高。

二、棉花收购加工

2010/2011年度，由于纺织企业大面积亏损，棉花需求低迷，陕西省部分棉花收购企业出现减停产现象，收购更为谨慎，观望情绪浓厚。面对这种复杂局面，籽棉收购价格较上年度大幅下跌。根据国家棉花市场系统监测系统数据，陕西省2010年4级皮棉加工成本在27500元/吨，2011年4级皮棉加工成本在17150元/吨，同比下降10350元/吨，降幅37.6%。面对错综复杂的棉花购销形式和棉花市场价格的变化，具有棉花收购贷款资格的大型企业大多都无法正常使用大型加工设备进行生产，造成企业设备闲置，处于停产状态。

三、纺织生产与棉花消费

1. 纺织企业经营变化情况

陕西是我国重要纺织基地之一，在很长一段时间内纺织工业是陕西的重要支柱产业，为全省经济与社会的发展做出了巨大贡献，并在解决劳动就业等方面发挥着不可替代的作用。结合国家实施纺织工业振兴计划，陕西省制定了纺织企业实施计划，依托各地资源和自然条件，逐步形成具有地区特色的产业体系格局，推动陕西纺织工业更快发展。近年来陕西纺织技术装备水平和产品的档次显著提高，目前陕西省骨干棉纺织企业精梳纱、无接头纱、无梭布的比例以及产品的档次和质量在全国处于较高水平，具有较强的竞争实力，全省90%的服装企业实现了高速平缝机更新换代，30%的服装企业装备达到国内先进水平。法人治理结构进一步完善，产权结构调整取得了新的进展，加大了国有纺织企业改革改制的力度，加快了产权结构调整，实现了股权多元化，特别是通过10多家国有纺织企业破产、兼并等方式分别实现了优化重组。同时民营纺织企业发展迅速，生产规模化，改变了作坊式的生产模式，采用的设备处于国内领先水平，提高了企业的生产水平，产业集群化初步显现，棉纺织业自然形成了宝鸡市东部地区、咸阳市乾县、西安、渭南四个大的产业积聚区，民营纺织企业的发展进入了一个新时代。

然而从全国纺织产业发展速度看，陕西省纺织还远远落后于全国平均水平，行业规模小、产业集中度低，纺织企业缺少带动力强的大企业、大集团，纺织企业集群发展缓慢，企业之间缺少合作意识、互补作用不强，同时陕西省纺织企业缺乏国际国内知名品牌，以品牌为龙头的引领作用不强，结构性矛盾依然突出，产业链不完善。尤其是2011年纺织市场疲软，销售难度加大，国际市场需求不足，外销订单减少，内需政策又难以奏效，国内市场容量未见扩大，企业加大内销产品比例，使市场竞争更加激烈，导致产品价格下跌。纺织企业资金严重短缺，有的企业面临资金链断裂的危险，其原因是货款回笼慢，应收账款增加，同时2011年用工成本大幅提高、电价上涨等因素都制约了纺织业的发展。

2. 棉花生产消费

陕西纺织业主要规模以上纱锭在210万锭左右，2010年棉花消费量在21万吨，但2011年出现萎缩，其主要原因：一是个别纺织厂停产和部分厂子压锭改造，整合资源；二是当地电力部门拉闸限电，不能正常开工；三是化纤用量增加，用棉比例下降。2011年棉花消费量在18万吨，同比减少3万吨，下降14%，但据陕西统计局发布的2011年经济运行数据显示，陕西省纺织服装收入54.88亿元，同比增长10.2%。

3. 纺织行业运行特点

2011年是“十二五”的开局之年，面对经济形式复杂多变、通胀压力较大等严峻挑战，陕西省纺织工业根据全国《纺织工业“十二五”发展规划》和《陕西省国民经济和社会发展第“十二五”规划纲要》升级与发展并重的总体要求，以加大固定资产为主要着力点，提高产业综合竞争能力，加强企业管理和提高营销能力为基本手段，转变增长方式，走“精、专、新、特”的发展道路，振兴陕西省纺织工业。

（国家棉花市场监测系统陕西办事处　时根华）

江　苏　省

一、棉花生产

1. 种植面积和总产量

据江苏省统计局统计，2010/2011年度全省棉花种植面积353.52万亩，同比减少24.99万亩，下降6.6%；总产量26.09万吨，同比增加0.73万吨，增长2.9%。

2. 种植成本及收益

2010/2011年度，江苏省棉农植棉成本在1136.44元/亩（包括人工成本783.24元/亩），同比增加55.43元/亩，增长5.1%；植棉总产值2473元/亩，同比增加1317.21元/亩，增长87.7%。棉农亩平均收益2119.8元，是2009/2010年度的2.36倍。

二、棉花收购和加工

据国家棉花市场监测系统对江苏省各主产棉区的调查，2010/2011年度江苏省3级籽棉收购均价

6.20 元/斤，创历史新高，是 2009/2010 年度平均收购价格的 1.88 倍。

2010/2011 年度，江苏省棉花公证检验工作进一步推进，全年检验量 27.88 万包（6.32 万吨），同比增长 12.5%；覆盖率 24.2%，同比提高 0.8 个百分点；已送检企业 85 家，同比增加 11 家；企业平均送检量 733 吨，同比下降 3.68%。

三、纺织经济运行

据国家统计局统计，2010/2011 年度江苏省纱产量 401.93 万吨，同比下降 8.1%；棉布产量 45.7 亿米，同比下降 6.6%；服装产量 39.6 亿件，同比下降 5.8%。

从纺织经济运行情况来看，2011 年 1－8 月，江苏省规模以上纺织企业 8229 户，亏损面 11.79%；主营业务收入 7311.1 亿元，同比增长 22.41%；利润总额 354.1 亿元，同比增长 36.7%；工业总产值 7501.9 亿元，同比增长 22.74%；工业销售产值 7383.4 亿元，同比增长 22.93%；出口交货值 1181.1 亿元，同比增长 14.61%。

（国家棉花市场监测系统）

安　徽　省

一、棉花生产

1. 种植面积、总产量和单产

据安徽省统计局统计，2010/2011 年度全省棉花播种面积 516.6 万亩，同比增加 25.09 万亩，增幅 5.1%；棉花总产量 31.6 万吨，同比减少 2.96 万吨，减幅 8.6%；平均单产 66.58 公斤/亩，同比减少 6.05 公斤/亩，减幅 8.3%。

2. 种植成本及收益

据安徽省物价局统计，2010/2011 年度全省棉花种植总成本为 1240.99 元/亩，同比增加 247 元/亩，增幅 24.85%；平均出售价格为 25.32 元/公斤，同比上涨 560.05 元/公斤，涨幅 79.35%；净利润和现金收益分别为 783.93 元/亩和 1605.26 元/亩，同比分别增加 472.09 元/亩和 710.83 元/亩，增幅分别为 151.39% 和 79.47%。

3. 种植品种

2010/2011 年度，安徽省棉花品种更新速度较快，纤维长度、强度及细度协调一致的优质高产品种占主体地位。主要种植品种有：中棉所 3、皖杂 40、美国棉铃棉、鄂杂棉 11 号及 13 号、南抗 3 号、国抗棉 1 号、湘杂棉 3 号等。

二、棉花收购加工与销售

1. 籽棉收购价格较高，皮棉成本创历史新高

由于 2010/2011 年度全球棉花减产以及经济有所复苏，皮棉需求较为旺盛，棉花供不应求，库存降至历史低点，价格不断上涨，尤其是 9 月后受恶劣天气影响，国内棉花减产，籽棉收购价格起点较高，安徽省籽棉开秤价格为 4 元/斤（统花），随后走高，11 月 10 日上涨到 7 元/斤（3 级籽棉、衣分 38%、水分 13%），各棉企收购均价普遍在 6 元/斤以上，折皮棉成本为 25000 元/吨（不含加工费），创历史新高，但受国家宏观调控传闻影响，棉花电子盘连续出现跌停板，籽棉收购价格也开始下跌。

2. 籽棉单产降低，棉花品级较差

受冷空气影响，安徽省棉花播种较往年晚 15 天左右，7、8 月份沿江棉区受连续降雨影响，部分地块出现绝收，东至、宿松等地受灾尤为严重，而吐絮期又受低温、降雨影响，单产有所减少，约 360 斤/亩，较往年下降 20% 左右。因吐絮期低温

寡照，棉花发育迟缓，品级较差，多为4级、5级及以下籽棉，3级和弱3级籽棉较少，品级较往年低0.5个级别左右。

3. 棉贩较为活跃，棉企收购量不足

2010/2011年度籽棉收购价格一直保持涨势，加上棉花减产，棉贩较为活跃，市场交售主体从棉农转为棉贩，据协会调查，棉农直接售棉量不足棉企收购量的5%。此外，由于棉花减产、资源紧张，棉花跨区流通频繁，籽棉调购成为棉企收购的重要手段。尽管棉企想尽办法收购籽棉，但收购量仍不足，大部分企业收购量不足往年一半。

4. 加工费用高，部分企业放弃加工

受人员工资、水电等费用上涨带动，棉企加工费上涨。由于棉花价格屡创新高，财务成本较往年上涨近一倍，部分收购量较小的企业无法平摊成本，只能放弃加工，转卖籽棉。从协会调查结果来看，加工企业棉花加工成本普遍在1500元/吨以上。

三、纺织生产与棉花消费

1. 纺织企业构成及变化情况

2010年，规模以上纺织企业户数，全国增长4.5%，安徽省增长27.87%，达1610户（其中服装业增长27.62%，达810户）；纺织从业人数，全国增长3.68%，安徽省增长16.4%，达30万人（其中服装业增长27%，达13.33万人）。2010年安徽省纺织企业销售收入10亿元以上企业共6家：安庆华茂集团、巢湖皖维集团、桐城鸿润集团、岳西天鹅集团、滁州安兴环保彩纤公司、申洲针织（安徽）有限公司。销售收入超过亿元的纺织企业已近100户。到2010年底，安徽省纺织行业共有3家上市公司：华茂股份、皖维高新、华孚色纺（原淮北飞亚）。

2. 纺织生产及销售情况（量、价及其变化）

据安徽省统计局数据，2010/2011年度安徽省纺织企业拥有棉纺锭（环锭纺）333.41万锭，气流纺锭（转杯纺）15.91万头，棉织布机3.33万台；纱产量为56.54万吨；布产量为10.87亿米，其中，棉布产量为8.24亿米、印染布产量1.84亿米；服装产量为5.35亿件，其中，梭织服装3.09亿件，针织服装2.26亿件。2010年，安徽省规模以上纺织工业企业产品销售收入达到772.10亿元，规模以上纺织企业利润达到27.61亿元，总资产达到573.10亿元。

3. 纺织行业经济运行的特点

（1）经济总量快速增长，增速位居全国前列。统计数据显示，2010年1－11月，全行业实现工业总产值（现行价）739亿元，同比增长52%，实现销售收入677亿元，同比增长55%。这两项指标的绝对值均在全国排列第13位，增速排名分别为全国第三位和第四位。近几年来，安徽省纺织工业这两项指标一直保持着30％以上的高增长，行业总量扩张较快。

从资产情况来看，至11月末，全行业资产规模达525亿元，同比增长34%；扣除负债后净资产规模为229亿元，同比增长36%。这两项增幅都位居全国首位。

另外，至11月末，统计中的规模以上企业数达1607户，比上年净增342户，从业人员达29万人，同比增长16%，增速排名全国第三，为安徽省史上企业数和从业人数最多的时期。

（2）实现利润创历史最高水平。1－11月，全行业实现利润22亿元，同比增长117%，增速位居全国第四位，实现利润创历史最高水平。统计的1607户企业中有1362户实现盈利，盈利总额为25亿元，盈利额增长92%；245户亏损，累计亏损额为2.5亿元，增长1%。亏损面为15%，首次下降到20%以下，和全国平均水平相近。

（3）依托国内市场，出口比重进一步下降。至11月末，全行业出口交货值为129亿元，同比增长29%。出口额占销售总额的比例为17%，比上年低3个百分点，比历史最好水平低12个百分点，经济危机时期安徽省出口比较优势丧失，出口增幅开始减缓。内销比例占83%，预计下一年这个比例将进一步上升。

（国家棉花市场监测系统安徽办事处　陶劲春）

湖 北 省

一、棉花生产

1. 种植面积、总产量和单产

据湖北省统计局统计，2010/2011 年度全省植棉面积 720.15 万亩，同比增加 30.15 万亩，增幅 4.37%；总产量 47.18 万吨，同比减少 0.87 万吨，减幅 1.81%；皮棉单产 65.5 公斤/亩，同比减少 4.1 公斤/亩，减幅 5.89%。

2. 种植成本及收益

据湖北省农业厅统计，2010/2011 年度全省籽棉平均单产 209.8 公斤/亩，同比减少 30.3 公斤，减幅 12.62%；籽棉售价 11.02 元/公斤，同比上涨 4.78 元，涨幅 76.6%；平均收入 2311.10 元/亩，同比增加 812.88 元，增幅 54.26%；除去物质投入，纯收入 1893.37 元/亩，同比增加 777.01 元，增长 69.6%。

3. 种植品种

据湖北省农业厅调查，2010/2011 年度全省无一品种的种植面积超过百万亩，种植面积在 30 万亩以上的品种也只有一到两个，种植面积在 10 万亩以上的有 12 个品种（EK288、鄂杂棉 10、11、17、23、26 号，冈杂棉 8 号、荆杂 88 号等），只占全省棉花面积的 45.21%。

4. 生产特点

（1）农民植棉积极性高。2010/2011 年度棉价大幅回升，棉花比较效益创历史最好水平，主要原因：一是棉田面积稳中略增；二是棉田前茬作物向有利于棉花生产调整；三是麦（油）后移栽棉田面积大幅增加；四是棉田套种作物向有利于棉花生产调整；五是棉田物化投入增加，平均物化投入 405.10 元/亩，同比增加 35.51 元，增幅 9.61%。

（2）棉田耕作制度复杂。全省棉田多熟、两熟耕作面积占 90% 以上，其中两熟耕作面积占 68.79%，前茬作物虽然以小麦、油菜为主，占棉田面积的 81.39%，但还有大麦、蚕豆、豌豆等 10 种之多，各作物熟期差异大。棉花栽培以“两膜”为主，占 90% 以上。棉田耕作制度、种植方式、栽培方式的多样化给棉田管理、种植技术的推广应用带来了一定难度。

（3）自然灾害频发。全省棉花生产总的概况是：从灾害中起步，在抗灾救棉中发展。自然灾害发生频率之高实属历史罕见。

备耕育苗期遭遇“倒春寒”。棉田预留棉行和苗床钵土耕整的 3 月气候反常，一个月内出现了历史罕见的“春、夏、冬”三个季节，严重影响了棉田苗床钵土的耕整。全省 4 月上旬播种的 44% 的苗床成苗率低于 45%，12% 的苗床重播。

棉苗移栽时遭遇低温阴雨天气。棉苗移栽、麦林“五早”管理的 5 月，遭遇低温阴雨天气，特别是 5 月 4－9 日连续 3 天气温降至 10℃以下，严重影响棉苗移栽工作以及移栽到大田的棉苗正常生长和麦林管理。

棉花快速生长期遭遇“芒种寒”和暴雨。棉花快速生长的 6 月低温阴雨，7 月又普降大到暴雨，全省大部分地区 6 月 7－10 日，平均气温低于 22℃，比历史同期低 3－5℃，从而形成了“芒种寒”。7 月上旬连降 7 天暴雨，降雨量达 320－863.4 毫米，比历史同期多 5 倍，导致 264.82 万亩棉田受灾，占棉花种植面积的 36.7%，其中，绝收面积 17.56 万亩。

结秋桃时遭遇连阴雨天气。棉花结秋桃的 8 月下旬至 9 月上旬再次遭遇连阴雨天气袭击，由于气温偏低光照不足，棉花蕾铃脱落现象加重，成铃率降低。

吐絮采摘遭遇低温阴雨。9月全省棉区自北向南遭遇“寒露风”袭击，降雨伴随强降温，一夜之间进入秋天，不仅增加了棉田湿度，导致铃病蔓延，而且影响了棉铃正常吐絮。由于多次遭遇连阴雨天气，2010/2011年度全省棉花品质较差。据湖北省棉花预警系统调查，全省棉花平均品级约4.2级，同比下降0.7级。

（4）棉花生育期推迟。由于2010/2011年度灾害性天气频发，棉花生育期较常年推迟半个月以上，基本是“芒种无蕾、小暑无花、伏前无桃”，“两伏”桃比重小，秋桃比重大。

二、棉花收购加工与销售利润

1. 棉花收购加工企业构成及变化情况

2010/2011年度，湖北省棉花产量不足50万吨，远不能满足全省140家400型、700多家200型棉花加工企业及330多家无证小厂的收购加工需求。在价格利益的驱动下，收购加工主体增多，争收抢购现象严重。

2. 棉花收购加工、销售成本及利润情况

2010/2011年度湖北省籽棉收购价格大幅提高。全省籽棉开秤价格高开高走，在3.8－4.0元/斤，同比上涨近1.0元/斤，随后价格一路上扬，最后飚升至7元/斤，创历史新高。棉花收购成本26340元/吨，同比增长55.2%；加工成本650元/吨，同比增长35.41%；销售成本780元/吨，同比增长20%，致使棉花售价高开低走，亏本销售。根据对当地23家400型企业的调查了解，至2011年7月底，这些企业库存量均占当年收购总量的8%，2010年同期已无库存，这些企业中10家亏损，占调查总数的43.48%；6家保本，占调查总数的26.09%；7家盈利，占调查总数的30.43%。

3. 棉花收购加工及销售

棉花收购的特点：一是收购均价大幅提升。整体经历了“高位启动、快速提升、小幅回落、重归高点、急速下转”的过程，全省籽棉收购均价5.50元/斤，同比上涨72%。二是植棉收益增加。据调查，棉农籽棉交售均价5.2元/斤，而全省棉花企业收购均价5.5元/斤，大约0.3元/斤的价差被棉花经纪人赚取。三是棉企创新收购方式。棉花收购加工企业不断改进收购方式，除传统坐店收购外，还出现了订单协议、代购代售、合作社组织、棉花经纪人集中运送等收购方式，其中以棉花经纪人集中运送最为有效。

棉花销售价格涨跌幅度大。受购销量和加工进度的影响，不少棉企的经营无法跟上市场变化的步伐，部分企业库存量较大，经营亏损严重。至2011年8月底，湖北省弱4级皮棉实际成交价已跌至18000元/吨，对应27000元/吨的高成本，加之仓储费、资金利息等费用逐月增加，银行还贷压力逼近，迫使棉企忍痛亏本销售，亏损严重。

三、纺织生产与棉花消费

据湖北省纺织行业协会统计，2011年1－8月，全省纺织行业在2010年高速发展的基础上继续保持快速增长的良好态势，主要产品产量、销售、出口、效益、投资等均大幅增长。

1. 主要产品生产稳定增长

纱线产量145.36万吨，同比增长23.99%，其中纯棉纱88.54万吨，同比增长22.49%；棉混纺纱23.51万吨，同比增长23.82%；化纤纱33.31万吨，同比增长28.28%。

2. 产销增幅高于全国平均水平

全省纺织工业1201户规模以上企业累计完成工业总产值1335.51亿元，同比增长53.16%，高于全国平均增幅24.18个百分点；实现销售产值1295.24亿元，同比增长52.10%，高于全国平均增幅22.88个百分点；出口交货值148.96亿美元，同比增长36.13%，高于全国平均增幅18.89个百分点。

3. 主体行业支撑作用明显

棉纺织企业作为主体行业支撑作用明显。563家纺织企业2011年1－8月累计完成工业总产值651.96亿元，同比增长51.84%；完成出口交货值

18.18亿元，同比增长6.76%；实现销售产值632.13亿元，同比增长50.67%；产销率96.95%，同比下降0.75个百分点。

4. 经济效益大幅提高

2011年1－8月，全省纺织工业规模以上企业累计实现销售收入1248.86亿元，同比增长56.76%；实现利润总额43.06亿元，同比增长47.93%；实现税金33.26亿元，同比增长31.09%；亏损企业亏损额为6.31亿元，同比上升188.68%。

（国家棉花市场监测系统武汉办事处）

湖　南　省

一、棉花生产

1. 种植面积、总产量和单产

2010/2011年度，据湖南省农业部门统计，全省棉花种植面积340万亩，同比增加36万亩；皮棉总产量22.7万吨，同比增加1.5万吨；皮棉单产86公斤/亩，同比减少6公斤/亩。

2. 种植成本及收益

2010/2011年度，棉花生产效益大幅提高，平均收入达2500元/亩以上，同比增长46%，除去物化成本600元/亩，平均收益超过1900元/亩，比水稻高40%，比柑橘高50%，比苎麻高70%。

3. 种植品种

湖南省棉花主栽品种为湘杂棉19号、湘杂棉21号、湘杂棉7号、岱杂1号、中棉所63、海杂棉1号、湘丰棉3号、农杂68、亚华棉7号、渝杂2号等10个品种。由于棉花良种补贴采取“一卡通”直接补贴农民的方式，全省棉花品种多乱杂抬头，且棉种市场价格涨幅较大。

4. 棉花生产特点

一是棉花种植面积增加。据湖南省农业部门统计，2010/2011年度全省棉花种植面积340万亩，同比增加36万亩，增幅11.8%。

二是棉花播种推迟，伏桃较少，棉花质量下降。在棉花育苗移栽期间，2010年4月1日至5月31日的两个月内，遭遇长期低温阴雨气候灾害，致使育苗移栽工作较往年推迟近半个月。由于棉花春播开局不利，棉花生长缓慢，伏桃较少，在棉花吐絮采摘期又受到低温阴雨天气影响，籽棉等级较上年下降1－2级。

二、棉花收购和加工

1. 收购价格高开高走，均价大幅上涨

2010/2011年度棉花价格总体呈现“高位启动、快速提升、小幅回落、重归高点、保持坚挺”的特点。受国际棉价上涨、不利气候和市场投机炒作等因素影响，湖南省籽棉上市后收购价格一路攀升，开秤价格为3.8元/斤，至2010年11月上旬时达到6.8元/斤，创历史新高，全年收购均价在5.5元/斤，同比增长65%，皮棉加工成本在25000元/吨左右。

2. 为保资源，棉企创新收购方式

为保证籽棉资源量，棉花收购加工企业不断改进收购方式，除传统坐店收购外，还出现了订单协议、代购交售、合作社组织、棉花经纪人集中运送等收购方式。2010年以棉花经纪人集中运送最为有效，不少收购加工企业依靠几家长期合作的棉花经纪人集中运送，聚集了大量籽棉。

3. 产不足需加剧资源之争，抢购造成质量下降

全省参与棉花收购的市场主体有60家400型

企业、178家200型企业、众多民营小厂和棉花经纪人，还有跨省的外地棉商。而全省棉花资源在25万－30万吨，远不能满足这些收购主体的需求量，产能过剩、资源外流使得抢购之风愈演愈烈，籽棉水分严重超标，普遍在15%－18%，少数甚至高达20%以上。不少400型棉企无奈随行就市放松水分标准，15%以内棉花属正常标准，个别企业将10%的水分标准调整到13%以内，致使2010/2011年度超水棉极为普遍。

4. 为防风险，棉企充分利用期货、现货市场，经营多元化

风险和行业竞争为棉花流通企业创新经营方式提供了动力。湖南省棉花企业紧跟市场形势，充分利用收购、期货、撮合、现货等市场的即时表现和价格差异，合理调配交易时间和交易比例，分波段操作，赚取了一定利润，但由于棉价下跌幅度较大，部分手中还有一定棉花库存的棉企出现了一定程度的亏损。

三、织织生产与棉花消费

2010/2011年度，全省规模以上纺织企业507家，完成工业总产值563亿元，居全国同行业第14位，同比增长34.08%，增速排名全国第12位；完成销售产值553亿元，同比增长33.97%，产销率达98.22%，产销平衡。纱、服装产量保持较快增长，其中，纱产量71万吨，同比增长21.9%；布产量4.3亿米，同比减少0.32%；服装产量2.55亿件，同比增长51.9%；化纤产量4.15万吨，同比减少12.37%。纱、服装产量增速高于全国平均水平，其中服装产量增速居全国第四位，全省用棉量在60万吨左右。

（国家棉花市场监测系统湖南办事处）

江　西　省

一、棉花生产

1. 种植面积、总产量和单产

2010/2011年度江西省植棉面积79740公顷，同比增长5.6%，占全国植棉面积的1.64%；籽棉平均单产250公斤/亩；皮棉总产量13.08万吨，占全国棉花总产量的2.2%。

2. 种植成本及收益

2010/2011年度棉花种植成本在1361.14元/亩，物化投入521.14元/亩，籽棉收购价格在2010年11月达到12元/公斤，创历史新高，实现收益2538.86元/亩，同比增长53.6%。

3. 棉花种植品种

为提高棉花的种植收益，江西棉花研究部门提出科学种植绿色环保的理念，投入新品种“创杂21号”和“鄂杂棉11号”在彭泽县浪溪镇、九江县江洲镇设立两个棉花轻简栽培示范片进行了现场测产验收。经实测，彭泽县浪溪镇示范片面积为5260亩，种植品种“创杂21号”，种植密度为1330.1株/亩，平均单株成铃48.5个，亩均成铃64509.85个，单铃重5.4克，衣分40.8%，折合籽棉单产310.13公斤/亩，皮棉单产126.66公斤/亩；九江县江洲镇示范片面积为4905亩，种植品种“鄂杂棉11号”，种植密度为1526.1株/亩，平均单株成铃42.1个，亩均成铃64248.81个，单铃重5.4克，衣分40.8%，折合籽棉单产307.89公斤/亩，皮棉单产125.59公斤/亩。两个示范片平均籽棉单产309公斤/亩，皮棉单产126.1公斤/亩。

二、棉花行业发展情况

江西省作为主产棉省，近几年来在江西省委

省政府的重视和推动下，棉花产业逐渐走出低谷，正朝着“科学发展、进位赶超、绿色崛起”的目标迈进，为建设鄱阳湖生态经济区日益发挥着重要作用，呈现出恢复性增长的趋势，总体形势良好。

自2005年中国全面推行棉花质检体制改革以来，江西省认真落实国家关于棉花质量检验体制改革工作的各项政策措施，并紧密结合江西省的实际情况，迎难而上、抢抓机遇，求真务实、扎实工作，棉花质检体制改革的各项工作取得了显著成效。到2010年，全省纳入规划的31家棉花加工企业中有29家按要求完成更新改造并通过了验收，有1家目前已基本完成更新改造，近期将进行验收，只有1家尚未进行改造，全省仪器化改造基本实现了预期目标。

三、纺织生产与棉花消费

2010年江西纺织行业积极应对国际金融危机的冲击，克服棉花价格暴涨、劳动力成本上升等不利因素的影响，努力做好承接工作，吸引大批重大纺织项目落户，采用骨干企业带头模式，加快产业基地发展步伐和转型升级步伐，固定资产投资迅猛增长，经济效益大幅提升，行业发展总体呈良好态势，主要有以下六大特点：

一是产销总量增长明显。2010年全省纺织行业843户规模以上企业完成工业增加值210亿元，年均增长32.2%；实现主营业务收入850亿元，年均增长34%。

二是出口业绩稳步提升。2010年全省纺织品服装出口总额21.32亿美元，在出口总量稳步增长的同时，出口产品结构不断优化，其中服装产品的出口额达到16.28亿美元，占纺织品服装出口总额的76.36%。

三是质量效益大幅提升。2010年全省规模以上纺织企业实现利税总额62亿元，利润37.2亿元，年均分别增长47.9%和64.16%，全省纺织行业经济效益综合指数达到221.9%。

四是服装产业优势地位巩固。2010年全省规模以上服装企业完成工业增加值81.5亿元，实现主营业务收入282.6亿元，利税总额21.9亿元，三大指标分别占全行业的40.8%、36.5%和37.2%。

五是骨干企业发展势头喜人。经过国际金融危机的洗礼，鸭鸭股份公司、江西回圆服饰有限公司、江西恩达家纺有限公司、江西金源纺织有限公司等一批骨干企业发展速度不断加快。

六是转型升级步伐加快。2010年全省纺织产业结构不断优化，装备水平不断提升，已经形成以服装为龙头，棉纺、针织、化纤共同发展的良好格局。

（中国储备棉管理总公司九江直属库　曹琦）

浙　江　省

一、棉花生产

1. *种植面积、总产量和单产*

据浙江省统计局统计，2010/2011年度全省棉花种植面积31.2万亩，同比增长3.5%；总产量2.88万吨，同比增长2.5%；平均单产93.2公斤/亩，同比下降1.3%。

2. *种植品种、成本及收益*

2010/2011年度，全省棉花种植品种主要为湘杂3号，部分地区种植南农6号和慈抗杂3号；全省平均品级3级，平均纤维长度28.5毫米，平均衣分38%，平均水分11%，平均含杂率3%；平均种植成本1241元/亩，其中种子66元、肥料220元、农药27元、薄膜18元、用工910元；籽棉平均收购价为4.2元/斤。

二、棉花收购和加工

据了解，浙江省棉农的植棉收入占总收入的比例较小，因此习惯在棉花收获后立即交售，一般在11月底前就能全部售完。由于棉花数量少，交售速度快，全省棉花收购基本平稳，未受后市棉花价格大涨大跌的影响。

由于浙江省棉花生产量小且分布在15个市县，棉花加工企业呈散、小、弱的特征，多数市县的加工企业因加工数量不能达到规模化生产的要求和无力承担质检体制改革所要求的设备投入费用，未能如期实现质检体制改革的目标。截至2010年12月底，符合国家棉花质检体制改革要求、进行规范化改造并经有关方面审查核准的400型加工企业只有1家。

三、纺织经济运行

据浙江省商务厅统计，2010年浙江省纺织品服装出口497.60亿美元，同比增长25.2%，其中纺织品出口190.17亿美元，同比下降7.99%，服装出口207.38亿美元，同比下降3.92%。据浙江省统计局公布的数据，2010年，浙江省纱产量214.9万吨，同比增长12.6%，其中棉纱产量95.95万吨，同比增长7.14%；布产量159.0亿米，同比增长14.5%，其中棉布产量28.08万米，同比增长14.5%；化纤产量1207.2万吨，同比增长18.6%，其中涤纶纤维产量1103.49万吨，同比增长18.39%。据海关总署数据，2010年浙江省出口纺织机械产品4.08亿美元，同比增长7.27%；进口纺织机械产品6.75亿美元，同比下降18.32%。

（国家棉花市场监测系统浙江办事处）

甘肃省

一、棉花生产

1. 种植面积、总产量和单产

据甘肃省统计局统计，2010/2011年度全省棉花种植面积71.86万亩，同比减少11.66万亩，下降13.96%；总产量7.56万吨，同比减少1.98万吨，下降20.75%；单产105.20公斤/亩，同比下降7.90%。棉花种植面积下降的主要原因：一是棉花生产劳动强度大，投入成本高，比较效益低，从而抑制了棉花生产；二是高效特色农业发展对棉花生产形成了强势竞争。从甘肃棉花主产区酒泉市来看，随着葡萄、密瓜、蔬菜、酒花、药材、制种等高效特色农产品种植面积扩大，在很大程度上压缩了棉花种植规模；三是病虫害逐年加重影响了棉花产量、质量和收益的提升，挫伤了农民的种棉积极性。

2. 种植成本及收益

据甘肃省物价局统计，2010/2011年度甘肃棉花种植成本平均1268.71元/亩，同比增加190.17元/亩，增长17.63%，其中，生产成本1067.97元/亩，同比增加141.68元/亩，增长15.30%；土地成本200.74元/亩，同比增加48.49元/亩，增长31.85%。棉花主产品产值2488.69元/亩，同比增加1177.18元/亩，增长89.76%；副产品产值627.94元/亩，同比增加218.85元/亩，增长53.50%。

3. 棉花品质略有下降

受2010年甘肃异常气候影响，棉花长势较差。

同时，棉花采摘期下雨，造成棉花企业收购的籽棉回潮率普遍较高，个别企业收购的籽棉平均回潮率达到15%以上，严重影响了皮棉质量。另外，受棉花资源紧缺等因素影响，部分企业在收购过程中降低质量要求，雇佣棉贩走村串户进行收购等情况时有发生，引发诸如掺水、混等混级等质量问题。经甘肃仪器化公证检验，2010/2011年度甘肃棉花平均品级3.49级，平均长度29.29毫米，马克隆值A级比例44.93%，断裂比强度强级及以上级比例71.28%，长度整齐度高级及以上级比例48.73%，棉花品质比上年度略有下降。

二、棉花购销

2009年10月以来，国内棉花价格逐步走高，到2010年9月，国内棉花价格达到22000元/吨，10月9日，国家328级储备棉成交价为23866元/吨。由于国际、国内棉花价格均出现了前所未有的暴涨，2010年9月底，甘肃籽棉开秤收购价格在9.5－10.5元/公斤之间，与上年相比平均每公斤上涨4.6元左右，上涨幅度高达84.8%。2010年11月11日甘肃329级籽棉收购价格跃升至最高点11.18元/公斤，同时皮棉成本也超过24000元/吨，创历史新高。据分析，价格大幅上涨的主要原因：一是受近几年棉价低迷和比较效益下降等因素影响，全国棉花种植面积逐年减少；二是新疆等棉花主产区出现灾害性气候等原因导致棉花减产近1/4，加剧了供求失衡的矛盾；三是国际棉价处于上升通道，而印度等棉花出口大国暂停了棉花出口，造成棉花价格持续高位运行；四是我国纺织工业延续2009年下半年企稳回升态势，纺织企业开工率和订单情况远好于上年同期，对棉花的需求增加。2010/2011年度甘肃共收购皮棉53560吨，销售皮棉32640吨。

三、纺织经济运行

2010/2011年度，甘肃纱产量0.80万吨，同比增长45.45%；布产量922.68万米，同比下降44.66%。全省纺织行业规模以上工业企业32个，实现工业总产值15.1亿元，同比增长21.77%；工业销售产值14.7亿元，同比增长18.55%，其中出口交货值8257万元，同比增长8.53%；全省纺织行业实现利润总额4159万元，同比增长3.35%。

2010年甘肃纺织行业规模以上工业企业实现工业增加值率25.59%，同比下降10.53个百分点；总资产贡献率4.68%，同比下降0.18个百分点；产品销售率97.35%，同比下降2.73个百分点。

（国家统计局甘肃调查总队　徐英花）

年度报告

第三部分

2010/2011 年度中国棉花行业运行分析报告

2010 棉花年度（2010 年 9 月至 2011 年 8 月），受棉花减产、纺织需求减弱和国际棉价大起大落等因素影响，我国棉花市场出现了较大波动。国家通过加大储备棉投放力度、合理组织棉花进口、加快调运新疆棉规范市场秩序，引导市场运行趋于平稳，较好地保护了棉农利益，保障了纺织用棉需要。

一、2010/2011 年度中国棉花行业运行特点

1. 保持棉花总量平衡

据国家统计局统计，2010/2011 年度全国棉花种植面积 7275 万亩，同比减少 2%；棉花总产量 597 万吨，减少 6%。根据新疆棉实际运出数量测算，棉花总产量在 670 万吨左右，同比减少约 30 万吨，减幅 4.3%。2010 年度，全国纱产量累计 2828 万吨，同比增长 7.1%，增幅同比缩小 9.5 个百分点。由于棉花与替代品涤纶短纤的价差大幅扩大，纺织企业 2011 年以来普遍减少用棉量，增加化纤用量。全年度棉花消费量在 1000 万吨左右，比上年度减少 60 万吨；产需缺口约 330 万吨，同比减少 30 万吨。

2. 国家采取多项措施保证用棉需求

为稳定棉花市场，国家采取了多项保供措施：一是 2010 年 8 月份后投放储备棉 100 万吨，增加市场供应；二是把握节奏分三次发放 2011 年棉花进口配额 360 万吨，当年 1－8 月进口棉花 169 万吨，全年度进口 258 万吨，有效补充了用棉缺口；三是落实出疆棉花铁路运费补贴政策，及时组织调运新疆棉 243 万吨，保障了内地的用棉需求。

3. 及时制定公布棉花临时收储政策

在总结近年来棉花市场调控经验的基础上，为防止棉价大起大落带来生产上的波动，有关部门及时研究保护棉农利益、稳定棉花生产的长效机制，报经国务院批准后，2011 年 3 月份棉花春播前公布了棉花临时收储预案，明确 2011 年度皮棉临时收储价 19800 元/吨。为确保棉农收益，预案规定实行皮棉收储价格与籽棉收购价格挂钩的机制。临时收储政策的及时出台给棉农安排生产吃了“定心丸”。新的棉花年度开始前，有关部门和单位及早制定并公布了收储办法和交易规则，测算并公布籽棉收购参考价，安排收储库点，组织开展培训，为收储做了较为充分的准备。

4. 积极推进棉花质检体制改革

按照国务院批准的《棉花质量检验体制改革方案》和改革过渡期安排，有关部门和产棉区人民政府认真落实改革各项配套政策，进一步优化棉花加工业布局，完善仪器化检验体系和加工、物流设施服务体系，积极稳妥引导小包棉企业退出市场。截至 2011 年 8 月底，已有 2313 家棉花加工企业按照棉花质量检验体制改革要求完成了技术改造，占规划数的 96%；全国已建成 87 家仪器化检验实验室，检验能力达到 530 万吨。2010 年度，经仪器化检验大包棉 267 万吨，比上年度增长 5%。棉花仪器化检验结果提高了质量标识公信力，减少了贸易纠纷；大型和出口型纺织企业越来越多使用仪器化公证检验指标配棉纺纱，降低了成本。

二、2011 年度棉花工作面临的形势

1. 棉花供给增加

一是国内棉花丰收。受 2010 年度籽棉收购价格上涨、棉农收益大幅提高和国家出台临时收储政策稳定市场预期的带动，2011 年棉花播种面积增加。据农业部门调查，预计 2011 年棉花种植面积在 7780 万亩左右，同比增长 4.7%；初步估计，产量在 720 万吨。农业部门加强生产指导，在主要产棉区开展

高产创建活动，加上各主产区气候基本正常，棉花长势良好，单产将高于上年水平。二是全球棉花产量增加。据有关国际组织最新预测，2011 年度全球主要产棉国的棉花产量均有不同程度的增加，预计全球棉花产量 2691 万吨，比上年度增加 205 万吨；消费量 2472 万吨，增加 35 万吨；期初库存 906 万吨，增加 42 万吨。全球棉花产大于需 219 万吨，加上库存水平有所增加，供求关系明显改善。

2. 棉花需求基本稳定

从目前来看，全球经济增长放缓，我国纺织出口竞争压力加大，同时受人民币升值、资金紧张、生产成本上升和化纤替代增加等因素影响，纺织生产和出口增速可能放慢，棉花需求不会出现明显增长，产需缺口也将比上年度有所缩小。

3. 棉花市场有望保持平稳运行

从供求关系看，由于国内棉花供需矛盾缓解，国际棉花资源量增加，通过有效利用国际市场资源，能够保持国内棉花供求总量基本平衡。从政策层面看，临时收储政策的出台为国内棉价提供了有力支撑；国家继续实施出疆棉运费补贴政策，并将补贴标准由 400 元/吨提高到 500 元/吨，有利于提高企业调运新疆棉的积极性，促进棉花资源在区域和结构上的平衡。

4. 新棉集中上市期棉价面临一定下行压力

受棉花增产预期、纺织需求不旺、国际棉价下跌等因素影响，棉花企业入市比较谨慎，部分棉区特别是新疆棉区新棉集中上市期间有可能出现价格回落的情况。在这种情况下，要防止出现“卖棉难”和企业收购籽棉时压级压价损害农民利益的问题。受货币政策紧缩及纺织市场不景气影响，棉企收购资金偏紧，2011 年参与棉花收购的纺织企业预付款、社会资金及商业银行贷款可能减少。

5. 稳定棉花生产的难度加大

种棉费工费时，生产机械化水平低，生产成本特别是劳动力成本大幅上升，比较效益仍然不高，对稳定棉花生产的不利影响日益突出。

三、切实做好 2011 年度棉花工作

当前国际、国内经济形势复杂多变，影响棉花市场稳定运行的不确定因素较多，2011 年度是棉花临时收储政策实施的第一年，各地、各有关部门和单位要切实落实临时收储政策，维护收购加工秩序，加强棉花市场调控，稳定棉花市场和价格，确保在丰收之年棉农利益和种棉积极性得到有效保护，促进棉花产业和纺织产业的持续健康发展。

1. 落实好临时收储政策

一是进一步加大政策宣传力度。为稳定市场预期，有关部门、单位和产棉区地方政府要通过电视、广播、报刊和网络等各种渠道和群众喜闻乐见的方式，宣传棉花临时收储政策的主要目的、基本内容和实施办法，重点宣传敞开收储、皮棉收储价与籽棉收购价挂钩等措施，使广大棉农家喻户晓，涉棉企业增强政策意识，社会各界有效监督。要增强宣传的针对性，新疆等地要结合民族地区特点加强双语政策宣传。为贴合棉农了解市场信息的习惯，所有交储企业必须在厂区门口显著位置张贴政策宣传告示和中国棉花协会发布的籽棉收购参考价，并按对应的参考价挂牌收购。二是严格执行皮棉收储价和籽棉收购参考价挂钩的政策，确保农民得到实惠。中国储备棉管理总公司（以下简称“中储棉总公司”）作为国家委托的临时收储预案执行责任主体，要认真查验交储企业收购单据，凡籽棉实际收购价低于收购参考价的不予入储；棉花协会、棉纺协会等行业组织要配合实施舆论监督，将不执行籽棉收购参考价的交储企业列入行业黑名单；有关部门和产棉区地方政府要加强对交储企业收购价格和合同执行情况的监管。中棉集团等大型骨干棉花企业要利用加工点多、面广的优势，带头挂牌收购，积极发挥示范和引导市场的作用。三是安排好收储库点。中储棉总公司要继续按照“有利于保护农民利益、有利于企业就近交储、有利于棉花安全储存、有利于监管、有利于调运”的原则，加紧做好后续库点的安排准备工作，根据交储量增加的需要，及时公布新的收储库点，方便农民交售和企业交储。四是抓好收储资金供应、交易、入库和结算等工作。农业发展银行要做好资金测算，及时安排信贷计划，确保临时收储资金及时、

足额、有序供应。中储棉总公司、中国纤维检验局、农业发展银行和全国棉花交易市场要进一步加强配合，提高效率，加快储备棉检验、入库和结算进度，减少交储企业利息成本，方便其回笼资金后继续投入收购。

2. 抓好棉花市场购销相关工作

产棉区政府要加大新棉购销工作组织和指导的力度，客观宣传我国棉花产销形势，引导棉农及时采摘新棉，合理把握交售时机，指导棉花企业积极有序收购籽棉，均衡加工销售，通过加快资金周转提高经营规模和效益，不囤积棉花赌后市。大型棉花流通企业和用棉企业要充分发挥市场影响力，服从服务于国家宏观调控。中国棉花协会和棉纺织行业协会要继续加强信息服务和行业自律。各级农业发展银行要按照总行确定的在不“打白条”的前提下防控风险的原则，做好新棉收购资金管理工作，做到及时、足额、平稳、有序供应。产棉区地方政府要认真分析本地区棉花收购资金供应形势，找出可能出现的空白点，提早协调有关金融机构为新棉收购提供金融服务，切实防止辖区内出现企业收购籽棉对农民“打白条”现象。

3. 强化市场和质量监管

产棉区地方政府要严把棉花市场主体准入关，组织工商、物价等相关部门加强对棉花收购行为的监管，严厉打击无证照经营行为和压级压价收购棉花的坑农害农行为，坚决取缔小轧花机、土打包机等非法加工设备，规范棉花现货市场交易，维护正常的棉花流通秩序。质监部门要依法加强棉花质量的检查，加强收购加工环节质量监督管理，打击棉花掺杂使假等质量违法行为。有关部门要进一步完善期货交易规则，严厉打击过度投机炒作行为。棉花协会要引导在棉花采摘收购加工环节避免混等混级，加强排除异性纤维工作，提高棉花质量。行业协会要引导推广使用棉包塑钢打包带，研究建立棉包塑钢打包机、打包带生产准入制度，确保棉花打包质量。新疆自治区政府有关部门要配合铁路部门进一步加强棉花铁路运输防治火灾工作。

4. 进一步加强市场调控

一是组织协调好棉花进口。待棉花生产、消费形势进一步明朗后，有关部门将抓紧研究2012年棉花进口计划，适时、适量发放进口配额以满足纺织需要。各地有关部门和行业协会要加强宣传培训，推广使用棉花协会标准进口合同，引导企业合理把握进口时机，提高国际贸易操作水平。二是加强新疆棉花运销协调。2011年新疆棉增产，预计调运数量高于上年，运输压力加大。有关部门要继续执行好出疆棉花铁路运输补贴政策，新疆自治区政府和行业协会要引导新疆棉花企业收购加工后抓紧销售和向内地均衡移库运输。铁路等有关部门要继续组织好新疆棉外运，增加棉花出疆运力，满足销售和移库需要。三是做好储备调控预案。新年度棉花供需矛盾有所缓解，但产需仍存在一定缺口，如国际经济形势好转，纺织用棉需求恢复，棉价仍存在波动的可能。一旦市场需要，国家将及时投放储备保障供应。四是完善工作机制。有关部门和产棉区地方政府要进一步改进产需统计，确保数据真实可靠，密切监测分析市场形势，做好宏观调控的基础工作。要进一步发挥行业组织作用，规范信息发布，提高棉花市场信息的权威性、及时性、准确性。

5. 继续推进棉花质检体制改革

各地区要继续做好棉花加工企业技术改造的收尾工作，并根据棉花生产区域的变化动态调整完善棉花加工业布局，确保全覆盖、无遗漏。产棉区地方政府要继续按照“积极引导、扶大限小、因地制宜、分步实施”的原则，积极稳妥地引导200型棉花加工企业在规定期限内有序退出市场。纤检机构要妥善组织好400型棉花特别是交储棉花的仪器化公证检验工作，改善检验服务，努力提高送检率。要加紧修订棉花质量标准，尽早实现仪器化检验取代感官检验，促进机采棉检验科学和质量提高。中国纤维检验局要配合有关行业组织加快棉花仪器化检验结果在纺纱配棉上的应用推广，引导纺织企业积极采购大包棉花。棉花协会要会同有关方面研究制定大包棉花进入专业仓储办法，并建立与质检体制改革相适应的国内棉花贸易规则。

6. 扶持发展棉花生产

要切实加大国家对棉花生产的支持力度，增加投入，加强新疆、黄河流域和长江流域优质棉生产基地建设，稳步扩大优势区域棉花种植面积。鼓励有条件的地区合理开发利用盐碱地等，增加棉花种植面积。要增加科研投入，加强农技服务体系建设，加快良种繁育和推广，继续大力开展棉花高产创建，提高我国棉花综合生产能力。要进一步完善棉花良种补贴政策，加快推广棉花生产保险，增强防范风险能力。要适应农村劳动力结构变化的新形势，研发推广棉花移栽、采收机械及配套品种和技术，提高棉花生产机械化水平。为稳定棉花生产，国家将进一步总结完善棉花临时收储政策，2012年春播前及时公布下年度临时收储价格。

2010/2011 年度中国棉花生产形势分析

农业部农村经济研究中心　杜　珉

【作者简介】杜珉，女，1982 年毕业于西安交通大学，1993 年调入农业部农村经济研究中心，现任农研中心农村发展研究室主任，国家现代棉花产业技术体系产业经济研究室主任、研究员。自 1995 年以来，一直从事农业市场政策研究，特别是棉花市场政策研究。先后主持和参与国家、部委以及国内外有关机构项目和课题 20 余项，发表学术论文百余篇，出版专著 3 部。2005 年任国家棉花市场监测系统专家委员会委员、农业部棉花专家顾问组专家等，2007 年分别担任“农业部、财政部现代棉花产业技术体系之产业经济研究项目”、“棉花简化种植节本增效——棉花产业链政策项目”负责人，2008 年任中国棉麻流通研究会副会长，2008 年任国务院关税税则专家咨询委员会专家委员。

按照国家统计局数据，2010 年全国棉花种植面积 485 万公顷（折合 7275 万亩），棉花总产量 597 万吨。国家棉花产业技术体系产业经济研究室（中国棉花经济信息系统）受农业部种植业司和全国棉花高产创建办公室秘书处委托，2010 年对全国 16 个棉花主产省、区、市及兵团的 198 个高产创建示范县棉花生产情况进行月度跟踪监测，监测分析也显示了同样的趋势结果。2010 年棉花种植面积小幅下降，棉花产量减少，棉花病虫及自然灾害不同程度发生，农资价格普遍上涨，棉花收购价格大幅上涨，农户植棉收益历史最好。

一、2010 年棉花生产形势分析

1. 种植面积小幅下降

2010 年全国棉花种植面积小幅下降。其中 6 月份 103 个监测县植棉面积为 2496.9 万亩，较上年减少 2.7%；9 月份 134 个监测县棉花收获面积为 3214.15 万亩，同比减少 1.5%。

分区域来看，9 月份长江流域收获面积为 656.05 万亩，同比增加 45.9 万亩，增幅为 7.5%，除江苏省面积略有下降外，其他各省均有不同程度的增加，其中湖北省增加 28.89 万亩，同比增幅为 26.5%；黄河流域收获面积为 1735.1 万亩，同比减少 131.97 万亩，减幅为 7.1%，其中减幅最大的是山西省，减幅达到 12.4%；西北内陆收获面积为 823.02 万亩，同比增加 35.4 万亩，增幅为 4.5%，其中新疆（含兵团）同比增加 30.14 万亩，增幅为 5.1%。

表 3－1　2010 年 6－9 月全国植棉情况

月　　份	监测县数（个）	2010 年面积（万亩）	2009 年面积（万亩）	增减幅度（%）
6 月	103	2496.9	2566.45	－2.7
7 月	142	3541.1	2566.45	＋0.7
8 月	150	3774	3804.7	－0.8
9 月	134	3214.15	3264.8	－1.5

数据来源：中国棉花经济信息系统。

2. 棉花平均单产同比基本持平

2010 年监测县籽棉平均单产为 251.9 公斤/亩，同比下降 1.06%，其中黄河流域、长江流域和西北内陆棉区分别为 219.0 公斤/亩、249.2 公斤/亩和 349.3 公斤/亩，同比增幅分别为 －3.97%、4.37% 和 1.45%；按照棉花平均衣分率 39.1% 和 90% 的误差系数折算，预计皮棉平均单产约为 88.6 公斤/亩，同比基本持平。

3. 棉花产量同比减少

2010 年底监测县预测产量为 280.78 万吨，同比减少 7 万吨，减幅为 2.49%。各棉区预计产量同比增减差异明显，其中黄河流域预计产量为 161.85 万吨，同比减少 8.37 万吨，减幅为 4.9%；西北内陆预计产量为 96.18 万吨，同比增加 1.67 万吨，增幅为 1.77%；长江流域预计产量 27.75 万吨，同比减少 1.47%。

表 3－2　2010 年 12 月监测县皮棉总产量预估情况

单位：万吨

区　　域	2010 年	2009 年	变化
全　　国	280.78	287.82	－2.49%
长江流域	22.75	23.09	－1.46%
黄河流域	161.85	170.22	－4.92%
西北内陆	96.18	94.51	1.77%

数据来源：中国棉花经济信息系统。

根据监测分析，预计 2010 年全国棉花产量同比下降 2.49%，参考 2009 年国家统计局 640 万吨的产量，测算 2010 年全国棉花总产量约为 624 万吨。

二、棉花病虫害及自然灾害发生情况

1. 枯萎病、黄萎病轻度发生

棉花生长期间，全国病虫害发生面积较大，程度偏轻；2010 年 6－7 月枯萎病、黄萎病在长江流域的发病面积高于其他棉区，8 月份黄河流域病害较重。

6 月，监测县病害发生面积为 461.64 万亩，其中枯萎病和黄萎病的发病面积分别占棉花面积的 12.78% 和 5.77%，病害程度为轻度。枯萎病、黄萎病在长江流域的发病面积高于其他棉区，分别占其植棉面积的 19.72% 和 7.35%。

7 月，监测县病害发生面积为 450 万亩，病情程度为轻度。枯萎病在长江流域的发病面积高于其他棉区，占其植棉面积的 20.3%；黄萎病在黄河流域发病面积占植棉面积的 5.4%，高于其他棉区；早衰主要发生在西北内陆棉区的甘肃省。

8 月，监测县病害发生面积由高到低依次是黄萎病、早衰和枯萎病，分别占监测县棉花面积的 8.2%、6.4% 和 4.4%；黄河流域病害较重，黄萎病、枯萎病和早衰发生面积分别占全国病害发生面积的84.6%、79.1%和90.4%。

9月，病害以黄萎病、早衰和枯萎病为主，发生面积占监测县面积的13.14%、6.08%和4.13%。黄河流域黄萎病和早衰病情较重，发病面积占全国总发病面积的61.47%和69.99%；枯萎病在长江流域和黄河流域均有发生。

2. 虫害发生面积较大，棉铃虫依然是主要虫害

2010/2011年度虫害发病面积较大，主要虫害是棉铃虫、盲蝽象和棉蚜虫，9月白粉虱取代棉蚜虫成为第三大虫害，各类虫害发生面积逐月下降，黄河流域虫害较重。

6月，监测县棉蚜虫、盲蝽象和棉铃虫发生面积分别占棉花总面积的53.14%、30.00%和20.18%；其他依次为红蜘蛛、蜗牛、白粉虱和地老虎。分棉区看，长江流域、黄河流域的主要虫害分别是盲蝽象、棉蚜虫，西北内陆棉区发生的虫害主要是棉蚜虫、红蜘蛛和棉铃虫。

7月，监测县棉铃虫、盲蝽象和棉蚜虫发生面积分别占棉花总面积的33.75%、26.8%和25.99%，其他依次为红蜘蛛、白粉虱和蜗牛。分棉区看，长江流域、黄河流域和西北内陆棉区最主要的虫害分别是盲蝽象、棉铃虫和棉蚜虫。

8月，监测县棉铃虫、盲蝽象和棉蚜虫发生面积分别占棉花总面积的31.3%、20.9%和14.1%，其他依次是白粉虱、红蜘蛛、斜纹叶蛾、玉米螟。各棉区中，黄河流域虫害较重，棉铃虫、盲蝽象和棉蚜虫发生面积分别占监测县虫害面积的76%、76%和71%。

9月，监测县虫害发生前三位的是棉铃虫、盲蝽象和白粉虱，发生面积分别占监测县面积18.61%、16.61%和8.47%，其中黄河流域3种虫害的发生面积分别占总发生面积的59.39%、65.15%和82.89%。

3. 自然灾害不同程度发生，黄河流域灾害频繁

6月，监测县部分棉区发生了旱灾、水灾、冻灾等，全部为轻度灾害。其中旱灾面积占棉花总面积的5.02%；水灾面积占棉花总面积的4.36%；冻灾面积占棉花总面积的4.31%。长江流域受自然灾害影响比其他棉区多，其中水灾、冻灾和雨雪灾害面积分别占该区域棉花面积的13.38%、8.81%和5.15%。

7月，部分棉区发生了旱灾、水灾、雨灾等，其中旱灾面积占棉花总面积的6.3%，主要发生在黄河流域；水灾面积占5.14%；雨灾占棉花总面积的2.44%，主要发生在长江流域；小部分棉区发生了冻灾和冰雹，发生在西北内陆的新疆自治区。长江流域受自然灾害影响比其他棉区大。

8月，涝旱并生，黄河流域灾害较多。主要是雨灾、水灾和旱灾，雨灾发生面积占监测县棉花面积的7.7%，主要发生在黄河流域；水灾发生面积占棉花总面积的5.2%，其中重度水灾约16万亩，分别发生在安徽、山东、河南和新疆的部分县市。旱灾发生面积占总面积的5.2%，受灾区域主要是长江流域和黄河流域，分别占发生面积的57.5%和34.2%。

9月，以雨水灾害为主，黄河流域发生较多。监测县自然灾害主要是雨灾、水灾和风灾。雨灾发生面积占监测县面积的13.47%，主要发生在黄河流域；水灾发生面积占监测县面积的6.40%，黄河流域和长江流域均有发生；风灾发生面积占监测县面积的2.74%，主要发生在长江流域。

三、6月以后农资价格持续上涨

2010年1－5月农资价格均呈下降趋势，但降幅逐渐缩小，自6月开始农资价格持续上涨，其中过磷酸钙的涨幅最大。

6月地膜平均价格为13.2元/公斤，环比上涨3.9%，同比上涨6%；12月地膜平均价格为14.07元/公斤，环比、同比分别上涨0.77%和7.47%，比6月上涨6.6%。

6月柴油平均价格为6.89元/公斤，环比上涨1.9%，同比上涨3.1%；12月柴油平均价为7.69

元/公斤，环比、同比分别上涨0.69%和12.63%，比6月上涨11.6%。

6月尿素平均价格为1.64元/公斤，环比下降1.7%，同比下降6.2%；12月尿素平均价为1.97元/公斤，环比、同比分别上涨1.29%和9.17%，比6月份上涨20.2%。

6月过磷酸钙平均价格为0.6元/公斤，环比下降0.8%，同比下降3.4%；12月过磷酸钙平均价为0.79元/公斤，环比下降7.41%，同比上涨10.85%，比6月份上涨31.7%。

氯化钾平均价格为2.99元/公斤，环比下降1.3%，同比下降8.2%；12月氯化钾平均价为3.34元/公斤，环比、同比分别下降3.9%和6.1%，比6月份上涨11.7%。

四、收购价格大幅上涨　植棉收益历史最好

9月份以来监测县籽棉价格大幅上涨，但后期增速趋缓。9－12月籽棉平均价格分别为8.90元/公斤、11.16元/公斤、12.06元/公斤和10.61元/公斤，同比分别上涨54.57%、76.74%、82.99%和51.79%。12月平均价为10.61元/公斤，环比下降13.77%，同比上涨51.79%，其中下旬均价为10.52元/公斤，比上旬下降1.64%。下旬，长江流域、黄河流域和西北内陆籽棉收购均价分别为10.33元/公斤、10.75元/公斤和9.65元/公斤，比上旬分别下降0.05%、1.67%和2.48%。与上旬相比，黄河流域下旬价格最高，西北内陆降幅最大。

2010年示范县种植棉花总成本为1578.8元/亩，其中物质费用为887.79元/亩，人工成本为690.98元/亩。分区域来看，长江流域总成本为1850.75元/亩，其中物质费用为920.21元/亩，人工成本为930.55元/亩；黄河流域棉花总成本为1428.01元/亩，其中物质费用为826.35元/亩，人工成本为601.66元/亩；西北流域棉花总成本为1690.25元/亩，其中物质费用为996.85元/亩，人工成本为693.39元/亩。

尽管2010年棉花生产成本大幅上涨，但是棉花收购价格大幅提升，农户植棉收益为历史最好水平。按照全国平均产量、9－12月籽棉平均收购价格计算，农户植棉每亩产值为2241.9元，扣除各项成本每亩收益663.1元。

五、2011年植棉面积增加　生产趋势向好

由于2010年棉花价格上涨，农户植棉收益提高，激发棉农植棉积极性，2011年全国棉花种植面积同比提高。

2011年全国棉花监测县平均播种面积为4371.1万亩，增幅为4.6%。分区域看，长江流域、黄河流域和西北内陆棉区分别为1063.9万亩、2182.8万亩和1124.3万亩，均有不同程度的增加，长江流域增幅最大，增幅为7%，其中江苏省增幅为14.4%。

表3－3　2011年4－9月监测县植棉情况

	测县数（个）	2011年面积（万亩）	2010年面积（万亩）	增减幅度（%）
4月	154	4131.17	3972.1	+4.0
5月	158	4289.1	4090.3	+4.9
6月	169	4435.2	4210.1	+5.4
7月	195	4804.6	4626.6	+3.8
8月	180	4268.5	4060.9	+5.1
9月	170	4297.8	4113.9	+4.5

2010/2011年度中国新体制棉花质量情况分析

中国纤维检验局　王丹涛　罗　俐

【作者单位简介】中国纤维检验局始建于1950年，是实行公务员管理的全额预算事业单位，隶属于国家质量监督检验检疫总局。2001年国务院颁布的《棉花质量监督管理条例》以法规的形式确立了中国纤维检验局及各级专业纤维检验机关行政执法的主体资格，明确了中国纤维检验局棉花质量监督的行政执法权以及负责组织实施全国棉花质量监督工作，包括组织实施全国棉花公证检验、全国棉花质量监督检查和依法查处棉花质量违法行为。

2010/2011年度，按照《棉花质量检验体制改革方案》的要求，全国仪器化公证检验实验室对1540家加工厂所加工的265.6万吨细绒棉（以下简称“新体制棉花”）进行了公证检验，检验量约占当年棉花流通量（534.6万吨）的50%，检验数据能比较真实地反映我国棉花年度质量情况。本文以2010/2011年度新体制棉花公证检验数据为基础进行了统计分析。

一、新体制棉花公证检验概况

2010/2011年度新体制棉花公证检验量达到1172.2万包265.6万吨，参与检验的加工厂共1540家，平均每家加工厂送检1725吨。

自2006年度以来，参与新体制棉花公证检验的加工厂逐年增加，其中2010/2011年度同比增加5.6%；新体制棉花公证检验量、流通量覆盖率（以下简称“覆盖率”）显著增加，在2010/2011年度棉花产量下降、市场高位运行的情况下，检验量比上年增加4.06%，覆盖率增加5.10个百分点。

2010/2011年度全国共有14个产棉省参与了新体制棉花公证检验，其中新疆检验量最大，占全国检验量的70.32%。内地各主产棉省按检验量大小依次为：山东（8.25%）、湖北（6.56%）、河北（4.96%）、安徽（2.44%）、江苏（2.38%）、甘肃（1.94%）、湖南（1.66%）、河南（0.57%），江西（0.48%）。浙江、天津、山西、陕西等其他参与新体制棉花公证检验的产棉省合计检验量约占全国检验量的0.44%。

2010/2011年度高峰期检验量比上年减少，检验周期比上年延长。10月至次年1月的高峰期合计检验量232.94万吨，约占全年度检验量的87.70%，低于上年同期；2月至4月合计检验量26.48万吨，约占全年度检验量的9.97%，形成次高峰期；5月以后，山东、河北、新疆等省仍继续检验。

二、2010/2011年度全国新体制棉花质量状况

1. 主要质量指标检验结果

2010/2011年度全国新体制棉花主要质量指标包括品级、长度、马克隆值、断裂比强度、长度整齐度指数。

品级

品级指标连年下降，特别是1－2级棉大量减少，目前全国少量的1－2级棉几乎全部产自新疆，平均品级已接近4级。2010/2011年度品级变化幅度特别大，高于以往年度的变化幅度：5－7级棉比率同比增加幅度接近20个百分点，平均品级同

比下降0.59级。全国各主产省除甘肃省外，其他各省棉花品级均有不同程度的下降。

长度

在经历上年异常气候、长度下降之后，2010/2011年度长度指标有恢复性上升，30－32毫米级比率明显增加，目前全国30－32毫米级棉花主要产自新疆，少量产自湖北和江苏，平均长度同比增加0.26毫米。全国各主产省除山东、河北、河南、湖南外，各省棉花长度均有明显上升，上升幅度约为0.2－0.4毫米。

马克隆值级

2010/2011年度各地棉花马克隆值情况不尽相同、有升有降，马克隆值级总体年度变化相对平稳，棉纤维偏成熟，目前全国A级棉花主要产自新疆，少量产自山东和湖北。同上年相比，A档有所增加、高于前3年，马克隆值分布向低值微移，棉纤维整体细度、成熟度稍好于上年。

断裂比强度

断裂比强度年度变化较为明显、各地差异较大，目前全国强档及以上档棉花大部分产自新疆，一部分产自湖北，少量产自山东、江苏、甘肃等地。同上年相比，强档及以上档比率有所增加，平均断裂比强度值上升0.22cN/tex,.棉纤维强力好于上年。全国各主产省除山东、湖北、安徽、湖南外，大部分省份所产棉花断裂比强度有明显上升。

长度整齐度指数

2010/2011年度长度整齐度指数有恢复性上升，目前全国高档棉花绝大部分产自新疆，少量产自湖北、江苏等地。同上年相比，高档比率有所增加，平均长度整齐度指数上升0.22个百分点，棉纤维均匀性好于上年。全国各主产省中，新疆、江苏、江西产棉长度整齐度指数上升，其他省均有不同程度下降。

表3－4 2010/2011年度中国新体制棉花主要质量指标检验结果汇总

品级						
1级	2级	3级	4级	5级	6级	7级
0	4.07%	28.27%	40.34%	22.95%	3.58%	0.79%

平均品级	3.96级	1－2级	4.07%	5－7级	27.32%

长度级							
32毫米	31毫米	30毫米	29毫米	28毫米	27毫米	26毫米	25毫米
0.05%	1.50%	16.88%	40.62%	30.14%	9.353%	1.18%	0.10%

平均长度	28.67毫米	30－32毫米	18.43%	25－27毫米	10.81%

马克隆值级							
A级	B级	C级	C1档	B1档	A档	B2档	C2档
37.02%	45.64%	17.34%	11.02%	6.86%	37.02%	38.78%	6.32%
A＋B级	82.66%	非C1档	88.98%	1档	17.88%	2档	45.10%
断裂比强度分档							
很强档	强档	中等档	差档	很差档	强档及以上	差档及以下	平均值
5.04%	27.16%	60.47%	6.60%	0.73%	32.20%	7.33%	28.24 cN/tex
长度整齐度指数分档							
很高档	高档	中等档	低档	很低档	高档及以上	低档及以下	平均值
0.27%	45.52%	51.73%	2.43%	0.05%	45.79%	2.48%	82.74%

2. 质量特点及分析

根据检验结果，2010/2011 年度全国新体制棉花品级继续下降，其他质量指标有不同程度上升，棉花市场存在的质量问题主要有回潮率超标、混等混级，个别地区出现少量掺混僵瓣棉、回收棉、短绒等的情况。

综合各地的情况来看，2010/2011 年度棉花质量出现上述变化的影响因素主要包括气候、市场形势及棉花生产环节等三个方面。

气候

气候变化是影响 2010/2011 年度棉花质量、特别是内在质量的决定性因素。首先，2010/2011 年度全国大部分产棉区降水偏多，局部地区出现持续性强降水、造成棉田内涝，棉花吐絮受到影响，霉桃、烂桃、僵瓣棉数量增多，是各地棉花品级下降的重要原因之一；其次，同气候异常的上年相比，新疆、甘肃、江苏等地的气象条件好于上年，棉花生长较为正常，棉花内在质量没有因气候原因受损或受损程度较上年减轻，为全国棉花内在质量有所上升奠定了基础；再次，内地多个主产省发生低温阴雨、高湿寡照等气象灾害，棉花的正常生长受到很大影响、生长期推迟，棉花回潮率普遍超标，除品级下降外，各项内在质量也受到明显影响、各有升降。

市场形势

棉花市场形势增加了棉花质量风险，是影响棉花质量的重要因素。总结 2010/2011 年度的棉花市场形势，一是资源紧缺导致购销方放松质量管理，流通秩序更为混乱，棉花经营者以获取资源为第一要务，在收购、加工中放松了质量管理，跨产区收购、统花收购、收购超水棉等情况普遍存在，增加了棉花质量的不稳定因素；二是棉价非理性高涨造成质次价高，年度内棉花价格屡创历史新高，即便是质量很差的棉花也能获得较好的收益，导致棉花经营者忽视质量管理，加剧了棉花质量的严峻形势；三是结算体系无法体现优质优价，分等分级销售的收益不如混等混级销售的收益，棉花经营者不愿进行分等分级，使得品级好的棉花体现不出质量优势，是全国品级持续下降、特别是 1－2 级棉逐年减少的重要原因。

棉花生产环节

各地区在棉花生产环节上的差异对棉花质量具有重要影响：一是我国棉花品种繁多，各地品种良莠不一，个别地区选择高产低质的棉花品种，不利于棉花质量保持稳定；二是不同地区产业结构调整、政策落实情况对棉农植棉意愿和积极性产生导向作用，继而反映在棉农对棉田的生产投入和管理上，从而影响了棉花质量，在一定程度上扩大了地区间的质量差异；三是采摘方式和加工工艺不同造成质量变化，如机采棉同手摘棉相比，品级、长度、长度整齐度等指标偏低；四是农田生产习惯对棉花质量造成破坏，个别地区在今年棉花生长期推迟情况下，为保证后期冬作物种植，带壳摘桃、手工剥棉，影响了棉花质量。

三、主要产棉省新体制棉花质量情况

各主产省的新体制棉花可以按质量水平分成以下几个层次：首先是大部分指标相对出色，整体质量水平高于全国平均水平的，如甘肃、新疆、江苏；其次是各指标有优有劣，整体质量水平优于内地平均水平的，如河南、江西、湖北；最后是整体质量水平较差的，如安徽、山东、河北、湖南。

1. 甘肃

甘肃省的产棉区主要集中在陇西（酒泉市）和陇北（张掖市、民勤县）。2010/2011 年度甘肃新体制棉花（下称甘肃棉）检验量达到 22.9 万包 5.1 万吨，约占内地棉检验量的 6.5%；覆盖率约为 75.7%，为全国第二，仅次于新疆，超过全国平均覆盖率 26.3 个百分点。

甘肃棉跟全国其他主产省的棉花相比，各项指标检验结果均相对出色，整体质量水平很好，同上年相比，甘肃棉质量有明显提升：（1）品级全国最好。3－4 级棉超过九成，其中 3 级棉占一半以上，远高于内地其他产棉省，平均品级全国最高，超过新疆近 0.2 级；同上年相比，平均品级略有上升，上升幅度 0.05 级，是全国仅有的平均品级不降反升的主产省。（2）长度较好。28－32毫米级比率全国最高，其中29毫米级接近半数，平均长度全国第二、仅次于江苏棉；同上年相比，平均长度有所上升，上升幅度0.18毫米。（3）马克隆值级较好。A级棉接近半数，比率为全国最高，但C1档较高，全国仅有甘肃棉1档比率高于2档，棉纤维整体细度、成熟度不足；同上年相比，A级、C级减少，2档比率有所提高，1档和2档差距减小，棉纤维细度、成熟度稍好于上年。（4）断裂比强度很好。强档及以上档棉花超过7成，几乎没有差档、很差档棉花；同上年相比，很强档和强档比率上升近10个百分点，平均断裂比强度值上升0.37cN/tex，棉纤维强力有所提高。（5）长度整齐度指数较好。高档、中档的棉花各占一半，中档及以上档比率全国最高；同上年相比，中档比率有所提高，其他档比率略有下降，平均长度整齐度指数与上年基本持平，棉纤维均匀性与上年相当。

2. 新疆

新疆我国最大的产棉省，绝大部分地州均种植棉花，2010/2011年度新疆棉花产量占全国的比率超过四成。2010/2011年度新疆新体制棉花公证检验量为820.9万包186.8万吨，约占全国检验量的七成；覆盖率约为83.7%，为全国最高，超过全国平均覆盖率34.3个百分点。

新疆棉跟全国其他产棉省相比，除断裂比强度非常差外，其他指标检验结果均比较出色，整体质量水平较好，同上年相比，新疆棉质量有所提升：（1）品级很好。1－2级棉的数量和比率远超其他产棉省，占全国1－2级棉的比率几乎达到百分之百，除甘肃棉外，仅有新疆棉的平均品级在4级以上；同上年相比，平均品级有所下降，下降幅度0.53级。（2）长度较好。30－32毫米级棉花超过两成，比率为全国第二，平均长度接近甘肃棉；同上年相比，平均长度明显上升，上升幅度0.38毫米。（3）马克隆值级很好。A级棉超过四成，比率仅次于甘肃棉，棉纤维整体细度、成熟度较为适中；同上年相比，A级棉增加、C级棉减少，马克隆值分布趋于适中，棉纤维细度、成熟度好于上年。（4）断裂比强度非常差。超过六成的棉花为中档，差档及以下档棉比率在主产省中最多；同上年相比，很强档和强档比率有所上升，平均断裂比强度值上升0.29cN/tex，棉纤维强力有所提高。（5）长度整齐度指数很好。高档及以上档棉超过半数，比率为全国第二；同上年相比，高档比率明显增加，平均长度整齐度指数上升0.41个百分点，棉纤维均匀性明显好于上年。

3. 江苏

江苏省的产棉区主要集中在苏北（盐城市、徐州市）和苏中（南通市、泰州市、扬州市）。2010/2011年度江苏新体制棉花检验量达到27.9万包6.3万吨，约占内地棉检验量的8.0%；覆盖率为26.9%，为全国第五。

江苏棉跟全国其他产棉省相比，长度、断裂比强度、长度整齐度的优势突出，品级、马克隆值级的劣势明显，整体质量水平较好，同上年相比，江苏棉质量有所回升：（1）品级很差。4级棉占五成，5级棉占四成，平均品级与内地平均水平相当；同上年相比，平均品级继续明显下降，下降幅度0.44级。（2）长度全国最好。30－32毫米级比率全国最高，超过第二的新疆棉近18个百分点，平均长度远高于其他产棉省，全国仅有江苏棉平均长度超过29毫米；同上年相比，平均长度明显上升，上升幅度0.33毫米。（3）马克隆值级很差。A级棉不足两成，主产省中倒数第二，C2档的比率接近三成，为主产省中最高，棉纤维细度、成熟度过高；同上年相比，A级、C级增加，1档与2档差距减小，马克隆值降低，但C2档的比率不降反升，棉纤维细度、成熟度不及上年。（4）断裂比强度非常好。很强级棉超过三成，为全国最高，平均断裂比强度值仅次于河南棉；同上年相比，很强档和强档比率上升超过30个百分点，平均断裂比强度值上升幅度高达1.42cN/tex，棉纤维强力大为提高。（5）长度整齐度指数全国最好。高档棉比率超过六成，为全国最高；同上年相比，很高档和高档比率上升近10个百分点，平均长度整齐度指数上升0.25个百分点，棉纤维均匀性有所提高。

4. 河南

河南省的产棉区主要集中在豫西南（南阳市）和豫东（周口市、开封市、商丘市）。2010/2011年度河南新体制棉花检验量达到6.7万包1.5万吨，约占内地棉检验量的1.9%；覆盖率仅3.8%，在主产省中垫底。

河南棉跟全国其他产棉省相比，断裂比强度指标相对出色，整体质量水平中等，同上年相比，河南棉质量有所下降：（1）品级中等。4级棉超过七成，比率为全国最高，平均品级次于新疆棉且差距较大，介于全国和内地平均值之间；同上年相比，平均品级有所下降，下降幅度0.36级。（2）长度中等。28－32毫米级棉比率与江苏棉相当，平均长度超过全国平均值，次于新疆棉；同上年相比，平均长度有所下降，下降幅度0.20毫米。（3）马克隆值级很差。三个值级各占约1/3，A档比率低于全国平均值；同上年相比，A级减少、C级增加，马克隆值分布向两极分散，棉纤维细度和成熟度远不及上年。（4）断裂比强度全国最好。强档及以上档棉花接近八成，平均断裂比强度值为全国最高；同上年相比，很强档比率明显上升，平均断裂比强度值上升0.56cN/tex，棉纤维强力进一步提高。（5）长度整齐度指数较差。高档及以上档棉花比率不及全国平均值，略高于内地平均值；同上年相比，平均长度整齐度指数下降了0.28个百分点，棉纤维均匀性较上年下降。

5. 江西

江西省的产棉区主要集中在赣北（九江市、上饶市）。2010/2011年度江西新体制棉花检验量5.5万包1.3万吨，约占内地棉检验量的1.6%；覆盖率为10.7%，为全国第十，在主产省中仅高于河南。

江西棉跟全国其他产棉省相比，品级很低但成熟很好，整体质量水平中等；同上年相比，江西棉质量有所提高：（1）品级非常差。1－3级棉比率极低，在主产省中垫底，平均品级低于内地平均水平；同上年相比，平均品级有所下降，下降幅度0.48级。（2）长度较差。30－32毫米级棉很少，低于内地和全国平均值，平均长度略高于内地平均水平；同上年相比，平均长度有所上升，上升幅度0.25毫米。（3）马克隆值级很好。A级棉接近四成，比率次于新疆棉，2档比率明显高于1档，棉纤维整体细度、成熟度较高；同上年相比，A级增加、C级减少，C2档比率大幅度下降，马克隆值异常偏高的问题得以解决，棉纤维细度、成熟度较上年大为好转。（4）断裂比强度中等。强档及以上档比率占半数，高于内地和全国平均值；同上年相比，中等档以上各档比率略有增加，平均断裂比强度值上升0.33cN/tex，棉纤维强力有所提高。（5）长度整齐度指数中等。高档及以上档棉花占四成，低于全国平均值、高于内地平均值；同上年相比，高档比率明显增加，平均长度整齐度指数上升0.44个百分点，棉纤维均匀性明显好于上年。

6. 湖北

湖北是继山东、河北之后的内地第三大产棉省，产棉区主要集中在鄂中南（荆门、宜昌）、江汉地区（荆州、潜江、天门）和鄂东（武汉、孝感）。2010/2011年度湖北新体制棉花检验量达到77.3万包17.4万吨，约占内地棉检验量的22.1%；覆盖率约为41.0%，为全国第三。

湖北棉跟全国其他产棉省相比，品级低、成熟差，整体质量水平较差；同上年相比，湖北棉质量明显下降：（1）品级很差。1－3级棉比率极低，4级棉接近四成，平均品级略高于江苏棉；同上年相比，平均品级大为下降，下降幅度1.13级。（2）长度中等。30－32毫米级棉比率超过内地平均值，平均长度低于全国平均值、高于江西棉；同上年相比，平均长度有所上升，上升幅度0.25毫米。（3）马克隆值级非常差。C1档超过两成，比率为全国最高，A级比率低于河南棉；同上年相比，尽管A级有所增加，但1档增加、2档减少的幅度很大，马克隆值分布由整体偏高转为整体偏低，棉纤维细度、成熟度不及上年。（4）断裂比强度中等。强档及以上档占半数，与江西棉相当；同上年相比，强档、很强档比率下降，平均断裂比强度值下降0.57cN/tex，棉纤维强力明显下降。（5）长度整齐度指数中等。高档及以上档棉占三成，高于内地平均值、低于江西棉；同上年相比，高档比率大幅度下降，平均长度整齐度指数下降0.54个百分点，棉纤维均匀性明显下降。

7. 安徽

安徽省的产棉区主要集中在皖北（亳州市、阜阳市、宿州市、蚌埠市、淮南市）和皖中南（安庆市、巢湖市、池州市、芜湖市、宣城市）。2010度安徽新体制棉花检验量达到28.7万包6.5万吨，约占内地棉检验量的8.2%；覆盖率为22.8%，为全国第八。

安徽棉同全国其他产棉省相比，仅长度指标尚可，整体质量水平很差；同上年相比，安徽棉各质量指标有升有降，整体质量水平与上年相当：（1）品级非常差。5－7级棉接近七成，平均品级低于江西棉；同上年相比，平均品级明显下降，下降幅度0.89级。（2）长度中等。28－32毫米级比率接近全国平均值，平均长度超过江西棉；同上年相比，平均长度有所上升，上升幅度0.22毫米。（3）马克隆值级很差。与河南棉相比，A级比率更低、C级比率更高；同上年相比，A档、C1档增加，马克隆值分布由整体过高向中低值转移，棉纤维细度、成熟度好于上年。（4）断裂比强度较差。与湖北棉相比，很强档比率更低、很差档和差档比率更高；同上年相比，很差档和差档比率增加，平均断裂比强度值下降0.18cN/tex，棉纤维强力略有下降。（5）长度整齐度指数较差。与河南棉相比，很低档和低档比率更高；同上年相比，很低档和低档比率增加，平均长度整齐度指数下降0.13个百分点，棉纤维均匀性略有下降。

8. 山东

山东是内地最大的产棉省，产量仅次于新疆，山东的产棉区主要集中在鲁西北（德州、聊城）、鲁北（滨州、东营）和鲁西南（菏泽、济宁）。2010/2011年度山东新体制棉花检验量达到98.5万包21.9万吨，约占内地棉检验量的27.8%；覆盖率为33.6%，为全国第四。

山东棉跟全国其他产棉省相比，除成熟情况相对突出外，整体质量水平很差；同上年相比，山东棉质量明显下降：（1）品级很差。5级棉占五成，平均品级低于内地平均值；同上年相比，平均品级明显下降，下降幅度0.82级。（2）长度非常差。28毫米级接近五成，27毫米级接近三成，平均长度在主产省中垫底；同上年相比，平均长度明显下降，下降幅度0.34毫米。（3）马克隆值级很好。A级比率超过三成，高于内地平均值，2档比率超过1档近60个百分点，棉纤维整体细度、成熟度很高；同上年相比，马克隆值分布由适中偏高向高、低两极分散，棉纤维细度、成熟度明显不及上年。（4）断裂比强度很差。强档及以上档比率不足三成，近七成的棉花为中等档；同上年相比，中等档比率略有下降，平均断裂比强度微降0.03cN/tex，棉纤维强力与上年相当。（5）长度整齐度指数非常差。高档及以上档棉仅占一成，远低于内地和全国平均值；同上年相比，高档比率明显下降，平均长度整齐度指数下降0.47个百分点，棉纤维均匀性明显下降。

9. 河北

河北是除山东之外内地最大的产棉省，产棉区主要集中在冀中（沧州市）和冀南（衡水市、邢台市、邯郸市）。2010/2011年度河北新体制棉花检验量达到59.3万包13.2万吨，约占内地棉检验量的16.7%；覆盖率为25.7%，为全国第六。

河北棉跟全国其他产棉省相比，各项指标检验结果均不高，整体质量水平非常差；同上年相比，河北棉质量明显下降：（1）品级很差。5级棉接近五成，同山东棉相比，4级棉更少、6级棉更多；同上年相比，平均品级下降，下降幅度0.31级。（2）长度很差。同江西棉相比，30－32毫米级比率更低，平均长度低于内地和全国平均值；同上年相比，平均长度有所下降，下降幅度0.24毫米。（3）马克隆值级中等。同其他主产省相比，B2档比率最高、C1档比率最低，2档比率超过1档近

80个百分点，棉纤维细度、成熟度异常偏高；同上年相比，A级减少、C级增加，马克隆值分布由适中偏高向高值转移，棉纤维细度、成熟度明显不及上年。（4）断裂比强度非常差。强档及以上档约占两成，比率在主产省中垫底，七成的棉花为中等档；同上年相比，中等档比率下降、强档比率略有上升，平均断裂比强度微升0.02cN/tex，棉纤维强力与上年相当。（5）长度整齐度指数很差。高档及以上档棉占两成，低于内地和全国平均值；同上年相比，中等档比率下降、高档和低档比率上升，平均长度整齐度指数微降0.04个百分点，棉纤维均匀性与上年相当。

10. 湖南

湖南产棉区主要集中在湘北（常德市、岳阳市、益阳市）。2010/2011年度湖南新体制棉花检验量达到19.3万包4.4万吨，约占内地棉检验量的5.6%；覆盖率为21.6%，为全国第九。

湖南棉同全国其他产棉省相比，大部分质量指标检验结果都很低，整体质量水平非常差；同上年相比，湖南棉质量明显下降，下降幅度大于其他主产省：（1）品级全国最差。6级棉超过两成，远高于内地和全国平均值，平均品级全国最低；同上年相比，平均品级大为下降，下降幅度1.74级，明显高于其他产棉省。（2）长度很差。30－32毫米级比率接近内地平均值，平均长度低于内地和全国平均值；同上年相比，平均长度下降，下降幅度0.11毫米。（3）马克隆值级非常差。C1档占两成，比率仅低于湖北棉，A级比率低于内地和全国平均值；同上年相比，马克隆值分布由整体过高向低值转移，各档分布趋于绝对平均，棉纤维整体细度、成熟度不及上年。（4）断裂比强度中等。同湖北棉相比，强档和中等档比率更低、很强档和差档比率更高，平均断裂比强度值略低；同上年相比，强档、很强档比率明显下降，平均断裂比强度值下降1.50cN/tex，幅度高于其他产棉省，棉纤维强力大为下降。（5）长度整齐度指数非常差。高档及以上档棉不足一成，为主产省中最低；同上年相比，高档比率明显下降，平均长度整齐度指数下降1.25个百分点，幅度高于其他产棉省，棉纤维均匀性大为下降。

表3－5 2010/2011年度主产省新体制棉花品级检验结果

产地	1级	2级	3级	4级	5级	6级	7级	平均品级
甘肃	0	0.41%	54.49%	39.27%	5.74%	0.09%	0	3.51级
新疆	0	5.79%	38.26%	38.19%	13.85%	3.00%	0.91%	3.73级
江苏	0	0	3.47%	50.27%	40.25%	5.36%	0.65%	4.49级
河南	0	0	2.89%	70.22%	25.54%	1.35%	0	4.25级
江西	0	0	0.56%	36.56%	55.95%	6.90%	0.03%	4.69级
湖北	0	0	1.16%	59.34%	36.67%	2.68%	0.15%	4.41级
安徽	0	0	0.88%	30.53%	55.61%	9.96%	3.02%	4.84级
山东	0	0.03%	1.15%	44.04%	52.66%	2.01%	0.11%	4.56级
河北	0	0.02%	2.01%	41.45%	49.64%	6.48%	0.40%	4.62级
湖南	0	0	0.93%	24.89%	49.93%	22.88%	1.37%	4.99级

表 3－6　2010/2011 年度主产省新体制棉花长度级检验结果

产地	32 毫米	31 毫米	30 毫米	29 毫米	28 毫米	27 毫米	26 毫米	25 毫米	平均长度
甘肃	0. 06%	1. 83%	16. 68%	48. 69%	29. 18%	3. 46%	0. 10%	0	28. 84 毫米
新疆	0. 05%	1. 75%	20. 16%	43. 48%	27. 51%	6. 59%	0. 45%	0. 01%	28. 82 毫米
江苏	0. 52%	8. 05%	31. 30%	36. 00%	18. 85%	4. 55%	0. 61%	0. 12%	29. 19 毫米
河南	0	0. 60%	13. 74%	46. 63%	33. 75%	5. 10%	0. 18%	0	28. 70 毫米
江西	0	0. 03%	3. 77%	44. 70%	44. 09%	6. 36%	0. 99%	0. 06%	28. 44 毫米
湖北	0	0. 40%	14. 61%	46. 14%	26. 40%	10. 17%	2. 15%	0. 13%	28. 62 毫米
安徽	0	0. 19%	10. 38%	51. 21%	26. 61%	7. 22%	3. 27%	1. 12%	28. 55 毫米
山东	0	0. 03%	1. 08%	19. 34%	47. 37%	28. 07%	3. 89%	0. 22%	27. 85 毫米
河北	0	0. 03%	2. 62%	25. 76%	45. 48%	22. 40%	3. 43%	0. 28%	28. 01 毫米
湖南	0. 01%	0. 29%	8. 59%	31. 06%	35. 12%	17. 97%	6. 00%	0. 96%	28. 16 毫米

表 3－7　2010/2011 年度主产省新体制棉花马克隆值级检验结果

产地	A 级	B 级	C 级	C1 档	B1 档	A 档	B2 档	C2 档
甘肃	45. 07%	35. 71%	19. 22%	19. 05%	10. 83%	45. 06%	24. 88%	0. 17%
新疆	41. 20%	45. 28%	13. 52%	11. 28%	7. 48%	41. 20%	37. 80%	2. 24%
江苏	15. 63%	48. 72%	35. 65%	9. 88%	3. 67%	15. 63%	45. 05%	25. 77%
河南	31. 39%	35. 17%	33. 44%	15. 94%	11. 15%	31. 39%	24. 02%	17. 50%
江西	35. 28%	51. 41%	13. 31%	3. 21%	5. 45%	35. 28%	45. 96%	10. 10%
湖北	29. 51%	32. 02%	38. 47%	21. 39%	8. 52%	29. 51%	23. 50%	17. 08%
安徽	24. 09%	41. 48%	34. 43%	13. 16%	6. 43%	24. 09%	35. 05%	21. 27%
山东	32. 57%	54. 78%	12. 65%	2. 46%	2. 53%	32. 57%	52. 25%	10. 19%
河北	15. 80%	62. 34%	21. 86%	2. 07%	1. 33%	15. 80%	61. 01%	19. 79%
湖南	24. 18%	33. 77%	42. 05%	20. 38%	12. 56%	24. 18%	21. 21%	21. 67%

表 3－8　2010/2011 年度主产省新体制棉花断裂比强度分档检验结果

产地	很强档	强档	中等档	差档	很差档	平均值
甘肃	27. 02%	44. 16%	28. 04%	0. 76%	0. 02%	29. 86 cN/tex
新疆	3. 02%	24. 80%	63. 68%	7. 71%	0. 79%	28. 04 cN/tex
江苏	34. 38%	37. 50%	24. 04%	2. 64%	1. 44%	30. 00 cN/tex
河南	30. 43%	46. 47%	22. 23%	0. 78%	0. 09%	30. 11 cN/tex
江西	9. 73%	40. 73%	47. 67%	1. 75%	0. 12%	29. 01 cN/tex
湖北	8. 61%	42. 22%	45. 87%	2. 98%	0. 32%	28. 93 cN/tex
安徽	6. 59%	43. 95%	42. 89%	4. 40%	2. 17%	28. 75 cN/tex
山东	3. 19%	23. 80%	68. 29%	4. 51%	0. 21%	28. 14 cN/tex
河北	1. 45%	21. 20%	70. 99%	5. 80%	0. 56%	27. 96 cN/tex
湖南	17. 06%	34. 54%	41. 92%	5. 64%	0. 84%	28. 99 cN/tex

表 3－9 2010/2011 年度主产省新体制棉花长度整齐度分档检验结果

产地	很高档	高档	中等档	低档	很低档	平均值
甘肃	0.04%	48.60%	50.94%	0.42%	0	82.88%
新疆	0.35%	53.87%	44.46%	1.31%	0.01%	83.01%
江苏	0.83%	61.31%	35.42%	2.16%	0.28%	83.21%
河南	0.02%	27.81%	69.96%	2.20%	0.01%	82.29%
江西	0.06%	40.14%	58.62%	1.17%	0.01%	82.64%
湖北	0.01%	32.14%	66.10%	1.72%	0.03%	82.42%
安徽	0.02%	31.57%	61.91%	5.94%	0.56%	82.23%
山东	0.01%	10.72%	81.46%	7.71%	0.10%	81.62%
河北	0.01%	19.72%	73.24%	6.77%	0.26%	81.88%
湖南	0	9.05%	80.42%	10.46%	0.07%	81.43%

中国棉花质检体制改革回顾与展望

中国纤维检验局 王丹涛 邵佳蕊

【作者单位简介】中国纤维检验局始建于 1950 年，是实行公务员管理的全额预算事业单位，隶属于国家质量监督检验检疫总局。2001 年国务院颁布的《棉花质量监督管理条例》以法规的形式确立了中国纤维检验局及各级专业纤维检验机关行政执法的主体资格，明确了中国纤维检验局棉花质量监督的行政执法权以及负责组织实施全国棉花质量监督工作，包括组织实施全国棉花公证检验、全国棉花质量监督检查和依法查处棉花质量违法行为。

一、棉花质量检验体制改革进展情况

2010/2011 年度是棉花质量检验体制改革新 5 年推行期的首年。受国内外经济形势的影响，出现了棉花产量减少、用棉需求增加、产需缺口扩大、棉价大起大落、市场形势混乱等不利于棉花质检改革推进的情况。在有关部门的共同努力下，参与仪器化公证检验的棉花数量不跌反升，棉花质检体制改革又取得新的进展。

1. 新体制加工企业已覆盖主产棉区，棉花加工业结构逐步优化

全国按新体制要求完成更新改造的企业 2059 家，遍及所有产棉区，加工能力达到 1110 万吨，已全面满足加工企业布局规划目标。全国经过资格认定的加工企业已从 8712 家下降到 4418 家，呈逐年减少趋势。目前 200 型企业还有 2444 家，市场份额逐年减少。

2. 仪器化检验网络基本建成，适应棉花质检改革需要的公证检验管理体制基本建立

全国已建成仪器化实验室 89 家，实验室总面积近 60000 平方米，其中恒温恒湿总面积超过 20300 平方米，配备 HVI384 台，总投入 8.7 亿元，检验规模位居世界第一。检验能力 600 万吨，能够满足新体制加工能力需求。

3. 申报检验的企业逐年增加，仪器化公证检验覆盖率稳步上升

2010/2011 年度申报公检的企业 1837 家，占已完成更新改造企业的比例为 93.4%，企业送检量占加工量的比重达到 89.3%，是历年最高的。全国加工环节仪器化公证检验数量达到 268 万吨，超出上年度 13 万吨，覆盖率上升 10 个百分点。

4. 公证检验的作用和影响日渐突出

公证检验在国家通过国储棉实施宏观调控的工作中发挥了不可替代的作用。国家明确规定只有经过仪器化公证检验的大包棉才可收储，公证检验结果作为国储棉收储和投放市场的质量凭证。截至 2010/2011 年度，国储棉公证检验数量累计达到 557 万吨。公证检验促进了以棉花期货和市场交易棉为代表的现代市场体系的发育，对市场的规范运行和健康发展发挥了保障作用。截至 2010/2011 年度，期货交割棉和市场交易棉公证检验数量累计达到 194 万吨。

二、棉花质检体制改革面临的形势

尽管棉花质检体制改革取得了明显成效，但与改革目标还有一定距离，特别是这些年来我国经济、社会等领域都发生了深刻变革，棉花产业各环节也相应发生了很大变化，棉花质检改革的环境条件与改革初期相比也有所不同。

1. 棉价的大起大落打破了棉花生产的规律

2010/2011 年度棉价之高和涨幅之大都是历史上从未有过的，但是在棉农收入大涨、棉花比较效益超过粮食的情况下，2010/2011 年度全国植棉面积却呈温和增长态势，主要原因是，当棉价上升到合理的价位后，棉花与其他农作物的竞争已从比价转到用工、技术和服务等方面。这些年来棉花生产服务体系逐步减弱，缺乏有效组织和技术指导，生产技术管理水平有所下降，区域化种植、标准化生产、机械化程度还没有大的突破，植棉费工和易受灾害影响的弱点非常突出。在这种情况下，棉价大起生产未必大上，棉价大落则生产必然大下。棉花资源应在 500 万吨到 700 万吨之间徘徊，棉花产区分布会继续发生变化，其下游各环节也将受到影响。

2. 纺织企业对棉花数量的需求大于对质量的关注

随着全国棉纺工业连续 10 年的快速发展，年增长 17%，纱锭数已超过 1.2 亿，用棉量从 2006 年起就突破了 1000 万吨，已经打破了过去棉花资源供给不是多就是少的局面，国产棉产不足需成为刚性矛盾，只有靠进口外棉才能平衡市场。由于能够获得国家进口配额的纺织企业有限，生存需求使得大部分企业最主要关心的是能不能买到棉花。只有资源有一定保障的大型企业在棉花购销中才有话语权，相对重视质量问题，新体制棉花也主要流向这些企业。大多数的中小企业因购棉渠道有限、实力不足、产品档次不高，对棉花质量要求不高或没有能力约束棉花质量，这也是没有公证检验的棉花（包括小包棉）能够有销路的一个重要因素。由于近两年棉纺行业效益可观，其扩张的势头还在加剧，供求矛盾更加尖锐，不利于形成改革推行所需要的市场环境，纺织对改革的拉动作用难以体现。但是近期纺织企业原料成本、资金使用成本和用工成本均大幅增加，直接影响其下游销售和经营状况，纺纱能力将严重过剩，棉纺行业会出现重新洗牌、优胜劣汰的新局面。

3. 加工环节的流通环境和经营模式出现新情况

新体制棉花加工企业是按照棉花产区分布进行规划布局的，目的是方便棉农售棉，保障加工资源。但棉花收购全面放开后，籽棉由棉农直接向加工企业交售的形式，逐步变成了个体商贩走家串户流动收购籽棉，再集中向棉花加工企业销售的状况。受价格竞争影响，籽棉通过长途贩运跨区域销售的情况也比较普遍。由于籽棉流动性变大，很多新体制加工企业就近收不到籽棉。而在籽棉集散地，新体制企业加工能力布局又与实际籽棉资源相脱节，造成很多资源被 200 型企业控制。

棉花市场放开后，通过推行棉花质检改革，棉花加工企业的结构有了很大变化，但加工能力过剩的矛盾并没有解决。新体制企业按照改革的要求建

起来了，但200型企业还没有完全退出市场。按照规定，要想取得更新改造批准必须是在具备加工资质的基础上，而以前取得棉花加工资格的有相当比重是原供销系统企业，包袱重，实力差，经营不善，无力改造或者改造后也无法再开展经营活动，出现了实力雄厚有能力改造的进不来，进来的又无力改造或正常加工。

棉纺工业为获取资源也大量向棉产区扩张，不仅大上纱锭，还大量投资棉花加工。目前新体制企业构成中，有相当一部分隶属纺织企业，这些纺织企业的经营重点还是纺纱织布，棉花收购加工只是配套，一是可以通过收购棉花使用农副产品收购发票，降低税赋；二是可以获得收购贷款，用于棉花纺织经营。棉花收购加工只限于自产自用，加工行情好时就加工，加工行情不好，甚至不如直接采购皮棉，就不再收购加工，这也是为什么很多加工企业开工率低但并不关停并转的原因。

三、棉花质检体制改革进展情况

2011 年度是深化棉花质量检验体制改革的第2年。截至2012年2月底，全国累计检验量2206.8万包498.7万吨，流通量覆盖率84.0%，比上年度同期（239.9万吨）增加258.8万吨，增长率107.9%，比上年度（268.3万吨）增长85.9%，比2008年度（1894.4万包426.9万吨）的历史峰值增长16.8%，其中新疆检验量1433.3万包324.4万吨，比2008年度检验量（1197.5万包270.1万吨）增长20.1%，内地各省检验量合计773.5万包174.3万吨，比2008年度检验量（696.9万包156.8万吨）增长11.2%；新体制棉花加工厂开工率87.0%，已开展加工的1708家加工厂全部实施了仪器化公证检验，比上年度同期增加214家，比上年度开工的加工厂数量增加166家；全国已开展检验的实验室76家。

2010/2011 年度中国棉花加工行业运行情况

郑州棉麻工程技术设计研究所　刘军民

【作者简介】刘军民，男，高级工程师，1985年毕业于哈尔滨商业大学，同年调入中华全国供销合作总社郑州棉麻工程技术设计研究所，现任中华全国供销合作总社棉花质量监督检验检测中心副主任，中华全国供销合作总社郑州棉麻工程技术设计研究所科技信息部经理、技术委员会委员、中评委委员，《中国棉花加工》杂志编委、编辑部主任等职务。自2004年至今，主持和参与了多项国家级和部级科研项目，并作为专家先后参与了农业部优质棉基地建设项目评审、河南省重点实验室评审和郑州工程学院等院校数项研究课题的鉴定评审工作，是“国家棉花加工工程技术研究中心”学科技术带头人，先后发表了《麻袋织造工程》、《美国轧花厂干燥机设计分析》、《我国棉花加工企业粉尘现状分析》、《籽棉干燥机经济运行分析》等论文及著作。

2010/2011年度，在各种自然因素和人为因素的作用下，中国棉花市场价格经历了过山车式的起伏动荡，对棉花产业链的各个环节产生了严重影响。作为棉花加工产业的主体，400型棉花加工企业也经受了严峻考验。

一、2010/2011 年度棉花加工行业市场综述

2010/2011 年度伊始，受当年全国棉花播种面积较上年略有减少、局部地区受灾、总产量较上年小幅下降、上市时间有所推迟等因素的叠加影响，棉花开秤价格涨幅大、涨速快，屡创历史新高，新棉收购价从 2010 年 9 月初的 8.5 元/公斤一路上涨至 15.0 元/公斤（折皮棉成本 33000 元/吨），市场呈现争收抢购局面，从而导致皮棉质量下降、企业经营风险加大。在此背景下，国家有关行业管理部门及时出台了《关于做好当前棉花购销工作的通知》等文件，对全球棉花供求关系和经济大环境进行了分析，要求棉花收购加工企业理性分析形势、防范经营风险，行业管理部门做好宣传引导、加强行业管理，对稳定市场大局发挥了一定作用。但由于 2010 年全国纺织形势好转、纺织行业整体利润增加，纺织企业开始增加原棉库存，加上投机资金进场炒作，致使我国棉花价格出现暴涨。到 2011 年 3 月初，郑棉期货价格达到历史最高位 33000 元/吨，严重超过纺织企业的承受能力，纺织企业开始限产、减少棉花用量，市场投机资金迅速撤离，再加上原料、劳动力成本大幅增加、人民币升值等多重压力，最终导致棉花收购、加工和纺织各环节价格“崩盘”，棉花价格先后两次大幅度跳水。6 月 24 日，中国棉花价格指数（CC Index328）为 24421 元/吨，较 2011 年 3 月份的高点下跌 20%，之后虽有小幅反弹，但临近新棉上市之前棉价第二次大幅下跌，现货成交价格逼近国家临时收储价 19800 元/吨，严重影响新棉收购价格和棉花流通市场的稳定。如果新棉上市后收购价格过低将影响棉农的交售积极性和纺织企业的正常经营，对下一年度的棉花生产也将产生不利影响。

二、我国棉花质量检验体制改革全部按计划完成

按照规划，2010 年 8 月 31 日是我国棉花质量检验体制改革计划第一阶段的截止时间。据统计，2009/2010 棉花年度结束后，除国家下达的“列入贴息规划企业 2180 家、棉花加工生产线 2238 条”计划尚有少量缺口外，其他改革计划已经全部完成。因此，进入 2010/2011 年度后，各产棉省区抓紧落实，督促实施，已经列入生产线改造计划的企业，除部分企业因特殊原因放弃改造外，大部分在新棉上市前完成了改造任务，加上后来调整新增加的企业，全国实际完成改造的企业和棉花加工生产线数量均达到计划目标。

三、棉花加工企业生产效益出现严重滑坡

在顺利完成国家棉花质量检验体制改革后的 2010/2011 年度，我国新体制运行整体顺利，但由于棉花市场价格出现了历史罕见的波动，使 400 型棉花加工企业经受了严峻考验，部分企业由于存在投机心理，盲目参与了前期的非理性籽棉收购炒作，其中，有少部分企业因为采取了快收购、快加工、快销售的策略，并在皮棉价格出现第一波大幅下跌后的反弹过程中进行了清仓，保证了全年一定的棉花加工生产效益，但还是有较多企业遭受重创，库存高成本皮棉难以及时销售，加工生产出现较大亏损，严重影响到新棉上市后再参与正常的棉花加工生产活动。相比而言，新疆生产建设兵团棉花加工团场在本年度遭受的损失较小，除了管理体制因素外，主要是因为兵团近年来积极发展机采棉生产，通过新建和改造机采棉加工生产线，提高了棉花加工能力，有效降低了棉花加工生产成本，商品棉的市场竞争力较手采棉有显著优势，棉花加工整体效益得到了保证。

四、我国机采棉加工生产能力进一步提升

2010/2011 年度，新疆棉区的机采棉种植面积较上年度有了一定幅度的提高，进口和国产的采棉机拥有量已基本满足机采棉的实时收获需要。在市场需求的强力拉动下，机采棉种植地区的棉花加工企业、特别是兵团棉花加工团场进一步加大了对机采棉加工设备的投入力度，在新棉上市之前，新上和改造了一批机采棉加工生产线，促进了兵团机采棉加工生产能力的进一步提升，为新疆机采棉的大力发展打下了良好的工作基础，示范效应显著。

在机采棉加工能力持续提升的同时，我国自行设计建设的机采棉加工工艺得到了进一步完善，包括籽棉开模与自动喂花设备、棉花调湿设备、机采棉清理设备、高效轧花设备以及地膜清理等机采棉加工主要设备，目前已经全部实现国产化，新进口加工设备量极少。我国机采棉加工生产线的整体技术水平已接近国际最先进水平，机采棉加工产能高、能耗低，棉花加工质量进一步优化，机采棉加工质量有了进一步提高，机采棉生产综合效益开始显现。

五、棉花加工新技术自主研发和成果转化能力明显增强

1. 我国棉机制造集中度进一步加强

得益于我国棉花质量检验体制改革，我国传统棉机制造企业的数量继续呈逐年减少趋势。在2010/2011 年度进入市场的棉花加工设备主要集中在机采棉加工清理设备、棉花调湿设备、异性纤维清理设备以及货场自动喂花设备等几个方面，而几个骨干棉机制造企业和研究单位的棉机销售额已经占到当年全国棉机销售额的 80% 左右。一些生产传统手采棉加工设备的棉机企业开始产品转型，逐步退出棉机市场，中国棉机制造开始向少数几个骨干企业集中。

2. 一批棉花加工新技术成果得到推广应用

2010/2011 棉花年度，国内科研单位、大专院校和骨干棉机生产企业紧跟国际技术发展趋势，在实施国家“十一五”科技支撑计划项目“棉花加工产业升级关键技术研究开发”的过程中，围绕我国棉花的生产特点和棉花加工产业发展的实际需要，在籽棉垛温湿度监测技术、棉花加工高效除尘技术、机采棉地膜在线清理技术、机采棉就地开松喂料技术等方面实现了关键技术突破，开发了一批新技术设备并在机采棉加工生产线上开始示范应用，显著提升了机采棉加工生产的自动化和智能化水平，促进了机采棉加工生产的全程机械化进程。由北京中棉机械成套设备有限公司等单位共同承担的国家“十一五”科技支撑计划项目“农产品现代物流技术研究开发与应用”、“棉花物流搬运技术研究及技术集成与示范”课题，经过各参加单位 4 年的共同努力，在棉花物流技术平台建设和技术支撑装备开发方面取得一批重要研究成果，2011 年 1 月 19 日在北京通过了由国家商务部组织的项目验收。基于课题技术成果开发的部分设备经过中试，目前已经在棉花加工企业、棉花仓储库和棉纺织企业示范应用，试点企业经济效益明显，示范效果突出，有效促进了我国现代棉花物流体系的建设；同时，通过课题技术成果的应用示范，培训了大批基层科研及技术人员，行业从业人员的整体业务素质得到明显提升。

3. 国家棉花加工工程技术研究中心获批正式成立

2011 年 1 月 7 日，国家科技部正式批准依托中棉工业有限责任公司组建国家棉花加工工程技术研究中心（《国科发计〔2011〕5 号》），标志着国家棉花加工工程技术研究中心正式立项并进入 3 年的建设阶段，也成为以供销合作系统所属单位为依托成立的第一家国家级工程技术研究中心。该中心由中棉工业有限责任公司所属四家高新技术企业和中华全国供销合作总社郑州棉麻工程技术设计研究所共同建设。建设国家棉花加工工程技术研究中心，将加速棉花加工工程技术领域科技成果集成和应用，充分利用国内相关技术领域的科技资源、人才优势以及一流的产业条件和长期的产学研结合优势，整合行业资源，通过技术创新和机制创新，构建孵化国内外先进技术的高端平台、培养与培训专门人才的骨干基地，打造一支汇聚国内外优秀人才的研发团队，成为行业技术工程化的探索先锋、引领行业可持续发展的创新旗舰、研究行业基础课题的公益使者，为提高我国棉花加工质量、棉花物流效率和棉籽深加工程度提供工程应用平台，提升中国棉花产业的市场竞争力，保障棉花产业安全，推动我国棉花加工行业技术进步。

2010/2011 年度是“国家棉花加工工程技术研究中心”建设阶段的第一年，中心以推动行业科技进步为己任，紧紧围绕中心总体任务目标积极开

展工作，在上级主管部门的大力支持下，在相关参加建设单位的密切配合下，在2010/2011年度加强了新技术的转化和示范应用步伐，在新疆伊犁州棉麻公司的大力协助下，于2011年8月在新疆奎屯建成“机采棉加工试验示范生产线”，为促进棉花加工高新技术的工程化应用奠定了坚实基础。该生产线集成采用了国内最先进的机采棉加工技术设备，工艺设计合理，制作安装精良，同时可满足手采棉加工需要，代表着我国目前棉花加工生产线的最高水平，在新的棉花加工年度将会发挥重要的示范和新技术引领作用。

六、棉花加工工业标准化工作和专利工作取得新的突破

1. 行业标准化工作取得新进展

2010/2011年度是我国完成棉花质量检验体制改革后的第一年。经过5年试点和推广，初步建立了符合我国国情、与国际通行做法接轨、科学权威的棉花质量检验体制，棉花检验技术标准体系已经与国际标准实现接轨，在棉花加工环节实行了仪器化、普遍性的权威检验。但在新的棉花生产形势下，棉花产业链关键环节技术标准的研究制定方面还有许多需要进一步加强和完善的地方。全国棉花加工标准化技术委员会积极配合国家标准化管理委员会组织实施的“国家标准化体系建设工程”，在全国供销合作总社等有关部门的大力支持下，加强与纤检部门、纺织企业沟通，充分考虑新形势下我国棉花加工产业发展的实际需要和大多数企业的利益，不断创新工作方法，有效组织棉花加工标准制、修订工作，对初步形成的“我国棉花加工工业标准体系”进行了不断的完善和更新，取得了一系列标准化工作成果，对进一步巩固国家棉花质量检验体制改革的成果，尽快让200型企业退市，规范棉花加工市场发挥了重要的标准支撑作用。

由棉花加工行业首次承担的国家公益类标准研究项目“我国棉花加工企业粉尘监测方法研究制定”课题，在项目参与单位的共同努力下取得了数项成果，圆满完成了合同任务目标，于2011年7月顺利通过国家质检总局组织的项目验收。

2. 专利申请结构明显改善，专利质量不断提高

自2011年2月1日起开始实施的《专利行政执法办法》进一步规范了专利行政执法程序，加大了专利行政执法力度。为应对激烈的市场竞争，国内棉花加工技术相关研究单位和棉机制造企业保护自主知识产权的意识和保护能力在不断加强，积极申请技术和产品专利，有效保护了企业的市场竞争力和创新积极性。

2010/2011年度全国棉花加工机械技术领域的专利申请量和授权量继续呈增加的态势。值得欣慰的是，专利申请结构得到明显改善，专利质量不断提高。其中，发明专利申请占总专利申请量的比例继续增加，申请的国际专利也有突破。专利涉及的技术领域几乎涵盖了我国棉花加工生产过程的各个工艺环节，主要分布在籽棉清理技术领域、轧花技术领域、棉花调湿技术领域、皮棉清理技术领域、异性纤维清理技术领域、打包技术领域、棉包质量检测技术领域、剥绒技术领域以及籽棉自动喂料、下脚料回收装置机、棉模运输叉子等棉花加工辅助设备技术领域。

我国棉花加工产业专利申报工作的不断深入进一步规范了国内棉机制造企业之间的市场竞争行为，整体提升了我国棉花加工设备的技术水平和制造质量，对保证棉花加工质量、提高国产棉市场竞争力水平十分有利。

七、塑钢带棉花包装技术进一步普及

棉花包装是棉花加工产业链的末端环节，同时又是棉花流通环节的开始，起着承上启下的关键作用。为解决棉花在运输过程中易起火的问题，于2008年颁布实施的国家标准GB6975－2007《棉花包装》在棉包捆扎材料方面新增加了塑料包装袋和塑料捆扎带，在2009/2010年度全国30多家企业试用的基础上，2010/2011年度以来，这项工作又有了进一步深化。由于GB6975－2007《棉花包装》标准的制定正值新型棉花包装材料的成型初期，其参数指标不全且比较笼统，导致捆扎带符合国家标准却不能满足棉花包装的实际要求，给包装

材料的个别指标检测认定带来了一定的难度。为切实提高新型棉花包装材料的使用效果，全国棉花加工标准化技术委员会组织相关部门和单位共同起草的 GH/T 1068 – 2010《棉花包装用聚酯捆扎带》标准，经过三年的反复认证和不断完善，于2011 年3 月1 日正式颁布实施。该标准在参考 GB 6975 – 2007《棉花包装》和 GB/T 22344 – 2008《包装用聚酯捆扎带》及美国棉花同类包装材料技术要求的基础上进一步提高了技术指标，明确了棉花包装用聚酯捆扎带的接头方式、接头拉断力、纵向开裂性、接头剥离力等技术要求和相关检验方法，解决了捆扎带国家标准中现有指标无法满足棉花实际包装要求的技术性问题。新疆铁路部门发文规定，从 2010 年9 月1 日起停止运输钢丝包装的棉包，通过铁路运输的棉包必须全部采用塑钢带捆扎。一年来的实践证明，铁路部门的这一政策规定加速了塑钢带包装的推广应用，对防止棉包在铁路运输途中发生火灾起到了一定的预防作用。但不可忽视的是，2010/2011 年度塑钢带包装在使用中仍存在崩包、炸包等问题。要彻底解决这一问题，需要生产、流通和监管多方面密切配合，进一步提高塑钢带和焊接机的产品质量，加强棉包生产人员技术培训，严格作业规程，切实保证塑钢带的包装效果，为逐步在全国普及塑钢带包装技术奠定工作基础。

八、启示

1. 长期稳定的政策制度，是保证棉花等大宗农产品稳定发展的基础

2010/2011 年度，中国棉花价格出现历史罕见的波动幅度和速度，不论是暴涨还是暴跌，都严重背离价值，是极其不正常的市场表现。在国际金融危机影响仍在持续、不确定因素不断增加的形势下，中国棉花生产可持续发展面临劳动力减少、比较效益下降等诸多因素挑战，因此，需要长期、稳定的政策支持，以保证棉花等大宗农产品市场的稳定发展。

2. 棉花加工企业练好内功是实现稳定健康发展的根本保证

当今世界经济细分程度越来越高，作为整个棉花产业的中间一环，棉花加工产业包括棉花收购、棉花加工等环节的利润率有一定限度和范围，要做到始终保持较高的利润率水平是不现实的。因此，不论当年我国棉花市场如何变化，棉花收购加工企业、特别是400 型的规模棉花加工企业，要理性分析产需形势，发挥稳定市场大局的作用，从产业发展的总体利益和长远利益出发，不要参与恶意炒作、哄抬价格；采取快收购、快加工、快销售方式，赚取合理的环节利润，防范经营风险，同时，要严把收购加工质量关，不能图一时之利砸了企业的品牌，毁掉参改企业的形象，尤其是在棉花供求形势紧张的情况下，不得收购超水棉和混等混级棉花，确保收购加工质量；要继续下大气力做好异性纤维的挑拣工作，严禁掺杂使假、以次充好、等级掺混、有意亏重等违法行为的发生；企业在参与流通贸易过程，要重合同、守信誉，维护市场秩序；要杜绝“打白条”收购，防止高价承诺、延期付款现象，切实保护农民利益。

3. 行业主管部门要做好宣传引导，加强行业管理

在棉花流通体制发生深刻变化、棉花加工产业布局不断优化、棉花收购市场化程度越来越高的情况下，除了国家行业管理部门在宏观政策上支持和规范棉花加工产业外，各级棉花协会要进一步加大对企业、协会会员和社会各界的宣传，大力宣传国家保障棉花供应、稳定市场的政策导向和措施，发布棉花供求和价格信息，稳定市场预期，及时反映棉花购销工作中存在的问题；要引导棉农克服惜售心理，到有贷款资质、信誉好、有付款能力的企业交售棉花；动员规模棉花收购加工企业正确研判形势，按照市场规律组织购销棉花，不要参与棉花市场的投机炒作，规避不必要的市场风险。

4. 国内低棉价时代已经一去不复返

到 2011 年8 月30 日，我国棉花市场价格虽然较年初的高位有大幅度的回落，但要完全回归到 2010 年以前的较低价格水平可能性不大。主要原因：一是在相当长的时期内，中国棉花市场将持续存在较大的供需缺口；二是在国家针对通胀压力的

宏观调控政策方向较为确定的政策背景下，中国的收储政策锁定了棉花的最低价格；三是棉花生产的原材料、劳动力、资金等要素成本上升。

九、工作建议

1. 重视国家棉花标准化制度的修订工作

跟踪国家棉花标准的修订进程和内容变化，提前布局，全面梳理棉花加工行业标准，以适应新的发展形势；同时，积极参与项目研究和标准宣贯工作；围绕棉花质量检验体制改革和世界棉花加工技术的最新发展，研究适用于我国棉花生产特点的标准化棉花加工工艺，统一加工设备配置标准，让更多的技术规范转化为国家标准，以规范企业的加工行为，提高棉花加工质量，为纺织业提供优质原料。

2. 进一步发展和壮大400型企业

在棉花加工市场化程度越来越高、纺织用棉量逐年上升的背景下，为了降低对进口棉的依存度，作为我国棉花加工主体的近2500家400型棉花加工企业，应进一步增强企业的发展后劲，充分利用国家棉花流通体制改革和棉检体制改革的成果，进一步练好内功，改变粗放型外延经济增长模式，走精细化内涵发展之路，进一步提升企业的综合竞争实力。

在新的棉花流通体制下，棉花收购加工企业要自觉执行“一试五定”籽棉收购检验制度，切实控制进场籽棉质量；不断完善棉花加工工艺，在机采棉快速发展的新形势下，积极采用包括棉花调湿技术、地膜清理技术、货场就地开松喂棉技术等棉花加工新技术，对在用加工生产线进行信息化改造，在棉花加工过程进一步优化棉花的加工质量，提升棉花加工总体效能；同时，加工企业要不断采用各种低碳新技术和装备，大力发展低碳经济，保证棉花加工生产线安全运转率，降低电能消耗，有效回收废弃物料，提高车间防尘、降噪水平，保证职工身体健康，实现棉花加工生产的低碳化，促进棉花加工产业健康发展。

3. 加强技术创新，缩短与发达国家的技术差距

经过几十年的发展，我国在棉花加工技术研究应用方面取得长足进步，一些新技术的工程应用效果也十分明显，特别是自2004年开始实施的国家棉花质量检验体制改革，促进了我国棉花加工工业的快速发展，棉花加工企业的规模化、自动化和信息化水平整体得到提升，为保证我国棉花质量、稳定市场交易秩序、促进棉花产业健康发展，实现我国棉花加工产业升级发挥了重要的政策引导和技术保证作用。相关部门的棉花质量分析报告明确显示，近年来我国棉花的总体质量、特别是棉花品质的一致性水平呈下降趋势，导致我国棉花市场竞争力逐渐降低，纺织厂转向选择进口棉，在一定程度上影响到对国产棉的需求。

与当前世界先进产棉国的棉花加工技术相比，我国棉花加工产业的整体技术水平还较低，不论是在加工工艺的完整性上，还是在棉花加工技术的适应性和加工过程的智能化控制方面还存在明显差距。不论是手采棉还是机采棉，受生产方式的影响，在采收和流通过程中往往会混入异性纤维和地膜等杂质。由于相关技术缺失，加上在籽棉收购和加工环节的质量意识较差，导致国产棉花的整体加工品质不高，已经影响到对棉花资源的有效利用。为适应纺织产业“调整产品结构、提高纺织品档次”对棉花质量新的要求，我国棉机制造企业、科研院所应充分利用国家棉花加工工程技术研究中心的建设工作，紧密结合新时期我国棉花生产特点，对影响我国棉花加工质量的技术难题进行联合攻关，力争在关键共性技术方面实现突破，特别是在人力成本不断上升、产业结构不断优化的背景下，大力发展机采棉将是今后一段时间我国棉花生产的主要方向，因此，要加强在机械化育种、机械收获、采后田间快速成膜、就地快速喂料、棉包存储以及棉花下脚料深加工技术等领域的研究工作，开发、推广应用先进实用的支撑技术和装备，为棉花加工企业挖潜增效、拓展棉花加工产业链、促进我国棉花生产全程机械化工作又好又快发展提供技术和装备支撑，进一步缩短与先进国家的差距，全面提升我国的棉花加工产业的科技水平。

2010/2011 年度中国纺织经济运行报告

国家棉花市场监测系统研究室

【单位简介】国家棉花市场监测系统是国家有关部门批准建立的棉花市场信息监测、发布与预警系统，为国家电子政务工程重点项目之一。由中国储备棉管理总公司与国家发改委价格监测中心共同建设，中国储备棉管理总公司为项目法人，中储棉花信息中心具体负责系统建设与运行维护管理。系统的建设目标是密切跟踪国内外棉花市场变化，准确反映市场供求趋势；为国家宏观调控决策提供可靠的决策依据；为涉棉企业经营决策提供信息参考，正确引导国内棉花生产与消费。该系统已于2008年12月全面通过验收，并正式运行。本篇文章是国家棉花市场监测系统研究室根据纺织工业协会提供数据编撰整理而成。

2010年9月－2011年8月，我国多数纺织原料和产品产量平稳增长；纺织品服装出口同比增幅提高；纺织与棉纺织行业利润较上年同期快速上升，成本压力有上升态势；纺织、棉纺织、纺织服装制造行业各项投资额明显增长，棉纺织行业以及纺织服装制造业实际完成投资额增幅较年初也有所上升。

一、2010年度多数纺织原料和产品产量平稳增长

2010年9月－2011年8月，全国多数纺织原料和产品产量增长平稳，其中，梭织服装产量同比增幅最高，为23.11%，比上年同期提高6.22个百分点；除梭织服装外，涤纶纤维、化学纤维产量同比增幅也超过10%。纱、棉纱、布、棉布及服装产量同比增幅均不到10%。除梭织服装同比增幅有所提高外，其余纺织品同比增速有所放缓。

表3－10　2010年度国内规模以上纺织企业产品产量

名称	单位	产量	同比（%）	上年同比（%）	增速较上年同期（±%）
化学纤维	吨	33184663	11.63	14.55	－2.93
涤纶纤维	吨	27319613	13.78	14.05	－0.28
纱	吨	28294759	7.08	16.60	－9.52
棉纱	吨	21254592	4.61	13.33	－8.72
布	万米	6469975	0.82	17.21	－16.39
棉布	万米	3827503	3.66	21.84	－18.18
服装	万件	2854747	6.09	19.30	－13.21
针织服装	万件	1460962	－6.30	21.06	－27.35
梭织服装	万件	1392554	23.11	16.90	6.22

数据来源：中国纺织工业协会、国家棉花市场监测系统。

2010年9月－2011年8月，全国纱产量为2829.48万吨，其中山东纱产量为736.63万吨，河南和江苏纱产量分别为430.5万吨和424万吨，浙江、福建、湖北、河北纱产量均超过100万吨，四川、江西、湖南、安徽纱产量均超过50万吨。各主产省中，江苏、浙江、新疆产量同比分别下降3.9%、0.9%、3.68%；其他同比均上升，其中四川省增幅最高，为42.55%，其次是河北，为32.98%，其余省市同比增幅均低于30%。

2010年9月－2011年8月，全国棉纱产量2125.46万吨，其中山东棉纱产量超过650万吨，河南和江苏棉纱产量均超过300万吨，湖北、河北及浙江棉纱产量均超过100万吨，其他各省市棉纱产量均在100万吨以下。各主产省市棉纱产量与去年同期相比有升有降，但是总体来说以下降为主，其中，四川棉纱产量同比增幅最大，为37.77%，河北和江西棉纱产量同比增长24.22%和21.9%；江苏、浙江、新疆和陕西棉纱产量同比下降，其中江苏降幅最大，为5.97%。

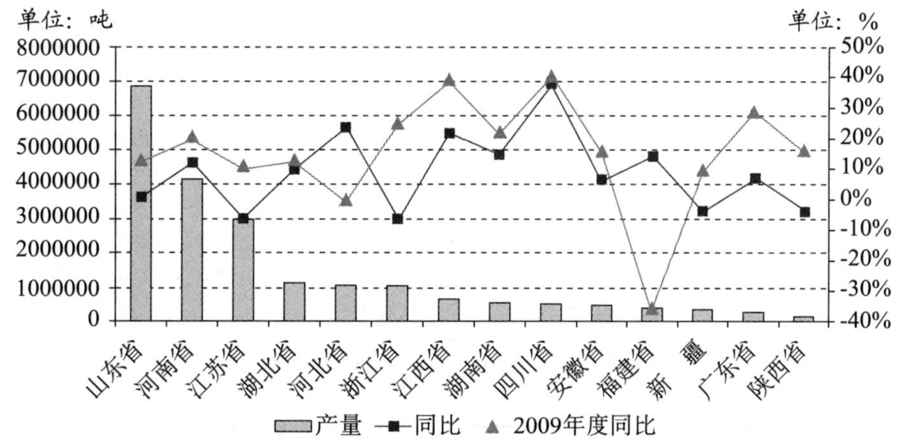

图3－1　2010年9月－2011年8月各省棉纱产量及同比增速对比

2010年9月－2011年8月，全国布产量为647亿米，其中浙江和山东两省布产量均超过130亿米，江苏、河北和湖北三省布产量均超过50亿米，河南、福建、广东、四川和安徽布产量均超过10亿米，其他各省布产量均在10亿米以下。各主要省市中，安徽省布产量同比增幅最大，为54.28%；其次为河北和湖北，同比增幅分别为32.27%和28.9%；浙江、山东、江苏和广东等省份布产量均有下降，其中江苏和广东同比分别下降11.51%和12.23%。

2010年9月－2011年8月，全国棉布产量为355.73亿米，其中山东产量为100.9亿米，河北、江苏和湖北棉布产量均超过40亿米，河南、浙江、广东棉布产量均超过15亿米，其他主要省市棉布产量均低于15亿米。各主要省市中，安徽棉布产量同比增幅为46.14%，河北同比增长27.48%，湖北同比增长14.64%；山东、江苏、陕西、河南、浙江、广东和陕西棉布产量同比下降，其中，浙江、陕西同比降幅最大，分别为22.82%和24.95%。

2010年9月－2011年8月，全国服装产量285.47亿件，其中广东省服装产量65.42亿件，山东、江苏和浙江服装产量均超过40亿件，其他各省市服装产量均在40亿件以下。各主产省中，浙江和江苏服装产量同比分别下降12.03%和5.31%；河南、山东和辽宁服装产量同比分别增长50.02%、40.21%和45.74%，增幅相对较大。

二、2010年度纺织品服装出口同比增速提高

2010年9月－2011年8月，我国纺织品服装出口2459.53亿美元，同比上升24.81%，比上年同期提高12.41个百分点。其中，纺织品出口

965.46亿美元，同比增长25.08%，比上年同期提高2.69个百分点；服装出口1494.07亿美元，同比增长24.64%，比上年同期提高17.85个百分点。

2010年9月－2011年8月，我国棉制纺织品服装出口871.17亿美元，同比上升20.99%，比上年同期提高9.96个百分点。其中，棉制纺织品出口260.23亿美元，同比增长22.95%，比上年同期提高6.36个百分点；棉制服装出口610.94亿美元，同比增长20.18%，比上年同期提高11.3个百分点。

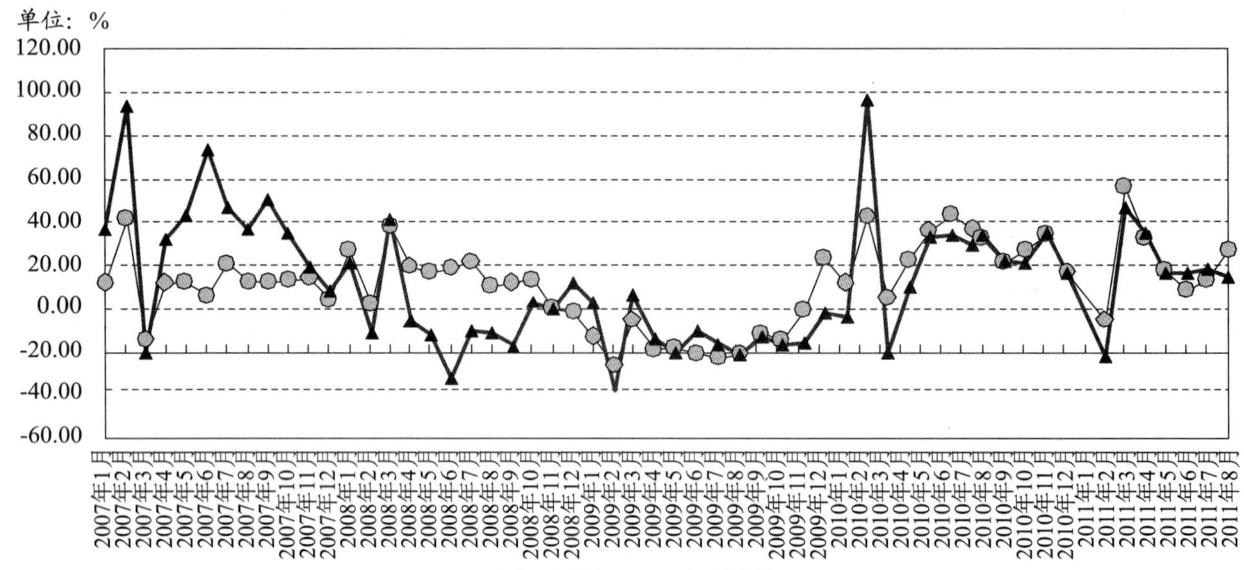

图3－2　2007年以来棉制纺织品服装出口额同比增速走势

2010年9月－2011年8月，我国对欧盟、美国和日本的纺织品服装出口额分别为543.48亿美元、386.86亿美元和268.07亿美元，居各国家和地区前列。对这三个国家和地区的出口额总和占全国纺织品服装出口总额的48.7%，其中，对欧盟的纺织品服装出口额同比增长28.48%，占全国纺织品服装出口总额的比例较上年度提高了0.6个百分点；对美国的纺织品服装出口额同比增长15.73%，占全国纺织品服装出口总额的比例较上年度下降了1.1个百分点；对日本出口额同比增长10.9%，占全国纺织品服装出口总额的比例较上年度下降0.5个百分点。

2010年9月－2011年8月，浙江、广东、江苏、山东以及上海纺织品服装出口额总和占全国纺织品服装出口总额的66.95%。其中，浙江纺织品服装出口份额较上年度上升0.09个百分点，广东纺织品服装出口份额较上年度上升0.56个百分点，河北纺织品服装出口份额较上年同期上升0.2个百分点，江西纺织品服装出口份额较上年同期上升0.09个百分点，上海纺织品服装出口份额较上年同期上升0.26个百分点，山东纺织品服装出口份额较上年同期上升0.10个百分点，广东纺织品服装出口份额比上年同期上升0.56个百分点。

三、1－8月纺织行业各项主要经济指标均有增长

2011年1－8月，纺织全行业实现利润1670.27亿元，同比增长36.37%；纺织行业主营业务收入33467.01亿元，同比增长30.01%；资产合计30924.27亿元，同比增长20.34%；工业总产值（当年价）34472.25亿元，同比增长29.38%；工业销售产值（当年价）33702.21亿元，同比增长29.71%；出口交货值5821.26亿元，同比增长17.75%；内销交货值27880.95亿元，同比增长32.25%。

表3－11　2011年1－8月纺织企业主要经济指标比较

单位：亿元

	资产合计	工业总产值	工业销售产值	出口交货值	内销交货值	主营业务收入	利润总额
2011年1－8月	30924.27	34472.25	33702.21	5821.26	27880.95	33467.01	1670.27
2010年1－8月	25697.34	26643.74	25982.82	4943.60	21039.21	25741.68	1224.82
同比（%）	20.34	29.38	29.71	17.75	32.52	30.01	36.37

数据来源：中国纺织工业协会。

2011年1－8月，纺织行业资产负债率比上年同期下降0.85个百分点，产品销售率比上年提高0.22个百分点，销售收入利润率提高0.43个百分点。流动资产周转率和应收账款周转率同比均上升。

表3－12　2011年1－8月纺织工业主要效益评价指标比较

	销售收入利润率（%）	产品销售率（%）	资产负债率（%）	流动资产周转率（次）	应收账款周转率（次）
2011年1－8月	4.99	97.77	57.03	1.90	10.34
2010年1－8月	4.56	97.55	57.88	1.80	9.17
同比	0.43	0.22	－0.85	0.10	1.17

数据来源：中国纺织工业协会

全国纺织企业利润同比增速趋缓，亏损额明显增加。

2011年1－8月，我国规模以上纺织企业利润总额1670.27亿元，比上年同期增加383.79亿元，同比增长36.37%，比2011年1－2月下降21.22个百分点。2011年1－8月，各主要省市利润总额均同比增长，其中，陕西规模以上纺织企业利润总额同比增长超过150%，安徽同比增速超过100%，增速仍然超过其他各省市；江西、福建、湖北、河北、湖南、辽宁、四川同比增速均超过40%；其他各省市增速也超过20%。

2011年1－8月，全国规模以上纺织企业平均利润率为4.99%。各纺织大省中，河南、上海、北京、山东纺织企业利润率较高，分别为7.44%、7.30%、7.06%、6.15%；福建、江西、浙江纺织企业利润率均超过5%，河北、江苏、四川纺织企业的利润率均超过4%；天津、湖北、辽宁、安徽纺织企业的利润率均超过3%。除河南、湖北、天津、山东低于上年外，其他各纺织大省规模以上纺织企业利润率均高于上年同期，其中北京利润率高出上年同期4.24个百分点。

2011年1－8月，全国规模以上纺织企业35558户，亏损4204户，亏损面为11.82%，同比下降3.51个百分点。规模以上纺织企业亏损面超过20%的主要省市包括北京、上海、天津，其中北京亏损面为38.01%。

2011年1－8月，全国规模以上纺织业亏损企业亏损总额为87.00亿元，同比上升30.35%，比2011年1－2月提高25.64个百分点，比上年同期提高57.45个百分点。各主要纺织省市中，河南、山东、湖北纺织业亏损企业亏损总额同比增幅分别达到168.96%、126.40%、112.61%，上升幅度较大；江西、福建和上海同比则出现不同程度下降，分别下降84.52%、8.76%、0.70%。

四、棉纺织行业利润增速较年初放缓，资金压力显现

2011年1－8月，棉纺织行业实现利润总额497.81亿元，同比增长39.62%，增幅比1－2月下降11.06个百分点；主营业务收入8484.09亿元，同比增长33.45%；资产合计8265.82亿元，同比增长19.28%；工业总产值（当年价）8678.61亿元，同比增长33.73%；工业销售产值（当年价）8533.49亿元，同比增长33.73%；出口交货值627.47亿元，同比增长14.57%；内销交货值7906.03亿元，同比增长35.53%。

表3－13 2011年1－8月棉纺织企业主要经济指标比较

单位：亿元

	资产合计	工业总产值	工业销售产值	出口交货值	内销交货值	主营业务收入	利润总额
2011年1－8月	9841.39	497.81	8402.65	10038.53	9878.48	729.37	9149.11
2010年1－8月	7392.85	356.54	7022.36	7541.37	7405.27	635.32	6769.95
同比（%）	33.12	39.62	19.66	33.11	33.40	14.80	35.14

数据来源：中国纺织工业协会。

2011年1－8月，棉纺织行业利润总额同比增长39.62%，但增速下降26.68个百分点，棉纺织行业各主要指标增速提高最多的是出口交货值，同比上升17.11个百分点，但较年初下降2.45个百分点。

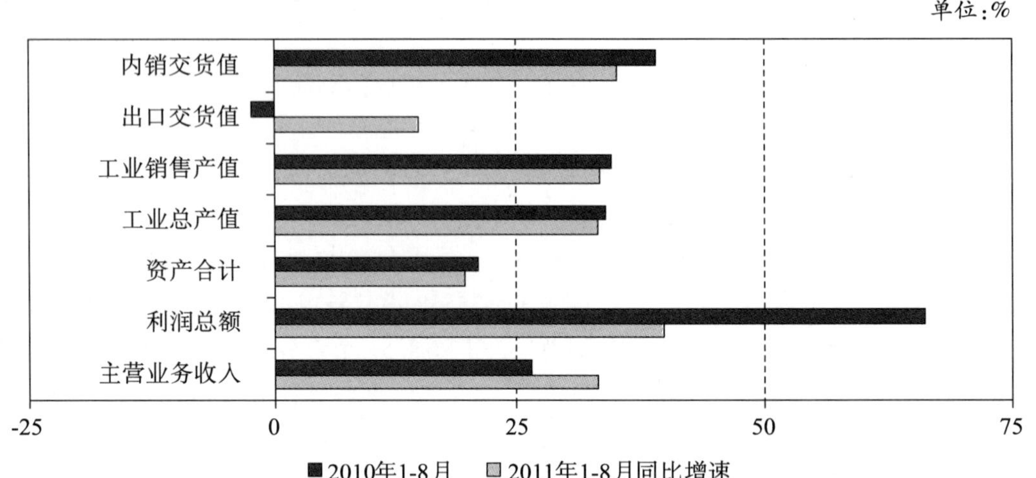

图3－3 2011年1－8月棉纺织业主要经济指标同比增速对比

2011年1－8月，棉纺织行业大部分效益评价指标同比提高，行业资金压力略有缓解，其中，棉纺织行业销售收入利润率为5.06%，较上月略有下降，同比提高0.29个百分点；产销率上升0.25个百分点，流动资产周转率上升0.10个百分点，应收账款周转率同比上升2.07个百分点，资产负债率下降1.32个百分点。

五、2010年度纺织行业各项投资明显增长

2010年9月－2011年8月，我国纺织、棉纺织和纺织服装制造业各项投资指标均呈大幅增长态势。纺织、棉纺织和纺织服装制造业实际完成投资额同比分别增长61.68%、64.41%和63.43%，比上年度增速分别提高34.96个百分点、47.79个百

表 3－14　2011 年 1－8 月棉纺织工业主要效益评价指标比较

	销售收入利润率（%）	产销率（%）	资产负债率（%）	流动资产周转率（次）	应收账款周转率（次）
2011 年 1－8 月	5.06	98.41	56.14	2.25	15.58
2010 年 1－8 月	4.76	98.15	57.46	2.15	13.50
同比	0.29	0.25	－1.32	0.10	2.07

数据来源：中国纺织工业协会。

分点和 41.10 个百分点。纺织和棉纺织行业新开工项目数同比分别增长 48.33%、56.67%，纺织服装制造行业新开工项目数同比增长 40.95%，同比增速较上年度增速分别提高 18.63 个百分点、2.48 个百分点和 29.77 个百分点。

2010 年 9 月－2011 年 8 月，纺织全行业实际完成投资 5818.62 亿元，同比增长 61.68%，增幅较上年度提高 34.96 个百分点；施工项目数 17628 项，同比增长 51.31%，增幅比上年度提高 38.34 个百分点；新开工项目 12371 项，同比增长 48.33%，增幅比上年度提高 29.7 个百分点；竣工项目 10386 项，同比增长 46.88%，增幅比上年度提高 29.11 个百分点。

2010 年 9 月－2011 年 8 月，棉纺织行业实际完成投资额 1429.26 亿元，同比增长 64.41%，增幅较上年度提高 47.79 个百分点；施工项目数 4148 项，同比增长 63.37%，增幅比上年度提高 59.48 个百分点；新开工项目 2853 项，同比增长 56.67%，增幅比上年度提高 54.2 个百分点；竣工项目 2494 项，同比增长 56.36%，增幅比上年度提高 50.31 个百分点。

表 3－15　2010 年 9 月－2011 年 8 月棉纺织业固定资产投资统计表

	实际完成投资（万元）	施工项目数	新开工项目数	竣工项目数
2010 年 9 月－2011 年 8 月	14292564	4148	2853	2494
2009 年 9 月－2010 年 8 月	8693233	2539	1821	1595
2010 年度同比（%）	64.41	63.37	56.67	56.36
2009 年度同比（%）	16.62	3.89	2.48	6.05

数据来源：中国纺织工业协会、国家棉花市场监测系统。

2010 年 9 月－2011 年 8 月，纺织服装制造业实际完成投资额 1787.87 亿元，同比增长 63.43%，增速比上年度提高 41.1 个百分点；施工项目数 6224 项，同比上升 44.81%，增速比上年度提高 27.38 个百分点；新开工项目数 4454 项，同比上升 40.95%，增速比上年度提高 11.18 个百分点；竣工项目数 3925 项，同比上升 59.1%，增速较上年度提高 41.16 个百分点。

2010/2011年度棉纺织行业运行分析

中国棉纺织行业协会副秘书长　郑洁雯

【作者简介】郑洁雯，女，现任中国棉纺织行业协会副秘书长、高级工程师。长期从事我国纺织工业行业管理、国际合作交流、棉纺织行业技术管理、棉纺织行业发展研究等工作，曾任职于国际著名纺机企业，对中外棉纺织先进技术和设备的发展趋势有较深入的了解。

伴随着棉花原料价格的涨跌风暴，2010/2011棉花年度我国棉纺织行业经历了冲高回落、大喜大悲的一年。世界经济因缺乏需求而重新进入脆弱和减速阶段，复苏的复杂性和曲折性进一步放大，我国也难独善其身，棉纺织业更早地体会到了阵阵寒意，从年度初期的信心高涨到年度中期的方向难寻，再到年度末期的出口降速，行业的市场前景令人堪忧。

一、我国棉纺织行业运行概况

回首2010/2011年度之初，受国内外市场需求恢复性增长支撑，棉纺织产品订单饱满、产销两旺，对原料的需求增加，时逢上一年度国内外棉花减产、新花上市推迟，棉花供需缺口问题凸显，原料供需紧张。随着原料价格的节节攀升，纱、布市场价格快速跟涨，棉纺织行业经济效益明显好于往年，各项经济指标均呈增长态势。进入年度中后期，随着棉花价格的大幅冲高回落、国内宏观调控政策的紧缩，市场对未来的预期发生转变，国际市场受发达经济体经济恢复缓慢、发展中经济体高通胀困扰等因素影响而需求乏力，我国棉纺织行业产销压力骤增，棉纺织品内外增长疲软势头明显。

1. 棉纺织品产量仍保持增长

据国家统计局统计，2010年9月到2011年8月我国棉纺业累计生产纱2829万吨、棉布647亿米，同比分别增长12%和13%以上，从数据上看，棉纺织行业的发展势头良好。

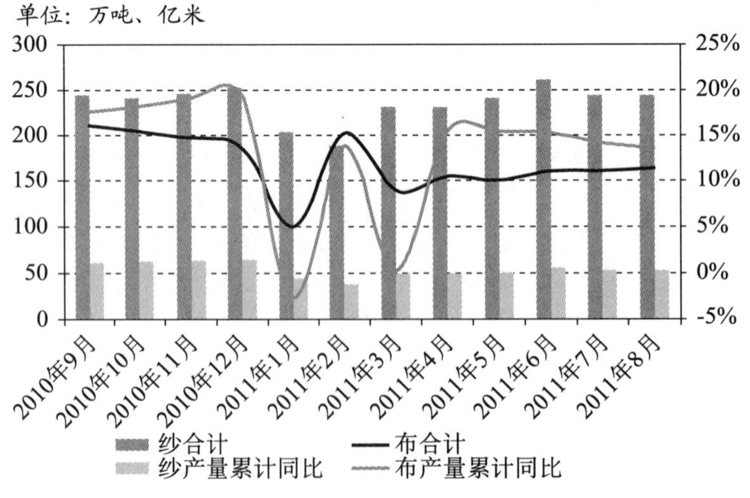

图3－4　2010/2011年度我国纱、布产量及同比增速

2. 棉纺业生产地区分布

我国棉纱主要生产地区仍为山东省、河南省、江苏省，三省合计产量约占全国纱产量的55.34%，其中传统产地江苏省2011年1－8月纱产量出现了负增长。此外，在其他纱线生产大省中，湖北省同比增速超过20%；我国布产量超过70亿米的省份仍为浙江省、山东省和江苏省，三省合计产量约占全国布产量的55.28%，在累计布产量较高的前6个省份中，湖北省和河北省保持了高增长，承接产业转移的趋势明显。

表3－16 2010/2011年度我国主要地区纱布产量情况

纱产量（万吨）				布产量（亿米）			
地区	年度累计（万吨）	占比（%）	2011年1－8月累计同比（%）	地区	年度累计（亿米）	占比（%）	2011年1－8月累计同比（%）
全　国	2829.47	–	11.50	全　国	647.00	–	13.63
山东省	725.78	25.65	8.02	浙江省	152.60	23.59	12.35
河南省	427.19	15.10	13.72	山东省	130.93	20.24	5.40
江苏省	412.78	14.59	－0.23	江苏省	74.15	11.46	6.65
浙江省	207.65	7.34	6.48	河北省	61.49	9.50	21.60
福建省	200.35	7.08	14.34	湖北省	55.23	8.54	44.63
湖北省	188.95	6.68	23.03	河南省	34.86	5.39	8.33

数据来源：国家统计局。

3. 棉纺织品进出口

（1）出口总额增速前高后低。2010/2011年度我国棉制纺织品及棉制服装出口总额除了表现出季节性起伏外，出口金额同比大增，年度初期的同比增速均保持在20%－30%，2011年1月份更是双双创下同比增幅45%和33%的近年新高，这种高增长既令人兴奋，也为之后几个月的出口增速带来了不小的压力。2011年4月份之后，伴随着棉花价格的下跌，年度后期几个月棉纺织品及棉制服装的出口额同比增幅及环比双双下降，尤其是棉制服装的出口额下降更剧烈。

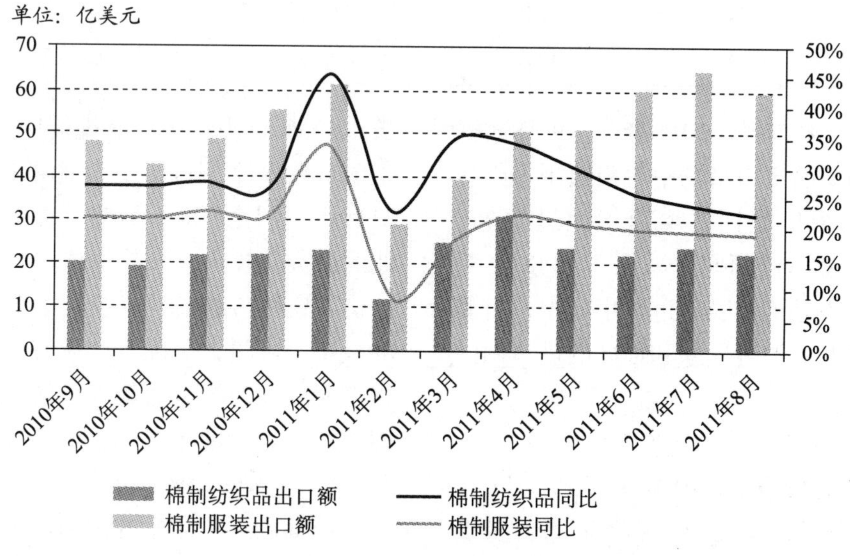

图3－5 2010/2011年度我国棉纺织品服装出口额分月统计及同比对比

（2）出口量呈下降趋势。从各类棉纺织品出口数量看，棉纱出口自2010年11月起同比出现负增长，2011年3月份后棉纱出口量同比、环比降幅明显，至2011年8月份棉纱出口量同比降幅达

24.62%；棉布出口量自5月份起同比和环比均出现负增长。

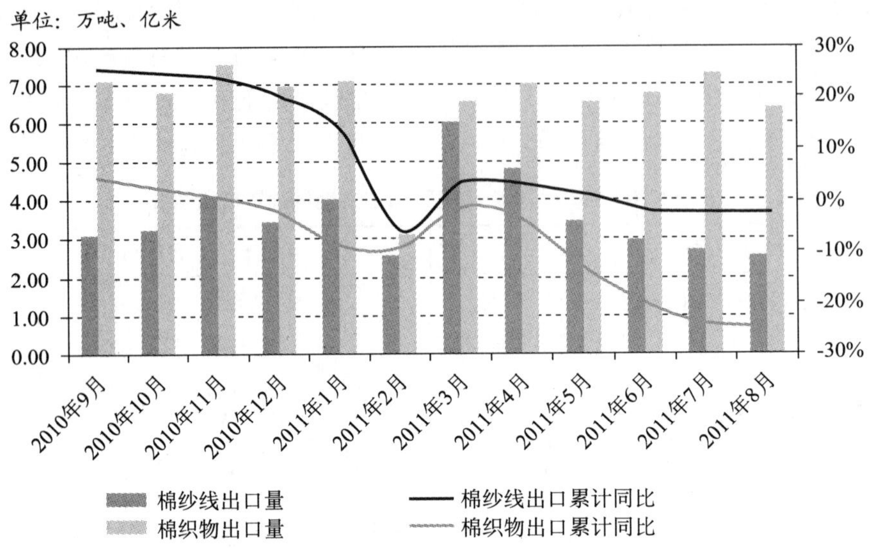

图3－6　2010/2011年度我国棉纺织品出口量分月统计及同比对比

（3）进口金额趋增。2010/2011年度棉制纺织品及服装进口额总计71.29亿美元，其中棉制纺织品进口额58.91亿美元，棉制服装进口额12.37亿美元。分月度看，棉制纺织品进口额增速平稳，但棉制服装进口额环比增幅则从2010年9月的1.09%逐月上升到2011年8月的11.59%。

表3－17　2010/2011年度我国棉制纺织品及服装进口额统计表

单位：亿美元

	2010年9月	2010年12月	2011年3月	2011年6月	2011年8月
棉制纺织品进口	4.64	6.58	5.97	4.27	4.69
棉制服装进口	0.83	1.14	1.48	1.08	1.27

（4）进出口主要市场。2011年1－9月数据显示，我国棉制纺织品出口市场中对墨西哥、土耳其、东盟、日本的出口额同比增速均超过30%，而对美国的棉纺织品出口额同比减少7.14%，对澳门、加拿大同比也是负增长。进口市场中，自澳门、美国、土耳其和欧盟等国家和地区的进口额同比增长较快。

4. 行业投资热情不减，产业升级加快

根据国家统计局数据，2010年9月到2011年8月，我国棉、化纤纺织加工业（含500万元及以上城镇和农村固定资产投资）累计实现投资1450.93亿元，保持了40%以上的同比增速，其中2011年1－8月实际完成投资1042.23亿元，同比增长40.53%，占纺织行业投资比重的45.87%。新开工项目数累计3511个，同比增长5.4%，竣工项目2234个，同比下降1.11%。投资额的增长预示着行业的投资及技术改造热情依然较高，企业对自动络筒机、集体落纱细纱机及长车等能够大幅降低用工的设备需求量大。随着产业升级步伐加快，预计未来随着新项目竣工及新设备的投产，将有助于提高棉纺织企业劳动生产率，增强抗风险能力。

5. 行业运行整体良好

伴随着近一年来的国内高通货膨胀率和原材料成本的大幅上升，我国棉纺织行业的各项经济运行指标总体表现良好，年度后期的2011年6月与初期的2010年11月相比，棉纺织行业生产总值、销售额、主营业务收入等同比增幅扩大，但出口交货值和利润总额增幅有所下降，亏损面增大，令人担忧的是产成品库存和利息支出的同比大幅增加拖累行业的平稳运行。

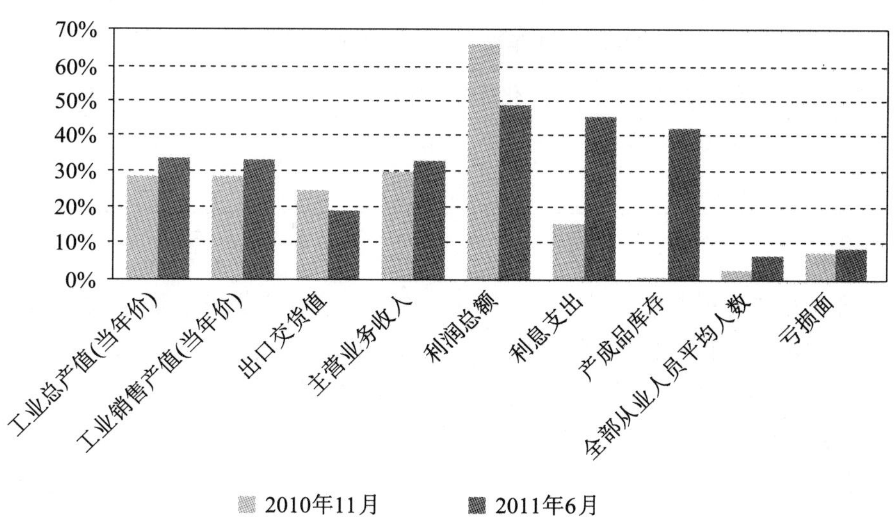

图 3－7 2010/2011 年度不同时点的经济指标同比情况对比

二、我国棉纺织企业运行特点

根据有关统计数据和棉纺织协会了解的部分大中型棉纺织企业情况，2010/2011 年度棉纺织企业生产、销售和市场表现呈现出以下特点：

1. 生产总体平稳、后期库存增加

我国纱线生产以纯棉纱为主，虽然单月纱线总产量有所起伏，但各类纱线的占比变化不大，因此生产所需棉花总量保持平稳。

我国棉布总产量中以纯棉布为主，但纯棉布产量的占比有所下降，2010 年 9 月至 2011 年 8 月纯棉布产量占比 59.16%，其中较为突出的是色织布（含牛仔布）的产量前高后低，自 3 月份起同比连续出现负增长，下降明显。通常牛仔布耗棉量高、出口量大，该产品产量的下降反映了目前纯棉产品销售下滑的现状。

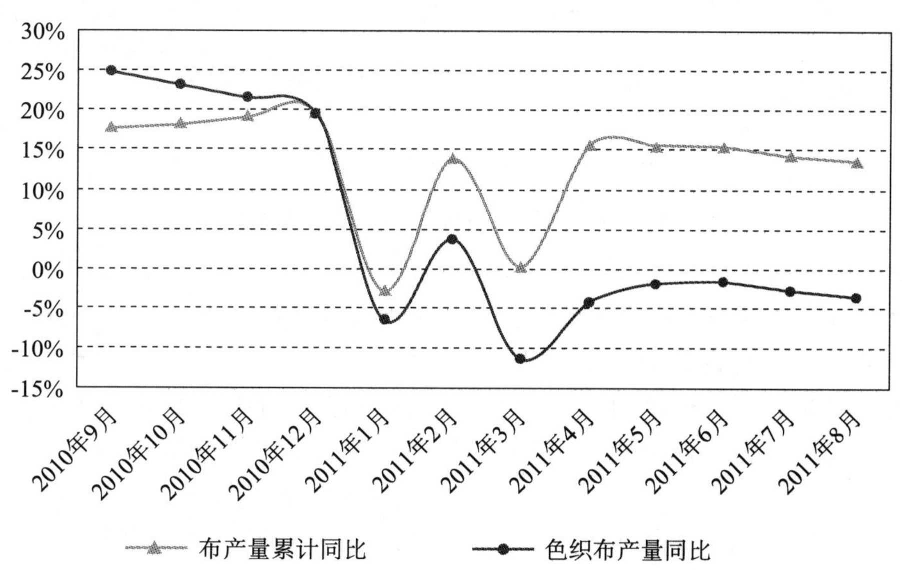

图 3－8 2010/2011 年度我国布及色织布产量同比变化

2010/2011 年度棉纺织企业的库存情况发生了巨大变化，据不完全统计，前期因棉花不断涨价，企业以存棉为主，而后期因市场销售转差，纱、布等产成品库存大增，企业不得不减产限产。

表 3－18　2010/2011 年度不同时点企业库存同比变化情况

	原棉库存同比	化纤短纤库存同比	纱库存同比	布库存同比
2010 年底	+4.94%	+21.6%	－0.87%	－7.87%
2011 年 8 月	－24.69%	－2.99%	+43%	—

数据来源：国家统计局、中国棉纺织行业协会。

2. 行业运行受国内外环境影响较大

总体来说，我国棉纺织行业主要面对的是国内市场，内销产值占比约 90%，但不可忽略的是纱布产品通过后道工序加工的面料、针织服装、梭织服装以及家纺等产品的间接出口，这部分产品量大面广，产业链条长，因此我国棉纺织行业对出口有较高的依存度。

2010/2011 年度，棉纺织行业的原料、纱、布市场价格走势经历了过山车式的快速反转，大涨大跌，市场价格的剧烈波动不利于行业的平稳和健康发展。

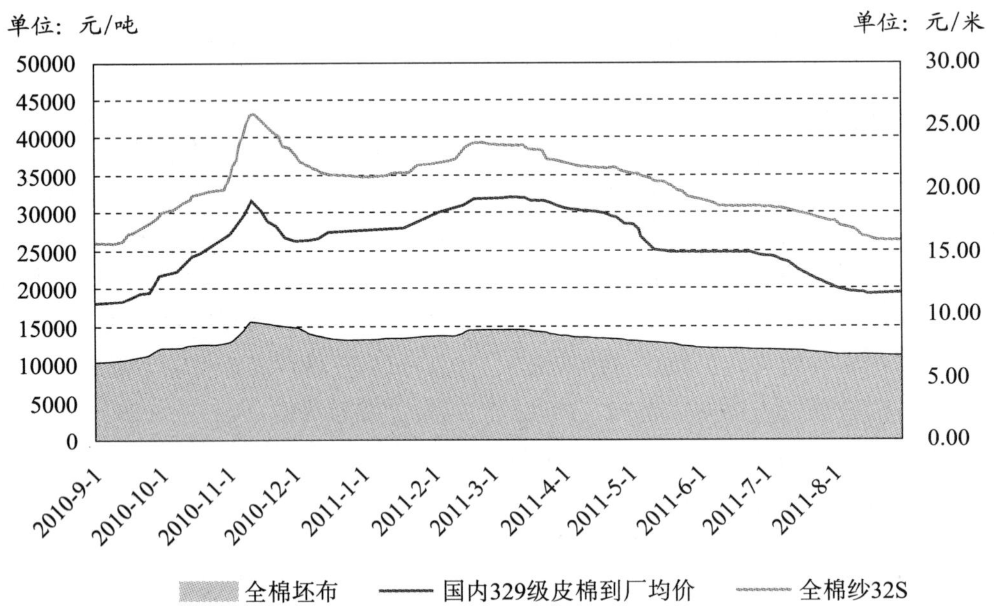

图 3－9　2010/2011 年度棉花、纱、布市场价格走势

而另一方面，由于国内原料及用工成本的上升，原有订单部分转移到低成本的东南亚地区，同时伴随着国内外棉花价差的扩大，我国低端棉纺织品的进口量趋增，给国内的纱布生产造成一定冲击，这也成为国内用棉量下降的原因之一。

3. 主动创新争优，提高总体竞争力

面对并不宽松的政策环境、瞬息万变的市场，我国棉纺织行业骨干企业在承担了较多社会责任的同时主动开拓思想，围绕提高科技贡献率和品牌贡献率组织生产经营，特别是近年来通过大规模的技术改造，淘汰落后设备，全方位提高自主创新水平。目前全行业已拥有一批中国棉纺织精品基地企业和中国棉纺织特色产品基地企业，产品的科技含量和品牌价值明显提高，同时，通过倡导使用环保型浆料、评选绿色新产品等活动，棉纺织行业内的节能减排成效显著，行业的总体规模、产品结构、质量水平、效益和抗风险能力都在向好发展。国家

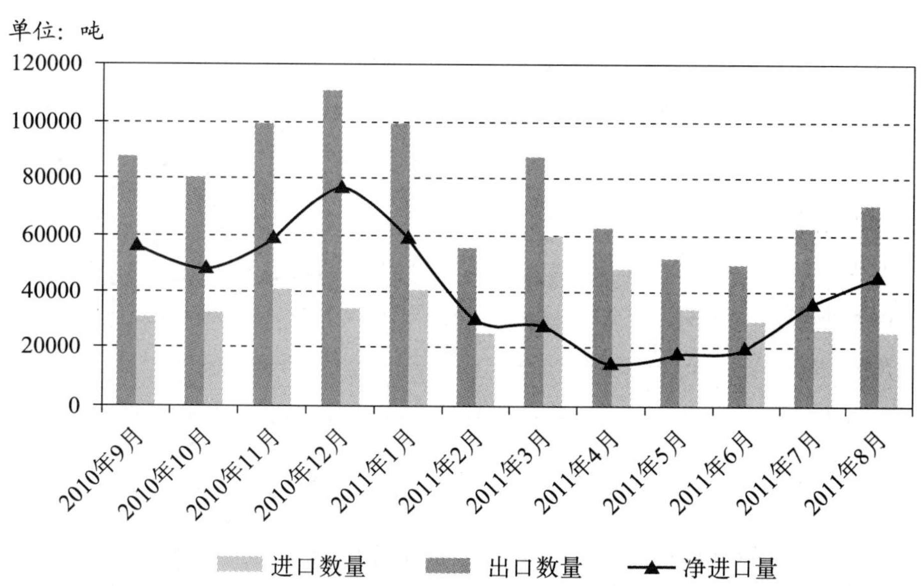

图 3－10 2010/2011 年度我国棉纱进出口量分月统计

统计局发布的数据显示，2011 年 1－6 月，我国棉纺织行业利润率为 5.30%，同比提高 0.55 个百分点，劳动生产率同比提高 25.69 %，可见行业的运行质效水平又有所提高，但总体上难掩爬坡过程中的体能消耗，行业运行增速减缓成为必然。

三、影响我国棉纺织行业运行的环境分析

从上述一系列数据和指标走势可见，我国棉纺织行业正在实现“软着陆”，产销不顺畅、外销减速的市场表现成为业内担忧。造成这种局面的因素是多方面的，分析来看主要有：

1. 原料市场走势对行业运行的影响

近一年来，由棉花价格带动的原料价格（包括原棉和化纤短纤维）经历了大起大落，纱布等产成品销售价格跟涨容易、跟跌困难，致使棉花价格开始下跌时，企业的实际原料成本还高高在上，很长一段时间要消化高成本原料，不得不亏损运行，严重挫伤了用棉企业的自信心，即使是在目前国家临时收储政策的支撑下，国内棉花价格趋稳，但在普遍不看好后市的前提下，用棉企业不敢轻易过多地采购新棉，同时由于流动资金占用量大等多方面原因，在年度的中后期，企业更多的是选择粘胶或涤纶等价格低得多的化纤类原料替代生产，维持微利或无利运行，避免一线员工流失。

从图 3－11 可以看出，棉花与粘胶短纤、涤纶短纤的价差时大时小，当价差达到一定程度时，企业必然会选择多使用化纤原料，以降低或摊薄成本维持运行，市场实践也证明，下游终端产品生产企业和消费者对化纤产品的接受程度也在加大。

2. 宏观政策的影响

过去的一年宏观调控政策紧缩，融资成本上升加大了企业的财务负担。市场实际贷款利率大幅上升，对中小企业的贷款利率普遍高于基准利率的 30% 以上。国家统计局数据显示，2011 年 1－6 月，我国棉纺织行业规模以上企业的利息支出同比增长 46% 以上，严重制约企业的正常运转。

另外，2011 年上半年，行业内外不断传言国家将对纺织品服装出口退税减少 5 个百分点，企业人心惶惶，不敢接大单接长单，对市场的负面影响较大。

现行棉花流通体制对进口棉花实施配额管理，有效地保护了国内棉农的植棉积极性，但由于配额数量有限，纺织企业拿到配额的数量和时间不确定，因此用棉企业无法按需随时购买外棉，一定程度上影响了行业的竞争力。此外，东部地区环境保

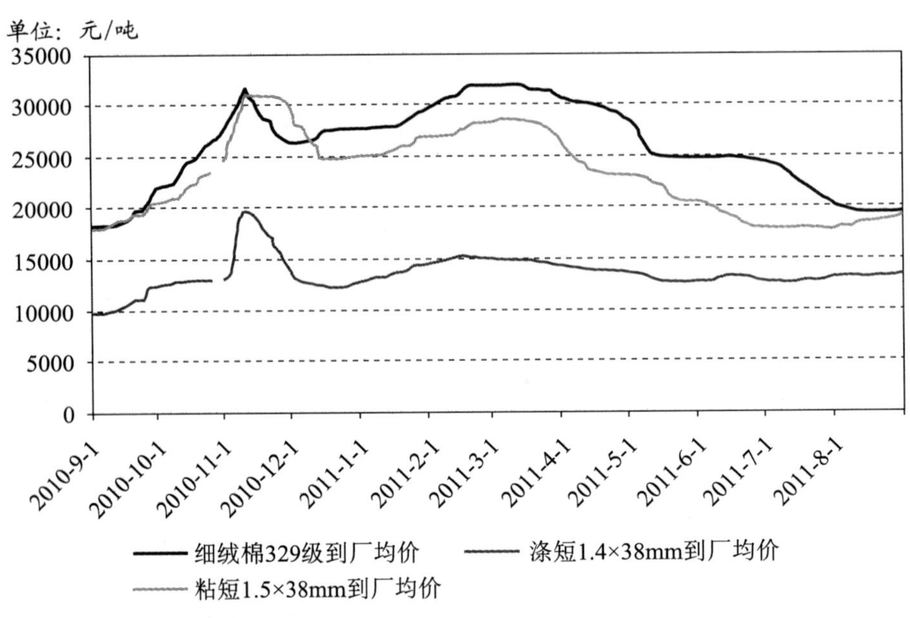

图 3－11　2010/2011 年度国内棉花及化纤价格走势

护压力增大，企业正常的技术改造受到限制，这些都给行业的整体发展带来困扰。

3. 外需市场的变化

从国际市场需求来看，2011 年以来，世界经济负面消息频传，美欧经济活动弱于预期、日本经济连续三个季度负增长、欧洲主权债务危机加深、美国主权信用评级遭下调、发达国家高债务风险凸显、各国通货膨胀压力加大、国际金融市场剧烈振荡等。在这些重大不利因素冲击下，世界经济复苏的不稳定性明显上升。我国纺织品服装出口也受到全球消费低迷的影响而表现乏力。

美国国内市场消费低迷，必然会影响其对进口产品的需求。2011 年 1－9 月，美国从全球进口纺织品服装同比增长 11.33%，增速较上半年放缓 1.5 个百分点，更低于一季度进口增速 1.7 个百分点。其中从中国进口纺织品服装同比仅增长 7.89%，远低于同期美国从全球及印度、越南、巴基斯坦等主要竞争对手国的纺织品服装进口增速。

受欧洲纺织品服装消费需求下滑影响，我国对欧盟的纺织品服装出口增速也呈现趋缓走势。据海关总署数据，2011 年 1－9 月，我国纺织品服装对欧盟出口 428 亿美元，同比增长 25.8%，增速较上半年下滑 2.5 个百分点。

2011 年以来，尽管我国对日本纺织品服装出口保持较快的增长速度，但从总体走势来看，日本纺织品服装的进口需求仍然有趋缓走势。据海关总署数据，2011 年 1－9 月，我国对日本纺织品服装出口总额 206.1 亿美元，同比增长 25.5%，增速较 1－8 月下降 0.06 个百分点。

4. 各项成本上升，原料优势不再

与此同时，2011 年以来纺织行业的原料价格趋势难以把握使得成本控制的风险不断加大，加上已成常态的劳动力成本上涨、燃料动力成本上涨、物流商业渠道费用提升等，都成为行业综合成本上涨的主要推手，挤压着企业的利润空间。

进入新棉花年度后，国家坚定地实施了定价敞开收储政策，对国内棉花价格起到了强力支撑。但随着国际市场棉花价格下跌，其他国家如印度、巴基斯坦甚至韩国棉纺织企业的用棉成本持续低于国内企业，我们的原料优势逐渐丧失，势必影响我国棉纺织品在国际市场上的整体竞争力。企业迫切希望我国能加快棉花流通体制的市场化改革，并尽早与国际市场接轨。

四、新年度棉纺织行业运行展望

意外的惊喜是，中国人民银行宣布，从2011年12月5日起下调存款类金融机构人民币存款准备金率0.5个百分点，这是近3年来中国存款准备金率首次走出“上调”区间，释放的政策信号是，国家将采取行动缓解当前货币市场资金偏紧的状况；另外，人民币即期利率连续下降，出现了贬值的现象，这些都对我国以出口为主的纺织行业带来利好，如果新年度里内外销同时出现类似2010年的补库行为，行业整体走出困境是可以预期的。

2010/2011年度郑州棉花期货市场运行回顾

郑州商品交易所 姬广坡

【作者简介】姬广坡，男，博士研究生学历，高级经济师。现任郑州商品交易所研究发展部高级专员，负责棉花期货的维护工作。近年独著或合著经济期货类专著十余部，在各类报刊杂志上发表论文70余篇，共计约200万字。

2010/2011年度是郑商所棉花期货（以下简称“郑棉期货”）上市的第七个年度，国内国际棉花产销形势都发生了剧烈而深刻的变化。年度伊始，棉花价格罕见地出现单边上涨局面，期货价格从2万元左右一路上涨至3万元以上，涨幅达50%。而年度后期棉花价格则一路下滑，至2011年8月末棉花年度结束时，期货价格从3万元回落至2万元左右，跌幅达30%，同期ICE棉花期货价格也创纪录的达到过200美分之上，整个年度走出一个典型的“过山车”式行情，价格波动之大历年罕见。2011年3月30日，为维护棉花市场稳定、保护棉农利益，国家出台了棉花临时收储政策，并公布以19800元/吨的价格不限量收储。这对于刚刚经历了价格大起大落的棉花市场来说无疑是一剂“强心剂”，对棉花市场乃至整个棉花产业将产生重大影响。以上种种注定了2010/2011年度是个不平凡的棉花年度。

2010/2011年度，期货市场极度活跃，郑商所各品种总成交量、成交金额分别为101449.41万手和8662594822万元，同比分别增长30.2%和119.1%。根据美国期货业协会（FIA）发布的统计数据，2010/2011年度棉花期货成交近39388.82万手，是全球增长最快的期货品种，排名全球农产品期货类合约第一位。郑商所的棉花期货交易在全球商品期货交易量中总排名第一位，比2010年的第八位上升了七位。

一、2010/2011年度郑棉期货市场运行基本情况

1. 棉花期货成交量、持仓量同比均有大幅提高。

2010/2011年度成交棉花期货合约39388.82万手（每手5吨，共计折合196944.10万吨），成交金额5164078797万元，同比分别增长592.9%和994.3%；单月成交量最高达5007.89万手，成交金额近7.39万亿元（双边计算），均创下历史新高，期货市场量价齐升。

2. 棉花期货仓单数量为近年较低水平，主要是受国内棉花整体减产所致。

2010/2011年度，共生成棉花期货仓单6468644张（每张期货仓单40吨，约合258745760吨，下同），截至2011年8月31日，库内仓单数为76850张（约合3074000吨）。分月来看，2010年11月至2011年6月为仓单集中注册时间，单月

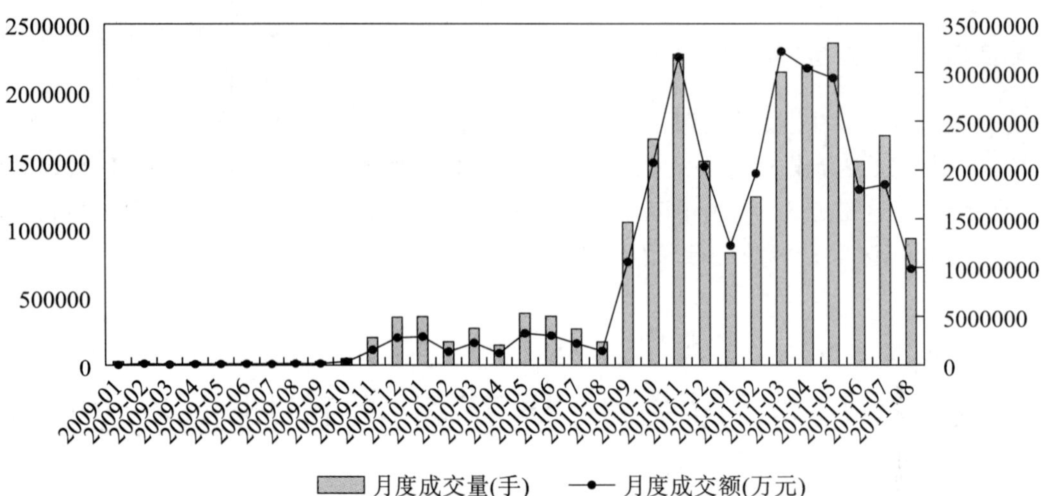

图 3-12　2009/2010 年度以来棉花期货成交量和成交金额示意图

累计注册量 5448994 余张（约合 217959760 吨）；2011 年 7 月以后陆续注销，至年度末达到全年仓单在册次低点。从合约交割情况看，当月交割合约的交割量多少不等，但总体呈现出年度初期低、年度后期高的特点。从期货转现货情况看，其特点是前期、后期高，而中期低，这与棉花现货市场的季节性特点有关。

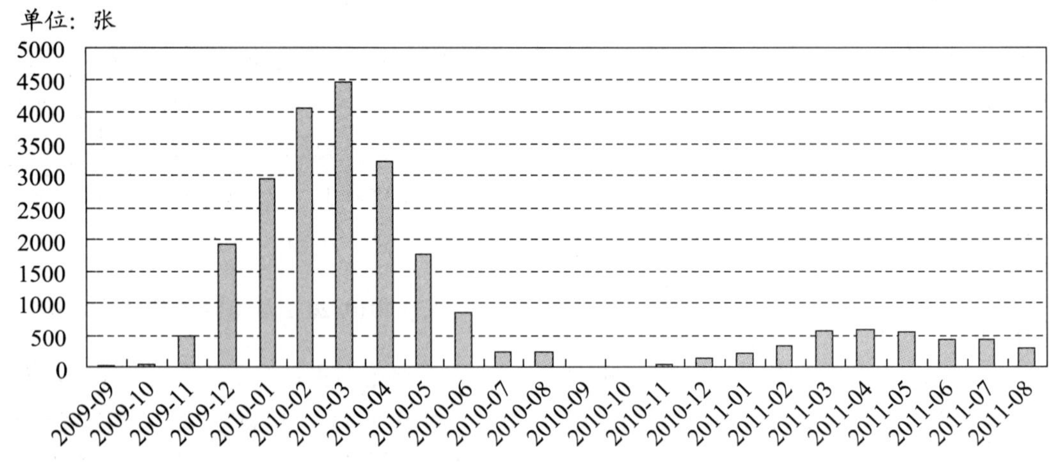

图 3-13　2009/2010 年度以来郑商所棉花期货月末持仓量示意图

3. 与 ICE 期货市场规模相比，郑棉期货市场规模有扩大趋势，但仍处于发展的初级阶段。

虽然郑棉期货市场在棉花上市七年多的时间里各方面都有所进展，但与有 130 多年交易历史的美国洲际交易所（ICE）规模相比仍然较小，与国内庞大的棉花产业相比期货交易量较小，其发现价格、套期保值的功能刚开始发挥。2010/2011 年度，我国棉花期货交易量（双边）是棉花产量的 298.40 倍，而同期美国达到了 52.72 倍，说明我国期货交易的活跃程度较前几年有较大提升，但就持仓量来看，却与美国棉花期货有不小的差距。

4. 郑棉期货价格与国内外棉花期货、现货价格走势趋同，但已显露随市场变化的特点，并能预先反映国内现货市场的价格波动趋势。

2010/2011 年度虽然市场变化较大，影响棉花价格的因素很多，郑棉期货作为多种因素作用于价格后的风向标，始终在第一时间准确地用价格变动反映综合因素作用的结果，并提前反映出现货价格可能出现的变动方向。

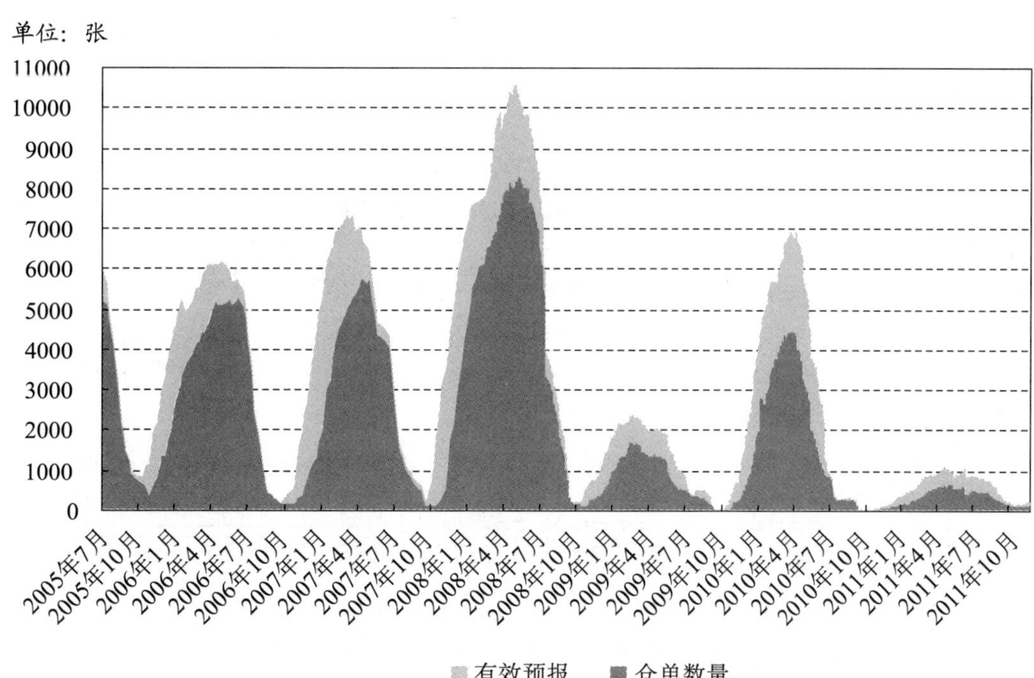

图 3－14　2005 年 7 月以来郑商所棉花期货仓单数量与有效预报示意图

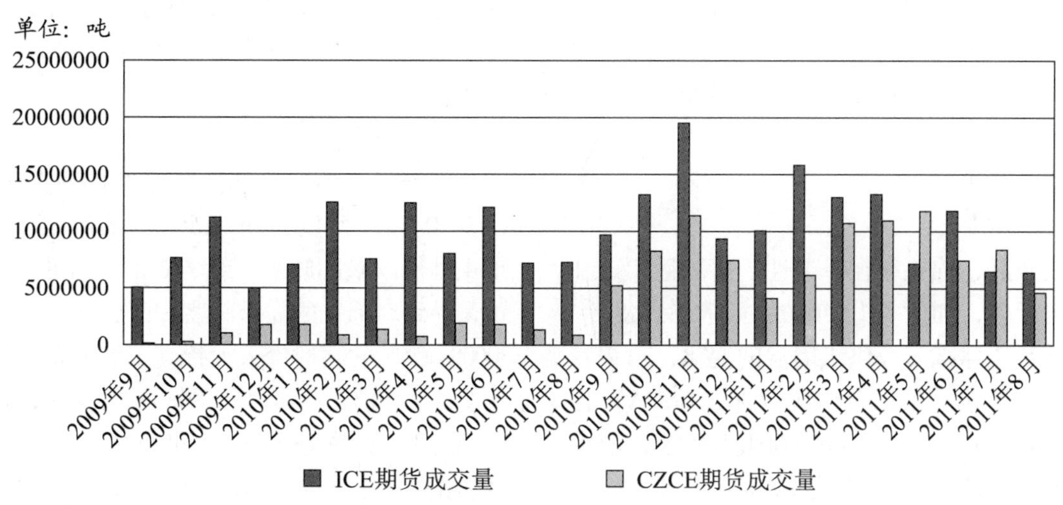

图 3－15　2009/2010 年度以来郑棉期货与 ICE 期棉交易量对比

二、2010/2011 年度棉花市场行情回顾及影响因素分析

（一）国内棉花市场行情

国内现货：国家棉花价格 B 指数（代表国内 328 级棉花均价）从 2010 年 9 月 1 日的 18002 元/吨一路飙升，17 个交易日便突破 20000 元/吨，至 2010 年 11 月 11 日达到 31302 元/吨。而年度后期，棉花价格则一路下滑，至 2011 年 8 月末棉花年度结束时回落至 19307 元/吨。

国内期货：2010/2011 年度，郑棉期货市场成交极度活跃，远超过去几年的平均水平。年度前 3 个月的期货成交量已经超过自 2004 年郑州商品交易所推出棉花期货以来至 2009 年的全部交易量，2010/2011 年度全部成交量累计达到 9.85 亿吨，是中国常年棉花消费量的近 100 倍。从价格波动来

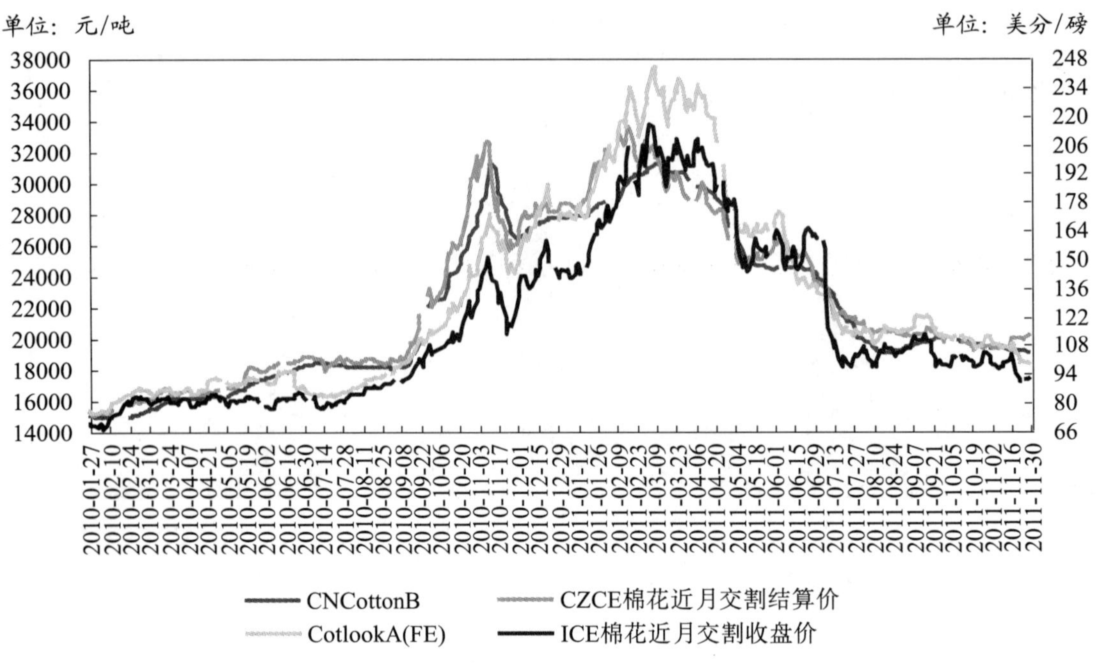

图 3－16　2010 年 1 月份以来国内外棉花期现货价格对比

看，郑棉主力结算价最高时达到 34540 元/吨，比年初最低的 19715 元/吨上涨近 75.2%，而此前郑棉期货成交价格主要在 10000－16000 元/吨之间徘徊。

影响因素分析：

1. 供求关系

作为农产品，棉花存在季节性、区域性生产和常年使用的矛盾，加上 2010 年纺织需求强劲复苏、自然灾害导致全球减产等供求因素的变化，对棉花价格产生一定影响。根据美国农业部（USDA）报告，2010/2011 年度棉花产量为 664.1 万吨，较上年度减产 32.6 万吨；消费量为 1001.5 万吨，较上年度减少 87.1 万吨。全年供需缺口达 337.4 万吨，库存消费比处于历史低位，整个年度国内棉花供需关系偏紧，这也是 2010/2011 年度棉花期现价格上涨的主要因素。

2. 天气因素

由于 2010 年棉花播种期遭受低温、吐絮期遭遇连续强降雨等灾害天气，全国大部分地区新棉采摘推迟 10 天左右，新棉推迟上市加剧了 8 月底 9 月初的供给紧张局面。此外，棉花质量和产量也受到不利影响，根据国家棉花市场监测系统 2010 年 11 月的调查，2010 年全国棉花种植面积 7568.2 万亩，较上年减少 1.1%；单产 84.0 公斤/亩，下降 4.4%；总产量 636.0 万吨，减少 5.5%。

3. 下游销售

根据国家棉花市场监测系统的每月调查数据，在 2010/2011 年度初期，纱、布的产销率延续 2010 年 4 月份以来的旺势，纱、布的库存也处于较低位置，导致对棉花的需求旺盛。而自 2011 年 2 月以后，30000 元/吨的高棉价大大抬高了纱、布的生产成本，致使纱、布滞销，纱、布的库存也上升到较高位置，而且由于经营形势不好，大批小纱厂关门停产，下游对棉花的需求开始萎缩，棉价进入下行轨道。

（二）国际棉花期、现货市场情况

国际现货：Cotlook A 指数（代表国际 328 级棉花亚洲主港报价），从 2010 年 9 月 1 日的 94.1 美分/磅一路飙升，至 2011 年 3 月 8 日达到最高点 243.65 美分/磅。而年度后期，棉花价格则一路下滑，至 2011 年 8 月底棉花年度结束时 Cotlook A 指数回落至 115.6 美分/磅。

国际期货：2010/2011 年度，ICE 棉花期货价格波动极为剧烈，主力 3 月合约价格最高时达到 227 美分/磅，比年初最低时的 84.37 美分/磅上涨

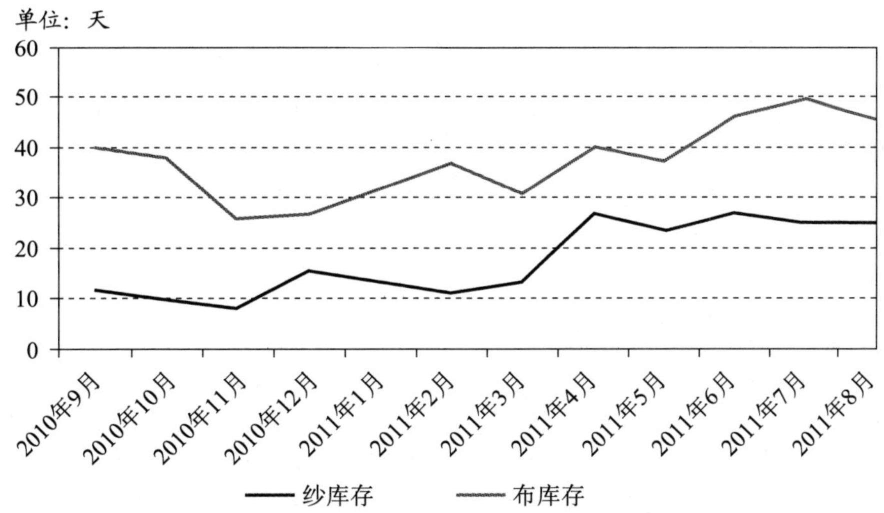

图 3－17　2010/2011 年度纱、布库存折天数

近 170%，而此前十年间美棉期货价格主要在 40－80 美分/磅之间徘徊。

影响因素分析：

1. 供求关系

2011 年 8 月 12 日，美国农业部公布了全球棉花供需预测报告，预测 2010/2011 年度全球棉花产量为 2544 万吨，消费量 2632 万吨，期末库存 993 万吨，库存消费比为 37.7%，是 1994/1995 年度以来供应最紧张的年份。

2. 投机基金

棉花供应紧张的基本面吸引投机基金进入，在整个 2010/2011 年度，ICE 棉花期货合约投机基金净多头率维持在历史高位。在投机的推动下，ICE 棉花期货合约的金融属性增强，波动性增大。

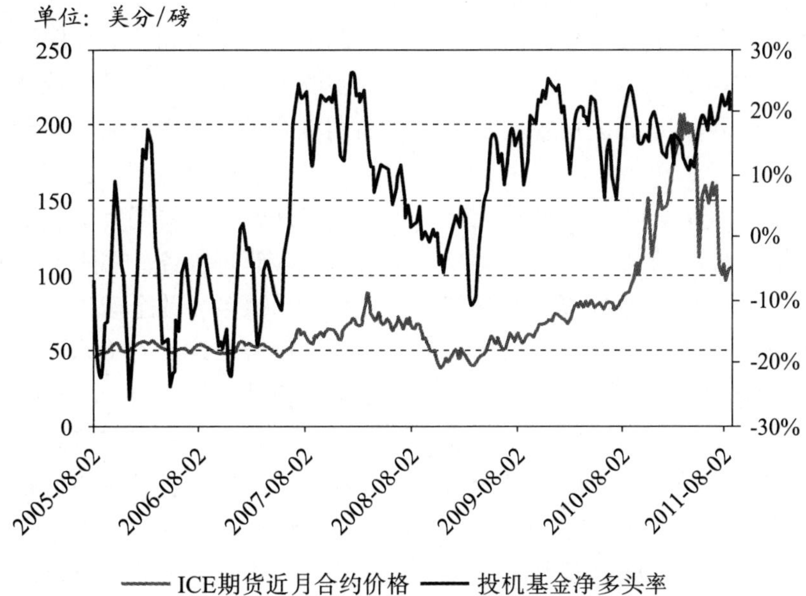

图 3－18　2005 年 8 月以来 ICE 棉花期货合约价格与投机净多头率走势

三、2010/2011 年度郑棉期货市场主要工作回顾

（一）推动从“量的扩大”到“质的提升”的转变，不断增强服务实体经济能力。以服务实体经济为工作中心，积极创新举措，强化服务，促进市场功能发挥，努力提升市场发展质量。

（二）创新市场培育方式，做精做细上市品种。一是积极开展“期货服务三农”系列活动，建立引导会员单位服务现货企业长效机制，充分调动政府部门、行业协会、会员单位、农合组织、龙头企业和新闻媒体等各方服务现货企业的积极性和主动性，初步构建了以郑商所为龙头，多方协作、共同参与的大服务格局。二是成功举办了首届郑州农产品期货（棉花）高峰论坛，取得了扩大市场影响、加快品种培育、促进功能发挥的积极效果。三是在传统的推介会、研讨会、座谈会、走访、调研等市场培育方式基础上，2011 年启动了集宣传、教育、研究、评估于一体的期货市场功能作用示范基地建设工程，面向全国征集典型案例 96 个，典型企业（简称“点基地”）19 个，利用期货市场发展经济的先进地区（简称“面基地”）13 个。四是会员服务企业明星团队和个人评比活动，会员中层管理人员、分析师、IB 业务人员、交割结算员培训活动和上市品种有奖征文活动全面展开。五是优化规则制度安排，贴近现货需求。

（三）深化功能发挥研究，重视成果转化运用。一是总结、完善上市品种功能发挥情况评估指标体系，科学评估各上市品种运行质量和功能发挥情况。二是继续深入开展“品种功能发挥研究课题”项目。精心选择了 34 个课题，进一步扩大招标对象范围，重点加强对制约期货市场功能进一步发挥的深层次、全局性问题的研究。三是高度重视研究成果的转化运用。在 2009 年“市场功能发挥课题研究”项目成果基础上，突出实用性和可操作性，组织人员编辑整理各品种的《现货企业利用期货市场手册》，针对产业链企业参与期货市场中遇到的各种疑难问题，如期货套保方式方法、税务问题、财务处理问题等，进行了详细解答。

（四）加强全方位监管，坚守不发生任何风险底线。贯彻中国证监会“确保期货市场稳定运行”的要求，切实履行一线监管职责，坚持“三公”原则，完善风险控制制度机制，加大对各类违法违规行为的打击力度，教育引导理性投资，不断强化风险防范观念意识，树立一线监管权威，坚守不发生任何风险的底线。

（五）加大违规行为打击力度。适应市场新发展新变化新特点，继续强化一线监管，严格风险控制，做到及时发现、及时制止、及时查处各类违法违规交易行为，维护郑商所的“三公”形象，树立了郑商所一线监管权威。目前市场运行基本平稳，没有发生风险事件。

四、郑商所面临的形势和任务

（一）市场改革发展迎来战略机遇期

一是党中央、国务院高度重视发展期货市场。2004 年以来，连续 7 年的中央一号文件都提出要注重发挥期货市场在引导生产、稳定市场、规避风险等服务“三农”方面的积极作用。中共中央关于制定国民经济和社会发展第十二个五年规划的建议中明确指出“稳步发展期货市场”。这为以农产品期货为主的郑商所加快发展提供了历史机遇。

二是宏观经济不稳定不确定因素较多，商品价格波动加剧，需要期货市场提供更高层面的商品定价和风险管理服务。国际上，美国推出的二次量化宽松货币政策导致全球流动性泛滥，美元价格长期向弱的趋势难改，以美元计价的国际大宗商品价格上涨趋势估计很难改变。我国经济总量和贸易总量居世界前列，是众多大宗商品的生产国、消费国和贸易国。近年来，产业链企业、特别是涉及国际贸易的企业要求增强我国大宗商品国际话语权和提高企业风险管理能力的呼声日益强烈，这为郑商所进一步发挥市场功能打开了广阔空间。

三是 2008 年金融危机爆发以来，社会各界对期货市场功能与作用的认识进一步深化。随着期

货市场服务实体经济的广度和深度不断拓展，各地、各级政府利用期货市场发展农业的意识大大增强，积极利用期货市场引导种植结构调整，转变农业生产方式，提高农业产业效益。金融危机的冲击促使越来越多的产业链企业积极利用期货交易规避市场风险，稳定生产经营，取得了良好的经济和社会效益。这些为郑商所在积极稳妥推动“量的扩张”的同时实现“质的提升”创造了良好条件。

（二）市场改革发展依然任务繁重

近年来郑商所围绕服务实体经济发展，大力做精做细已上市品种，积极研究、稳步推进符合国民经济发展需要的期货新品种上市，不断深化市场建设，做了大量工作，取得了显著成效。但与现货企业的强烈避险需求、实体经济的现实发展要求相比还存在较大差距。与国内外先进期货交易所相比，在市场规模、品种培育、市场服务、人才队伍建设等方面也有一定的不足。

总的来看，面对我国期货市场正处于从量的扩张向质的提升转变的关键时期，郑商所发展具备诸多有利条件，也面临着严峻挑战，机遇与挑战并存，机遇多于挑战。

2010/2011 年度国际棉花市场产销形势分析

陈　涛

【作者简介】陈涛（Chen Tao），1978 年毕业于黑龙江大学英语系；1990 年获得美国孟菲斯州立大学工商管理硕士（主修国际商务）；1990 年加入美国艾仑宝棉花公司，并于 1997 年被任命为公司副总裁；2000 年加入路易达孚——艾仑宝棉花公司的母公司；目前负责大中华区的全部业务。

2010/2011 年度全球棉花市场经历了暴涨暴跌的过山车式行情。年度伊始，棉花供求延续了 2009/2010 年度罕见的紧平衡状态。经济危机的阴影还没有完全消除，全球宽松的货品政策副作用开始显现，流动性泛滥，通胀预期增强，推动了棉花价格暴涨，ICE 棉花期货 3 月合约曾于 2011 年 3 月 7 日达到过最高的 227 美分/磅，创下了美国南北战争以来的最高水平。但是过高的价格抑制了棉花需求，棉花替代品的价格优势明显，同时由于全球实体经济复苏乏力、希腊等国欧债危机加剧、中国控制通胀措施加强等外部原因，棉花价格从高点一路下跌，ICE 棉花期货 12 月合约于 7 月 31 日收于 101.77 美分/磅。

一、2010/2011 年度全球棉花生产情况分析

2010/2011 年度，全球棉花面积大幅增加，单产略增，总产量恢复至近 5 年平均水平。2009/2010 年度初以来持续的牛市行情使棉花同其他作物的竞争力增强，棉花主产国除中国种植面积减少外，美国、印度，尤其是南半球的澳大利亚和巴西等国都有大幅增加，其中澳大利亚产量增加 1.4 倍至 91.5 万吨，巴西产量增长 65% 至 196 万吨。

据美国农业部 2012 年 2 月报告预测，2010/2011 年度全球棉花总产量为 2536 万吨，同比增加 302 万吨，略高于近 5 年的平均总产量 2475 万吨。

2010/2011 年度全球棉花收获面积为 3339 万公顷，同比增加 325 万公顷，增幅 18.8%。

2010/2011 年度，除美国外，棉花主产国单产正常，全球棉花平均单产为 759 公斤/公顷，同比增加 18 公斤/公顷，增长 2.4%。

2010/2011 年度生产国棉花生产情况简述

如下：

中国：面积略减，总产量下降。2010/2011 年度中国棉花产量为 664 万吨，同比减少 33 万吨；面积为 515 万公顷，同比减少 2.8%，主要原因是劳动力成本提高，没有类似粮食作物的保护价支持，降低了农民的种棉积极性；单产 1289 公斤/公顷，同比略减 2%，但内地华北平原收获期间连续阴雨，导致高等级棉数量减少，皮棉推迟上市、农民惜售。

美国：面积大增，单产正常，丰收之年。2010/2011 年度，美国棉花产量 394 万吨，同比增加 129 万吨，增长 49%；美棉收获面积 433 万公顷，同比增长 42%；单产 910 公斤/公顷，同比增长 4.5%。

印度：面积和总产量再创新高。2010/2011 年度，在植棉面积大幅增加的情况下，印度棉花产量达到历史新高 575 万吨，同比增加 57 万吨，增幅 11%；植棉面积 1220 万公顷，同比增长 8%；单产 482 公斤/公顷，同比增长 2.6%。

二、2010/2011 年度全球棉花消费情况分析

2010/2011 年度全球棉花消费并没有延续 2009/2010 年度棉花消费随着经济复苏而增加的态势。棉花价高抑制了消费，纺企减少棉花用量或使用比价优势明显的替代品。同时，希腊等国债务问题、全球需求放缓以及下游的去库存化趋势也是棉花用量减少的主要原因。

据美国农业部（USDA）2010 年 12 月报告估计，2010/2011 年度全球纺织用棉量为 2496 万吨，同比减少 95 万吨，减幅 3.7%。

主要国家棉纺消费情况：

中国：2010/2011 年度纺织用棉量 1001.7 万吨，同比减少 87.1 万吨，减幅 8%。

印度：2010/2011 年度纺织用棉量持续增长，达到历史最高的 458.4 万吨，同比增加 28.3 万吨，增幅 6.6%。印度实施棉花出口限制措施，极大保护了国内的原料成本优势。

三、2010/2011 年度国际棉花价格运行特点及因素分析

2010/2011 年度全球棉价走势可以用“过山车”式来形容。在整个商品市场中，棉花价格波动幅度一枝独秀。

1. 上涨阶段

2010/2011 年度伊始，由各国宽松的货币政策导致的通胀预期推高了大宗商品的价格，一直延续到 2011 年一季度。

2010 年 7 月 30 日，美国 ICE 棉花期货 3 月合约价格收于 76.29 美分，此后一路走高，并于 2011 年 3 月 7 日达到最高的 227 美分，创下了美国南北战争以来的最高水平。在这段上涨过程中，通过国际期货指数比较，棉花涨幅 139%，小麦 49%，玉米 71%，大豆 41%，白糖 73%，原油 31%。

从 2010 年 8 月开始，虽然面临新花上市和抛储双重压力，但减产和年度供求紧张预期推高棉价。

即使中国在 8 月 10 日至 10 月 20 日以抛储 100 万吨来平抑国内市场价格，但巴基斯坦出现洪灾，中国、印度的棉花主产区都遭遇灾害性天气，均导致棉花推迟上市，高等级棉比例下降，减产预期增强，而印度继续实行限量出口的措施加剧年度供求紧张矛盾，328 级储备棉成交价格从 18208 元/吨上涨到 25314 元/吨。其间，国内外价格扭曲，国际棉价甚至高于国内棉价，引发大量的美棉出口取消以抑制美国出口。

2. 下跌阶段

从 2011 年二季度起，随着欧洲主权债务危机恶化和中国货币政策从紧，需求减少和去库存化使得商品价格走低，ICE 棉花期货 12 月合约于 7 月 31 日收于 101.77 美分。在这段下跌过程中，棉花跌幅 47%，小麦 24%，玉米 2%，大豆 6%，白糖 14%，原油 21%。中国政府于 2011 年 3 月份公布了 19800 元/吨的 2011/2012 年度收储价格，这个价格在 2010/2011 年度末有效地抑制了国内外棉价的进一步下滑。

四、影响2010/2011年度棉花市场的主要因素

1. 供求的动态变化是棉价动荡的主因

从供需平衡表上看，无论从期末库存绝对量还是库存消费比例来说，2010/2011年度的供需失衡都是历年来少有的。2010年11月美国农业部预估的2010/2011年度的全球期末库存为918.8万吨，同比减少31.5万吨，库存消费比为36.1%，为1993/1994年以来最低水平，这是继上一年度950.3万吨期末库存和36.8%的库存消费比后连续两年供需严重失衡。截至2010年11月11日，美棉出口签约进度已达到了81%，比近5年平均水平45%高出36%，由此可见，供不应求极大刺激了采购需求，强有力地带动了棉花价格上涨。

2. 高价刺激供应的同时抑制了消费，经济环境的不确定性导致去库存化

供给增加。高价刺激了南半球澳洲和巴西棉农的种植积极性，其中澳洲产量增加53万吨，巴西产量增加77万吨。

需求减少。棉纺企业在坐享上半年原料上涨带来的利润后，发现价格并不能有效地传导到下游的织布、纺织品服装行业，随着原料价格下跌，利润转负，一些企业不得不停产减产。同时棉花价格与粘胶、涤纶短纤等替代纤维价差扩大，替代效应明显，配棉比下降。

在需求减少的同时，由于对经济二次探底的担忧，纺织企业开始去库存化，减少采购。最终的结果是，2012年2月美国农业部调整2010/2011年度全球期末库存为1023万吨，比2010年11月的预估数调高了104.2万吨。2010/2011年度棉花市场由供不应求调整到了供大于求。

3. 货币政策、主权债务危机和投机炒作是棉价动荡的推手

2010/2011年度伊始，由各国宽松的货币政策导致的通胀预期推高了大宗商品的价格，随着欧洲主权债务危机恶化和部分国家收紧货币政策，商品价格承压。从2010年初，中国以连续12次提高存款准备金率和5次加息的紧缩货币政策来控制通胀。过度投机更是加剧了市场波动，11月24日，郑州商品交易所棉花期货合约单日总成交量达到1136万吨，接近全球棉花产量的一半。

2012年全球纺织业纤维消费展望

迈克·马丘

【作者简介】迈克·马丘（Mike McCue），《国际棉花》（Cotton International）杂志主编。

一、全球纺织业纤维消费预计增加

任何行业的原材料价格出现剧烈波动时，无疑就像棉花行业过去两年所经历的，整个下游产业链都会感受到其后果。产业链的每个环节必须采取以下某种方式适应这种变化，即通过提高售价的方式将增加的成本转嫁出去、内部消化、转用其他原材料或者调整原材料的使用比重。

过去一年，纺织业在不同时间见证并不同程度地感受到了所有这些现象的发生，但有一点很确定：纤维的市场波动，无论是天然纤维还是人造纤维，都不会很快消失。因此，纺织业需要准备好应对的是短期充满变数而非稳定的市场。

中国市场的变化是基本面两大转变的主因：

1. 1994 年中国纺织业与 WTO 整体框架的一体化是传统配额时代终结的信号，2008 年之后中国纺织业进入后配额时代；2. 过去的将近 30 年里，中国经济的逐步开放以及中国在 2001 年年底加入世贸组织加速了我们今天所说的“全球化”进程。

这些变化导致全球经济整合得更加严密，并使国际贸易出现巨大增长。从 1990 年至 2009 年，全球纺织品的贸易量翻了两倍，达到 2110 亿美元，而全球服装贸易几乎翻了 3 倍，达到 3160 亿美元。

从 2000 年到 2009 年，纺织业增长速度最快的贸易流是亚洲对非洲的贸易，年均递增 12.8%，其次是亚洲对欧洲的出口，年均递增 7.5%，第三是亚洲对中东地区的贸易，年均递增 6.9%。

上述纺织品贸易流都源自亚洲绝非偶然，这些贸易流背后的动力是亚洲纺织品生产商对纺机投资的显著增长，而中国在这方面的投资尤为突出。虽然近几年的投资增速已经下降，但过去十多年中国的纺机投资非常巨大。从 2000 年到 2009 年，中国的圆筒形纺机采购量是土耳其和印度（仅次于中国）采购量之和的 13 倍以上，织布机采购量则是二者之和的 15 倍以上。

2009 年全球的变化是结构性的，而且在市场中潜伏了很长时间。世界经济度过了一个很长、很强的投资昌盛期，但这个周期的末期却因世界金融和经济危机而加速甚至加剧。笼罩在短期世界经济前景的阴霾使需求和投资下降，继而导致 GDP 增长缩水、贸易减少、失业率上升和利息上涨，最终世界许多工业化国家都出现了经济衰退。

二、全球纺织业运行情况

全球金融和经济危机使全球纺织服装业遭受巨大打击。纺织品服装月均进口量从 2008 年的 300 亿美元下降到 2009 年的 270 亿美元，到 2010 年下降到 260 亿美元。幸运的是，目前纺织业已显露出恢复迹象，这是受新兴国家（如中国和印度）需求旺盛以及陷入经济衰退的美国和欧洲国家的需求复苏的推动。在经济衰退中耗尽库存的整个纺织产业链条进入再库存阶段，推动需求复苏。

尽管全球范围内声势浩大的扩张性货币政策和财政政策使全球经济未出现第二次大萧条，但这些政策的副作用却带来了新的挑战。其中一个主要后果是商品价格整体上涨，尤其是棉花价格。根据国际货币基金组织（IMF）的资料，棉花是 2010 年唯一波动最为剧烈的商品。国际棉花价格从 60 美分/磅的历史长期平均水平急剧上涨到 240 美分的空前高度，触顶后随即大幅回落，跌至 2011 年 9 月的 90 美分左右。

价格的剧烈波动既有短期因素也有长期因素，主要的长期因素是过去十年棉花价格不能令人满意，因此，许多国家的棉农改种粮食和能够提炼天然乙醇的作物。从需求方面看，经济衰退结束之后棉纺织品需求的增长超过市场预期也导致棉花价格大幅上涨；主要短期因素有：1. 2010 年 7－8 月，巴基斯坦的洪水对该国棉花产量构成威胁；2. 2010 年 9－10 月，印度政府限制棉花出口；3. 2010 年 10－11 月中国棉花产量预测大幅下调。

继棉花供应开始减少之后，全球纺织厂的补库需求快速上升。由于棉花的替代产品化纤的产量无法在短时间内提高，因此化纤价格也开始上涨，但涨幅比不过棉花。为什么人造纤维产品尤其是涤纶短纤不能完全替代棉花，答案非常简单：1. 棉花产量是涤短的两倍；2. 用于纺纱的棉花产量比涤短要多 3 倍；3. 棉花产量比纤维产量多 8 倍；4. 棉花产量比丙烯酸树脂多 10 倍。大幅提高涤短产量大约需要一整年的时间，建设新的化纤工厂也至少需要 3 年，而且化纤产业上游的投入需要更多的时间和资金。

从另一方面看，无论化纤的产量有多少，也不太可能完全替代棉花，因为布匹和染整技术需要适应特殊的纤维品种。当棉花价格开始下跌时，消费者和零售商的反应很快。由于产业链的棉花库存完全能够满足减少的需求，且零售商之间的竞争激烈，再加上经济前景不佳，导致棉花价格快速下跌。

在以往，高涨的棉价对服装零售价格的真正影响缺乏一致性，直到最后，美国棉花公司（CI）

的经济师杨·帝凡和国际棉花咨询委员会（ICAC）的经济专家阿里扬德鲁·普拉斯蒂那联手对棉花价格进行了理论上的“传递分析”。为提高支付成本的透明度，他们采用了四种常见的服装产品：一件T恤、一件Polo衬衫、一件女式衬衫和一条仔裤，然后计算出棉价平均每上涨85美分对终端零售价格产生的影响（2010/2011年度棉花均价较2009/2010年度上涨85美分）。

根据以上四种服装产品的重量（T恤0.41磅，Polo衬衫0.54磅，女式衬衫0.50磅，仔裤1.92磅），理论上这几种产品的价格分别上涨了35美分、46美分、43美分和1.63美元，其零售价的上涨幅度从1.8%（T恤）到4.5%（仔裤）。

然后，帝凡和普拉斯蒂那分析了2010年纺织产业链（从纤维到终端零售）的价格究竟发生了怎样的变化，发现棉花价格与棉纱及布匹价格的变化存在较高的关联性。不过，棉花价格和服装零售价格缺乏足够的关联性，至少在相同的时间段内如此。虽然服装价格在2010年开始缓慢上涨，但服装的零售价格直到2011年二季度才开始上涨。

三、全球纺织业的新模式

原材料价格的波动给全球纺织业带来的影响主要体现在两个方面：

1. 市场前景非常难料的状况会持续下去。从供应方面看，根据国际棉花咨询委员会（ICAC）的预测，2011/2012年度全球棉花产量有可能增加到2500万－2700万吨，不过全球棉花消费量预计只会略微增加到2440万－2470万吨。因此，全球期末库存将大约增加200万吨。由于棉花需求在很大程度上取决于全球经济的发展状况，近期全球经济出现二次衰退的可能性大大增加（其原因可能包含欧洲主权债务危机、美国经济疲软、国际货币战争等），因此预测棉花消费量非常困难。

2. 对许多纺织厂来说，市场波动和全球需求减弱的风险是现实存在的，而且会导致纺织厂削减产能甚至关门。纺织厂陷入了成本上涨且大幅波动（尤其是原材料、能源和劳动力）和难以将增加的成本转嫁给下游消费者的困境。而情况还在不断恶化，当原材料价格走势发生逆转时，纺纱厂同时要面对原料库存采购成本高和纱线价格下跌。因此，之前的高利润可能最终被吞噬乃至出现亏损，一些大型纺织厂可能有足够的实力消化或转嫁部分增加的成本，但是多数小厂则被迫停止生产。

纺织厂面对的另一个重大挑战是掌握足够的流动资金来应付生产成本的上涨。资金实力差的纺织厂会很快陷入困境，原因是银行不情愿为他们提供更长的贷款期限或更高的贷款额度，但这并不是说棉价上涨的影响都是负面的。过去20年，零售商和消费者都习惯了期待价格下跌，这对以价格取胜的零售商来说有利，但对以高产品质量和/或优质客户服务取胜的零售商来说不利。不过，随着棉价的急剧上涨，零售商也明白了供应商没有利润是不会提供产品的。新兴国家的纺织厂也开始把关注点从国际市场转移到国内市场。

大型国际零售商已经开始削减供应商的数量，并把更多的重点放在可靠性上，而不是只根据采购成本做决定。此外，小型国际零售商也投入大量精力加强与供应商的合作关系，以保证原材料供应的稳定。

四、全球纺织业的展望

目前全球纺织业正处于困难和高风险的境地，这一点毫无疑问，但同样可以肯定的是，从长期看纺织业的前景仍然乐观积极，主要原因是未来全球纤维消费量会继续增长。

根据英国PCI咨询公司的统计，从2000－2010年，全球纤维消费量从5540万吨增长到7710万吨，增幅达45%。该机构预计，到2020年全球纤维消费总量将增加到9910万吨，较目前的水平再增长30%。主要原因：1. 世界人口急剧膨胀，从2000年的大约61亿增加到2010年的68.5亿，预计到2020年将达到76亿；2. 全球GDP预计年均递增3%，这会导致全球人均纤维消费量增加，PCI纤维显示，全球人均纤维消费量从2000年的8.7公斤提高到2010年的11.6公斤，到2020年会继续增加到13.1公斤。

目前，北美、西欧在全球的人均纤维消费量最大（分别为38公斤和26公斤），且到2020年仍会保持不变，同时新兴国家（如中国、土耳其和印度）中产阶层的快速增长也将刺激未来的全球纤维需求。

由于棉花要和粮食作物争夺有限的耕地，因此棉花不能满足的那部分纤维需求就需要人造纤维来补充。PCI纤维预计，约有2/3的新增纤维需求将是人造纤维。如果全球人均棉花消费量达到美国棉花消费的水平，全球棉花产量就必须翻3倍，达到1.02亿吨左右。因此，虽然今后棉花消费量占全球纤维消费的比重会继续下降，但从绝对数量上看仍将保持增长态势，主要是通过提高棉花单产的方式来实现。

2010/2011年度美国洲际交易所棉花期货价格走势回顾

盖瑞·瑞纳斯

【作者简介】盖瑞·瑞纳斯（Gary Raines），美国福四通公司首席经济师。

2010/2011年度，一系列因素导致全球棉花市场经历了史无前例的价格波动，其影响至今还贯穿着整个下游纺织和服装产业供应链。这些因素既有棉花市场内部的也有外部的，在经历数次上涨最终从历史高点下跌之后给全球棉花市场带来了无法消除的影响。从全球来看，棉花价格在2010/2011年度前半段急速上涨后在技术图形上达到近一年来的新高，此后的几个月里，棉花价格由高点下跌了一半以上。在这篇文章里，我们将讨论此次棉花价格暴涨和暴跌的种种起因和后果，这些起因和后果导致全球棉花贸易发生了根本性的改变。

一、一系列事件推动棉花价格大幅上涨

任何一个商品市场的变化都与海浪相似，各种各样的问题都会对商品的交易产生作用，这和潮起潮落看上去没有规律一样。某个市场的产量预测可能会逐步上调，而另一个市场可能逐步下调；某个行业的需求可能扩大，而另一个行业的需求可能减少。总的来说，某种商品的全球供需的“潮汐”可能看上去没有规律，其作用在更大的市场环境中可能会互相抵消。

不过，2010/2011年度与众不同，许多看涨因素汇集在一起并同时发生，导致棉花价格出现如此巨大的上涨浪潮，而且上涨速度非常快。这些因素包括全球棉花消费量连续5个年度超过全球产量、全球和美国的基本面创16年来新低、短期供应紧张导致价格被严重低估、美元汇率为近几年最低水平、长期做多的指数基金涌入市场。这些事件的综合效应同时叠加在一起，演绎出一场“完美风暴”，推动全球许多市场的棉花价格涨至创纪录的高度。

首先，全球棉花需求在连续5个年度超过产量之后于2009/2010年度达到历史顶峰，这是半个多世纪以来为时最长的一次增长，因为随着时间的推移，全球棉花产量和消费量趋于同步增长，而且彼此都未大幅超过对方，也没有在超过之后保持很长时间。但是这次增长非同一般，无论从持续的时间

还是增长的数量上看都是如此。从图 3 – 19 可以看出，当全球棉花需求连续第 5 年超过产量之后，年度产销缺口扩大到创纪录的 376.7 万吨。

最终，由于全球纺织厂的用棉量持续超过棉花产量，全球棉花库存降至多年来的低点。虽然这对价格上涨有利，但比较而言供应量更加有限。之所以这么说，是因为在根据需求水平来衡量供应时，反映市场紧张程度的库存消费比是多年来的最低水平。极低的库存消费比使棉价趋于上涨，原因是纺织厂和制造商愿意提价采购愈发稀缺的棉花资源。基本面的紧张状况不仅是全球性的，而且也出现在一些主要市场。从中国到美国，从巴基斯坦到澳大利亚，棉花库存消费比缩减到近 15 年来的最低水平，而这些国家都是棉花主产国。

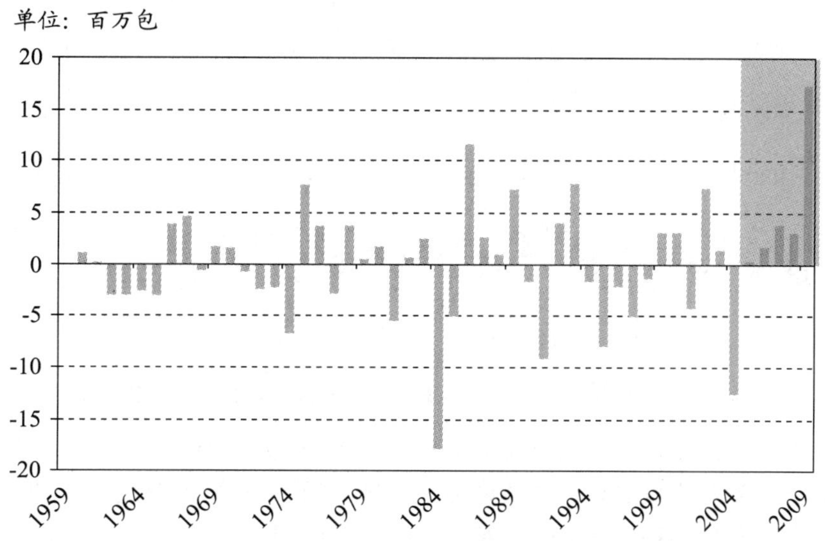

图 3 – 19　1959 年以来全球棉花消费量与产量差值

第三个促使本年度棉花价格上涨的因素是市场短期的逼空行为。许多人都见证了棉花期货近远月合约价格的空前倒挂，尤其是 ICE 棉花期货和郑棉期货。2011 年，全球纺织厂棉花供应短缺，工厂没有选择余地，只能以接近最高价位的棉花价格进行定价交易或者买进。在中国，棉花现货供应非常紧张，纺织厂几乎买不到高等级棉，促使许多品种的现货报价涨到历史新高。类似的，由于对邻国巴基斯坦的棉花出口增加，印度政府关上了棉花出口的大门，这使本已饥饿的巴基斯坦纺织厂原料供应持续不足。在美国，2011 年未定价的 5 月合约和 7 月合约定价交易接近历史最高水平，说明纺织厂必须在棉价接近历史最高点之后迅速确定价格。

促使棉价上涨的也有宏观因素。美元汇率下跌和商品市场坚挺也为棉花期货增添了看涨情绪。美国宽松的货币和财政政策使美元承压下跌，刺激一系列以美元计价的商品价格走高。除此之外，原油价格位于历史长期平均价格之上，其中一个原因是 2011 年阿拉伯世界掀起的争取民主、平等的运动以及尼日利亚和伊朗紧张的政治局势不断升级，这也对美元汇率产生压制作用，从而促使商品价格涨到多年来的高点。商品价格上涨的大潮加速了棉花价格的上涨，涨幅大大超过了前两年的水平，也引发了之后 10 个月里棉价的暴跌。

二、风暴过后熊市开始

正当市场价格飙升至 200 美分/磅以上的顶点时，狂热的恐慌性买盘逐渐消退，市场开始降温，价格开始下跌。在 6 个月里，全球许多地区的棉花价格下跌了至少一半，一些地区包括中国在内被迫采取强制性措施遏制棉价自由落体式的下跌。正如棉价飞涨有一些内在因素刺激一样，价格下跌也是一些因素使然。

2010/2011 年度全球棉价史无前例的上涨备受关注，这一点并不让人觉得意外。无论是基金公司

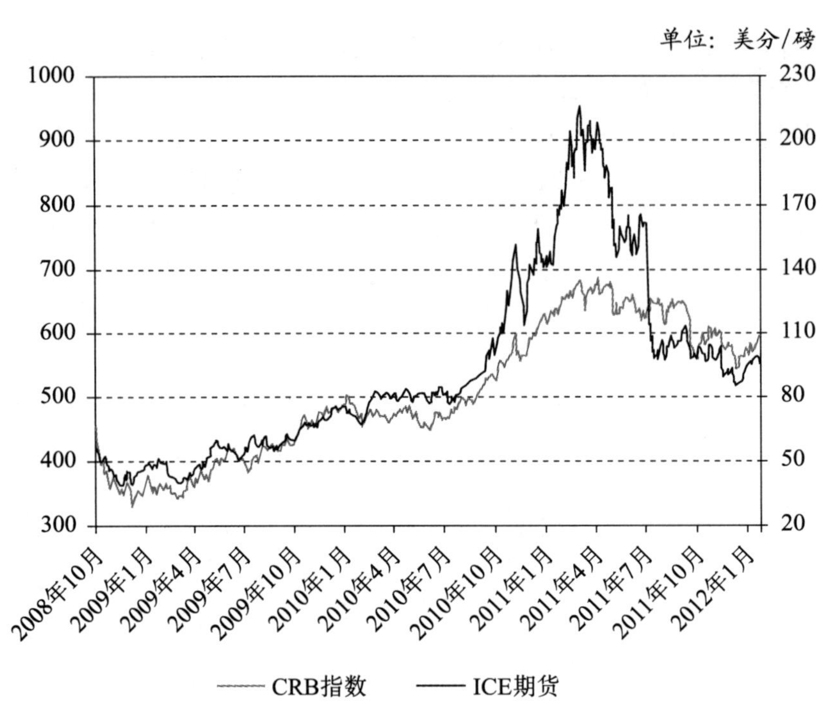

图 3－20　2008 年 10 月以来 CRB 指数与 ICE 棉花期货走势对比

还是农场主都想借机牟利。由于棉花的收益总的来说要比主要竞争作物如玉米和大豆更高，全球许多地区的农民扩大了棉花的种植面积。事实上，2011 年全球棉花收获面积同比增长 11.1% 是半个多世纪以来的第二大增幅，这是市场全面看好棉花的力证，全球主要产棉国的植棉面积均有显著增长，印度植棉面积全球第一，植棉面积创下历史新高。

棉花需求也导致价格下跌。由于 2011 年全球经济开始降温，全球棉花消费前景也开始暗淡，中国的形势最为突出。这个全球最大的纺织品消费市场的工厂用棉量还在持续减少，不过，现阶段中国国内棉价却得到政府强有力的收储政策支持，本年度纺织厂的棉花消费量预计大大低于最初的预期，原因是整个纺织产业链疲软。中国国家棉花市场监测系统 2011 年 12 月预计，本年度中国棉花消费量环比调减近 43 万吨，为 904.2 万吨，为最近几年来的最低水平。过去 9 个月里，该预测逐步下调，累计下调近 152 万吨，而且该预测仍明显低于不断下调的美国农业部的预测，这说明美国农业部可能会继续下调全球最大用棉国的消费量。

消费直线下滑导致中国的库存消费比迅速上升至 49.5% 的近年高点。一般情况下，基本面明显宽松预示着短期的期货价格趋于下跌。事实上，如图 3－21 所示，2010/2011 年度棉花基本面从 3 月份开始逐渐放宽，棉价也随之逐步下跌，但本年度中国政府重新启动棉花收储以补充上年度消耗殆尽的国储棉库存促使期货价格上涨。如图 3－22 所示，2011 年 9－12 月国内棉花库存消费比大幅上升，基本面趋于宽松，但由于国家棉花监测价格指数平均值在 19000－20000 元/吨之间，因此月均国家棉花监测价格数为市场提供了底部支撑。截至 2012 年 2 月 7 日，中国政府已累计收储约 250 万吨，现在的问题是，后期还能收储多少以及收储结束后市场注意力转向植棉意向下降和下年度基本面有望趋紧之前，市场的下跌动能有多大。

而正当外部因素刺激棉价上涨之时，一些因素开始“拖后腿”，促使棉价从去年的高点回落，特别是本年度以来商品市场整体跌幅小于棉花的跌幅。继一年前棉花和其他商品脱离价格关系飙升至史无前例的高度，二者的关联性又回归正常。如图 3－23 所示，2010/2011 年度，棉花和商品期货步

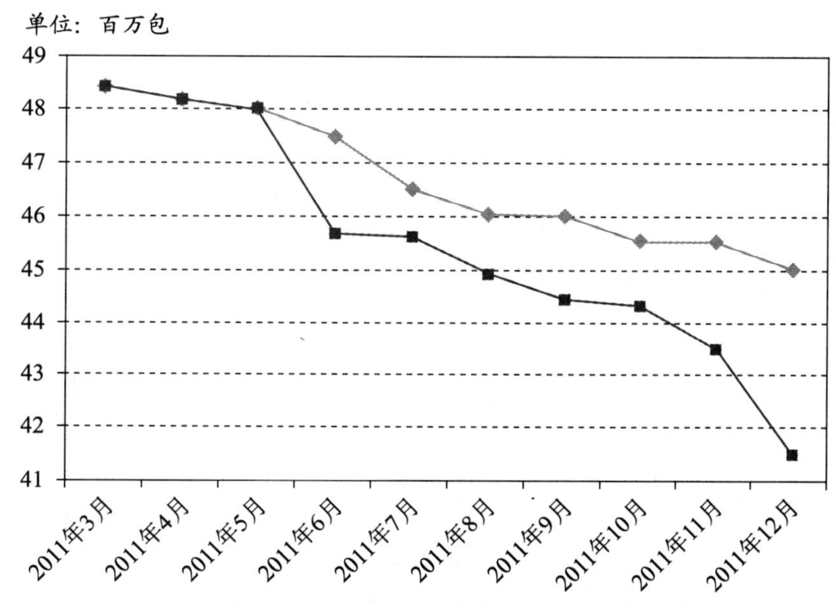

图 3－21　美国农业部和国家棉花市场监测系统对中国消费量预测对比

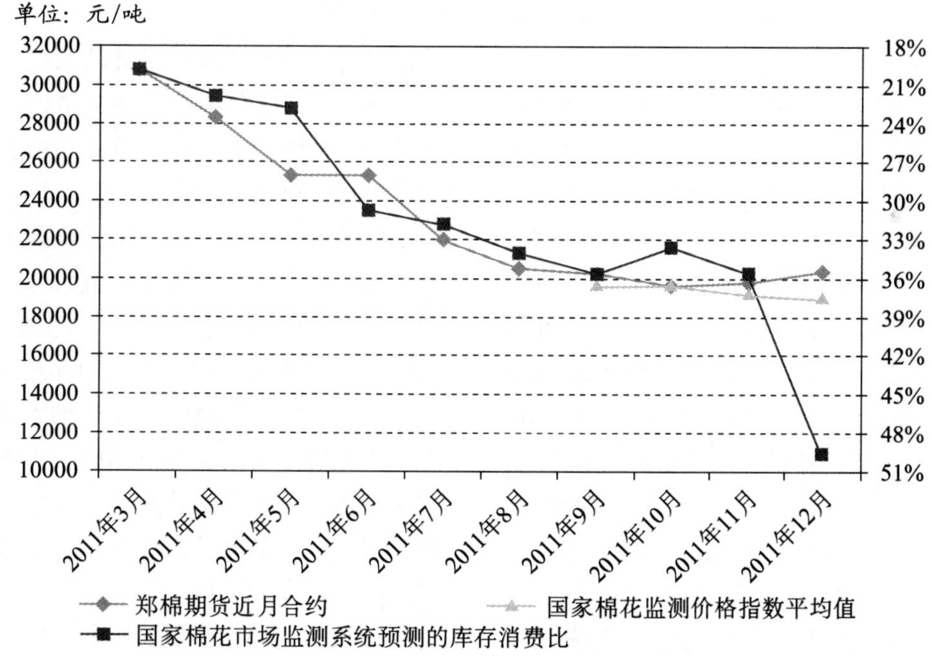

图 3－22　2011 年 3 月以来郑棉期货近月合约价格与国家棉花市场监测系统预测库存消费比走势对比

调非常一致。事实上，从长期来看，在市场相对平静的北半球冬季、市场的注意力转向春季植棉意向下降之前，棉花价格可能在外部市场的作用下出现更大波动。

三、棉花价格空前振荡导致 2011 年的合同毁约数量创下历史新高

过去两年棉花价格史无前例的上涨和下跌给自

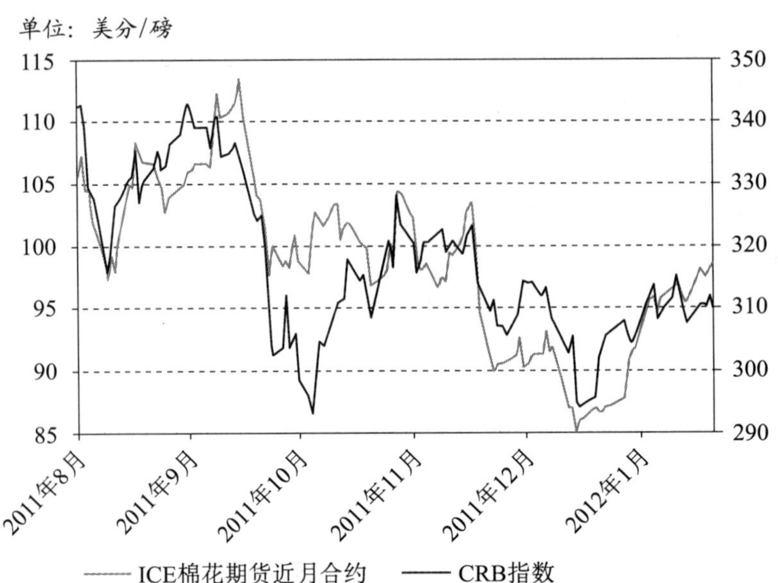

图3－23　2011年8月以来ICE棉花期货近月合约与CRB指数走势对比

身也带来麻烦，没有做好套保准备的参与者未能抵御这些风险。更直接的说，棉价空前的振荡导致全球范围内的合同违约、纠纷和仲裁数量大增。2011年，整个棉花产业链从棉农到棉商再到纺织厂，有关合同执行、重量和质量的纠纷创下历史最高纪录。过去16个月里，ICE棉花期货近月合约从接近100美分/磅飞涨到3月份的215美分/磅的空前高度，此后竟再度跌回到100美分/磅以下。棉价翻倍和折腰的双重打击使下游市场陷入混乱，高价纱线库存尚未全部销售以及前期订购的高价棉花还在源源不断进入库房让全球纺织厂懊悔不已。因此，拒绝履行前期签订的高价棉花和棉纱合同的纺织厂数量骤然增加。事实上，国际棉花协会（ICA）2011年一共接收了242项技术仲裁申请，创下历史最高纪录。这个数字是往年平均水平的五倍多，是2008年棉价达到前期高点时的两倍多，也是该组织自2000年开始有仲裁记录以来的最高值。

如图3－24所示，时间证明棉花价格波动和仲裁提交数量的关联度很高，虽然衡量价格波动有多种方式，但其核心都是衡量价格的分散程度，当价格趋于分散时振荡幅度加大，而当价格趋于集中时振荡幅度减小，价格振荡衡量的不是价格变化的方向，而是振荡本身的幅度，尽管一些衡量振荡幅度的方式可以用来分析价格波动幅度，考虑到本次研究的目的，我们分析的是相关范围。相关范围指的是最高价和最低价与平均价之间的差异比，并估计一段时间内极端价格的分散程度或者价格波动范围。相关范围是一个百分比，比值越高价格波动幅度越大，反之幅度越小，最低比值为零，上不封顶。如图3－24所示，最近几年，这个比值与ICA的仲裁数量的变化非常一致，且近期都达到了最高点。

然而，棉花价格波动带来的困难还在给全球纺织业供应链带来更为深远影响，而绝不仅限于棉花这一环节，其影响最终传导至服装零售和家纺产品的消费者。从纺纱厂到织布厂再到服装制造商、进口商、零售商和品牌商，所有环节均受到影响，而且到现在为止还在感受着这种影响，无论是因为价格上涨还是因为棉花在混纺中的用量减少。虽然我们对纺织行业运行最差的时刻已经过去仍持怀疑态度，但棉花的“完美风暴”给市场带来不可磨灭的影响还会继续贯穿全球纺织供应链。

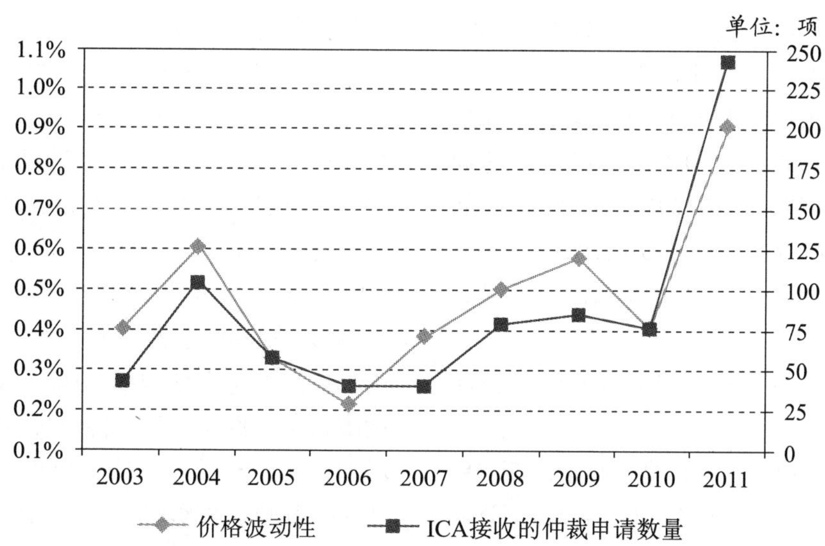

图 3－24　仲裁申请数量变化与价格波动的关系

2010/2011 年度新疆棉花市场形势回顾及产销经营新机遇

万达棉花研发中心研发总监　张闻民

【作者简介】张闻民，外经贸专业高级经济师，长期从事棉花纺织品进出口商品贸易，现任万达期货公司棉花研发中心研发总监。近年来，先后担任新疆贝正实业有限公司总经理，新疆棉花期货工作小组组长，华润纺织集团公司新疆棉花经营总代理，新华社特约经济分析师，中储棉花信息中心高级顾问，《中国棉花年鉴》编委及特约撰稿人，兵团棉花协会理事顾问及特聘专家学者等等。他创新提出了中国及新疆棉花产业三大发展战略，撰写了70余万字的关于棉花产业、期货市场研讨文章、报告、经营方案，被国内棉花界同行誉为“儒商”。

一、2010/2011 年度新疆棉花市场形势回顾

1. 大量资金涌入国内棉花市场，国内外棉花市场价格联动上涨

2010 年大宗期货商品石油、铜、天胶、大豆、玉米、小麦、油脂价格普遍上涨，棉花价格处于各大宗期货商品最低位，引发国内外投机商的大量资金涌入国内棉花市场。据美国农业部统计，2010/2011年度世界棉花产量 2494 万吨、消费量 2490 万吨，世界各棉花主产国、消费国棉花产销大致平衡，供求缺口主要来自中国，达 300 万－400 万吨。2010 年 9－11 月棉花上市后，国内外棉花市场近年来首次出现籽棉、皮棉、棉副产品、棉纱、棉布、纺织品服装、化纤等商品量价齐升的局面，形成国内外棉花现货市场、外棉中国主港价格、ICE 期货、郑棉期货、撮合市场价格联动上

涨。国内棉价由18000元/吨上涨至33000－34000元/吨的历史最高价位；ICE棉花期货价格上涨至220美分/磅，中国主港进口棉价格最高达到245美分/磅，同比上涨80%－100%；棉花市场的商品属性向金融属性转移，2010/2011年度郑州商品交易所棉花期货交易额同比增长15倍达到20.5万亿元，国内外棉花市场均创下150年来的历史最高价格。

2. 国内外棉花市场价格高涨，棉农、棉企收益增加

2010/2011年度国内籽棉价格高开高走，新疆籽棉收购均价从8.0元/公斤上涨至12－14.5元/公斤的历史最高价位，棉农已在9－11月份的高价期将大多部分籽棉售出，棉企皮棉销售价格同比上涨8000－10000元/吨，收益明显增加。2010/2011年度新疆棉花产量247万吨，分别占全国棉花产量597万吨的40%和世界棉花产量2495万吨的11%，直接产值达550亿－650亿元，占新疆农业总产值的40%，按平均每吨25000－26000元测算，较2009/2010年度的350亿元净增加200亿－260亿元。棉花收入占新疆农民收入的60%，棉农亩均净收益由2009/2010年度的400－500元增至1200－1500元，部分地区棉农收益达到2000元。

3. 棉花收储预案使新疆棉价处于次高价时代

2011年3月，国家八部委公布了2011/2012年度棉花收储预案，规定328级皮棉收储价格为19800元/吨，时间为2011年9月至2012年3月，将在全国13个省市敞开不限量收购。随着9月份国内棉花大量上市，国际棉价一直保持较低价位，新年度棉花收储预案使新疆棉价格处于19000－22000元/吨的次高价时代。

二、2011/2012年度新疆棉花市场经营新机遇

1. 新疆棉花种植面积、产量全面增长

目前，新疆棉花种植普遍使用高密度矮密早种植方式、精量播种施肥、膜下滴灌、机采棉等高效技术。兵团各植棉师团场100%使用膜下滴灌，地方100%使用地膜，北疆普遍使用膜下滴灌，喀什与阿克苏地方棉区尚未完全普及滴灌。兵团机采棉面积达到50%－60%，农八师超过80%。

2011/2012年度新疆棉花种植面积同比增长7%－9%，其中北疆棉花种植面积增长15%，南疆巴州塔河中下游供水充裕，种植面积增长10%，阿克苏、喀什增长3%－5%。棉花产量同比增长30%，由于2010/2011年度新疆天气状况不佳，春季多雪，播种时间推迟15－20天，夏季持续低温多雨，致使棉花产量减少20%，而2011/2012年度风调雨顺，新疆棉花单产将增长20%，加上种植面积增加扩大了产量，合计全疆棉花产量将增长30%，达350万吨。长绒棉种植面积则下降至100万亩，预计产量在12万吨，同比下降2万－3万吨。

2. 2011/2012年度国内棉花市场价格将分为两个阶段

第一阶段：2011年9月至2012年3月收储期。以国家收储300万－400万吨储备棉为中心，国内棉花市场围绕收储价格19800元/吨，在19000－22000元/吨区间上下窄幅波动，新疆籽棉收购价格在8.0－9.0元/公斤区间波动，国内棉价与进口棉价差达2000－4000元/吨，纺织企业更倾向于进口低价印度棉、美棉或棉纱。

第二阶段：2012年4－9月国家收储结束后的储备经营期。至2012年3月底收储结束，国家将收购313万吨国储棉和100万吨进口棉，国内棉价继续受供大于求300万吨的市场价格压制，郑棉期货21970－22700元/吨的价格已成为世界棉花最高价格，随着3月份以后国家棉花产业政策转向保护纺织企业，为了让纺织企业获得平价棉花，国内市场面临继续增发进口棉配额和抛售部分储备棉的压力，国内棉价或向国外低价棉靠拢。

3. 以产补缺、以进补缺相结合。2011－2015年中国棉花生产将小于消费量，棉花生产和出口增长幅度低于纺织品服装生产出口增长，中国将大量进口外棉来补充消费缺口，新疆将成为全国最大的棉花战略重点生产发展区域，争取每年增加棉花产量40万－50万吨，弥补全国300万－400万吨供求缺口的大部分数量，预计2015年新疆棉花产量

将达到400万－430万吨。

三、发挥棉花期货经营优势，确定棉花期货市场经营的发展战略

1. 确立期货市场经营为重点的棉花现货、期货、撮合、储备、进口市场综合经营模式。通过对新疆公检大包棉为交割主体的郑商所一号棉期货合约修改，新疆873家棉花加工企业已有650家棉检体改生产加工仪器化公检大包棉，年均生产量350万－400万吨，占全国公检大包棉数量的50%，参与棉花期货生产经营企业增至30－100家。根据郑商所与新疆政府共同推动期货市场经营合作备忘录，新疆新棉集团、兵棉公司、农资集团与其内地合作仓库建成郑商所3家棉花期货交割库，全国新疆棉花期货仓单棉交割量、期转现、保值棉增至30－50万吨，2－3年间实现战略调整优化棉花经营结构，达到期货市场30%－40%，全国棉花交易市场电子撮合10%－15%，棉花现货储备进口40%－50%的阶梯式高效优价融通经营比例，持续创新发展百年企业，增加棉农、棉企、纺企年均收益10%－15%，有效保护棉农利益，强有力地推动新疆棉花产业持续稳定高效发展。

2. 棉花和纺织企业建立棉花期货商品金融资本高端产业市场。作为棉花产业先进生产力代表和最大规模、最具有发展潜力前景的大宗支柱产业商品市场研发重点，使新疆优质棉花产地资源积极向内地纺织企业和消费市场扩展转移，创立执行棉花期货市场综合经营模式。2011－2015年将重点扩展内地大中型纺织企业、贸易棉商企业，突破性联合相关银行、非银行金融机构、投资公司、大型基金、金融资本型期货公司，将现有的期货经营量额扩大到50亿－100亿元的合资合作联营资金能力，实现虚拟经济与实体经济经营相结合，建成最强产销经营实力企业集团联合体。将拥有60－100家大型棉花企业、40家大型纺织企业、30－50家商贸型棉商企业，分类组成80家核心客户、200家外围客户、500家松散客户，年均棉花期货交易额200亿元，棉花期货仓单交割量、期转现、保值棉10万－20万吨，全国棉花期货经营额将达到20万亿－30万亿元，棉花期货基本核心重点盈利客户占80%－90%，大幅提高棉纺织企业年度交易交割量额及利润收益10%－20%，直接产值、年均收益增长6%－10%，在全国占有突出的棉花产业市场份额，为推动棉花市场长期稳定高效发展做出贡献。

四、争取国家继续给予棉花产业优惠扶持政策

1. 借鉴国家粮食直补政策实行休耕、直补、托市、储备的经验，对全国棉花实行直补和棉农最低保护价政策，每亩补贴100元或每吨补贴1000元。改进现行棉花价格形成与综合调控机制，实行棉农籽棉最低保护价、储备棉收购限价、农发行籽棉收购最高限价、国家发展改革委棉花收购参考价、进口棉配额及滑准税基价、中国棉花价格指数及棉花现货市场价格、郑商所棉花期货价格、电子撮合市场价格等综合价格调节机制。

2. 2011年8月出疆棉花、棉纱、棉布移库费用补贴已提高至500元/吨，建议将上述移库费用补贴执行期改为长期固定执行，实行南疆补贴700－800元/吨的差别补贴额，并增加公路出疆棉移库费用补贴500元/吨。

3. 将棉花良种补贴范围扩至全国棉花种植面积，将良种补贴金额由13亿元增至30亿元。

4. 推行棉花农机农资、化肥农药、水电柴油、培训教育等综合生产补贴、反周期补贴。

5. 给予新疆机采棉、HVI1000等机械设备仪器每台套补贴售价金额的30%－50%；给予棉检体改企业及仪器化公检大包棉、籽棉收购加工补贴300－400元/吨。

6. 给予棉检体改企业“三丝”异纤专项治理补贴300－400元/吨。

7. 建立新疆棉国家收购储备长效机制，每年酌情定向收储、抛储、轮储新疆储备棉150－200万吨。

8. 设立棉花专业合作社、农棉商纺银等紧密合作订单扶持基金，设立棉花种子、科研、生产、加工、出口、储备棉补贴、棉花种植保险专项基金

及出口信贷等。

9. 继续推进“新疆优质棉生产基地建设”、“棉花高产高效高密度综合种植及膜下滴灌技术”、“三丝综合治理监控”“棉花副产品综合利用”“新疆棉花交易市场建设”“新疆棉花仓储运输设施升级改造建设”“1000万锭新疆和兵团东锭西建纺织厂建设”等项目。

10. 2010－2015年争取国家投资100亿－500亿元，棉花政策扶持资金50亿－200亿元，使新疆棉花生产增收50亿－80亿元，各项综合收益50亿元。

统计资料

第四部分

棉花生产

4－1　1978－2010年中国棉花生产情况表

单位：千公顷、万吨、公斤/公顷

年份	农作物总播种面积	棉花播种面积	棉花产量	单位面积产量
1978	150104	4866	217.0	455
1980	146380	4920	271.0	550
1985	143626	5140	415.0	807
1989	146554	5203	379.0	728
1990	148362	5588	451.0	807
1991	149586	6538	568.0	868
1992	149007	6835	451.0	660
1993	147741	4985	374.0	750
1994	148241	5528	434.0	785
1995	149879	5422	477.0	879
1996	152381	4722	420.0	890
1997	153969	4491	460.0	1025
1998	155706	4459	450.0	1009
1999	156373	3726	383.0	1028
2000	156300	4041	442.0	1093
2001	155708	4810	532.0	1107
2002	154636	4184	492.0	1175
2003	152415	5111	486.0	951
2004	153553	5693	632.0	1111
2005	155488	5062	571.0	1129
2006	157021	5409	674.0	1247
2007	153464	5926	762.4	1286
2008	156266	5754	749.2	1302
2009	158639	4952	637.7	1288
2010	160675	4849	596.1	1229

数据来源：《中国统计年鉴2011》。

4－2　2010/2011年度分省棉花生产情况表

单位：千公顷、万吨、公斤/公顷

省　份	农作物总播种面积	棉花播种面积	棉花产量	单位面积产量
全　国	**160675**	**4952**	**637.7**	**1229**
北　京	317.3	0.4	—	1150
天　津	459.3	51.8	6.3	1211
河　北	8718.4	581.6	57.0	979
山　西	3763.9	58.7	6.9	1180
内蒙古	7002.5	0.9	0.1	1261
辽　宁	4073.8	0.4	0.1	1523
吉　林	5221.4	3.3	0.5	1566
上　海	401.2	2.4	0.4	1454
江　苏	7619.6	235.7	26.1	1107
浙　江	2484.7	20.8	2.9	1412
安　徽	9053.4	344.4	31.6	918
江　西	5457.7	79.7	13.1	1640
山　东	10818.2	766.4	72.4	945
河　南	14248.7	467.3	44.7	957
湖　北	7997.6	480.1	47.2	983
湖　南	8216.1	175.0	22.7	1297
广　西	5896.9	2.2	0.2	928
四　川	9478.8	16.2	1.4	876
贵　州	4889.1	1.5	0.1	660
陕　西	4185.6	50.9	6.9	1361
甘　肃	3995.2	47.9	7.6	1578
新　疆	4758.6	1460.6	247.9	1697

数据来源：《中国统计年鉴2011》。

4-3　2010/2011年度新疆维吾尔自治区棉花生产情况表

单位：千公顷、万吨、公斤/公顷

地　区	棉花播种面积	棉花产量	单位面积产量
全　区	**1460.60**	**247.90**	**1697**
乌鲁木齐市	0.92	0.11	1192
克拉玛依市	7.27	1.11	1530
吐鲁番地区	19.00	2.34	1230
哈密地区	14.98	2.45	1636
昌吉回族自治州	77.36	13.89	1796
伊犁哈萨克自治州	104.24	16.94	1625
伊犁州直属县（市）	10.12	1.14	1124
塔城地区	94.12	15.80	1679
博尔塔拉蒙古自治州	44.22	9.44	2135
巴音郭楞蒙古自治州	150.46	30.06	1998
阿克苏地区	300.00	45.51	1517
克孜勒苏柯尔克孜自治州	6.10	0.91	1492
喀什地区	197.81	31.42	1589
和田地区	24.98	4.65	1860
生产建设兵团	**497.98**	**115.01**	**2310**

数据来源：《新疆统计年鉴2011》。

4-4　2010/2011年度新疆维吾尔自治区长绒棉生产情况表

单位：千公顷、万吨、公斤/公顷

地　区	长绒棉播种面积	长绒棉产量	单产
全　区	**82.6**	**11.04**	**1337***
伊犁哈萨克自治州	8.68	1.03	1187*
伊犁州直属县（市）	8.45	0.99	1165*
塔城地区	0.23	0.03	1304*
阿克苏地区	68.33	8.38	1226*
生产建设兵团	19.78	3.63	1835*

注：1. 数据来源《新疆统计年鉴2011》。
2. 带*的数据由国家棉花市场监测系统测算而得。

4－5　2010/2011年度新疆生产建设兵团棉花生产情况表

单位：千公顷、万吨、公斤/公顷

地　区	棉花播种面积	棉花产量	单位面积产量
建设兵团	**497.98**	**115.01**	**2310**
一　师	118.49	29.37	2478
二　师	27.07	6.90	1550
三　师	51.07	11.57	2266
四　师	10.15	1.61	1589
五　师	34.41	9.26	2690
六　师	52.17	10.58	2029
七　师	43.72	9.65	2208
八　师	143.73	32.71	2275
十　师	6.33	0.81	1266
建工师	0.04	0.01	1325
十二师	0.38	0.06	1529
十三师	9.33	2.27	2431
十四师	0.89	0.20	2230
兵团直属	0.20	0.04	1765

数据来源：《新疆生产建设兵团统计年鉴2011》。

4－6　2010/2011年度新疆生产建设兵团长绒棉生产情况表

单位：千公顷、万吨、公斤/公顷

地　区	长绒棉播种面积	长绒棉产量	单位面积产量
建设兵团	**19.78**	**3.63**	**1833**
一　师	19.40	3.57	1842

数据来源：《新疆生产建设兵团统计年鉴2011》。

4－7　2010/2011年度山东省棉花生产情况表

单位：千公顷、万吨、公斤/公顷

地　区	棉花播种面积	棉花产量	单位面积产量
全　省	**766.4**	**72.41**	**945**
济南市	25.50	2.94	1153
青岛市	3.39	0.40	1164
淄博市	7.81	0.96	1224
枣庄市	4.11	0.62	1510
东营市	124.61	11.81	948
烟台市	0.19	0.02	1013
潍坊市	42.91	5.11	1192
济宁市	103.65	13.75	1326
泰安市	7.62	0.91	1197
日照市	1.56	0.16	1024
莱芜市	0.76	0.11	1412
临沂市	10.14	1.30	1287
德州市	110.88	13.51	1218
聊城市	66.59	8.25	1239
滨州市	125.38	13.22	1054
菏泽市	185.30	23.72	1280

数据来源：《山东统计年鉴2011》。

4－8　2010/2011年度河南省棉花生产情况表

单位：千公顷、万吨、公斤/公顷

地　区	棉花播种面积	棉花产量	单位面积产量
全　省	**467.3**	**44.7**	**957**
郑州市	4.70	0.41	862
开封市	56.46	5.71	1011
洛阳市	3.52	0.33	938
平顶山市	3.32	0.26	797
安阳市	28.02	1.76	978

续表

地　区	棉花播种面积	棉花产量	单位面积产量
鹤壁市	0.94	0.06	640
新乡市	18.00	1.81	1005
焦作市	4.06	0.40	976
濮阳市	10.93	0.87	795
许昌市	8.63	0.84	974
漯河市	15.73	1.40	891
三门峡市	2.96	0.20	676
南阳市	84.89	7.68	905
商丘市	83.71	8.71	1040
信阳市	5.97	0.61	1014
周口市	126.17	12.48	989
驻马店市	19.13	1.84	964

数据来源：《河南统计年鉴2011》。

4-9　2010/2011年度河北省棉花生产情况表

单位：千公顷、万吨、公斤/公顷

地　区	棉花播种面积	棉花产量	单位面积产量
全　省	**581.56**	**56.95**	**980***
石家庄市	13.31	1.40	1052*
秦皇岛市	2.26	0.27	1195*
唐山市	28.09	3.30	1175*
廊坊市	42.02	4.78	1138*
保定市	28.67	3.00	1046*
沧州市	119.60	13.30	1112*
衡水市	131.48	14.20	1080*
邢台市	184.47	20.34	1103*
邯郸市	117.08	14.84	1268*

注：1. 数据来源《河北经济年鉴2011》。
2. 带*的数据由国家棉花市场监测系统测算而得。

4－10　2010/2011年度天津市棉花生产情况表

单位：千公顷、万吨、公斤/公顷

地　区	棉花播种面积	棉花产量	单位面积产量
全　市	**51.80**	**6.30**	**1211**
塘沽区	1.43	0.11	760
汉沽区	0.31	0.05	1536
大港区	1.05	0.08	761
东丽区	2.00	0.02	940
西青区	3.33	0.38	1153
津南区	3.26	0.39	1194
北辰区	3.00	0.29	979
武清区	4.27	0.50	1167
宝坻区	6.41	1.05	1637
宁河县	13.49	1.56	1160
静海县	13.05	1.64	1253
蓟　县	0.18	0.03	1861

数据来源：《天津统计年鉴2011》。

4－11　2010/2011年度陕西省棉花生产情况表

单位：千公顷、万吨、公斤/公顷

地　区	棉花播种面积	棉花产量	单位面积产量
全　省	**50.88**	**6.924**	**1361**
西安市	4.17	0.586	1405
宝鸡市	0.11	0.015	1407
咸阳市	0.55	0.034	617
渭南市	44.74	6.150	1375
延安市	0.72	0.048	674
汉中市	—	—	750
榆林市	0.19	0.008	414
安康市	0.05	0.004	860
商洛市	0.01	0.001	1385

数据来源：《陕西统计年鉴2011》。

4－12　2010/2011年度江苏省棉花生产情况表

单位：千公顷、万吨、公斤/公顷

地　区	棉花播种面积	棉花产量	单位面积产量
全　省	**235.70**	**26.08**	**1106**
南京市	4.16	0.41	985
徐州市	32.33	3.23	999
常州市	0.51	0.05	980
苏州市	1.69	0.17	1006
南通市	59.51	5.95	1000
连云港市	3.94	0.39	990
淮安市	0.44	0.04	909
盐城市	136.13	13.61	1000
扬州市	5.38	0.54	1004
镇江市	1.51	0.15	993
泰州市	17.36	1.74	1002
宿迁市	2.09	0.21	1005

数据来源：《江苏统计年鉴2011》、江苏农业网。

4－13　2010/2011年度安徽省棉花生产情况表

单位：千公顷、万吨、公斤/公顷

地　区	棉花播种面积	棉花产量	单位面积产量
全　省	**344.40**	**31.60**	**918**
合肥市	18.69	1.85	988
淮北市	2.11	0.24	1149
亳州市	18.56	2.08	1121
宿州市	26.31	3.33	1262
蚌埠市	22.41	2.90	1293
阜阳市	16.57	1.76	1063
淮南市	0.94	0.15	1616

续表

地　区	棉花播种面积	棉花产量	单位面积产量
滁州市	9.69	0.99	1025
六安市	11.19	1.56	1394
马鞍山市	3.90	0.47	1194
巢湖市	57.78	6.64	1149
芜湖市	7.32	0.81	1111
宣城市	12.14	1.43	1174
铜陵市	4.66	0.53	1133
池州市	24.67	2.89	1159
安庆市	72.65	9.21	1268
黄山市	0.43	0.05	1200

数据来源：《安徽统计年鉴2011》。

4－14　2010/2011年度湖北省棉花生产情况表

单位：千公顷、万吨、公斤/公顷

地　区	棉花播种面积	棉花产量	单位面积产量
全　省	**480.1***	**47.18***	**983***
武汉市	—	2.01	—
黄石市	—	0.53	—
十堰市	—	0.01	—
荆州市	—	13.76	—
宜昌市	—	3.08	—
襄樊市	—	4.34	—
鄂州市	—	0.55	—
荆门市	—	4.33	—
孝感市	—	3.57	—
黄冈市	—	7.29	—
咸宁市	—	0.29	—
随州市	—	1.64	—
仙桃市	—	2.68	—
天门市	—	5.02	—
潜江市	—	4.37	—

注：1. 数据来源为《湖北统计年鉴2011》。
2. 带*的数据取自《中国统计年鉴2011》。

4－15　2010/2011 年度山西省棉花生产情况表

单位：千公顷、万吨、公斤/公顷

地　区	棉花播种面积	棉花产量	单位面积产量
全　省	**58.72**	**6.931**	**1180***
太原市	0.077	0.011	1429*
长治市	0.066	0.005	758*
晋城市	0.228	0.023	1009*
晋中市	0.284	0.018	634*
运城市	57.251	6.400	1118*
忻州市	0.130	0.008	615*
临汾市	4.051	0.458	1131*
吕梁市	0.235	0.009	383*

注：1. 数据来源《山西统计年鉴 2011》。
2. 带*的数据由国家棉花市场监测系统测算而得。

4－16　2010/2011 年度江西省棉花生产情况表

单位：千公顷、万吨、公斤/公顷

地　区	棉花播种面积	棉花产量	单位面积产量
全　省	**79.736**	**13.077**	**1640**
南昌市	1.185	0.384	2101
景德镇市	0.894	0.142	1586
萍乡市	0.026	0.002	731
九江市	59.045	9.613	1628
新余市	2.955	0.380	1285
鹰潭市	0.004	0.001	2500
赣州市	0.009	0.001	1111
吉安市	0.164	0.022	1335
宜春市	9.436	1.502	1592
抚州市	2.410	0.414	1719
上饶市	2.968	0.617	2079

数据来源：《江西统计年鉴 2011》。

4－17 2010/2011年度四川省棉花生产情况表

单位：千公顷、万吨、公斤/公顷

地 区	棉花播种面积	棉花产量	单位面积产量
全 省	**16.20**	**1.42**	**917**
攀枝花市	—	—	2667
德阳市	0.30	0.02	649
绵阳市	0.80	0.07	981
遂宁市	10.20	0.94	997
南充市	2.90	0.2	675
眉山市	1.00	0.09	818
达州市	—	—	500
巴中市	—	—	850
资阳市	0.90	0.09	963
甘孜藏族自治州	—	—	333

数据来源：《四川统计年鉴2011》。

4－18 2010/2011年度甘肃省棉花生产情况表

单位：千公顷、万吨、公斤/公顷

地 区	棉花播种面积	棉花产量	单位面积产量
全 省	**47.90***	**7.56**	**1578**
白银市	0.07	0.0141	1923
武威市	9.67	1.6300	1686
张掖市	2.28	0.3976	1744
酒泉市	29.75	4.4990	1512
陇南市	0.03	0.0015	563

注：1. 数据来源为《甘肃年鉴2011》。
2. 带*的数据取自《中国统计年鉴2011》。

4－19　2010/2011年度辽宁省棉花生产情况表

单位：千公顷、万吨、公斤/公顷

地　区	棉花播种面积	棉花产量	单位面积产量
全　省	**0.87**	**0.0655**	**1538**
沈阳市	0.1	0.0021	840
大连市	—	0.0027	1588
锦州市	—	0.0004	1000
营口市	—	0.0003	1000
朝阳市	0.6	0.0525	1651
葫芦岛市	0.1	0.0070	1296

数据来源：《辽宁统计年鉴2011》。

棉花购销

4－20　2010/2011年度中国棉花收购、加工与销售进度统计表

日期	收购进度（%）	加工进度（%）	销售进度（%）
2010年			
9月16日	0.9	6.3	6.3
9月23日	3.7	3.8	3.8
9月30日	50.0	22.5	4.3
10月14日	50.0	32.5	7.6
10月21日	59.8	41.2	10.4
10月28日	67.4	48.1	11.9
11月4日	72.2	54.7	13.4
11月11日	73.4	57.2	15.9
11月18日	75.7	62.3	18.5
11月25日	78.9	67.8	19.3
12月2日	81.2	74.0	20.5

续表1

日期	收购进度（%）	加工进度（%）	销售进度（%）
12月9日	83.0	78.7	21.9
12月16日	84.4	81.9	23.3
12月23日	86.1	83.3	24.4
12月30日	87.0	84.9	25.9
2011年			
1月6日	87.8	86.1	27.5
1月13日	88.4	86.1	28.5
1月20日	89.8	85.1	29.3
1月27日	90.6	86.8	31.2
2月10日	91.1	87.6	31.8
2月17日	93.4	89.2	32.7
2月24日	93.9	90.2	35.3
3月3日	94.9	91.9	38.9
3月10日	95.4	94.6	42.8
3月17日	95.8	96.8	45.6
3月24日	96.2	96.9	48.3
3月31日	96.2	97.1	50.5
4月7日	96.3	97.2	53.3
4月14日	96.3	97.3	55.1
4月21日	96.3	97.3	57.9
4月28日	96.4	97.4	60.1
5月5日	96.5	97.5	62.4
5月12日	97.2	98.2	64.2
5月19日	97.3	98.2	65.9
5月26日	97.5	98.2	68.7
6月2日	97.6	98.2	71.2
6月9日	97.9	98.2	73.4
6月16日	98.0	98.2	75.6

续表2

日期	收购进度（%）	加工进度（%）	销售进度（%）
6月23日	98.1	98.3	77.1
6月30日	98.1	98.3	79.2
7月7日	98.4	98.3	81.1
7月14日	98.5	98.2	82.7
7月21日	98.5	98.3	84.3
7月28日	98.6	98.5	85.8
8月4日	98.6	98.6	87.2
8月11日	99.0	98.8	88.5
8月18日	99.1	98.9	90.4
8月25日	99.3	99.0	92.9

数据来源：国家棉花市场监测系统。

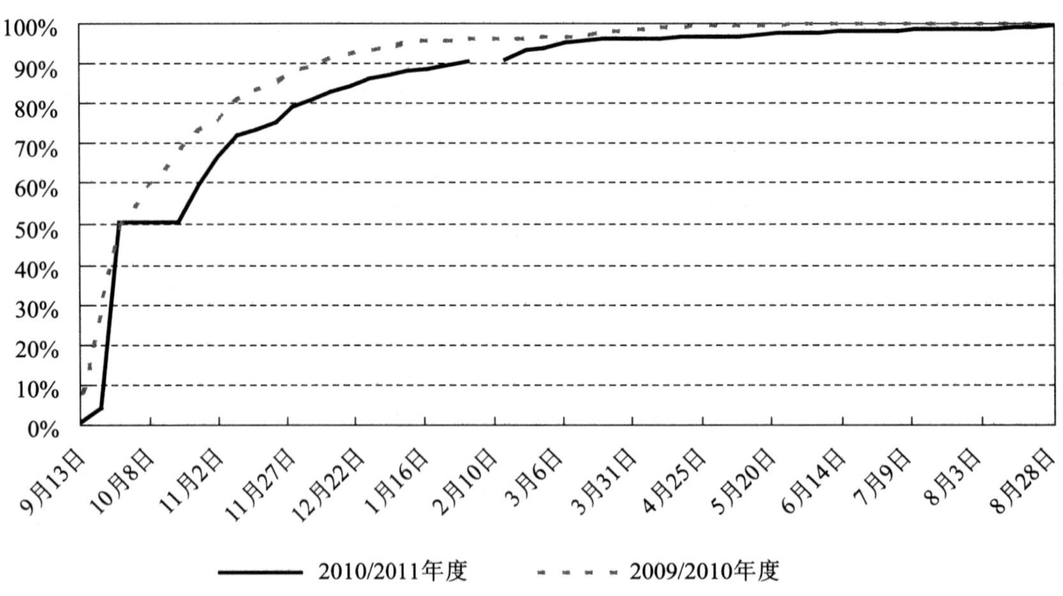

图4-1 2010/2011年度中国棉花收购进度与上年对比

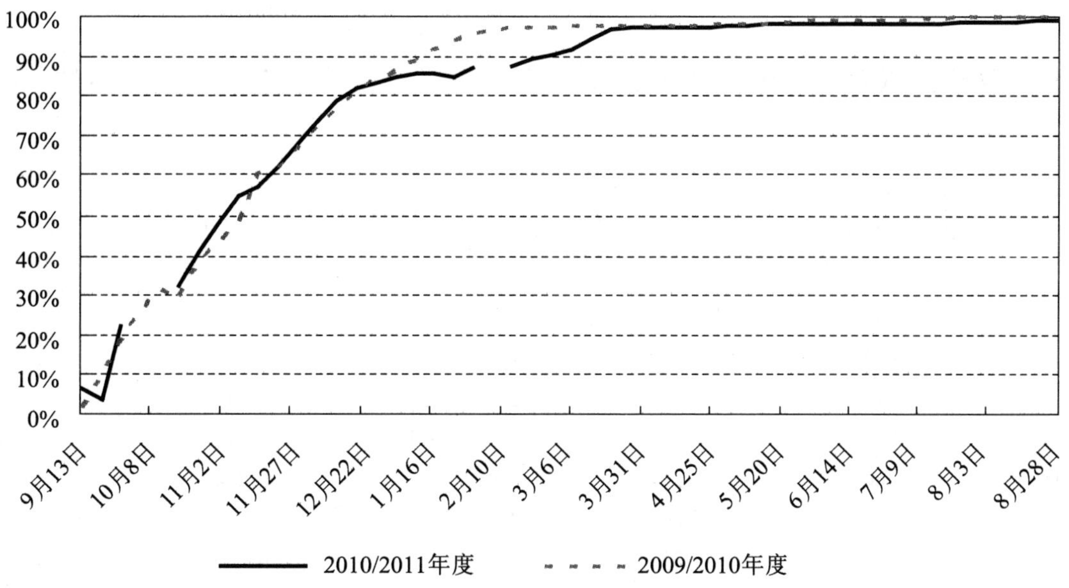

图 4－2　2010/2011 年度中国棉花加工进度与上年对比

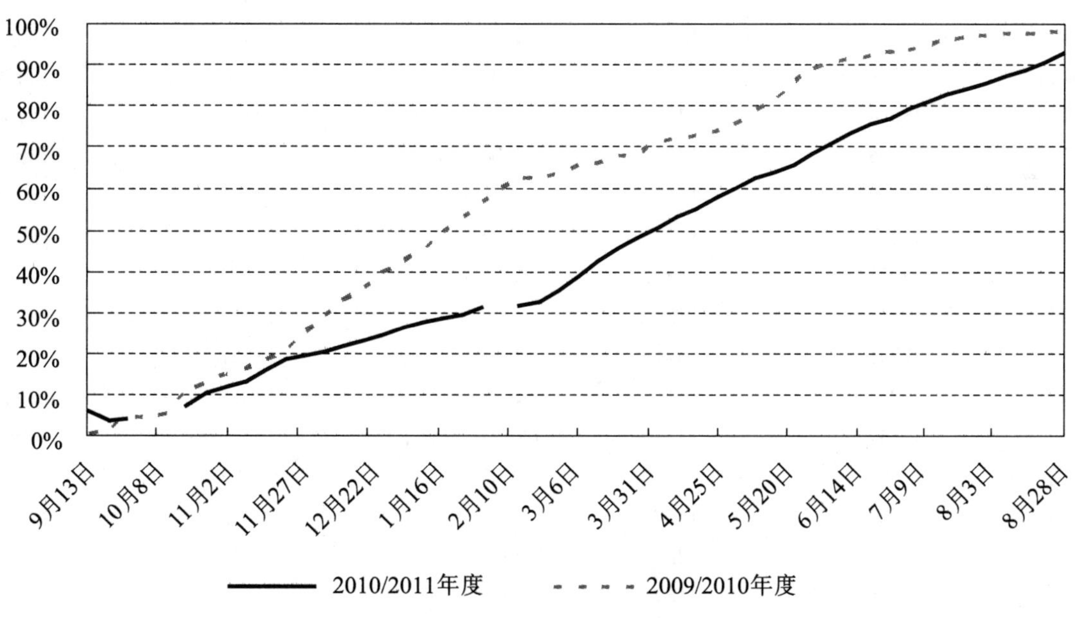

图 4－3　2010/2011 年度中国棉花销售进度与上年对比

棉花价格

4－21　2002/2003－2010/2011年度国家棉花价格指数月平均价格表

单位：元/吨

月　份	国家棉花价格A指数	国家棉花价格B指数	月　份	国家棉花价格A指数	国家棉花价格B指数
2002年9月	10595	10136	2005年5月	13788	13428
2002年10月	10697	10322	2005年6月	13755	13375
2002年11月	11210	10883	2005年7月	13943	13556
2002年12月	11370	11044	2005年8月	13914	13503
2003年1月	11466	11144	2005年9月	13844	13454
2003年2月	12337	12080	2005年10月	14617	14196
2003年3月	13505	13233	2005年11月	14656	14203
2003年4月	13701	13432	2005年12月	14636	14175
2003年5月	12875	12616	2006年1月	14662	14236
2003年6月	13018	12764	2006年2月	14825	14404
2003年7月	13482	13263	2006年3月	14752	14312
2003年8月	13309	13058	2006年4月	14627	14177
2003年9月	13744	13516	2006年5月	14572	14087
2003年10月	17259	17020	2006年6月	14560	14076
2003年11月	18086	17734	2006年7月	14489	14007
2003年12月	17865	17237	2006年8月	14455	13987
2004年1月	18209	17538	2006年9月	14387	13948
2004年2月	18403	17776	2006年10月	13299	12884
2004年3月	18277	17517	2006年11月	13184	12663
2004年4月	18115	17237	2006年12月	13324	12812
2004年5月	17731	16713	2007年1月	13457	12954
2004年6月	16250	15163	2007年2月	13481	12988
2004年7月	14837	13736	2007年3月	13517	13042
2004年8月	13754	12870	2007年4月	13488	13017
2004年9月	13806	13006	2007年5月	13465	12971
2004年10月	12492	12013	2007年6月	13732	13355
2004年11月	12095	11541	2007年7月	14455	14163
2004年12月	11802	11227	2007年8月	14843	14529
2005年1月	11865	11295	2007年9月	14121	13683
2005年2月	12230	11586	2007年10月	14024	13471
2005年3月	12594	12009	2007年11月	14188	13646
2005年4月	12990	12488	2007年12月	14172	13622

续表

月　　份	国家棉花价格A指数	国家棉花价格B指数	月　　份	国家棉花价格A指数	国家棉花价格B指数
2008年1月	14252	13692	2009年11月	14693	14382
2008年2月	14389	13778	2009年12月	15151	14840
2008年3月	14474	13921	2010年1月	15304	14994
2008年4月	14413	13909	2010年2月	15252	14936
2008年5月	14338	13911	2010年3月	15971	15610
2008年6月	14355	13946	2010年4月	16594	16201
2008年7月	14275	13868	2010年5月	17216	16811
2008年8月	14109	13722	2010年6月	18167	17776
2008年9月	13567	13130	2010年7月	18748	18300
2008年10月	12787	12404	2010年8月	18573	18131
2008年11月	11619	11116	2010年9月	19905	19471
2008年12月	11385	10790	2010年10月	25396	24771
2009年1月	11504	10931	2010年11月	29308	28721
2009年2月	11630	11207	2010年12月	27996	27267
2009年3月	11910	11529	2011年1月	28889	28127
2009年4月	12892	12579	2011年2月	30846	29949
2009年5月	13172	12894	2011年3月	31733	30819
2009年6月	13132	12821	2011年4月	30251	29094
2009年7月	13413	13105	2011年5月	26862	25110
2009年8月	13473	13176	2011年6月	26388	24441
2009年9月	13331	13028	2011年7月	24184	22066
2009年10月	14020	13715	2011年8月	20994	19340

数据来源：国家棉花市场监测系统。

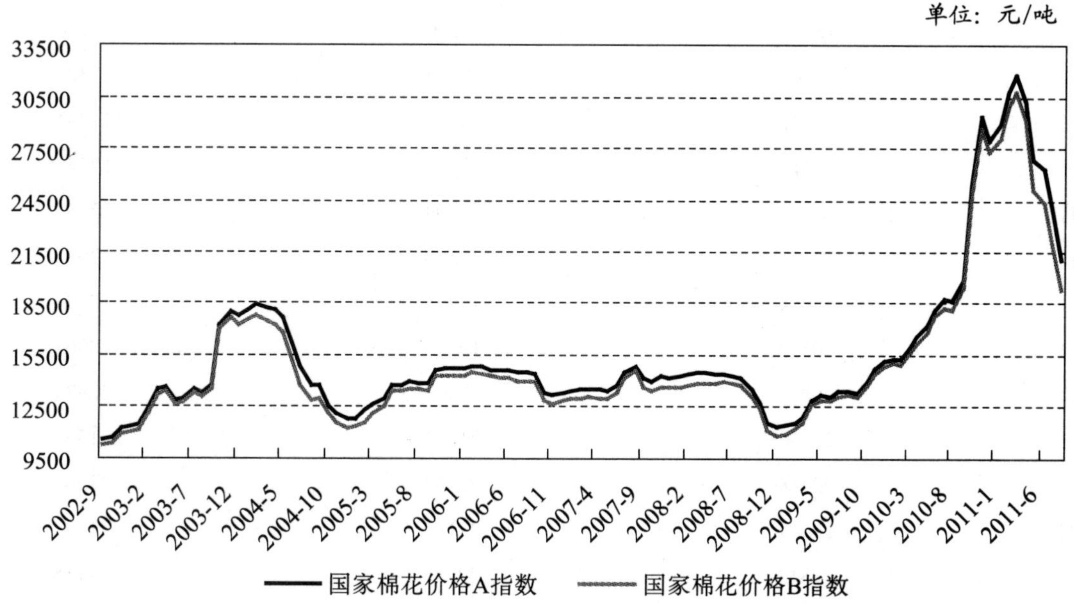

图4－4　2002/2003－2010/2011年度国家棉花价格走势

国家棉花价格指数简介

国家棉花价格指数（CNCotton Index）简称为国棉指数，是根据国家棉花市场监测系统140个监测站每日皮棉报价汇总，并通过严格的核查程序最终确定。CNCotton A指数代表内地229级皮棉成交均价，CNCotton B指数代表内地328级皮棉成交均价。

国家棉花市场监测系统各监测站广泛分布于全国各棉花产销区，采集当地具有代表性的皮棉成交价格，及时反映行情变化。国家棉花价格指数于每个工作日下午5点左右发布。

国家棉花价格指数（CNCotton Index）强调地区概念，并假设同等级棉花在同一个地区的工厂接受价与轧花厂仓库交货价水平基本一致。与当日发布的《国内主要地区棉花现货价格行情》配合使用，可比较全面地反映当日国内主要地区棉花平均成交价格水平。

4－22　2010/2011年度国家棉花价格指数及中国棉花收购价格指数日价格表

单位：元/吨

日期	国家棉花价格A指数	国家棉花价格B指数	中国棉花收购价格指数
2010年			
9月1日	18507	18062	15633
9月2日	18511	18067	15675
9月3日	18521	18080	15711
9月6日	18535	18096	15432
9月7日	18567	18129	15675
9月8日	18588	18150	16930
9月9日	18606	18168	17033
9月10日	18629	18191	17112
9月13日	18728	18290	17126
9月14日	19001	18573	17381
9月15日	19209	18783	17451
9月16日	19311	18888	17742
9月17日	19515	19094	17795
9月19日	19723	19303	17928
9月20日	20024	19608	18382
9月21日	20339	19917	18964
9月25日	20831	20403	20879
9月26日	22036	21611	21352
9月27日	22458	22032	21503
9月28日	22571	22146	21697
9月29日	22813	22347	21738
9月30日	22896	22416	21763

续表 1

日期	国家棉花价格 A 指数	国家棉花价格 B 指数	中国棉花收购价格指数
10 月 8 日	23076	22557	22219
10 月 9 日	23462	22865	22384
10 月 11 日	24078	23363	22673
10 月 12 日	24600	23866	22895
10 月 13 日	24832	24068	22978
10 月 14 日	24874	24092	23362
10 月 15 日	24936	24152	23524
10 月 18 日	25015	24224	23888
10 月 19 日	25259	24467	24049
10 月 20 日	25503	24772	24243
10 月 21 日	25746	25134	24337
10 月 22 日	25987	25436	24321
10 月 25 日	26288	25799	24664
10 月 26 日	26651	26225	24857
10 月 27 日	26904	26471	25077
10 月 28 日	27095	26653	25182
10 月 29 日	27428	26956	25545
11 月 1 日	27743	27258	26000
11 月 2 日	28333	27832	26399
11 月 3 日	28714	28135	26645
11 月 4 日	28949	28377	26830
11 月 5 日	29283	28805	27082
11 月 8 日	29662	29106	28140
11 月 9 日	30726	30165	28822
11 月 10 日	31376	30787	29559
11 月 11 日	31775	31235	29663
11 月 12 日	31760	31220	29366
11 月 15 日	31499	30915	26459
11 月 16 日	30574	29959	26127
11 月 17 日	29944	29358	25878
11 月 18 日	29793	29236	25307
11 月 19 日	29252	28638	25150

续表 2

日期	国家棉花价格 A 指数	国家棉花价格 B 指数	中国棉花收购价格指数
11 月 22 日	28911	28316	24723
11 月 23 日	28607	27993	24594
11 月 24 日	28253	27615	24220
11 月 25 日	27789	27142	23721
11 月 26 日	27519	26842	23536
11 月 29 日	27205	26500	22788
11 月 30 日	27102	26425	22585
12 月 1 日	27038	26377	22462
12 月 2 日	27104	26420	22389
12 月 3 日	27178	26514	22431
12 月 6 日	27293	26621	22520
12 月 7 日	27399	26715	22786
12 月 8 日	27678	26963	22884
12 月 9 日	27719	27011	23221
12 月 10 日	27791	27071	23405
12 月 13 日	27981	27200	23519
12 月 14 日	28046	27277	23740
12 月 15 日	28116	27336	23875
12 月 16 日	28169	27383	24053
12 月 17 日	28204	27447	24156
12 月 20 日	28251	27520	24389
12 月 21 日	28338	27619	24514
12 月 22 日	28383	27652	24590
12 月 23 日	28418	27680	24644
12 月 24 日	28433	27687	24688
12 月 27 日	28457	27704	24721
12 月 28 日	28463	27723	24780
12 月 29 日	28469	27727	24797
12 月 30 日	28481	27738	24833
12 月 31 日	28510	27760	24851
2011 年			
1 月 4 日	28517	27767	24894
1 月 5 日	28540	27796	24884

续表 3

日期	国家棉花价格 A 指数	国家棉花价格 B 指数	中国棉花收购价格指数
1 月 6 日	28549	27810	24917
1 月 7 日	28556	27816	24917
1 月 10 日	28563	27823	24924
1 月 11 日	28573	27838	24908
1 月 12 日	28581	27845	24919
1 月 13 日	28599	27863	24935
1 月 14 日	28615	27874	24952
1 月 17 日	28626	27882	25016
1 月 18 日	28648	27898	25061
1 月 19 日	28657	27916	25142
1 月 20 日	28842	28070	25267
1 月 21 日	28948	28197	25309
1 月 24 日	29130	28377	26142
1 月 25 日	29240	28435	26287
1 月 26 日	29417	28573	26320
1 月 27 日	29472	28675	26335
1 月 28 日	29505	28708	26335
1 月 30 日	29524	28731	26387
1 月 31 日	29557	28763	26387
2 月 9 日	29586	28796	26414
2 月 10 日	29680	28859	26516
2 月 11 日	29980	29099	26704
2 月 12 日	30329	29416	26895
2 月 14 日	30613	29691	27277
2 月 15 日	30726	29828	27358
2 月 16 日	30819	29915	27505
2 月 17 日	30923	30038	27737
2 月 18 日	31247	30299	27866
2 月 21 日	31372	30452	28150
2 月 22 日	31446	30538	28423
2 月 23 日	31474	30557	28522
2 月 24 日	31490	30575	28562
2 月 25 日	31494	30580	28535

续表 4

日期	国家棉花价格 A 指数	国家棉花价格 B 指数	中国棉花收购价格指数
2 月 28 日	31508	30594	28508
3 月 1 日	31562	30653	—
3 月 2 日	31596	30691	—
3 月 3 日	31789	30893	—
3 月 4 日	31879	30988	28617
3 月 7 日	31978	31050	—
3 月 8 日	32121	31169	—
3 月 9 日	32159	31215	—
3 月 10 日	32163	31222	—
3 月 11 日	32140	31198	28840
3 月 14 日	32085	31150	—
3 月 15 日	31953	31020	—
3 月 16 日	31793	30881	—
3 月 17 日	31661	30758	—
3 月 18 日	31579	30681	28717
3 月 21 日	31567	30663	—
3 月 22 日	31560	30657	—
3 月 23 日	31559	30656	—
3 月 24 日	31560	30655	—
3 月 25 日	31540	30643	28452
3 月 28 日	31532	30628	—
3 月 29 日	31494	30580	—
3 月 30 日	31376	30479	—
3 月 31 日	31217	30298	—
4 月 1 日	31054	30111	27824
4 月 2 日	30918	29966	—
4 月 6 日	30740	29780	—
4 月 7 日	30711	29737	—
4 月 8 日	30687	29704	27271
4 月 11 日	30676	29679	—
4 月 12 日	30623	29616	—
4 月 13 日	30577	29561	—
4 月 14 日	30531	29467	—

续表 5

日期	国家棉花价格 A 指数	国家棉花价格 B 指数	中国棉花收购价格指数
4 月 15 日	30516	29428	26439
4 月 18 日	30495	29378	—
4 月 19 日	30423	29216	—
4 月 20 日	30356	29105	—
4 月 21 日	30282	28931	—
4 月 22 日	30115	28775	25960
4 月 25 日	29958	28599	—
4 月 26 日	29755	28379	—
4 月 27 日	29430	28090	—
4 月 28 日	28676	27331	25022
4 月 29 日	28493	27031	—
5 月 3 日	28228	26728	—
5 月 4 日	28150	26634	—
5 月 5 日	28059	26511	—
5 月 6 日	27790	26114	—
5 月 9 日	27278	25581	—
5 月 10 日	26907	25263	—
5 月 11 日	26677	25014	—
5 月 12 日	26670	24980	—
5 月 13 日	26669	24966	—
5 月 16 日	26632	24896	—
5 月 17 日	26584	24807	—
5 月 18 日	26517	24729	—
5 月 19 日	26509	24699	—
5 月 20 日	26500	24688	—
5 月 23 日	26487	24659	—
5 月 24 日	26465	24605	—
5 月 25 日	26439	24555	—
5 月 26 日	26405	24500	—
5 月 27 日	26392	24478	—
5 月 30 日	26378	24457	—
5 月 31 日	26374	24446	—
6 月 1 日	26374	24447	—

续表6

日期	国家棉花价格 A 指数	国家棉花价格 B 指数	中国棉花收购价格指数
6 月 2 日	26417	24481	—
6 月 3 日	26427	24489	—
6 月 7 日	26437	24500	—
6 月 8 日	26456	24518	—
6 月 9 日	26459	24522	—
6 月 10 日	26458	24521	—
6 月 13 日	26456	24519	—
6 月 14 日	26447	24515	—
6 月 15 日	26441	24508	—
6 月 16 日	26438	24490	—
6 月 17 日	26432	24482	—
6 月 20 日	26425	24472	—
6 月 21 日	26420	24464	—
6 月 22 日	26417	24461	—
6 月 23 日	26401	24442	—
6 月 24 日	26390	24437	—
6 月 27 日	26315	24357	—
6 月 28 日	26269	24306	—
6 月 29 日	26223	24253	—
6 月 30 日	26038	24081	—
7 月 1 日	25878	23910	—
7 月 4 日	25763	23779	—
7 月 5 日	25576	23564	—
7 月 6 日	25416	23399	—
7 月 7 日	25272	23257	—
7 月 8 日	25151	23137	—
7 月 11 日	24913	22929	—
7 月 12 日	24771	22770	—
7 月 13 日	24582	22560	—
7 月 14 日	24445	22382	—
7 月 15 日	24106	21999	—
7 月 18 日	23917	21735	—
7 月 19 日	23726	21494	—

续表 7

日期	国家棉花价格 A 指数	国家棉花价格 B 指数	中国棉花收购价格指数
7 月 20 日	23615	21364	—
7 月 21 日	23457	21225	—
7 月 22 日	23317	21071	—
7 月 25 日	23270	21045	—
7 月 26 日	23242	20995	—
7 月 27 日	22694	20469	—
7 月 28 日	22468	20253	—
7 月 29 日	22288	20052	—
8 月 1 日	22132	19940	—
8 月 2 日	22007	19896	—
8 月 3 日	21882	19866	—
8 月 4 日	21687	19763	—
8 月 5 日	21502	19705	—
8 月 8 日	21288	19636	—
8 月 9 日	21116	19484	—
8 月 10 日	20940	19345	—
8 月 11 日	20883	19272	—
8 月 12 日	20794	19185	—
8 月 15 日	20712	19126	—
8 月 16 日	20626	19085	—
8 月 17 日	20611	19073	—
8 月 18 日	20607	19067	—
8 月 19 日	20607	19067	—
8 月 22 日	20603	19077	—
8 月 23 日	20603	19091	—
8 月 24 日	20611	19104	—
8 月 25 日	20659	19163	—
8 月 26 日	20679	19182	—
8 月 29 日	20676	19182	—
8 月 30 日	20783	19234	—
8 月 31 日	20849	19274	—

数据来源：国家棉花市场监测系统。

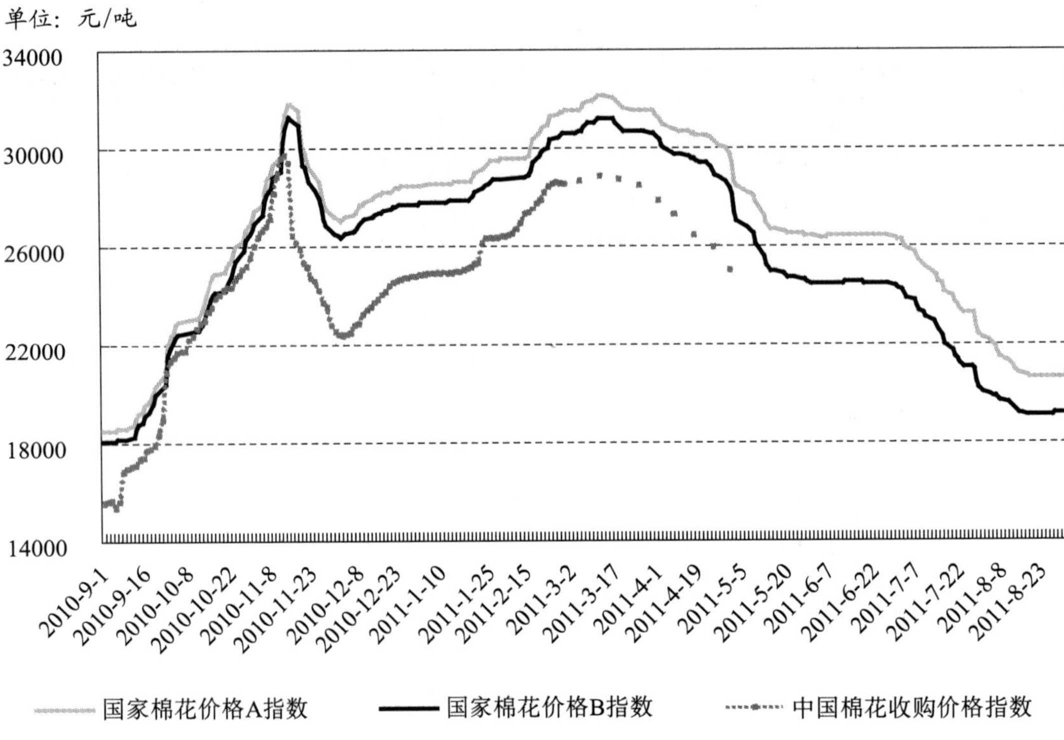

图4－5　2010/2011年度国家棉花价格指数及中国棉花收购价格指数走势

4－23　2010/2011年度国内各等级棉花分月价格表

单位：元/吨

月　份	129级	229级	328级	428级	527级
2009年9月	20110	19845	19395	18971	17965
2009年10月	25798	25321	24702	24127	22959
2009年11月	30050	29556	28894	28204	26580
2009年12月	28714	28160	27371	26570	25433
2010年1月	29557	28995	28171	27313	25996
2010年2月	31701	30973	30033	29326	27524
2010年3月	32687	31776	30798	29892	28047
2010年4月	31111	30342	29139	28104	26350
2010年5月	27982	26893	25136	24171	23104
2010年6月	27682	26490	24578	23567	22625
2010年7月	25386	24242	22084	20693	19741
2010年8月	22005	21088	19399	17911	16692

数据来源：国家棉花市场监测系统。

4－24　2010/2011年度中国主要地区棉花价格表

单位：元/吨

月　份	冀鲁豫地区				
	129级	229级	328级	428级	527级
2010年9月	20181	19912	19472	19065	18126
2010年10月	25919	25402	24762	24197	23102
2010年11月	29802	29310	28716	28030	26442
2010年12月	28505	27981	27262	26471	25365
2011年1月	29433	28892	28139	27294	26007
2011年2月	31580	30863	29966	29279	27537
2011年3月	32768	31778	30881	29997	28151
2011年4月	31111	30277	29127	28118	26409
2011年5月	28007	26856	25110	24167	23157
2011年6月	27650	26399	24449	23449	22616
2011年7月	25383	24228	22092	20710	19813
2011年8月	21955	21025	19370	17857	16670

月　份	东南沿海地区				
	129级	229级	328级	428级	527级
2010年9月	20180	19909	19502	19057	18155
2010年10月	25946	25404	24816	24217	23166
2010年11月	29850	29340	28754	28033	26488
2010年12月	28611	28063	27310	26537	25444
2011年1月	29486	28936	28158	27326	26048
2011年2月	31606	30915	30012	29368	27592
2011年3月	32680	31769	30817	29970	28180
2011年4月	31045	30267	29073	28041	26460
2011年5月	28050	26928	25167	24213	23194
2011年6月	27660	26402	24467	23431	22618
2011年7月	25349	24155	22070	20641	19783
2011年8月	21887	20966	19314	17837	16630

续表 1

月　　份	长江中下游地区				
	129 级	229 级	328 级	428 级	527 级
2010 年 9 月	20146	19895	19427	19012	18091
2010 年 10 月	25873	25365	24703	24127	23066
2010 年 11 月	29652	29209	28640	27966	26395
2010 年 12 月	28455	27936	27210	26420	25327
2011 年 1 月	29317	28801	28034	27184	25930
2011 年 2 月	31360	30658	29762	29075	27311
2011 年 3 月	32446	31519	30614	29739	27934
2011 年 4 月	30885	30104	29003	27947	26343
2011 年 5 月	27821	26759	24992	24054	22994
2011 年 6 月	27483	26335	24353	23384	22481
2011 年 7 月	25229	24092	21954	20560	19654
2011 年 8 月	21829	20924	19284	17762	16582

月　　份	西南地区				
	129 级	229 级	328 级	428 级	527 级
2010 年 9 月	20186	19940	19479	19081	18200
2010 年 10 月	25880	25429	24780	24230	23171
2010 年 11 月	29763	29270	28771	28093	26537
2010 年 12 月	28561	28030	27355	26536	25402
2011 年 1 月	29561	29044	28267	27368	26059
2011 年 2 月	31742	31099	30206	29441	27709
2011 年 3 月	32822	31973	30984	30041	28341
2011 年 4 月	31220	30490	29263	28251	26524
2011 年 5 月	28077	27028	25295	24360	23289
2011 年 6 月	27673	26541	24656	23656	22684
2011 年 7 月	25409	24306	22258	20906	19934
2011 年 8 月	21958	21056	19384	17872	16696

续表 2

月　份	西北内陆地区				
	129 级	229 级	328 级	428 级	527 级
2010 年 9 月	19928	19676	19225	18785	17900
2010 年 10 月	25619	25273	24800	24226	23214
2010 年 11 月	29610	29184	28613	27976	26496
2010 年 12 月	28316	27776	27067	26288	25209
2011 年 1 月	29047	28488	27778	26953	25803
2011 年 2 月	31096	30365	29594	28912	27244
2011 年 3 月	32030	31171	30339	29429	27628
2011 年 4 月	30767	30028	28950	27925	26210
2011 年 5 月	27660	26555	24857	23918	22836
2011 年 6 月	27256	26036	24220	23266	22286
2011 年 7 月	25053	23887	21893	20585	19653
2011 年 8 月	21835	20940	19237	17740	16537

月　份	北方地区				
	129 级	229 级	328 级	428 级	527 级
2010 年 9 月	20173	19899	19459	19043	18131
2010 年 10 月	25821	25356	24722	24162	23082
2010 年 11 月	29750	29249	28705	28037	26528
2010 年 12 月	28489	27954	27225	26422	25350
2011 年 1 月	29316	28770	28029	27235	25924
2011 年 2 月	31249	30562	29705	29215	27290
2011 年 3 月	32427	31626	30674	29849	27936
2011 年 4 月	30876	30315	29123	28084	26284
2011 年 5 月	28019	26824	25102	24127	23114
2011 年 6 月	27623	26228	24336	23302	22454
2011 年 7 月	25344	24056	22013	20565	19718
2011 年 8 月	21924	20984	19319	17827	16669

续表 3

月　份	新疆维吾尔自治区				
	129 级	229 级	328 级	428 级	527 级
2010 年 9 月	18956	18658	18176	17600	16832
2010 年 10 月	25305	25052	24623	24175	23372
2010 年 11 月	25305	25052	24623	24175	23372
2010 年 12 月	28447	27979	27135	26670	25862
2011 年 1 月	29265	28827	28029	27490	26723
2011 年 2 月	31103	30600	29870	29212	28234
2011 年 3 月	32318	31822	31171	30383	29363
2011 年 4 月	31310	30755	29940	29009	27560
2011 年 5 月	28250	27418	26127	25229	24017
2011 年 6 月	27796	26866	25550	24606	23491
2011 年 7 月	25979	24829	23210	21894	20721
2011 年 8 月	22323	21357	19732	18250	17101

数据来源：国家棉花市场监测系统。

4 - 25　2010/2011 年度中国棉花收购价格指数月均值表

单位：元/吨

月　份	中国棉花收购价格指数
2010 年 9 月	18987
2010 年 10 月	23894
2010 年 11 月	26072
2010 年 12 月	23837
2011 年 1 月	25440
2011 年 2 月	27665
2011 年 3 月	28657
2011 年 4 月	26503

数据来源：国家棉花市场监测系统。

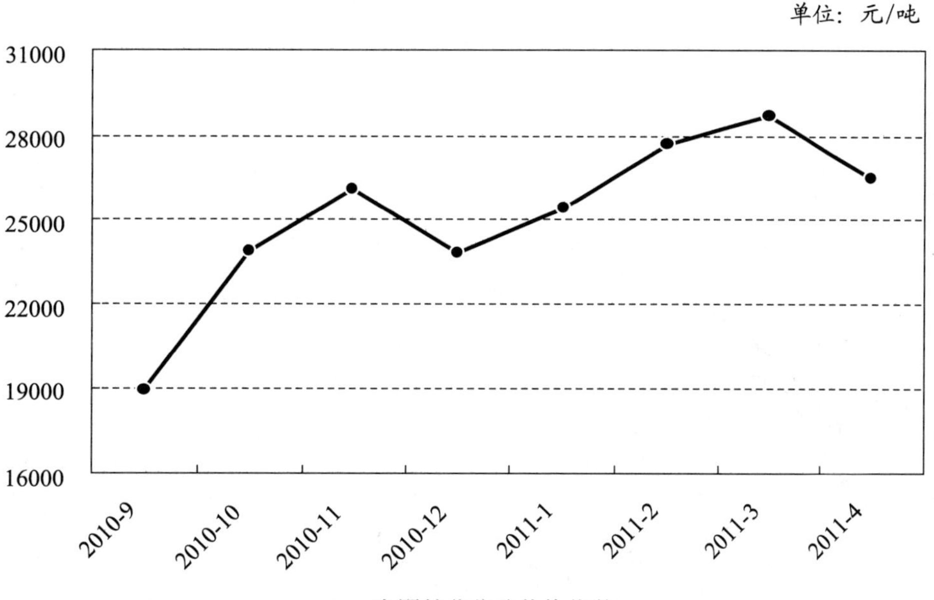

图 4－6　2010/2011 年度中国棉花收购价格指数走势

中国棉花收购价格指数简介

中国棉花收购价格指数（英文名为：CNCotton Index SeedCotton，简称为 CNCotton S），根据国家棉花市场监测系统 140 个监测站每日 3 级籽棉收购价格、棉籽平均价格和收购籽棉平均衣分率、含杂等质量指标计算得出，表示 3 级籽棉折皮棉收购价格，反映棉花企业的籽棉收购成本，计价单位为元/吨。

CNCotton S 的计算方法：由国内各产棉省（区、市）各等级籽棉主体收购价格，算术平均得出当日国内籽棉平均收购价格。根据各地 3 级籽棉平均收购价格、棉籽平均价格、平均衣分率折算出中国棉花收购价格指数。

CNCotton S 为国内植棉主产省（区）和部分非主产区不同等级收购籽棉的主体价格的算术平均价，反映某一日国内棉花收购价格的变化趋势。中国棉花收购价格指数不代表任一时间和地点棉花的实际收购价格。

CNCotton S 于每年 9 月 1 日起开始更新，收购旺季时每周一至周五更新，收购淡季时每周四更新，每年 5 月份以后停止更新。

4－26　2010/2011 年度中国主要地区籽棉收购折皮棉成本月平均价格表

单位：元/吨

月　份	山东	河北	河南	山西	江苏	安徽	湖北	湖南	江西	新疆
2010 年 9 月	18305	18145	17834	17055	17892	17335	17820	17723	18425	20190
2010 年 10 月	24247	24186	22756	23087	24061	23837	24787	24461	23938	23874
2010 年 11 月	27142	26636	26103	25015	27043	26128	26099	26622	26070	25283
2010 年 12 月	24720	24606	24005	22649	24708	24034	23756	24315	24574	22977
2011 年 1 月	26241	26717	25305	24429	26243	25522	25198	25534	24376	24037
2011 年 2 月	27684	27938	27210	26013	28618	27502	25692	25932	24755	—
2011 年 3 月	28243	28015	27031	28487	28381	26540	23721	27242	28261	—
2011 年 4 月	26278	26194	26219	28151	27323	26157	23797	26617	26470	—

数据来源：国家棉花市场监测系统。

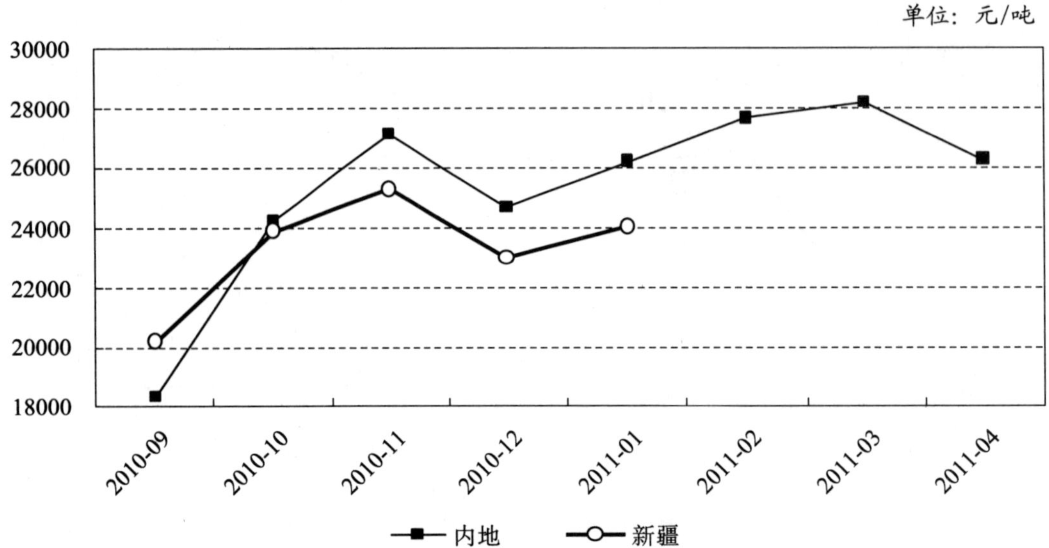

图 4－7　2010/2011 年度内地与新疆籽棉收购成本分月对比

4－27　2010/2011 年度内地与新疆棉籽月均价对比表

单位：元/斤

月　　份	内地	新疆
2010 年 9 月	1.40	1.14
2010 年 10 月	1.83	1.38
2010 年 11 月	1.95	1.79
2010 年 12 月	1.74	1.59
2011 年 1 月	1.70	1.56
2011 年 2 月	1.78	—
2011 年 3 月	1.67	—
2011 年 4 月	1.62	—

数据来源：国家棉花市场监测系统。

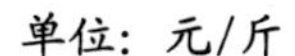

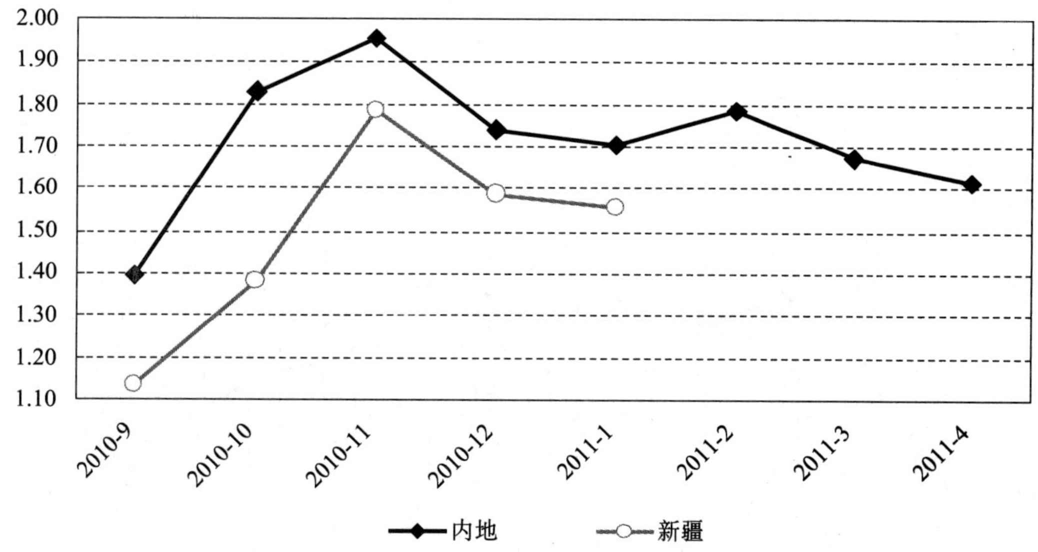

图 4-8　2010/2011 年度内地与新疆棉籽月均价对比

4-28　2010/2011 年度中国棉花、纯棉纱及涤纶短纤月平均价格表

单位：元/吨

月　　份	国家棉花价格 B 指数	32 支纯棉纱	涤纶短纤	涤、棉价差	棉、纱价差
2010 年 9 月	19471	27426	10387	9084	7955
2010 年 10 月	24771	32512	12223	12548	7741
2010 年 11 月	28721	40068	15767	12954	11347
2010 年 12 月	27267	34691	12818	14449	7424
2011 年 1 月	28127	35418	13669	14458	7291
2011 年 2 月	29949	38497	14987	14962	8548
2011 年 3 月	30819	38439	14787	16032	7620
2011 年 4 月	29094	36105	13950	15145	7011
2011 年 5 月	25110	33793	12986	12124	8683
2011 年 6 月	24441	31253	12823	11619	6812
2011 年 7 月	22066	30198	12585	9481	8132
2011 年 8 月	19340	27446	13023	6317	8106

数据来源：国家棉花市场监测系统。

注：棉、纱价差 =32 支纯棉纱价格 - 国家棉花价格 B 指数。

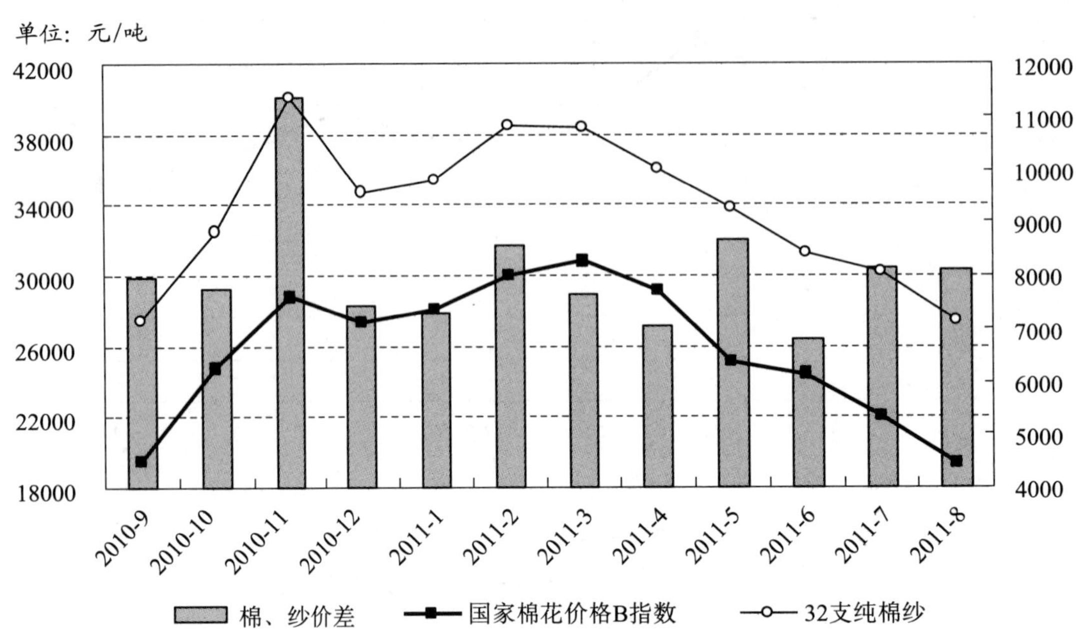

图 4－9　2010/2011 年度国内棉花、棉纱价格及差异

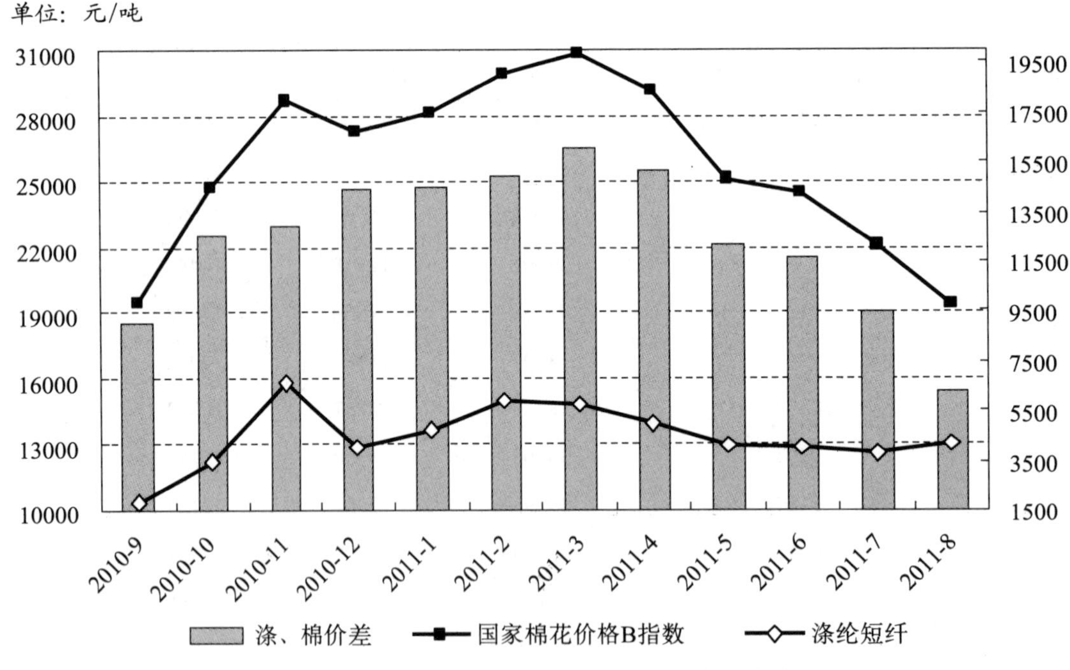

图 4－10　2010/2011 年度国内棉花、涤短价格及差异

4－29　2010/2011年度郑州棉花期货主力合约日交易量价统计表

单位：元/吨、手

交易日期	合约代码	开盘价	最高价	最低价	收盘价	结算价	成交量	持仓量
2010年								
9月1日	CF1105	17895	17930	17845	17915	17890	91514	123184
9月2日	CF1105	18005	18220	18000	18185	18150	123858	126902
9月3日	CF1105	18400	18495	18340	18490	18405	162082	147648
9月6日	CF1105	18495	18925	18450	18790	18745	301072	171622
9月7日	CF1105	18830	19055	18640	18965	18875	726342	209522
9月8日	CF1105	19020	19100	18780	18855	18895	719708	231140
9月9日	CF1105	18890	18935	18625	18875	18800	806924	239388
9月10日	CF1105	18910	19325	18840	19305	19070	802498	292510
9月13日	CF1105	19310	19375	19095	19230	19240	1007984	318820
9月14日	CF1105	19320	19515	19310	19510	19420	863098	317314
9月15日	CF1105	19630	19830	19470	19605	19610	1046168	335964
9月16日	CF1105	19520	19560	19370	19520	19455	797940	330918
9月17日	CF1105	19695	19945	19660	19915	19805	737124	324244
9月20日	CF1105	20450	20600	20365	20600	20500	85298	323224
9月21日	CF1105	21190	21725	20800	21685	21255	1588808	326798
9月27日	CF1105	22000	22000	21220	21635	21605	1763526	371816
9月28日	CF1105	22040	22235	21875	22185	22060	1255850	379582
9月29日	CF1105	22120	22125	21175	21280	21560	1212430	325032
9月30日	CF1105	20960	21675	20775	21640	21320	1776836	340024
10月8日	CF1105	22000	22600	22000	22600	22475	291996	356538
10月11日	CF1105	23800	24280	23490	23965	23880	1349812	365416
10月12日	CF1105	23880	23990	23250	23510	23580	2297594	425886
10月13日	CF1105	23510	23720	23310	23600	23535	1676282	383834
10月14日	CF1105	23780	24480	23465	24480	23955	1742414	406490
10月15日	CF1105	24680	24680	23960	24230	24305	1613432	331496
10月18日	CF1105	23330	23890	23330	23750	23695	1505378	383474
10月19日	CF1105	24050	24345	23790	23940	24085	1249272	390468
10月20日	CF1105	23460	24470	23350	24390	24080	1252726	370814
10月21日	CF1105	24800	25045	24665	24995	24885	1151246	360446
10月22日	CF1105	24880	25200	24780	25145	25015	1040488	343294
10月25日	CF1105	25880	26270	25855	26270	26165	337860	327596
10月26日	CF1105	27500	27980	26800	27135	27305	1143654	307934

续表 1

交易日期	合约代码	开盘价	最高价	最低价	收盘价	结算价	成交量	持仓量
10 月 27 日	CF1105	27880	27910	26455	26765	27120	1726012	340832
10 月 28 日	CF1105	26700	27900	26700	27825	27405	1402472	311164
10 月 29 日	CF1105	27295	27610	26800	27245	27220	1865316	360954
11 月 1 日	CF1105	28020	28585	27710	28510	28080	973236	353342
11 月 2 日	CF1105	28560	28900	28240	28770	28640	1704576	368732
11 月 3 日	CF1105	29460	29980	29280	29715	29665	1457718	346260
11 月 4 日	CF1105	29650	29920	29550	29855	29745	1057202	340374
11 月 5 日	CF1105	30510	31235	30505	31235	31020	541684	321420
11 月 8 日	CF1105	31400	33295	31245	32970	32580	1268766	287972
11 月 9 日	CF1105	33080	33515	31960	33005	32850	1694108	292994
11 月 10 日	CF1105	33520	33720	32100	32350	32995	1507182	293434
11 月 11 日	CF1105	31900	32170	31345	31345	31670	247574	266612
11 月 12 日	CF1105	29330	29700	29290	29290	29345	85144	220554
11 月 15 日	CF1105	27155	28700	27150	28120	27890	1421862	200478
11 月 16 日	CF1105	28360	29285	27720	28330	28520	1602304	194032
11 月 17 日	CF1105	27090	28080	27090	27090	27475	1204128	202920
11 月 18 日	CF1105	27300	28300	26100	27430	26955	1994452	194004
11 月 19 日	CF1105	28115	28185	26460	27180	27185	1942408	185474
11 月 22 日	CF1105	26185	26900	25840	25870	26450	1300582	214932
11 月 23 日	CF1105	26000	26085	25125	25225	25565	1385094	205348
11 月 24 日	CF1109	24800	26130	24600	25880	25480	2631106	207922
11 月 25 日	CF1109	26000	26050	25210	25235	25600	1993852	194712
11 月 26 日	CF1109	25335	25395	24320	24460	24695	1605194	202380
11 月 29 日	CF1109	24355	25495	24180	25240	24915	1937030	218450
11 月 30 日	CF1109	25250	25560	24435	25515	24960	2228102	246558
12 月 1 日	CF1109	25405	25670	25095	25380	25400	1877224	216866
12 月 2 日	CF1109	26100	26580	25870	26365	26210	1554216	208228
12 月 3 日	CF1109	26585	27265	26490	26815	26855	1912534	218934
12 月 6 日	CF1109	27350	27685	26970	27020	27310	1861900	243704
12 月 7 日	CF1109	26935	27420	26630	27415	27000	1727270	238268
12 月 8 日	CF1109	27000	27110	26305	26350	26770	1518082	247032
12 月 9 日	CF1109	26850	26980	26160	26345	26550	1836476	236124
12 月 10 日	CF1109	26700	26835	26370	26760	26580	1679794	213440
12 月 13 日	CF1109	26590	27700	26510	27570	27235	1519192	227698
12 月 14 日	CF1109	27820	28245	27735	28105	28030	1531696	240790
12 月 15 日	CF1109	27895	27985	27380	27395	27660	1438466	240380

续表 2

交易日期	合约代码	开盘价	最高价	最低价	收盘价	结算价	成交量	持仓量
12 月 16 日	CF1109	27490	27950	27320	27650	27730	1396552	251938
12 月 17 日	CF1109	27795	28060	27630	27845	27840	1218910	241126
12 月 20 日	CF1109	28210	28690	28050	28425	28410	1370166	239838
12 月 21 日	CF1109	28800	29040	28600	28995	28825	1267440	245944
12 月 22 日	CF1109	28790	28850	27530	27675	28170	1443804	259812
12 月 23 日	CF1109	27600	28080	27385	27870	27725	1379530	264252
12 月 24 日	CF1109	27955	28125	27485	27815	27740	1179838	235798
12 月 27 日	CF1109	27525	27935	27525	27680	27725	840478	233868
12 月 28 日	CF1109	27800	27890	27700	27780	27800	524886	213118
12 月 29 日	CF1109	27650	27770	26985	27665	27270	1021004	231856
12 月 30 日	CF1109	27400	27980	27265	27950	27605	825584	226500
12 月 31 日	CF1109	27755	28395	27750	28365	28215	728444	223612
2011 年								
1 月 4 日	CF1109	28250	28350	27895	28145	28125	598186	227588
1 月 5 日	CF1109	28125	28540	28090	28270	28390	685296	222426
1 月 6 日	CF1109	28450	29290	28435	29270	28965	825814	278712
1 月 7 日	CF1109	28800	28940	28025	28215	28555	968132	251504
1 月 10 日	CF1109	28450	28715	28375	28405	28565	647774	244916
1 月 11 日	CF1109	28710	28895	28640	28810	28765	599536	229910
1 月 12 日	CF1109	29360	29495	29070	29160	29290	651812	237570
1 月 13 日	CF1109	29290	29375	29010	29075	29180	603808	242516
1 月 14 日	CF1109	28685	28955	28630	28910	28820	404960	233592
1 月 17 日	CF1109	28790	29210	28740	29040	29050	477506	233132
1 月 18 日	CF1109	29060	29240	28910	29200	29105	473206	234772
1 月 19 日	CF1109	29400	29835	29265	29685	29530	494944	249152
1 月 20 日	CF1109	29505	29860	29505	29640	29700	474962	247794
1 月 21 日	CF1109	29790	31100	29750	30875	30500	784270	273588
1 月 24 日	CF1109	31210	32530	31140	32120	31950	778890	256346
1 月 25 日	CF1109	32280	32480	30960	31505	31625	1251554	265900
1 月 26 日	CF1109	31410	31855	30780	31510	31335	1254152	263972
1 月 27 日	CF1109	32000	32710	31950	32635	32330	1012042	286178
1 月 28 日	CF1109	32280	32390	31960	32230	32195	710290	253932
1 月 31 日	CF1109	32015	33145	31970	32810	32645	670588	263054
2 月 1 日	CF1109	33000	33790	32790	33725	33295	649326	277708
2 月 9 日	CF1109	34000	34000	32950	33180	33330	594566	255152
2 月 10 日	CF1109	33680	33865	33420	33585	33650	525486	256498

续表 3

交易日期	合约代码	开盘价	最高价	最低价	收盘价	结算价	成交量	持仓量
2 月 11 日	CF1109	34050	34390	33695	33795	34130	643398	261476
2 月 14 日	CF1109	33995	33995	32980	33245	33345	682042	255688
2 月 15 日	CF1109	32980	33800	32850	33430	33400	714120	262876
2 月 16 日	CF1109	33345	33970	33240	33910	33695	878440	283216
2 月 17 日	CF1109	34450	34870	34180	34245	34540	969554	290054
2 月 18 日	CF1109	34680	34680	33370	33455	34065	1183804	291316
2 月 21 日	CF1109	33060	33210	32045	32200	32650	983576	284542
2 月 22 日	CF1109	32250	32835	31285	31910	31985	1544218	277268
2 月 23 日	CF1109	31300	32085	31255	31750	31690	1323868	285336
2 月 24 日	CF1109	31950	32190	29980	30280	30980	1597824	302352
2 月 25 日	CF1109	30180	30665	29820	30590	30310	1446424	299816
2 月 28 日	CF1109	31155	32435	30840	32435	31605	1278682	304982
3 月 1 日	CF1109	32630	33200	32450	32970	32805	1539498	327260
3 月 2 日	CF1109	32500	33330	32020	33200	32650	1670846	344390
3 月 3 日	CF1109	33225	33450	32350	32500	32910	2058480	341846
3 月 4 日	CF1109	32710	33010	32075	32450	32565	1913172	347450
3 月 7 日	CF1109	32650	33145	32400	33090	32785	1556990	366500
3 月 8 日	CF1109	32500	32565	30635	31325	31740	1891186	371912
3 月 9 日	CF1109	31280	31950	30940	31755	31465	1842040	389360
3 月 10 日	CF1109	31110	31550	30870	31185	31190	1795462	375320
3 月 11 日	CF1109	30800	31390	30530	30780	30955	1728816	386604
3 月 14 日	CF1109	30950	31280	29005	29650	29930	2366412	389094
3 月 15 日	CF1109	29600	29850	28725	28980	29170	2315796	380478
3 月 16 日	CF1109	28700	29850	28520	29825	28990	2142620	386132
3 月 17 日	CF1109	29170	29770	28930	29535	29415	2249608	359768
3 月 18 日	CF1109	30495	30555	29960	30540	30275	1627902	346248
3 月 21 日	CF1109	30600	30725	30000	30195	30275	1840502	346676
3 月 22 日	CF1109	30085	30355	29640	30195	29995	1781604	355856
3 月 23 日	CF1109	30545	30900	30380	30830	30645	1419724	353614
3 月 24 日	CF1109	30450	30650	30165	30265	30405	1524698	372896
3 月 25 日	CF1109	30600	30650	30170	30210	30420	1453562	357976
3 月 28 日	CF1109	30000	30050	28350	28825	29185	1725512	364222
3 月 29 日	CF1109	28510	29175	28205	28885	28725	2140438	376860
3 月 30 日	CF1109	28800	29185	28650	28730	28875	1975788	374610
3 月 31 日	CF1109	28595	28655	28130	28400	28455	1910362	364608
4 月 1 日	CF1109	28880	28940	28075	28170	28460	1747570	384064

续表 4

交易日期	合约代码	开盘价	最高价	最低价	收盘价	结算价	成交量	持仓量
4 月 6 日	CF1109	28150	28860	27885	28755	28450	1800168	385868
4 月 7 日	CF1109	28875	29035	28555	28565	28800	1673130	408740
4 月 8 日	CF1109	28300	29380	28250	29370	28835	1787574	400252
4 月 11 日	CF1109	29235	30840	29235	30110	30070	1715048	406024
4 月 12 日	CF1109	29800	30225	29740	29915	30025	1736266	425852
4 月 13 日	CF1109	29610	29675	29000	29660	29380	1896432	395856
4 月 14 日	CF1109	29230	29350	28515	28585	28925	2133070	400574
4 月 15 日	CF1109	28620	28720	28200	28250	28425	2041036	395042
4 月 18 日	CF1109	28000	28285	27645	28175	27940	1947800	404086
4 月 19 日	CF1109	28190	28400	27400	27655	27790	2177802	409104
4 月 20 日	CF1109	27640	27910	27555	27810	27715	1828970	412982
4 月 21 日	CF1109	27700	28250	27605	27860	27925	2188328	398244
4 月 22 日	CF1109	28160	28445	27895	28335	28165	2052844	413912
4 月 25 日	CF1109	28380	28445	27700	27855	27985	1643334	388758
4 月 26 日	CF1109	27500	27550	27145	27275	27325	1493342	372764
4 月 27 日	CF1109	27270	27270	26455	26595	26810	1750796	386772
4 月 28 日	CF1109	26215	27035	26185	26420	26550	2561798	414504
4 月 29 日	CF1109	26500	26645	26140	26280	26350	1861894	377496
5 月 3 日	CF1109	26330	26530	26120	26495	26395	1392292	389458
5 月 4 日	CF1109	26480	26595	25805	25830	26185	1682110	416590
5 月 5 日	CF1109	25380	25455	24600	24640	24905	1731572	399762
5 月 6 日	CF1109	24300	24890	24205	24785	24635	2119150	383504
5 月 9 日	CF1109	24705	24965	24535	24845	24770	2140276	415348
5 月 10 日	CF1109	24740	25170	24250	25150	24765	3202436	487208
5 月 11 日	CF1109	25595	25640	25150	25180	25400	2618098	445664
5 月 12 日	CF1109	24880	24945	24130	24315	24630	2471880	412998
5 月 13 日	CF1109	24380	25420	24360	25410	24885	2657928	477772
5 月 16 日	CF1109	25300	25655	25085	25310	25325	2872572	474770
5 月 17 日	CF1109	25620	25720	24740	25340	25320	3104488	464952
5 月 18 日	CF1109	25375	25555	25235	25280	25385	2116706	462770
5 月 19 日	CF1109	25540	25750	25140	25150	25465	2381250	469746
5 月 20 日	CF1109	25055	25120	24755	25005	24930	2193156	438214
5 月 23 日	CF1109	25055	25245	24840	25000	25020	1911210	462944
5 月 24 日	CF1109	25060	25460	25035	25220	25245	1584500	433688
5 月 25 日	CF1109	25300	25425	25090	25260	25265	1542442	437940
5 月 26 日	CF1109	25500	25700	25405	25535	25520	1249644	386922

续表5

交易日期	合约代码	开盘价	最高价	最低价	收盘价	结算价	成交量	持仓量
5月27日	CF1201	24250	24535	24220	24350	24375	950794	218736
5月30日	CF1201	24365	24595	24350	24370	24480	797238	237348
5月31日	CF1201	24445	24850	24375	24830	24650	997776	249512
6月1日	CF1201	25040	25080	24650	24755	24830	771548	267616
6月2日	CF1201	24660	24800	24345	24720	24550	997774	260590
6月3日	CF1201	24815	25350	24760	25310	25025	1063264	267552
6月7日	CF1201	24985	25195	24790	24975	24975	1219408	275088
6月8日	CF1201	24650	24650	24075	24445	24395	1427670	283128
6月9日	CF1201	24525	24710	24330	24365	24530	1233230	276482
6月10日	CF1201	24515	24750	24465	24550	24590	1261128	271510
6月13日	CF1201	24500	24555	24160	24180	24360	1064212	280894
6月14日	CF1201	24120	24300	23680	23870	23955	1390132	324220
6月15日	CF1201	24010	24245	23910	24185	24060	1280746	327960
6月16日	CF1201	23790	23930	23645	23720	23765	1157450	317464
6月17日	CF1201	23500	23825	23500	23715	23705	1359530	326600
6月20日	CF1201	23795	23860	23650	23745	23750	845648	317068
6月21日	CF1201	23805	24020	23760	23975	23910	1093956	331734
6月22日	CF1201	23960	24065	23755	23790	23905	1002550	338880
6月23日	CF1201	23680	23680	23300	23370	23425	1190928	353336
6月24日	CF1201	23390	23575	23160	23475	23385	1081062	353176
6月27日	CF1201	23370	23380	22200	22305	22710	1345592	357678
6月28日	CF1201	22575	22590	22225	22235	22390	1338606	379972
6月29日	CF1201	22380	22640	22155	22565	22415	1661668	386910
6月30日	CF1201	22600	22985	22540	22800	22795	1272632	350228
7月1日	CF1201	22500	22500	22245	22285	22355	1343154	359722
7月4日	CF1201	22260	22830	22260	22480	22555	1390146	412702
7月5日	CF1201	22400	22745	22345	22515	22575	1441504	412598
7月6日	CF1201	22450	22865	22160	22840	22550	2161614	534860
7月7日	CF1201	22665	22945	22530	22645	22705	1783188	514530
7月8日	CF1201	22800	23115	22760	22830	22930	1586346	518448
7月11日	CF1201	22675	22710	22190	22200	22465	1505686	498720
7月12日	CF1201	21830	21830	21155	21460	21485	1679578	493530
7月13日	CF1201	21610	21865	21520	21770	21695	1577248	531356
7月14日	CF1201	21915	21980	21435	21695	21725	1869192	547982
7月15日	CF1201	21290	21690	21260	21520	21545	1816684	572380
7月18日	CF1201	21350	21935	21350	21670	21705	1848996	636254

续表6

交易日期	合约代码	开盘价	最高价	最低价	收盘价	结算价	成交量	持仓量
7月19日	CF1201	21785	21960	21710	21810	21825	1678640	649212
7月20日	CF1201	22100	22100	21550	21550	21770	1835272	645038
7月21日	CF1201	21595	21735	21510	21585	21615	1275840	619318
7月22日	CF1201	21580	21800	21575	21710	21685	1164006	636574
7月25日	CF1201	21750	21770	21535	21585	21655	1141328	602492
7月26日	CF1201	21550	21620	21305	21485	21475	1191618	598612
7月27日	CF1201	21710	21910	21675	21855	21815	1313978	655754
7月28日	CF1201	21820	21865	21600	21620	21745	773230	599794
7月29日	CF1201	21635	21695	21360	21395	21535	737096	520084
8月1日	CF1201	21505	21515	21210	21320	21340	753292	528436
8月2日	CF1201	21420	21540	21320	21385	21415	548338	520604
8月3日	CF1205	22025	22050	21645	21675	21790	641054	270154
8月4日	CF1205	21615	21640	21390	21430	21495	558744	272406
8月5日	CF1205	21290	21685	21010	21555	21410	1112124	296840
8月8日	CF1205	21300	21610	21180	21310	21410	787774	274298
8月9日	CF1205	20750	21060	20340	21045	20790	901028	244368
8月10日	CF1205	21100	21160	20850	20940	20995	590492	260784
8月11日	CF1205	20850	21070	20815	20975	20975	546808	270064
8月12日	CF1205	20980	21520	20960	21110	21260	1376950	361348
8月15日	CF1205	21400	21480	21200	21255	21315	742758	392582
8月16日	CF1205	21400	21430	21115	21135	21230	687550	376012
8月17日	CF1205	21140	21360	21120	21300	21260	663438	405064
8月18日	CF1205	21475	21550	21295	21305	21395	700498	402664
8月19日	CF1205	21205	21505	21200	21495	21385	843026	396966
8月22日	CF1205	21475	21530	21340	21350	21440	601448	346928
8月23日	CF1205	21385	21480	21385	21455	21435	344590	354742
8月24日	CF1205	21460	21895	21400	21850	21685	913980	478326
8月25日	CF1205	21790	21880	21710	21800	21785	869584	482860
8月26日	CF1205	21755	21780	21530	21565	21630	653628	428108
8月29日	CF1205	21620	21750	21590	21675	21665	417336	448206
8月30日	CF1205	21725	21850	21680	21760	21780	512916	475782
8月31日	CF1205	21780	21830	21630	21745	21725	461000	477754

数据来源：郑州商品交易所。

图 4－11　2010/2011 年度郑棉期货主力合约收盘价及成交量变化情况

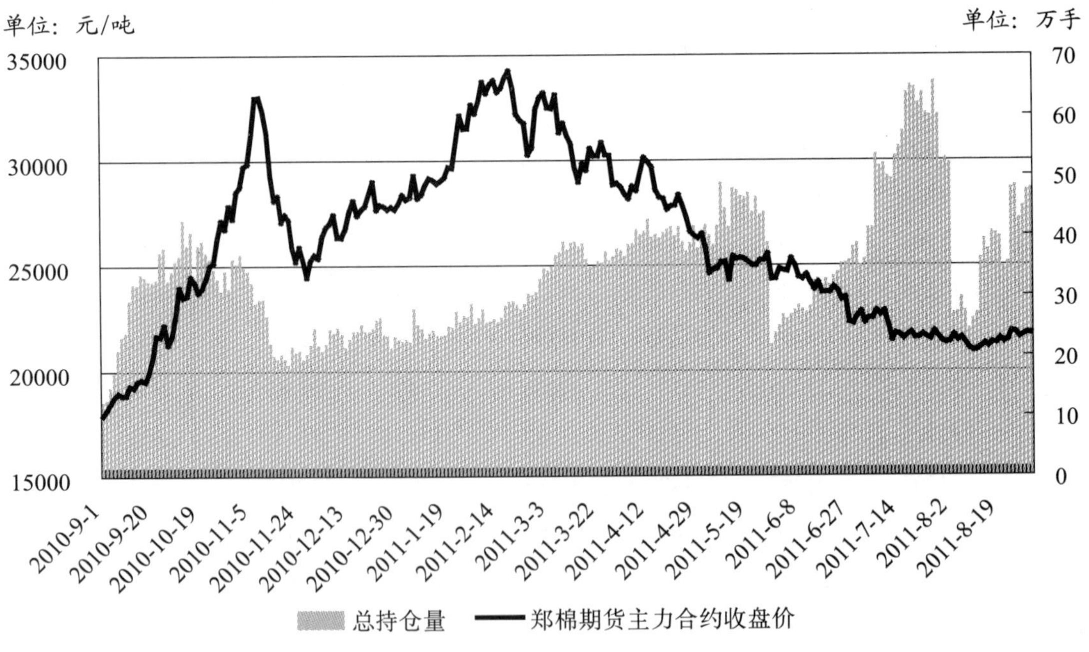

图 4－12　2010/2011 年度郑棉期货主力合约收盘价及持仓量变化情况

4－30　2010/2011 年度郑州棉花期货与现货月平均价格表

单位：元/吨

月　份	国家棉花价格 B 指数	郑棉期货近月合约	价差（现货－期货）
2010 年 9 月	19471	19984	－513
2010 年 10 月	24771	26778	－2007
2010 年 11 月	28721	28993	－272
2010 年 12 月	27267	28055	－788
2011 年 1 月	28127	29499	－1372
2011 年 2 月	29949	32309	－2360
2011 年 3 月	30819	30716	103
2011 年 4 月	29094	28320	774
2011 年 5 月	25110	25354	－244
2011 年 6 月	24441	25333	－892
2011 年 7 月	22066	21937	129
2011 年 8 月	19340	20490	－1150

数据来源：国家棉花市场监测系统、郑州商品交易所。

图 4－13　2010/2011 年度国内期、现货价格及价差走势

4－31　2010/2011年度合肥国家棉花交易中心撮合指数及日成交统计表

单位：元/吨、吨

日　期	开盘价	最高价	最低价	收盘价	结算价	成交量	订货量
2010年							
9月1日	17514	17571	17511	17560	17441	1920	9480
9月2日	17582	17657	17572	17640	17605	1960	9600
9月3日	17879	17894	17851	17882	17834	1880	9640
9月6日	18059	18107	18051	18100	18083	2040	9920
9月7日	18206	18286	18136	18154	18237	2160	10080
9月8日	18234	18286	18221	18244	18292	1840	9840
9月9日	18190	18204	18121	18145	18164	2000	9760
9月10日	18220	18307	18213	18300	18285	2040	10120
9月13日	18403	18473	18397	18445	18492	1960	10080
9月14日	18610	18722	18605	18700	18720	1920	10080
9月15日	18869	18999	18864	18991	19085	1840	10400
9月16日	19002	19025	18930	18955	19018	2000	10080
9月17日	19287	19319	19273	19280	19378	1880	10280
9月19日	19667	19860	19651	19844	19821	1840	10440
9月20日	20483	20483	20482	20482	20454	1440	10760
9月21日	20706	20859	20670	20844	20751	1720	10480
9月27日	21650	21653	21429	21447	21546	2200	8960
9月28日	21680	21972	21628	21963	21730	1720	8920
9月29日	21694	21707	21587	21600	21646	1560	9040
9月30日	21293	21359	21263	21332	21130	1680	9080
10月8日	22017	22251	21976	22251	22008	1520	9240
10月9日	22192	22538	22150	22518	22334	1840	8600
10月11日	23438	23438	23242	23310	23260	1440	8760
10月12日	23230	23463	23013	23326	23265	1760	8680
10月13日	23297	23660	23257	23635	23439	1800	8560
10月14日	23627	23965	23608	23936	23781	1560	8640
10月15日	24300	24443	24063	24381	24308	1600	8680
10月18日	24188	24298	24120	24260	24228	1520	8800

续表 1

日　期	开盘价	最高价	最低价	收盘价	结算价	成交量	订货量
10 月 19 日	24436	24710	24382	24670	24590	1840	9040
10 月 20 日	24380	24668	24294	24666	24482	2280	9000
10 月 21 日	25050	25632	24952	25626	25200	1920	9400
10 月 22 日	25234	25310	25138	25292	25237	1880	9440
10 月 25 日	25690	25950	25618	25920	25691	1840	8840
10 月 26 日	27083	27083	26812	27083	26891	1880	9120
10 月 27 日	27175	27212	27040	27095	26974	2040	8920
10 月 28 日	26920	27332	26854	27292	26955	1680	8920
10 月 29 日	27202	27285	27150	27230	27111	1880	9200
11 月 1 日	27740	27855	27672	27845	27661	1840	9280
11 月 2 日	28138	28500	28112	28468	28261	1960	9240
11 月 3 日	29153	29365	29147	29360	29207	2080	9400
11 月 4 日	29426	29462	29330	29352	29326	1800	8640
11 月 5 日	30216	30632	30176	30632	30361	1720	9240
11 月 8 日	30885	31698	30858	31698	31433	1680	9160
11 月 9 日	31833	32078	31788	32056	31956	1800	9120
11 月 10 日	32698	32834	32628	32796	32681	1920	8960
11 月 11 日	31750	31834	31384	31430	31527	1800	8680
11 月 12 日	29983	29983	29980	29980	29955	1760	8440
11 月 15 日	28478	28635	28478	28555	28545	1680	8680
11 月 16 日	28663	29020	28630	29011	28798	1800	8800
11 月 17 日	28145	28175	27336	27336	27546	2040	8680
11 月 18 日	27433	27460	26610	26888	26940	2160	8680
11 月 19 日	27632	27696	27008	27056	27431	1960	8520
11 月 22 日	26472	26696	26374	26630	26475	1640	8560
11 月 23 日	26328	26402	26168	26206	26198	1920	8960
11 月 24 日	25490	26126	25398	25932	25468	2120	8760
11 月 25 日	25766	25900	25696	25846	25646	1800	8880
11 月 26 日	25753	25832	25268	25333	25226	2240	8880
11 月 29 日	24867	25248	24790	25205	24955	2440	8440
11 月 30 日	25104	25174	24904	24948	24987	1920	8680
12 月 1 日	25393	25588	25330	25530	25373	2240	8680
12 月 2 日	25952	26322	25893	26251	26044	2320	8960
12 月 3 日	26737	27053	26675	26981	26798	2160	9120

续表 2

日　期	开盘价	最高价	最低价	收盘价	结算价	成交量	订货量
12 月 6 日	27368	27452	27282	27338	27323	2080	8960
12 月 7 日	27020	27117	26797	26896	26854	2000	8800
12 月 8 日	26910	26943	26783	26836	26832	1960	9000
12 月 9 日	26865	26980	26810	26846	26846	2240	8600
12 月 10 日	26910	27005	26852	26886	26877	2280	8560
12 月 13 日	26970	27272	26943	27248	27063	2200	8800
12 月 14 日	27737	27917	27663	27760	27815	2120	9080
12 月 15 日	27692	27747	27495	27541	27613	1960	8720
12 月 16 日	27463	27553	27382	27525	27483	1920	8560
12 月 17 日	27660	27722	27548	27616	27676	2080	8720
12 月 20 日	27892	28038	27780	27843	28026	2040	8720
12 月 21 日	28048	28162	28002	28128	28220	2120	8920
12 月 22 日	28094	28178	27812	28028	28086	2000	8680
12 月 23 日	27628	27663	27468	27563	27599	1960	8560
12 月 24 日	27622	27717	27550	27598	27647	2120	8920
12 月 27 日	27637	27718	27595	27676	27651	2000	8600
12 月 28 日	27715	27763	27683	27731	27725	1840	8600
12 月 29 日	27567	27597	27423	27481	27459	1800	9040
12 月 30 日	27528	27632	27457	27596	27529	2040	9000
12 月 31 日	27722	27836	27668	27778	27764	2000	9080
2011 年							
1 月 4 日	27718	27780	27672	27708	27728	1960	8960
1 月 5 日	27885	27965	27833	27910	27931	2000	9040
1 月 6 日	28032	28258	27977	28238	28205	2200	9320
1 月 7 日	28132	28225	28067	28123	28201	1880	9200
1 月 10 日	28162	28222	28128	28128	28223	2080	9080
1 月 11 日	28253	28318	28202	28251	28359	2200	9200
1 月 12 日	28588	28682	28507	28633	28760	2040	9320
1 月 13 日	28528	28635	28465	28571	28690	1960	8960
1 月 14 日	28454	28506	28370	28422	28488	1920	9120
1 月 17 日	28465	28602	28427	28561	28604	1840	8840
1 月 18 日	28577	28638	28508	28550	28670	2040	8640
1 月 19 日	28807	28922	28758	28888	28950	2080	8960
1 月 20 日	28948	29075	28922	29053	29135	1960	8840

续表 3

日　期	开盘价	最高价	最低价	收盘价	结算价	成交量	订货量
1 月 21 日	29172	29323	29123	29276	29392	2040	8880
1 月 24 日	29927	30505	29880	30480	30394	1960	8920
1 月 25 日	30765	30822	30068	30125	30674	2440	8640
1 月 26 日	30403	30513	30310	30358	30663	2160	8800
1 月 27 日	30755	30908	30665	30843	31070	2080	9120
1 月 28 日	30806	31106	30670	30838	31116	1960	8680
1 月 31 日	31043	31342	30858	31306	31221	1920	7800
2 月 1 日	31748	32145	31678	31918	32061	1840	7720
2 月 9 日	32295	32435	32110	32155	32460	1960	7520
2 月 10 日	32497	32663	32413	32571	32859	1680	7600
2 月 11 日	32832	33087	32683	32773	33142	2000	7320
2 月 14 日	32573	32703	32403	32625	32820	1640	7480
2 月 15 日	32322	32678	32107	32603	32664	2000	7240
2 月 16 日	32498	32702	32440	32681	32805	1760	7280
2 月 17 日	33073	33245	32942	33173	33371	1640	7360
2 月 18 日	33080	33145	32897	32986	33282	1680	7440
2 月 21 日	32658	32733	32288	32415	32737	1600	7880
2 月 22 日	32352	32592	31533	31703	32359	2120	7920
2 月 23 日	31648	31777	31273	31623	31637	1960	8200
2 月 24 日	31708	31830	31475	31536	31816	1880	8080
2 月 25 日	30755	30850	30343	30551	30582	1800	8040
3 月 14 日	31292	31385	30101	30291	30676	2560	8240
3 月 15 日	30033	30110	29812	29910	29864	1840	8160
3 月 16 日	29465	29598	29168	29301	29217	2000	8000
3 月 17 日	29372	29564	29316	29498	29412	1600	8360
3 月 18 日	30312	30452	30046	30200	30310	2040	8560
3 月 21 日	30270	30402	30068	30121	30280	1960	8280
3 月 22 日	30107	30247	30043	30141	30155	1800	7960
3 月 23 日	30532	30675	30420	30518	30584	1960	8240
3 月 24 日	30397	30480	30311	30466	30415	2160	8360
3 月 25 日	30514	30647	30377	30444	30538	2040	8560
3 月 28 日	29895	29983	29692	29781	29810	1920	8560
3 月 29 日	28863	29125	28700	28900	28871	1720	9000
3 月 30 日	29022	29155	28890	29036	29037	1680	8440

续表 4

日 期	开盘价	最高价	最低价	收盘价	结算价	成交量	订货量
3 月 31 日	28705	28772	28528	28643	28629	1960	8400
4 月 1 日	28935	29077	28681	28735	28860	1880	8360
4 月 6 日	28117	28295	28005	28241	28060	2280	8400
4 月 7 日	28540	28745	28412	28641	28518	1960	8520
4 月 8 日	28355	28552	28225	28526	28353	2000	8040
4 月 12 日	29190	29392	29015	29301	29219	1960	8240
4 月 13 日	28863	29048	28745	28920	28934	1880	8400
4 月 14 日	28703	28870	28548	28666	28726	1800	8520
4 月 15 日	28462	28550	28218	28406	28340	2000	8280
4 月 18 日	27902	27978	27720	27820	27813	1760	8280
4 月 19 日	28052	28120	27658	27731	27860	1920	8240
4 月 20 日	27710	27782	27520	27656	27662	1800	8680
4 月 21 日	27520	27792	27410	27715	27644	2160	8320
4 月 22 日	27848	27942	27620	27646	27836	1800	8200
4 月 25 日	27762	27852	27608	27665	27746	1640	8320
4 月 26 日	27382	27520	27168	27243	27332	1800	8440
4 月 27 日	27028	27137	26810	26880	26927	1880	8480
4 月 28 日	26383	26523	26277	26501	26356	1920	8240
5 月 3 日	25912	26025	25837	25950	26011	2040	8120
5 月 6 日	24357	24488	24287	24406	24477	1680	7920
5 月 9 日	24279	24363	24084	24141	24206	1800	8360
5 月 10 日	24013	24115	23932	24065	24074	1880	8000
5 月 11 日	24488	24488	24322	24322	24582	2040	8360
5 月 12 日	24187	24285	24017	24046	24217	1880	8520
5 月 13 日	23952	23973	23880	23973	24030	2120	8080
5 月 16 日	24230	24324	24158	24248	24410	2080	8480
5 月 17 日	24512	24617	24047	24073	24525	2120	8120
5 月 18 日	24212	24565	24212	24503	24552	1680	8280
5 月 19 日	24412	24467	24186	24295	24573	2120	8480
5 月 20 日	24227	24298	24072	24145	24275	1920	8160
5 月 23 日	24137	24215	23963	24036	24221	1960	7680
5 月 24 日	24133	24233	24045	24165	24328	1840	8000
5 月 25 日	24123	24255	24080	24198	24377	1720	7960
5 月 26 日	24390	24573	24377	24498	24596	1880	8200

续表 5

日 期	开盘价	最高价	最低价	收盘价	结算价	成交量	订货量
5 月 27 日	24290	24463	24237	24414	24440	2000	8040
5 月 30 日	24515	24700	24366	24700	24634	2080	8360
5 月 31 日	24660	24893	24595	24843	24819	2120	8520
6 月 1 日	25178	25402	25087	25370	25398	1880	8240
6 月 2 日	25210	25210	25063	25082	25219	1920	8040
6 月 3 日	25390	25462	25320	25462	25591	2000	8360
6 月 7 日	25355	25412	25262	25262	25478	1840	8120
6 月 8 日	25127	25187	24913	24955	25158	1720	8240
6 月 9 日	25028	25160	24992	25068	25152	1720	8280
6 月 10 日	25163	25276	25113	25122	25266	2080	8320
6 月 13 日	25030	25083	24865	24865	25120	1880	7880
6 月 14 日	24868	24932	24687	24736	24876	1880	7840
6 月 15 日	24787	24870	24741	24818	24883	1760	7920
6 月 16 日	24653	24739	24550	24639	24700	2040	8120
6 月 17 日	24432	24601	24271	24526	24476	1920	8040
6 月 20 日	24572	24699	24533	24536	24710	1920	8200
6 月 21 日	24490	24582	24472	24501	24600	2080	7680
6 月 22 日	24580	24652	24424	24528	24564	1960	7800
6 月 23 日	24397	24437	24246	24273	24346	1920	8040
6 月 24 日	24128	24187	23840	23937	24182	1920	8120
6 月 27 日	23864	23864	23706	23706	23814	1880	8080
6 月 28 日	23502	23502	23303	23303	23601	1800	8120
6 月 29 日	23158	23177	22928	22928	23128	2120	8080
6 月 30 日	22943	22980	22897	22980	23064	1680	8000
7 月 1 日	22702	22773	22460	22520	22675	1760	8000
7 月 4 日	22583	22591	22547	22547	22613	1760	8080
7 月 5 日	22512	22569	22394	22528	22583	1680	8160
7 月 6 日	22458	22543	22327	22358	22421	2080	7960
7 月 7 日	22482	22548	22272	22308	22450	1960	8080
7 月 8 日	22441	22491	22400	22400	22469	1880	8280
7 月 11 日	22102	22168	21910	21921	22054	1920	7960
7 月 12 日	21367	21369	21290	21357	21386	2160	7680
7 月 13 日	21135	21203	20972	21081	21140	2040	8000
7 月 14 日	21210	21266	21140	21185	21272	1920	8240

续表6

日　期	开盘价	最高价	最低价	收盘价	结算价	成交量	订货量
7月15日	21028	21055	20893	20893	21004	1880	8200
7月18日	20786	20921	20769	20900	20844	2080	8160
7月19日	20855	21021	20797	20920	20967	2040	8480
7月20日	21048	21110	20868	20927	20992	1920	8760
7月21日	20767	20852	20688	20787	20779	1880	7800
7月22日	20777	20840	20677	20780	20754	1680	8040
7月25日	20712	20754	20607	20663	20703	1920	8280
7月26日	20573	20633	20430	20497	20521	1880	8160
7月27日	20635	20802	20572	20768	20684	1880	8280
7月28日	20681	20733	20595	20613	20605	1840	8280
7月29日	20532	20577	20419	20510	20477	1800	8160
8月1日	20370	20420	20274	20331	20314	1880	8160
8月2日	20460	20527	20434	20434	20430	1800	8240
8月3日	20363	20414	20263	20305	20299	1760	8480
8月4日	20086	20119	19983	20020	20032	1920	7920
8月5日	19948	19966	19892	19917	19920	1600	8320
8月8日	19915	20036	19875	20012	19958	1720	7480
8月9日	19732	19820	19650	19748	19697	1880	7520
8月10日	19857	19903	19769	19832	19854	2000	8080
8月11日	19739	19764	19721	19746	19751	1320	8200
8月12日	19864	19986	19852	19961	19918	1680	8640
8月15日	19951	20024	19862	19862	19954	2240	8320
8月16日	19945	19986	19848	19931	19926	1840	8320
8月17日	19849	19901	19816	19855	19867	2000	8000
8月18日	19916	19987	19863	19863	19913	1920	7920
8月19日	19788	19896	19788	19844	19816	1920	7760
8月22日	19812	19887	19786	19884	19853	1720	7720
8月23日	19879	19968	19799	19913	19910	1800	7840
8月26日	20031	20140	20026	20117	20105	2280	7800
8月29日	20098	20170	20080	20154	20138	2160	8040
8月30日	20198	20238	20134	20198	20220	1600	8280
8月31日	20170	20202	20124	20142	20244	2040	8040

数据来源：国家棉花交易中心。

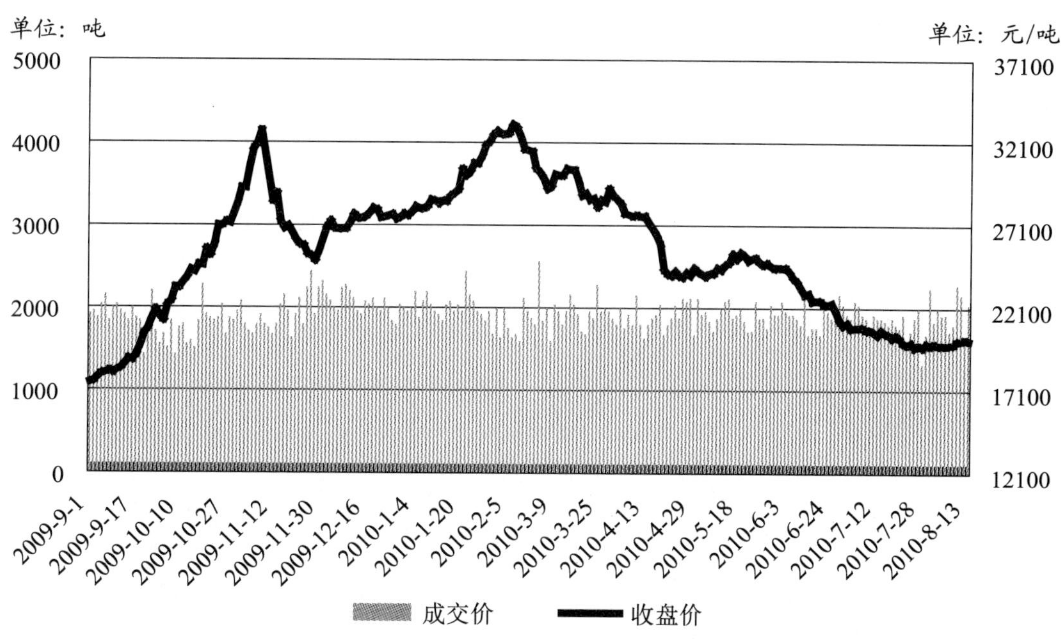

图 4－14　2010/2011 年度合肥国家棉花交易中心撮合指数走势及日成交量

4－32　2010/2011 年度全国棉花交易市场电子撮合近月合同与现货市场价格表

单位：元/吨

月　　份	国家棉花价格 A 指数	撮合交易近月合同	价差（现货－撮合）
2010 年 9 月	19905	20473	－568
2010 年 10 月	25396	26380	－984
2010 年 11 月	29308	28960	348
2010 年 12 月	27996	27307	689
2011 年 1 月	28889	28935	－46
2011 年 2 月	30846	31777	－931
2011 年 3 月	31733	30431	1302
2011 年 4 月	30251	27647	2604
2011 年 5 月	26862	24528	2334
2011 年 6 月	26388	24538	1850
2011 年 7 月	24184	21492	2692
2011 年 8 月	20994	19702	1292

数据来源：国家棉花市场监测系统、全国棉花交易市场。

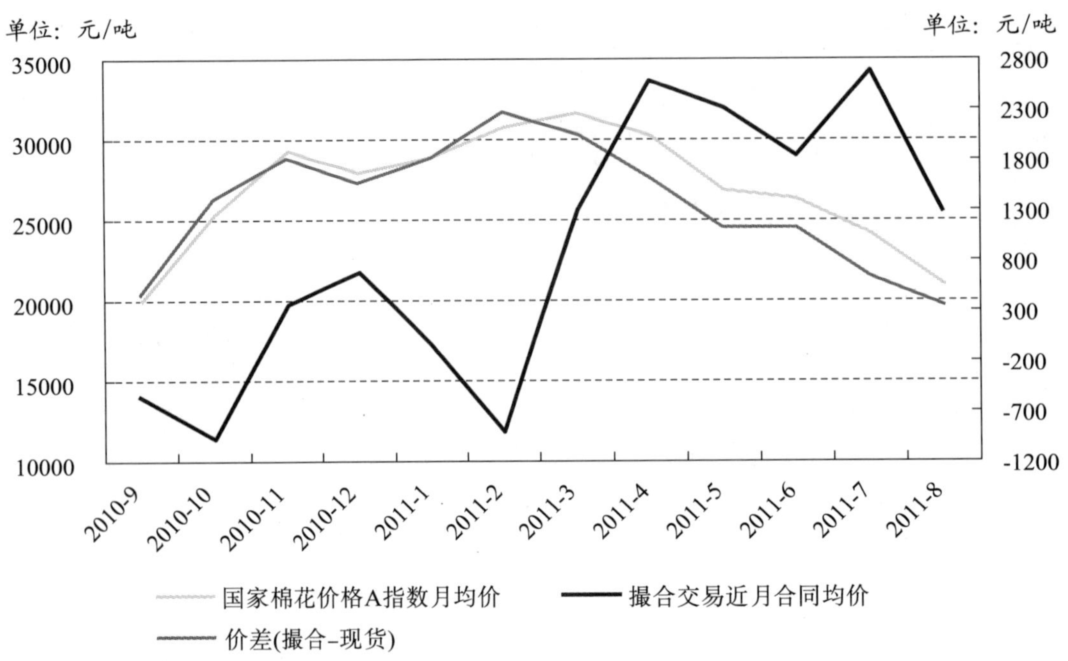

图4-15　2010/2011年度全国棉花交易市场电子撮合近月合同与现货价格对比

4-33　2010/2011年度全国棉花交易市场电子撮合MA合同综合指数月均价及月单边总成交量表

单位：元/吨、吨

月　　份	MA合同综合指数	单边总成交量
2010年9月	20102	1147180
2010年10月	25469	665900
2010年11月	28543	846081
2010年12月	27270	411480
2011年1月	29387	423260
2011年2月	32356	326720
2011年3月	30669	390180
2011年4月	27767	371080
2011年5月	24580	426880
2011年6月	24523	306080
2011年7月	21131	10746040
2011年8月	19799	8693760

数据来源：全国棉花交易市场。

注：MA合同标的为229级棉。

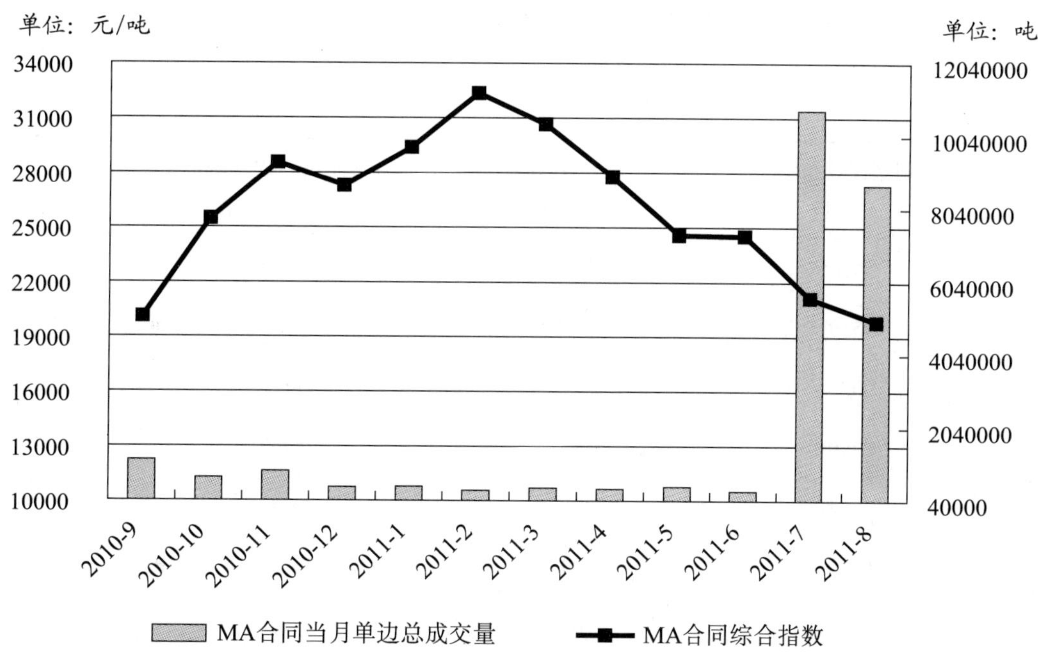

图 4－16　2010/2011 年度全国棉花交易市场电子撮合交易量价走势

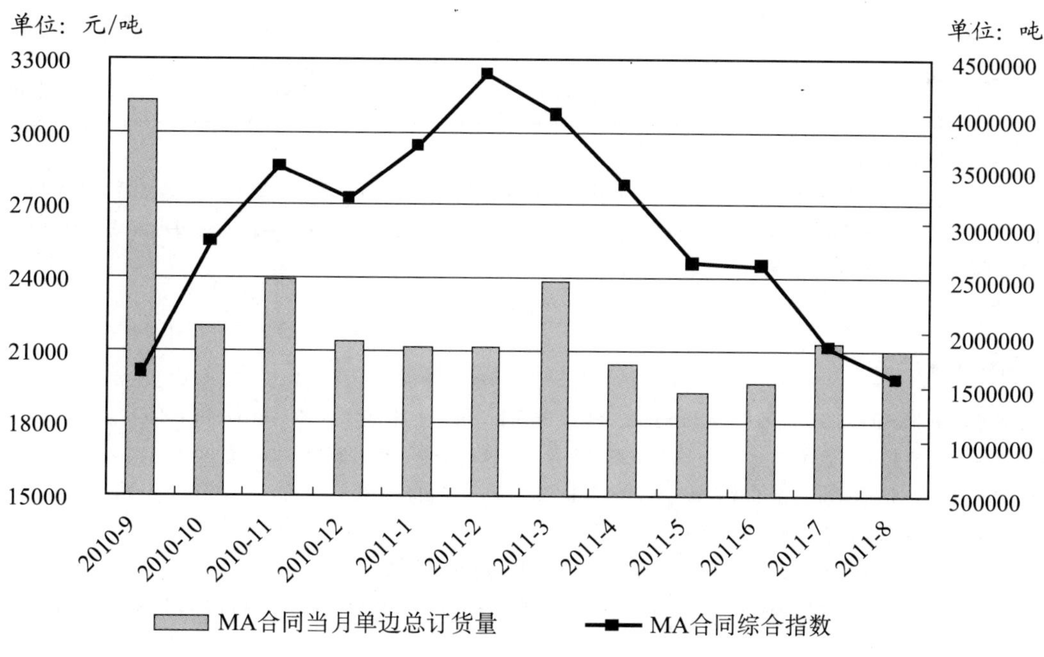

图 4－17　2010/2011 年度全国棉花交易市场撮合交易订货量变化

4－34 2010/2011年度国内外棉花现货月平均价格对比表

单位：元/吨

日期	国家棉花价格 A指数	国家棉花价格 B指数	国际棉花指数（SM）折人民币价格	国际棉花指数（M）折人民币价格
2010年9月	19905	19471	18590	18200
2010年10月	25396	24771	23075	22770
2010年11月	29308	28721	27473	27245
2010年12月	27996	27267	28949	28751
2011年1月	28889	28127	30242	29941
2011年2月	30846	29949	36552	36138
2011年3月	31733	30819	38718	38338
2011年4月	30251	29094	35802	35486
2011年5月	26862	25110	30278	29914
2011年6月	26388	24441	28954	28573
2011年7月	24184	22066	25039	24687
2011年8月	20994	19340	22000	21688

注：1. 数据来源为国家棉花市场监测系统。

2. 国际棉花指数折成人民币价格所采用的汇率为海关计征汇率，即每月使用上一个月第三个星期三（第三个星期三为法定节假日时，顺延采用第四个星期三的汇率）中国人民银行公布的美元对人民币的基准汇率；关税为配额内关税（1%）；增值税为（13%）；港口费用为200元/吨。

国际棉花指数简介

国际棉花指数（International Cotton Indices）包括SM级指数（Premium Index）和M级指数（Standard Index）。

1. 产地的选择：各主要棉花出口国家和地区，包括美国、印度、中亚、西非、澳大利亚、巴西等。
2. 等级的选择：SM 1－1/8"（相当于国棉2级）和M 1－3/32"（相当于国棉3级）。
3. 报价的选择：各主要棉商报价的加权平均价。
4. 产地权重的选择：上年度各主要产地的棉花进口总量视为100%进行权重分配。
5. 指数的生成：国际棉花指数包括SM级指数和M级指数，分别由各主要产地这两个等级棉花报价的加权平均值生成。

4－35　2010/2011 年度国际棉花指数日价格表

单位：美分/磅

日期	国际棉花指数（SM）	国际棉花指数（M）	日期	国际棉花指数（SM）	国际棉花指数（M）
2010 年			10 月 29 日	136.92	135.20
9 月 1 日	99.51	96.76	10 月 20 日	134.20	132.50
9 月 2 日	100.76	98.06	10 月 21 日	138.62	136.93
9 月 3 日	102.92	100.28	10 月 22 日	140.00	138.33
9 月 6 日	103.02	100.35	10 月 25 日	140.49	138.88
9 月 7 日	103.02	100.35	10 月 26 日	145.27	143.53
9 月 8 日	104.78	102.14	10 月 27 日	151.12	149.28
9 月 9 日	104.14	101.54	10 月 28 日	149.89	148.06
9 月 10 日	104.08	101.49	10 月 29 日	149.18	147.40
9 月 13 日	104.98	102.40	11 月 1 日	153.10	151.29
9 月 14 日	106.56	104.16	11 月 2 日	157.67	155.85
9 月 15 日	108.37	106.12	11 月 3 日	160.04	158.40
9 月 16 日	107.45	105.26	11 月 4 日	162.16	160.76
9 月 17 日	109.62	107.47	11 月 5 日	167.81	166.44
9 月 19 日	110.67	108.99	11 月 8 日	170.42	169.20
9 月 20 日	111.89	109.79	11 月 9 日	174.91	173.83
9 月 21 日	114.09	112.11	11 月 10 日	179.56	178.66
9 月 25 日	114.47	112.47	11 月 11 日	175.05	173.94
9 月 26 日	114.47	112.47	11 月 12 日	173.27	172.05
9 月 27 日	114.47	112.47	11 月 15 日	168.66	167.47
9 月 28 日	120.66	118.63	11 月 16 日	167.89	166.67
9 月 29 日	121.76	119.75	11 月 17 日	163.37	162.33
9 月 30 日	117.75	115.76	11 月 18 日	159.34	158.14
10 月 8 日	120.39	118.30	11 月 19 日	164.34	163.25
10 月 9 日	120.39	118.30	11 月 22 日	159.96	158.60
10 月 11 日	124.80	122.81	11 月 23 日	157.83	156.43
10 月 12 日	129.30	127.46	11 月 24 日	151.85	150.20
10 月 13 日	128.86	127.00	11 月 25 日	156.55	154.81
10 月 14 日	131.39	129.65	11 月 26 日	151.19	149.61
10 月 15 日	135.26	133.41	11 月 29 日	146.61	145.06
10 月 18 日	133.87	132.08	11 月 30 日	150.27	148.91

续表 1

日期	国际棉花指数（SM）	国际棉花指数（M）	日期	国际棉花指数（SM）	国际棉花指数（M）
12 月 1 日	151.75	150.37	1 月 18 日	173.55	171.83
12 月 2 日	155.75	154.38	1 月 19 日	177.55	175.83
12 月 3 日	160.76	159.38	1 月 20 日	180.83	179.30
12 月 6 日	166.90	165.52	1 月 21 日	184.82	182.73
12 月 7 日	164.88	163.66	1 月 24 日	187.98	185.83
12 月 8 日	164.26	163.04	1 月 25 日	192.82	190.45
12 月 9 日	165.90	164.80	1 月 26 日	192.35	190.12
12 月 10 日	169.76	168.65	1 月 27 日	197.27	195.06
12 月 13 日	170.83	169.70	1 月 28 日	199.93	197.73
12 月 14 日	174.94	173.82	2 月 9 日	207.21	204.63
12 月 15 日	178.23	177.12	2 月 10 日	212.09	209.56
12 月 16 日	174.46	173.27	2 月 11 日	218.13	215.55
12 月 17 日	177.93	176.76	2 月 14 日	219.89	217.38
12 月 20 日	181.33	180.42	2 月 15 日	216.14	213.66
12 月 21 日	185.23	184.31	2 月 16 日	220.14	217.59
12 月 22 日	188.61	187.74	2 月 17 日	227.14	224.59
12 月 23 日	183.61	182.76	2 月 18 日	234.14	231.58
12 月 24 日	178.48	177.24	2 月 21 日	226.88	224.35
12 月 27 日	178.29	177.24	2 月 22 日	226.88	224.36
12 月 28 日	176.23	175.05	2 月 23 日	221.36	218.92
12 月 29 日	174.70	173.35	2 月 24 日	217.58	215.17
12 月 30 日	171.37	169.84	2 月 25 日	210.83	208.44
12 月 31 日	174.05	172.51	2 月 28 日	217.84	215.42
2011 年			3 月 1 日	225.74	223.33
1 月 4 日	173.32	171.66	3 月 2 日	228.01	225.67
1 月 5 日	175.89	174.36	3 月 3 日	235.03	232.68
1 月 6 日	176.96	175.44	3 月 4 日	239.67	237.25
1 月 7 日	173.01	171.46	3 月 7 日	246.46	244.20
1 月 10 日	172.54	170.90	3 月 8 日	247.70	245.48
1 月 11 日	175.21	173.53	3 月 9 日	241.01	238.71
1 月 12 日	179.24	177.56	3 月 10 日	238.28	236.01
1 月 13 日	180.07	178.39	3 月 11 日	234.85	232.59
1 月 14 日	176.15	174.47	3 月 14 日	238.43	236.22
1 月 17 日	173.46	171.74	3 月 15 日	231.61	229.43

续表 2

日期	国际棉花指数（SM）	国际棉花指数（M）	日期	国际棉花指数（SM）	国际棉花指数（M）
3 月 16 日	224.86	222.67	5 月 9 日	178.05	175.81
3 月 17 日	219.40	217.14	5 月 10 日	177.60	175.33
3 月 18 日	226.41	224.13	5 月 11 日	183.61	181.31
3 月 21 日	232.88	230.57	5 月 12 日	182.48	180.21
3 月 22 日	232.28	229.92	5 月 13 日	176.47	174.21
3 月 23 日	238.63	236.37	5 月 16 日	177.41	175.13
3 月 24 日	234.56	232.23	5 月 17 日	183.40	181.13
3 月 25 日	241.51	239.19	5 月 18 日	186.99	184.70
3 月 28 日	236.18	233.90	5 月 19 日	191.73	189.44
3 月 29 日	228.29	225.87	5 月 20 日	187.53	185.24
3 月 30 日	225.55	223.25	5 月 23 日	187.48	185.19
3 月 31 日	223.00	220.63	5 月 24 日	185.97	183.69
4 月 1 日	228.57	226.15	5 月 25 日	185.97	183.69
4 月 6 日	228.62	226.30	5 月 26 日	186.68	184.32
4 月 7 日	235.42	233.26	5 月 27 日	181.63	179.32
4 月 8 日	235.55	233.44	5 月 30 日	183.21	180.89
4 月 11 日	230.11	228.17	5 月 31 日	183.10	180.89
4 月 12 日	231.15	229.30	6 月 1 日	189.07	186.87
4 月 13 日	226.17	224.27	6 月 2 日	190.80	188.57
4 月 14 日	221.51	219.56	6 月 3 日	192.76	190.54
4 月 18 日	221.03	219.14	6 月 7 日	185.70	183.55
4 月 19 日	222.04	220.12	6 月 8 日	179.65	177.44
4 月 20 日	214.81	213.09	6 月 9 日	176.52	174.17
4 月 21 日	208.32	206.47	6 月 10 日	178.92	176.54
4 月 22 日	211.60	209.92	6 月 13 日	179.41	177.04
4 月 25 日	208.35	206.53	6 月 14 日	177.07	174.69
4 月 26 日	207.36	205.53	6 月 15 日	177.27	174.94
4 月 27 日	201.31	199.48	6 月 16 日	171.23	168.95
4 月 28 日	194.30	192.53	6 月 17 日	168.00	165.59
4 月 29 日	192.75	191.04	6 月 20 日	171.96	169.58
5 月 3 日	190.12	188.14	6 月 21 日	173.07	170.74
5 月 4 日	193.13	191.14	6 月 22 日	173.07	170.74
5 月 5 日	187.12	185.14	6 月 23 日	170.56	168.23
5 月 6 日	181.62	179.58	6 月 24 日	168.83	166.29

续表3

日期	国际棉花指数(SM)	国际棉花指数(M)	日期	国际棉花指数(SM)	国际棉花指数(M)
6月27日	171.17	168.74	7月29日	144.31	142.14
6月28日	171.19	168.77	8月1日	140.08	138.02
6月29日	171.19	168.77	8月2日	142.93	140.85
6月30日	170.92	168.48	8月3日	144.36	142.26
7月1日	168.37	165.93	8月4日	141.74	139.64
7月4日	167.68	165.23	8月5日	142.14	139.98
7月5日	167.61	165.16	8月8日	137.14	135.32
7月6日	165.05	162.70	8月9日	131.68	129.70
7月7日	163.05	160.71	8月10日	128.93	126.91
7月8日	163.25	161.06	8月11日	129.99	128.18
7月11日	163.62	161.42	8月12日	128.30	126.40
7月12日	158.55	156.37	8月15日	131.22	129.36
7月13日	153.90	151.86	8月16日	135.13	133.19
7月14日	156.60	154.62	8月17日	134.39	132.42
7月15日	152.57	150.60	8月18日	137.68	135.66
7月18日	147.57	145.61	8月19日	136.35	134.29
7月19日	144.98	143.02	8月22日	135.61	133.75
7月20日	146.11	144.10	8月23日	135.90	134.00
7月21日	143.34	141.19	8月24日	134.80	132.96
7月22日	141.17	139.02	8月25日	134.65	132.82
7月25日	141.20	139.05	8月26日	133.22	131.41
7月26日	139.31	137.19	8月29日	134.25	132.44
7月27日	143.05	140.90	8月30日	134.58	132.75
7月28日	145.67	143.52	8月31日	135.00	133.15

数据来源：国家棉花市场监测系统。

4-36　2010/2011年度国际棉花期、现货月平均价格对比表

单位：美分/磅

日期	国际棉花指数（SM）	国际棉花指数（M）	ICE期货近月合约结算价
2010年9月	109.07	106.76	96.62
2010年10月	135.88	134.07	112.93
2010年11月	162.36	161.00	132.93
2010年12月	172.53	171.34	143.63
2011年1月	181.21	179.39	151.72
2011年2月	219.73	217.23	185.76
2011年3月	233.49	231.19	201.25
2011年4月	217.72	215.79	192.86
2011年5月	184.35	182.12	156.55
2011年6月	176.59	174.25	155.73
2011年7月	153.19	151.02	113.58
2011年8月	135.66	133.72	103.85

数据来源：国家棉花市场监测系统、美国洲际交易所（ICE）。

4-37　2010/2011年度美国洲际交易所棉花期货近月合约日结算价格表

单位：美分/磅

日期	结算价	日期	结算价	日期	结算价
2010年		9月17日	97.61	10月5日	101.43
9月1日	90.13	9月20日	100.37	10月6日	102.66
9月2日	90.87	9月21日	101.69	10月7日	106.66
9月3日	90.95	9月22日	100.37	10月8日	107.17
9月7日	91.32	9月23日	97.77	10月11日	110.50
9月8日	90.57	9月24日	101.30	10月12日	109.58
9月9日	90.37	9月27日	105.93	10月13日	110.87
9月10日	90.87	9月28日	108.14	10月14日	114.87
9月13日	91.80	9月29日	103.19	10月15日	109.87
9月14日	93.79	9月30日	104.18	10月18日	113.37
9月15日	92.81	10月1日	99.97	10月19日	110.26
9月16日	94.93	10月4日	99.78	10月20日	114.26

续表 1

日期	结算价	日期	结算价	日期	结算价
10 月 21 日	115.71	12 月 13 日	140.97	2 月 2 日	176.22
10 月 22 日	119.71	12 月 14 日	144.49	2 月 3 日	171.86
10 月 25 日	124.71	12 月 15 日	142.14	2 月 4 日	167.86
10 月 26 日	129.59	12 月 16 日	146.12	2 月 7 日	174.51
10 月 27 日	123.59	12 月 17 日	150.12	2 月 8 日	175.29
10 月 28 日	121.68	12 月 20 日	154.12	2 月 9 日	180.58
10 月 29 日	125.26	12 月 21 日	159.12	2 月 10 日	187.58
11 月 1 日	129.26	12 月 22 日	154.12	2 月 11 日	189.97
11 月 2 日	134.26	12 月 23 日	148.12	2 月 14 日	186.05
11 月 3 日	135.52	12 月 27 日	145.76	2 月 15 日	190.02
11 月 4 日	140.45	12 月 28 日	144.35	2 月 16 日	197.02
11 月 5 日	142.23	12 月 29 日	140.43	2 月 17 日	204.02
11 月 8 日	146.23	12 月 30 日	142.84	2 月 18 日	204.02
11 月 9 日	151.23	12 月 31 日	144.81	2 月 22 日	187.94
11 月 10 日	145.65	**2011 年**		2 月 23 日	186.56
11 月 11 日	144.21	1 月 3 日	142.20	2 月 24 日	181.28
11 月 12 日	140.18	1 月 4 日	143.78	2 月 25 日	191.34
11 月 15 日	138.75	1 月 5 日	145.20	2 月 28 日	205.14
11 月 16 日	133.75	1 月 6 日	141.22	3 月 1 日	195.87
11 月 17 日	128.90	1 月 7 日	140.60	3 月 2 日	204.45
11 月 18 日	133.90	1 月 10 日	143.25	3 月 3 日	208.20
11 月 19 日	127.90	1 月 11 日	147.25	3 月 4 日	215.15
11 月 22 日	121.90	1 月 12 日	147.97	3 月 7 日	214.50
11 月 23 日	113.09	1 月 13 日	144.06	3 月 8 日	207.04
11 月 24 日	119.39	1 月 14 日	141.44	3 月 9 日	205.99
11 月 26 日	116.06	1 月 18 日	145.44	3 月 10 日	200.98
11 月 29 日	122.51	1 月 19 日	148.94	3 月 11 日	204.94
11 月 30 日	126.23	1 月 20 日	152.94	3 月 14 日	197.94
12 月 1 日	131.95	1 月 21 日	156.94	3 月 15 日	190.94
12 月 2 日	137.34	1 月 24 日	161.94	3 月 16 日	185.12
12 月 3 日	142.33	1 月 25 日	161.83	3 月 17 日	192.12
12 月 6 日	141.92	1 月 26 日	166.83	3 月 18 日	199.12
12 月 7 日	137.99	1 月 27 日	169.39	3 月 21 日	198.96
12 月 8 日	138.00	1 月 28 日	164.75	3 月 22 日	205.96
12 月 9 日	135.95	1 月 31 日	168.44	3 月 23 日	201.87
12 月 10 日	136.97	2 月 1 日	172.22	3 月 24 日	208.82

续表 2

日期	结算价	日期	结算价	日期	结算价
3 月 25 日	204. 49	5 月 18 日	159. 86	7 月 12 日	106. 59
3 月 28 日	197. 49	5 月 19 日	155. 65	7 月 13 日	110. 35
3 月 29 日	194. 88	5 月 20 日	155. 61	7 月 14 日	106. 35
3 月 30 日	193. 67	5 月 23 日	153. 89	7 月 15 日	101. 46
3 月 31 日	200. 23	5 月 24 日	153. 88	7 月 18 日	97. 95
4 月 1 日	195. 55	5 月 25 日	156. 03	7 月 19 日	101. 95
4 月 4 日	195. 55	5 月 26 日	151. 03	7 月 20 日	101. 29
4 月 5 日	201. 06	5 月 27 日	152. 67	7 月 21 日	99. 33
4 月 6 日	208. 06	5 月 31 日	158. 67	7 月 22 日	99. 14
4 月 7 日	208. 22	6 月 1 日	160. 97	7 月 25 日	97. 09
4 月 8 日	202. 97	6 月 2 日	164. 24	7 月 26 日	101. 09
4 月 11 日	204. 58	6 月 3 日	161. 63	7 月 27 日	103. 85
4 月 12 日	199. 73	6 月 6 日	155. 63	7 月 28 日	102. 81
4 月 13 日	197. 35	6 月 7 日	148. 63	7 月 29 日	102. 08
4 月 14 日	196. 04	6 月 8 日	145. 05	8 月 1 日	105. 59
4 月 15 日	195. 52	6 月 9 日	151. 05	8 月 2 日	107. 17
4 月 18 日	196. 45	6 月 10 日	150. 03	8 月 3 日	104. 42
4 月 19 日	189. 82	6 月 13 日	150. 95	8 月 4 日	105. 01
4 月 20 日	183. 17	6 月 14 日	155. 54	8 月 5 日	101. 48
4 月 21 日	186. 67	6 月 15 日	151. 96	8 月 8 日	99. 01
4 月 25 日	188. 08	6 月 16 日	145. 96	8 月 9 日	97. 26
4 月 26 日	181. 84	6 月 17 日	145. 18	8 月 10 日	99. 16
4 月 27 日	174. 89	6 月 20 日	148. 73	8 月 11 日	97. 79
4 月 28 日	172. 82	6 月 21 日	154. 73	8 月 12 日	100. 72
4 月 29 日	178. 78	6 月 22 日	161. 22	8 月 15 日	105. 03
5 月 2 日	175. 91	6 月 23 日	164. 55	8 月 16 日	104. 62
5 月 3 日	179. 21	6 月 24 日	165. 22	8 月 17 日	108. 43
5 月 4 日	173. 19	6 月 27 日	162. 00	8 月 18 日	107. 55
5 月 5 日	165. 36	6 月 28 日	160. 91	8 月 19 日	106. 76
5 月 6 日	153. 80	6 月 29 日	162. 14	8 月 22 日	106. 61
5 月 9 日	145. 40	6 月 30 日	159. 79	8 月 23 日	105. 14
5 月 10 日	151. 40	7 月 1 日	161. 41	8 月 24 日	104. 62
5 月 11 日	150. 30	7 月 5 日	159. 00	8 月 25 日	102. 59
5 月 12 日	144. 30	7 月 6 日	155. 40	8 月 26 日	103. 92
5 月 13 日	145. 15	7 月 7 日	136. 20	8 月 29 日	104. 77
5 月 16 日	151. 15	7 月 8 日	116. 58	8 月 30 日	104. 91
5 月 17 日	155. 04	7 月 11 日	111. 58	8 月 31 日	105. 88

数据来源：美国洲际交易所（ICE）。

棉花进出口

4－38 2010/2011年度中国棉花进口分贸易方式统计表

单位：吨

项目＼年度	2010/2011	2009/2010	同比（±）	幅度（±%）
合　计	**2574971**	**2502261**	**+72710**	**+2.91**
一般贸易	1497604	824870	+672734	+81.56
保税仓库进出境货物	197282	273621	－76339	－27.90
保税区仓储转口货物	384176	591888	－207712	－35.09
来料加工装配贸易	6538	11145	－4607	－41.34
进料加工贸易	489369	800736	－311367	－38.89
其他	1	0.3	+0.7	+233.33

数据来源：中国海关总署。

4－39 2010/2011年度中国棉花进口分国别统计表

单位：吨

国　别	数　量	国　别	数　量
合　计	**2573652**	喀麦隆	36466
美国	1111398	马里	34568
印度	628857	墨西哥	29445
澳大利亚	269281	巴基斯坦	28782
乌兹别克斯坦	194564	贝宁	26149
巴西	73354	埃及	22741
布基纳法索	47803	其他国家和地区	70243

数据来源：中国海关总署。

4－40　2010/2011年度中国棉花进口分港别统计表

单位：吨

港　别	数　量	港　别	数　量
合　计	**2573652**	郑州海关	19273
北京海关	3	武汉海关	39962
天津海关	150541	广州海关	3306
大连海关	26906	黄埔海关	92702
上海海关	761109	深圳海关	1689
南京海关	192108	拱北海关	4661
杭州海关	1362	汕头海关	9569
宁波海关	38342	湛江海关	33304
合肥海关	9569	江门海关	16640
福州海关	2695	乌鲁木齐	156353
厦门海关	8536	南宁海关	229
青岛海关	1002478	重庆海关	2315

数据来源：中国海关总署。

4－41　2010/2011年度中国棉花出口分贸易方式统计表

单位：吨

项　目 ＼ 年　度	2010/2011	2009/2010	同比（±）	幅度（±%）
合　计	**26577**	**5305**	**+21272**	**+400.97**
一般贸易	0	132	－132	－100.00
保税区仓储转口货物	22464	4858	+17606	+362.42
保税仓库进出境货物	3071	229	+2842	+1241.19
边境小额贸易	1041	86	+955	+1110.38

数据来源：中国海关总署。

4－42　2010/2011年度中国棉花出口分国家和地区统计表

单位：吨

国家和地区	数　量	国家和地区	数　量
合　计	**26577**	印度	352
朝鲜	6657	土耳其	292
印度尼西亚	4439	日本	186
越南	4310	毛里求斯	100
孟加拉国	3534	巴基斯坦	97
中国台湾	3271	阿联酋	56
韩国	2376	新加坡	27
泰国	879		

数据来源：中国海关总署。

4－43　2010/2011年度中国棉花出口分港别统计表

单位：吨

港　别	数　量	港　别	数　量
合　计	**26577**	南京海关	346
大连海关	6657	青岛海关	15541
上海海关	3950	深圳海关	83

数据来源：中国海关总署。

4－44　2010/2011年度中国棉花进出口额分省统计表

单位：万美元

省　份	进出口额	同比（±%）	进口额	同比（±%）	出口额	同比（±%）
全　国	**735876.56**	**68.49**	**728013.01**	**+66.99**	**7863.55**	**+875.32**
北京市	27208.00	+215.91	27208.00	+215.91	—	—
天津市	10856.99	+3.60	10856.99	+4.41	—	-100.00
河北省	26010.43	+82.42	25910.00	+81.72	100.43	—
山西省	975.90	+226.35	975.90	+226.35	—	—
内蒙古	4.10	-97.48	4.10	-97.48	—	—
辽宁省	6718.13	+39.64	6167.21	+34.99	550.92	+127.29
吉林省	1216.85	+93.53	1216.85	+93.53	—	—
黑龙江	627.63	+714.36	627.63	+714.36	—	—
上海市	63699.63	+73.23	62215.61	+69.88	1484.02	+911.19
江苏省	133894.25	+47.73	133756.30	+47.71	137.95	+71.18
浙江省	39532.28	+70.64	39532.28	+70.64	—	—
安徽省	7056.24	+37.71	7056.24	+37.71	—	—
福建省	5865.82	+271.79	5865.82	+271.79	—	—
江西省	3228.19	+1150.70	3228.19	+1150.70	—	—
山东省	280421.00	+46.60	275057.24	+43.95	5363.76	+2593.87
河南省	18349.55	+147.96	18349.55	+147.96	—	—
湖北省	20572.09	+97.56	20572.09	+97.56	—	—
湖南省	3789.32	+272.25	3789.32	+272.25	—	—
广东省	31204.73	+65.18	31190.25	+65.10	14.48	—
广　西	2653.37	+95.19	2653.37	+95.19	—	—
重庆市	4452.15	+211.27	4452.15	+211.27	—	—
四川省	3761.27	+280.43	3761.27	+280.43	—	—
陕西省	3172.97	+170.43	3172.97	+170.43	—	—
新　疆	40270.19	+578.01	40058.19	+580.81	212.00	+281.36
云南省	106.69	—	106.69	—	—	—
甘肃省	151.41	—	151.41	—	—	—
贵州省	77.38	—	77.38	—	—	—

数据来源：中国海关总署。

4－45　2002/2003年度以来进口棉占中国用棉总量比例表

单位：万吨

年　度	合计	国内产量	进口量	进口棉占用棉总量比例（%）
2010/2011	880.7	623.1	257.6	29.2
2009/2010	926.1	675.7	250.4	27.0
2008/2009	943.8	799.1	144.7	15.3
2007/2008	1033.0	789.0	244.0	23.6
2006/2007	977.8	749.8	228.0	23.3
2005/2006	982.3	571.3	411.0	41.8
2004/2005	798.3	632.3	166.0	20.8
2003/2004	684.9	485.9	199.0	29.1
2002/2003	563.6	491.7	71.9	12.8

数据来源：国家棉花市场监测系统。

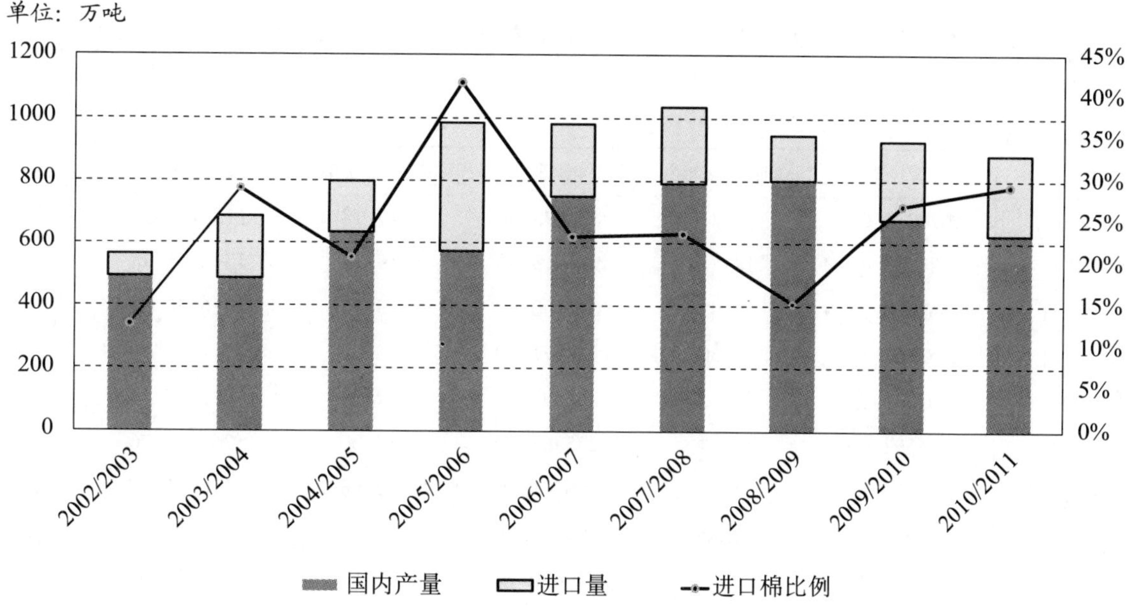

图4－18　2002/2003年度以来进口棉占中国用棉总量比例

棉花消费

4－46　2010/2011 年度中国纺织生产分月统计表

单位：万吨、亿米

月　份	纺纱产量	同比（±%）	化纤产量	同比（±%）	棉布产量	同比（±%）
总　计	**2828.50**	**7.08**	**3318.50**	**11.66**	**382.30**	**3.65**
2010 年 9 月	243.80	14.65	272.60	12.34	37.00	25.17
2010 年 10 月	240.40	10.48	278.40	11.77	37.20	27.79
2010 年 11 月	246.70	11.49	288.30	10.73	37.20	22.85
2010 年 12 月	252.30	7.12	287.60	16.68	36.90	18.00
2011 年 1 月	205.00	5.02	258.10	12.46	26.90	6.32
2011 年 2 月	188.90	15.89	228.50	16.70	23.20	－20.27
2011 年 3 月	231.00	6.70	281.50	13.19	30.50	2.69
2011 年 4 月	230.30	2.13	265.40	4.20	28.80	－6.80
2011 年 5 月	240.80	3.26	287.30	12.36	29.90	－6.56
2011 年 6 月	260.60	6.93	296.40	17.81	32.90	－5.19
2011 年 7 月	244.60	6.16	280.90	4.77	31.20	－8.50
2011 年 8 月	244.10	－1.09	293.50	8.99	30.60	－6.71

数据来源：国家统计局。

4－47　2010/2011 年度中国服装生产月度累计统计表

单位：万件

月　份	服装产量	同比（±%）	梭织服装	同比（±%）	针织服装	同比（±%）
2010 年 1－9 月	2026027.01	18.24	866778.80	17.78	1159128.30	18.58
2010 年 1－10 月	2284987.42	18.71	974913.30	19.38	1310065.98	18.21
2010 年 1－11 月	2567356.75	19.03	1090700.90	19.74	1476655.81	18.51
2010 年 1－12 月	2852267.17	18.60	1210571.70	18.90	1641695.49	18.38
2011 年 1－2 月	503560.57	14.62	268591.40	12.33	233870.74	17.27
2011 年 1－3 月	535591.16	14.64	275365.90	13.00	260225.26	16.42
2011 年 1－4 月	736506.88	13.50	380201.70	12.66	356305.17	14.41
2011 年 1－5 月	933536.65	11.93	491416.20	12.77	441992.90	11.04
2011 年 1－6 月	1172945.16	12.51	619490.10	13.83	553455.05	11.07
2011 年 1－7 月	1381376.04	11.52	731004.00	13.62	650372.06	9.25
2011 年 1－8 月	1601308.15	10.43	839245.40	11.91	762062.72	8.84

数据来源：国家统计局。自 2011 年起，统计口径调整为主营业务收入 2000 万元及以上工业法人企业。

纺织品服装进出口统计

4－48　2010/2011 年度中国纺织品进出口额分省统计表

单位：万美元

省　份	进出口额	同比（±%）	出口额	同比（±%）	进口额	同比（±%）
全　国	**7551957**	**24.08**	**6297861**	**27.18**	**1254096**	**10.53**
北　京	102198	18.42	46340	13.06	55858	23.27
天　津	79376	22.39	58365	25.49	21011	14.52
河　北	111337	26.27	105834	25.60	5503	40.65
山　西	5593	41.96	5088	39.06	505	79.81
内蒙古	13128	34.76	13004	36.84	125	-47.89
辽　宁	124237	30.62	69850	35.86	54388	24.45
吉　林	16682	53.69	12644	55.48	4038	48.34
黑龙江	40848	17.07	40091	16.14	756	102.67
上　海	584467	25.74	411774	27.45	172692	21.85
江　苏	1368956	27.55	1193331	29.14	175625	17.71
浙　江	2183457	27.48	2065315	27.61	118142	25.21
安　徽	80342	21.28	71313	20.75	9030	25.59
福　建	341709	54.48	287676	64.35	54033	17.08
江　西	56242	55.43	50281	66.15	5961	0.65
山　东	761822	18.12	662470	19.70	99352	8.51
河　南	68587	47.46	67192	47.60	1395	41.03
湖　北	43439	22.15	34633	22.23	8806	21.83
湖　南	20406	14.17	17314	10.42	3092	40.92
广　东	1208438	8.70	754588	16.98	453850	-2.74
广　西	34542	52.54	31112	49.43	3430	88.03
海　南	5773	25.78	3999	22.88	1774	32.85
重　庆	38894	50.18	37932	49.56	962	79.27
四　川	80662	12.12	78949	11.51	1713	49.50
贵　州	311	28.43	300	27.47	12	59.11
云　南	27285	-1.26	27155	-1.35	130	21.06
西　藏	5190	33.02	5032	30.85	159	179.19
陕　西	18179	19.41	17859	20.54	320	-21.62
甘　肃	5853	101.62	5850	101.68	4	37.44
青　海	8866	124.47	8542	127.76	324	62.63
宁　夏	3040	209.23	2804	203.88	235	291.21
新　疆	112096	37.36	111225	37.73	871	2.79

数据来源：中国海关总署。

4－49　2010/2011 年度中国服装进出口额分省统计表

单位：万美元

省　份	进出口额	同比（±%）	出口额	同比（±%）	进口额	同比（±%）
全　国	**15293249**	**25.35**	**14940687**	**24.64**	**352563**	**65.23**
北　京	218170	21.53	196667	18.69	21503	55.56
天　津	155574	32.30	150766	31.06	4808	88.40
河　北	356018	43.11	354984	42.99	1033	97.89
山　西	2604	15.78	2584	15.00	19	850.00
内蒙古	51181	0.61	51170	0.60	12	200.00
辽　宁	414646	26.14	384056	22.81	30590	91.25
吉　林	67206	36.23	63670	31.23	3535	335.34
黑龙江	343878	45.69	343288	45.62	589	98.32
上　海	1612377	24.82	1434350	20.11	178027	82.51
江　苏	2256034	25.89	2235340	25.54	20693	78.82
浙　江	2853161	22.74	2841188	22.68	11973	41.49
安　徽	145000	34.85	144815	34.83	185	62.28
福　建	1096481	29.46	1093854	29.38	2627	72.15
江　西	201140	29.00	200992	29.07	148	－23.32
山　东	1035198	26.53	1028732	26.64	6464	10.57
河　南	65303	63.16	65246	63.13	59	118.52
湖　北	141614	27.69	141138	27.90	475	－15.03
湖　南	40799	28.89	40722	28.75	78	200.00
广　东	3193087	22.60	3129506	22.46	63582	30.20
广　西	164166	28.09	164014	28.09	154	31.62
海　南	16237	59.58	15616	62.26	620	12.52
重　庆	63194	258.14	62545	260.47	650	121.84
四　川	161917	－29.10	157385	－30.00	4531	28.28
贵　州	871	64.03	813	53.69	59	5800.00
云　南	22768	－43.00	22755	－43.01	13	0
西　藏	39309	123.07	39296	123.15	14	27.27
陕　西	7922	－0.85	7896	－0.67	26	－36.59
甘　肃	13065	138.15	13061	138.08	3	—
青　海	6826	0.52	6826	0.53	0	0
宁　夏	9102	40.96	9050	42.27	52	－46.39
新　疆	538404	36.47	538359	36.46	44	528.57

数据来源：中国海关总署。

4－50　2010/2011年度中国纺织品服装进出口额分省统计表

单位：万美元

省　份	进出口额	同比（±%）	出口额	同比（±%）	进口额	同比（±%）
全　国	**21082516**	**12.18**	**19193862**	**12.13**	**1888654**	**12.70**
北　京	304393	9.34	224815	1.44	79577	40.13
天　津	211333	9.97	181421	9.15	29912	15.17
河　北	374803	42.48	368337	43.32	6467	6.80
山　西	7846	14.59	7452	22.20	394	-47.40
内蒙古	66433	10.01	66156	9.97	276	17.95
辽　宁	472358	5.18	391816	6.00	80544	1.36
吉　林	70424	-16.42	65449	-17.97	4976	11.25
黑龙江	286729	-27.54	285970	-27.55	760	-23.08
上　海	1980430	8.83	1674289	7.44	306140	17.14
江　苏	3322404	14.32	3094757	14.32	227647	14.30
浙　江	4781596	16.47	4631236	16.54	150360	14.39
安　徽	204753	18.31	193485	18.49	11268	15.25
福　建	1175130	24.97	1108331	25.61	66801	15.30
江　西	210370	42.18	201006	43.95	9363	12.52
山　东	1762058	12.37	1616264	12.95	145794	6.24
河　南	109127	14.80	107592	14.88	1534	9.03
湖　北	173395	10.00	161907	10.90	11487	-1.31
湖　南	57594	15.69	54334	16.54	3260	3.10
广　东	4252303	9.50	3514022	9.25	738281	10.68
广　西	168136	45.31	165481	46.10	2655	8.81
海　南	17030	-12.72	14520	-14.54	2509	-0.52
重　庆	53090	56.64	51898	57.00	1192	42.41
四　川	337732	81.23	332661	82.95	5071	11.92
贵　州	832	-20.99	821	-21.06	11	-8.33
云　南	76069	251.83	75906	254.15	164	-12.77
西　藏	22727	-13.56	22621	-13.64	105	8.25
陕　西	29960	22.64	29365	24.26	594	-25.66
甘　肃	8892	111.56	8888	123.09	4	-98.17
青　海	13010	32.54	12740	32.68	271	26.64
宁　夏	8353	25.16	8193	23.31	160	433.33
新　疆	523206	-31.78	522125	-31.85	1080	44.19

数据来源：中国海关总署。

4－51　1995－2010年中国货物贸易商品进出口额统计表

单位：亿美元

年份	进出口额	同比（±%）	出口额	同比（±%）	进口额	同比（±%）	顺差	同比（±%）
1995	2809.0	—	1488.0	—	1321.0	—	167.0	—
1996	2899.0	3.20	1511.0	1.55	1388.0	5.07	123.0	－26.35
1997	3251.0	12.14	1827.0	20.91	1424.0	2.59	403.0	227.64
1998	3240.0	－0.34	1838.0	0.60	1402.0	－1.54	436.0	8.19
1999	3606.0	11.30	1949.0	6.04	1657.0	18.19	292.0	－33.03
2000	4743.0	31.53	2492.0	27.86	2251.0	35.85	241.0	－17.47
2001	5098.0	7.48	2662.0	6.82	2436.0	8.22	226.0	－6.22
2002	6208.0	21.77	3256.0	22.31	2952.0	21.18	304.0	34.51
2003	8512.0	37.11	4384.0	34.64	4128.0	39.84	256.0	－15.79
2004	11548.0	35.67	5934.0	35.36	5614.0	36.00	320.0	25.00
2005	14221.0	23.15	7620.0	28.41	6601.0	17.58	1019.0	218.44
2006	17607.0	23.81	9691.0	27.18	7916.0	19.92	1775.0	74.19
2007	21738.4	23.46	12180.2	25.69	9558.2	20.75	2622.0	47.72
2008	25616.3	17.84	14285.5	17.28	11330.9	18.55	2954.6	12.69
2009	22072.7	－13.90	12016.6	－16.00	10056.0	－11.20	1960.6	－33.64
2010	29727.6	34.68	15779.3	31.31	13948.3	38.71	1831.0	－6.61

数据来源：中国海关总署。

4－52　1995－2010年中国纺织品服装进出口额统计表

单位：亿美元

年份	进出口额	占比（%）	同比（±%）	出口额	占比（%）	同比（±%）	进口额	占比（%）	同比（±%）	顺差	占比（%）	同比（±%）
1995	517	18.41	—	359	24.10	—	158	12.00	—	201	120.00	—
1996	517	17.83	0.00	350	23.20	－2.51	167	12.00	5.70	183	149.00	－8.96
1997	604	18.58	16.83	432	23.70	23.43	172	12.10	2.99	260	64.50	42.08
1998	549	16.94	－9.11	405	22.00	－6.25	144	10.30	－16.28	261	59.90	0.38
1999	523	14.50	－4.74	403	20.70	－0.49	120	7.24	－16.67	283	96.90	8.43
2000	614	12.95	17.40	485	19.50	20.35	129	5.73	7.50	356	148.00	25.8
2001	647	12.69	5.37	519	19.50	7.01	128	5.25	－0.78	391	173.00	9.83
2002	766	12.34	18.39	622	19.10	19.85	144	4.88	12.50	478	157.00	22.25
2003	950	11.16	24.02	793	18.10	27.49	157	3.80	9.03	636	248.00	33.05
2004	1120	9.70	17.89	951	16.00	19.92	169	3.01	7.64	782	244.00	22.96
2005	1321	9.29	17.95	1150	15.10	20.93	171	2.59	1.18	979	96.10	25.19
2006	1620	9.20	22.63	1440	14.90	25.22	180	2.27	5.26	1260	71.00	28.7
2007	1899	8.73	17.19	1712.1	14.10	18.90	186.4	1.95	3.56	1526	58.20	21.09
2008	2038	7.95	7.34	1852.2	13.00	8.20	185.4	1.64	－0.55	1667	56.40	9.25
2009	1839	8.30	－8.30	1671	13.90	－9.80	168	1.70	－9.28	1503	76.63	－9.87
2010	2268	7.63	23.32	2065	13.09	23.62	202	1.45	20.33	1863	101.75	23.95

注：1. 数据来源为中国海关总署。

2. 占比为纺织品服装占当年全国货物贸易商品进出口总额的比重。

4－53　2010/2011年度中国货物贸易商品进出口额统计表

单位：亿美元

月　份	进出口额	同比（±%）	出口额	同比（±%）	进口额	同比（±%）	贸易差额	同比（±%）
2010年9月	2731.6	24.7	1449.4	25.1	1282.1	24.2	167.3	30.9
2010年10月	2448.3	24.0	1359.4	22.9	1088.8	25.4	270.6	13.2
2010年11月	2838.8	36.3	1533.1	34.9	1305.7	37.9	227.4	19.5
2010年12月	2952.2	21.4	1541.5	17.9	1410.7	25.6	130.8	29.0
2011年1月	2954.7	44.1	1506.8	37.6	1447.9	51.6	58.9	57.9
2011年2月	2011.4	10.8	966.8	2.3	1044.5	19.9	－77.7	－204.2
2011年3月	3044.7	31.5	1521.5	35.8	1523.2	27.5	－1.7	97.7
2011年4月	2999.5	25.9	1556.1	29.8	1443.4	21.9	112.7	646.4
2011年5月	3011.8	23.5	1570.9	19.3	1440.9	28.4	130.0	－33.2
2011年6月	3016.5	18.5	1619.4	17.9	1397.1	19.3	222.3	0.5
2011年7月	3198.1	21.9	1751.7	20.4	1446.4	23.7	305.3	6.4
2011年8月	3288.7	27.1	1733.2	24.5	1555.6	30.2	177.6	－11.5

数据来源：中国海关总署。

4－54　2010/2011年度中国纺织品服装进出口额统计表

单位：亿美元

月　份	进出口额	占比（%）	同比（±%）	出口额	占比（%）	同比（±%）	进口额	占比（%）	同比（±%）	贸易差额	占比（%）	同比（±%）
2010年9月	218.0	8.0	19.4	200.2	13.8	19.5	17.8	1.4	17.9	182.4	109.0	19.7
2010年10月	193.7	7.9	21.3	178.0	13.1	21.5	15.7	1.4	18.9	162.3	60.0	21.8
2010年11月	209.5	7.4	35.8	190.2	12.4	36.2	19.3	1.5	31.3	170.9	75.2	36.8
2010年12月	220.3	7.5	18.8	199.2	12.9	18.6	21.2	1.5	20.5	178.0	136.1	18.4
2011年1月	234.3	7.9	38.3	216.2	14.3	38.9	18.1	1.3	32.1	198.1	336.3	39.5
2011年2月	116.8	5.8	－14.4	104.4	10.8	－17.4	12.4	1.2	22.8	92.0	—	－20.9
2011年3月	186.7	6.1	46.9	165.7	10.9	50.6	21.0	1.4	22.8	144.7	—	55.8
2011年4月	218.1	7.3	34.3	198.7	12.8	36.6	19.3	1.3	14.2	179.4	159.2	39.5
2011年5月	222.1	7.4	22.6	203.4	12.9	23.8	18.7	1.3	10.7	184.7	142.1	25.3
2011年6月	249.1	8.3	22.0	229.0	14.1	22.7	20.1	1.4	15.5	208.9	94.0	23.4
2011年7月	280.0	8.8	23.5	260.0	14.8	25.0	20.1	1.4	7.5	239.9	78.6	26.7
2011年8月	275.3	8.4	25.8	254.5	14.7	26.4	20.7	1.3	18.3	233.8	131.6	27.1

数据来源：中国海关总署。

4－55　2010/2011 年度中国棉纱进出口分月统计表

单位：吨、万美元

月　份	进　口				出　口			
	数量	同比（±%）	金额	同比（±%）	数量	同比（±%）	金额	同比（±%）
合　计	**916509**	**+17.50**	**338126**	**+20.76**	**419628**	**+25.41**	**267321**	**+84.30**
2010 年 9 月	87563	-6.35	25889	+25.38	30205	-0.35	14163	-10.63
2010 年 10 月	80422	+0.21	24224	+36.72	32033	-0.18	44349	+247.34
2010 年 11 月	99354	+5.28	32949	+54.63	40324	-0.15	20172	+36.83
2010 年 12 月	111007	+0.32	40362	+56.16	33205	-0.32	17854	+15.80
2011 年 1 月	99061	-8.24	38021	+44.81	38645	-0.11	21182	+41.94
2011 年 2 月	55545	-10.88	21501	+37.92	25203	-0.10	14594	+41.01
2011 年 3 月	87801	-21.49	35420	+36.34	58828	+0.07	36351	+71.66
2011 年 4 月	62116	-39.64	25992	-5.61	47177	-0.10	29041	+36.35
2011 年 5 月	51340	-45.36	21765	-14.38	33514	-0.42	20522	-13.80
2011 年 6 月	49207	-40.34	20821	-10.79	28998	-0.50	18295	-26.27
2011 年 7 月	62401	-25.01	24499	+0.31	26213	-0.47	15916	-27.02
2011 年 8 月	70692	-18.89	26686	+2.90	25282	-0.31	14883	-11.78

数据来源：中国海关总署。

4－56　2010/2011 年度中国棉纱进口分贸易方式统计表

单位：吨

月　份	合　计	一般贸易	来料加工	进料加工	保税区仓储转口	保税仓库进出境	其　他
合　计	**838708**	**330561**	**73126**	**407045**	**19294**	**5195**	**3487**
2010 年 9 月	87563	38314	7871	39891	570	305	611
2010 年 10 月	80422	32253	7302	39962	426	84	395
2010 年 11 月	99354	42698	7563	47848	916	161	168
2010 年 12 月	33205	14921	203	15171	2747	3	161
2011 年 1 月	99061	38270	7556	46764	4972	1366	134
2011 年 2 月	55545	21547	4821	27421	1135	575	46
2011 年 3 月	87801	30071	9255	42409	4915	855	296
2011 年 4 月	62116	18551	7516	33886	1322	416	425
2011 年 5 月	51340	17807	6696	25320	592	416	510
2011 年 6 月	49207	18328	4614	25093	447	395	330
2011 年 7 月	62401	26703	5090	29259	728	318	303
2011 年 8 月	70692	31097	4638	34023	526	302	107

数据来源：中国海关总署。

4－57　2010/2011年度中国棉纱出口分贸易方式统计表

单位：吨

月　份	合　计	一般贸易	对外承包工程	来料加工	进料加工	边境小额贸易	保税区仓储转口	其他
合　计	**419628**	**191652**	**13**	**2877**	**202496**	**2912**	**19551**	**127**
2010年9月	30205	14093	1	467	14706	251	666	21
2010年10月	32033	10986	0	382	18375	222	2060	8
2010年11月	40324	14111	0	377	22634	239	2952	11
2010年12月	33205	14921	0	203	15171	155	2747	9
2011年1月	38645	20130	2	149	14664	241	3423	36
2011年2月	25203	10523	0	137	13562	77	899	5
2011年3月	58828	20964	5	273	36907	247	430	3
2011年4月	47177	22340	0	436	23407	225	762	7
2011年5月	33514	17580	1	170	13608	378	1769	7
2011年6月	28998	16738	4	108	10242	292	1613	2
2011年7月	26213	15197	1	67	9641	291	1012	3
2011年8月	25282	14070	0	107	9579	294	1216	16

数据来源：中国海关总署。

4－58　2010/2011年度中国棉布进出口分月统计表

单位：万米、万美元

月　份	进口				出口			
	数量	同比（±%）	金额	同比（±%）	数量	同比（±%）	金额	同比（±%）
合　计	**79734**	**－10.11**	**175871**	**＋14.80**	**770609**	**＋1.61**	**1287213**	**＋34.20**
2010年9月	7947	－3.98	14179	＋2.15	70529	＋11.99	100127	＋34.69
2010年10月	7224	－10.38	13684	－0.03	67530	＋18.34	97937	＋40.11
2010年11月	7879	－2.83	16618	＋11.49	74543	＋16.59	112104	＋48.96
2010年12月	7879	－20.75	18656	－2.51	68889	－7.85	113836	＋26.16
2011年1月	5743	＋2.84	12688	＋14.89	70324	＋14.03	120898	＋65.28
2011年2月	4216	＋0.56	9286	＋9.75	30904	－32.68	56740	＋1.14
2011年3月	7296	＋0.17	16835	＋2261.12	64713	＋20.27	118056	＋75.11
2011年4月	7107	－11.75	16768	＋13.03	69649	＋3.03	127964	＋45.95
2011年5月	6134	－17.51	14429	＋4.02	64818	－3.77	116946	＋32.94
2011年6月	5679	－17.24	14797	＋9.82	57437	－15.54	102496	＋14.91
2011年7月	5940	－20.95	13743	－5.84	67491	－3.04	112789	＋20.04
2011年8月	6690	－9.42	14188	－2.79	63781	－2.96	107320	＋14.22

数据来源：中国海关总署。

4－59 2010/2011年度中国棉布进口分贸易方式统计表

单位：万米

月份	合计	一般贸易	来料加工	进料加工	保税仓库进出境	保税区仓储转口	其他
合计	**79734**	**5150**	**22854**	**50544**	**577**	**393**	**215**
2010年9月	7947	495	2092	5288	19	27	25
2010年10月	7224	336	2054	4773	14	13	34
2010年11月	7879	432	2617	4749	28	34	19
2010年12月	7879	454	2734	4582	33	41	35
2011年1月	5743	320	1757	3506	115	24	21
2011年2月	4216	237	1199	2654	49	71	6
2011年3月	7296	585	2063	4484	122	35	8
2011年4月	7107	482	1973	4515	72	58	6
2011年5月	6134	297	1822	3944	25	33	15
2011年6月	5679	395	1531	3686	24	24	19
2011年7月	5940	477	1544	3852	42	14	11
2011年8月	6690	640	1467	4511	34	20	17

数据来源：中国海关总署。

4－60 2010/2011年度中国棉布出口分贸易方式统计表

单位：万米

月份	合计	一般贸易	来料加工	进料加工	边境小额贸易	保税区仓储转口	其他
合计	**770809**	**560682**	**5807**	**175550**	**16812**	**11195**	**764**
2010年9月	70733	48229	558	20115	1350	237	244
2010年10月	67530	47697	620	18310	683	184	36
2010年11月	74543	52963	575	18904	914	1136	51
2010年12月	68886	48621	467	16751	959	2046	41
2011年1月	70324	51952	506	15504	644	1649	68
2011年2月	30904	21269	264	8514	372	452	34
2011年3月	64713	45306	663	17139	981	585	38
2011年4月	69649	52484	668	13409	2311	731	47
2011年5月	64818	48868	388	12529	2274	718	42
2011年6月	57437	44024	349	10034	1911	1073	46
2011年7月	67491	51173	336	12144	2250	1522	66
2011年8月	63781	48097	413	12197	2163	861	49

数据来源：中国海关总署。

中国棉花产销存预测

4－61　2001/2002年度以来中国棉花产销存预测与价格对比表

单位：万吨、元/吨

年　度	期初库存	产量	进口量	消费量	出口量	期末库存	库存消费比（%）	年度均价
2010/2011	231.70	623.10	257.60	926.00	2.70	213.10	22.94	25654
2009/2010	324.20	675.70	250.40	1041.10	0.50	231.70	22.24	15752
2008/2009	351.57	799.12	144.65	989.56	1.74	324.17	32.70	12162
2007/2008	337.51	789.00	244.00	1111.56	1.50	351.57	31.58	13767
2006/2007	467.87	749.79	228.00	1166.66	1.86	337.51	28.88	13300
2005/2006	440.06	571.27	411.00	1032.01	1.00	467.87	45.29	14103
2004/2005	456.17	632.30	166.00	871.54	1.00	440.06	50.43	12432
2003/2004	394.55	485.90	199.00	674.25	3.00	456.17	67.36	16100
2002/2003	447.08	491.70	71.90	659.84	15.10	394.55	58.46	12008
2001/2002	436.49	531.48	11.65	582.26	9.05	447.08	75.61	10140

注：1. 数据来源为国家棉花市场监测系统（发布时间截至2012年2月）。
　　2. 年度均价为国家棉花价格B指数的棉花年度均价。

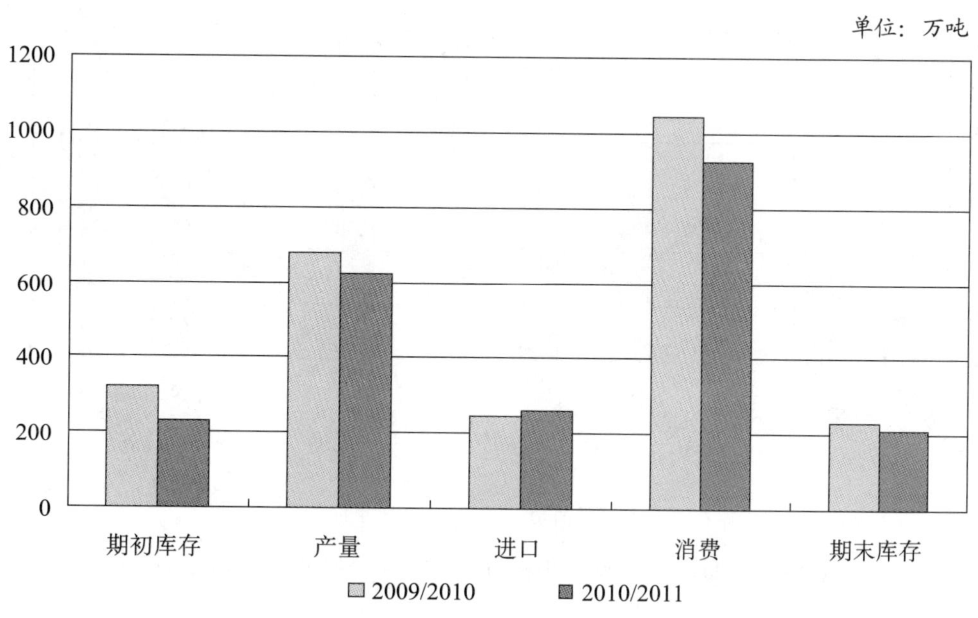

图4－19　2010/2011年度中国产销存预测与上年对比

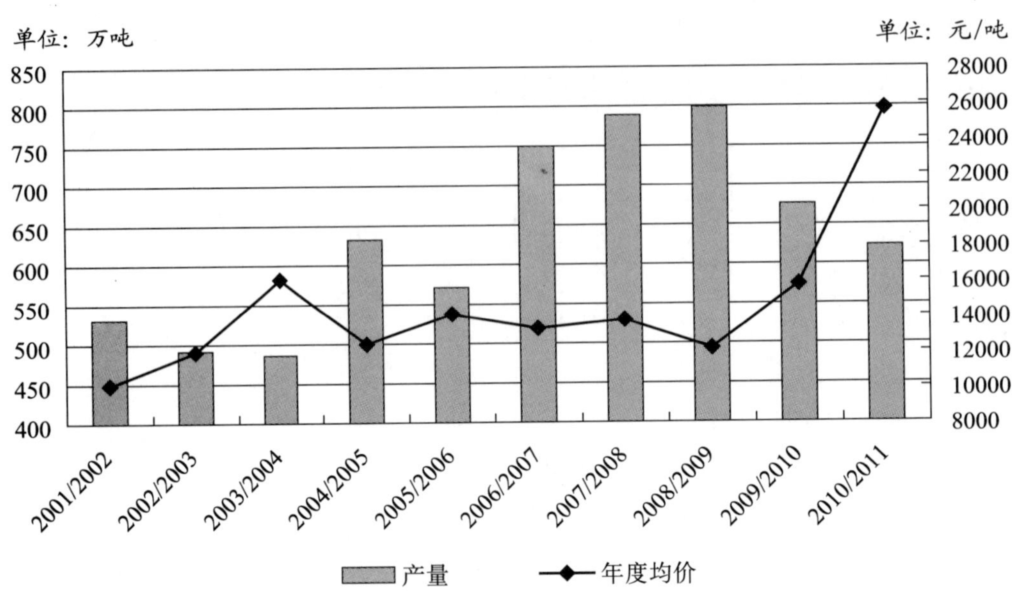

图 4－20　2001/2002 年度以来国内棉价与中国棉花产量预测对比

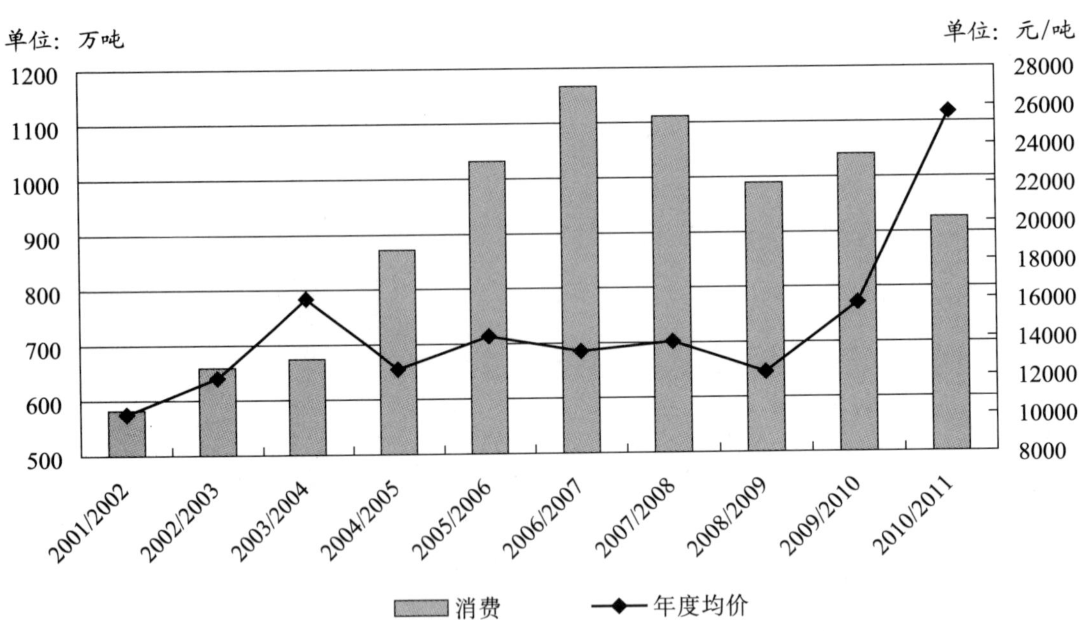

图 4－21　2001/2002 年度以来国内棉价与中国棉花消费量预测对比

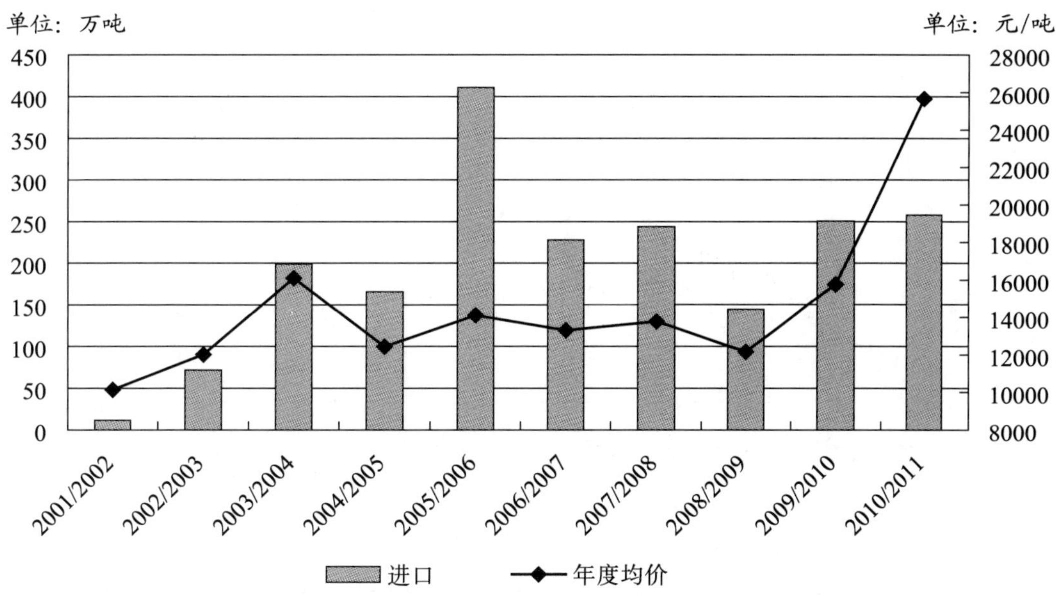

图 4－22　2001/2002 年度以来国内棉价与中国棉花进口量对比

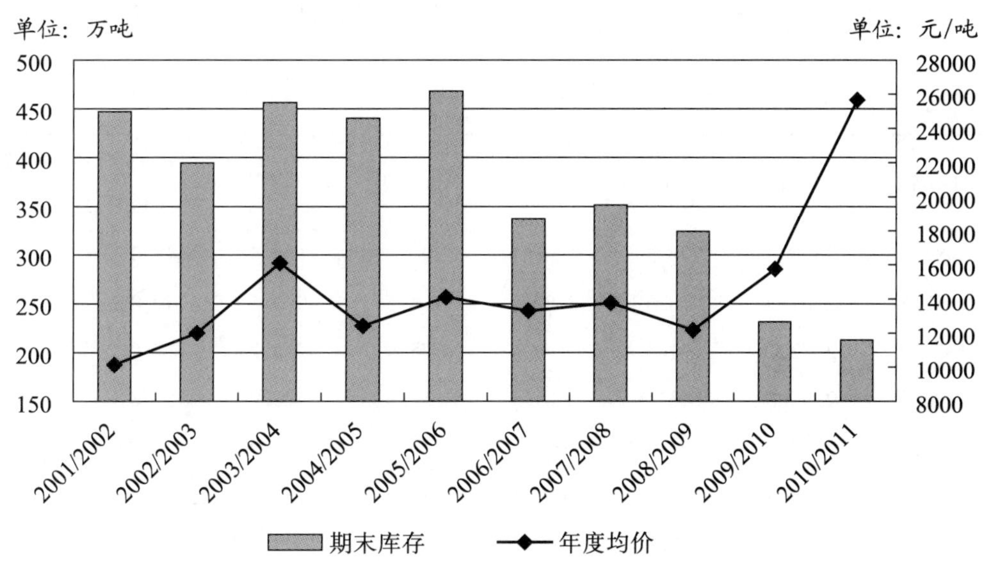

图 4－23　2001/2002 年度以来国内棉价与期末库存对比

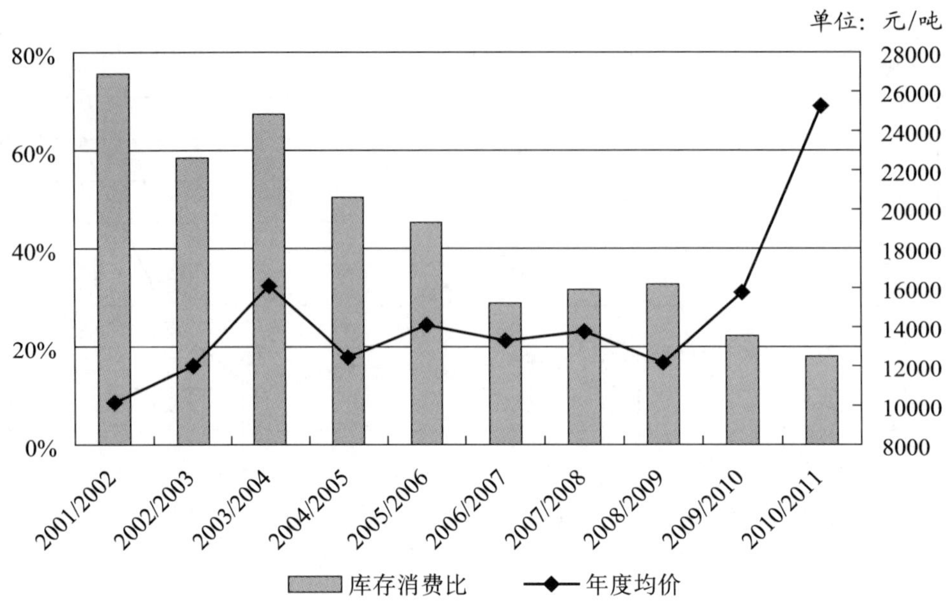

图 4－24 2001/2002 年度以来国内棉价与库存消费比对比

全球棉花产销存预测

4－62 2002/2003 年度以来全球棉花产销存预测表

单位：万吨

年　　度	期初库存	产量	进口量	消费量	出口量	期末库存	库存消费比（%）	国际棉花指数（M）
2011/2012	984. 5	2697. 4	790. 5	2488. 1	790. 9	1196. 5	48. 0%	121. 46
2010/2011	963. 2	2509. 9	776. 3	2489. 7	774. 5	984. 5	40. 0%	166. 55
2009/2010	1323. 9	2212. 7	791. 4	2593. 4	775. 0	963. 2	37. 0%	80. 00
2008/2009	1326. 9	2335. 8	663. 5	2401. 9	657. 9	1323. 9	55. 0%	59. 86
2007/2008	1359. 1	2607. 3	856. 1	2691. 6	850. 9	1326. 9	49. 0%	74. 80
2006/2007	1345. 3	2659. 8	830. 5	2697. 8	818. 1	1359. 1	50. 0%	59. 04
2005/2006	1318. 9	2535. 1	972. 6	2542. 6	976. 6	1345. 3	53. 0%	57. 35
2004/2005	1046. 9	2646. 9	736. 8	2374. 8	762. 4	1318. 9	56. 0%	53. 22
2003/2004	1036. 9	2106. 2	742. 7	2135. 3	722. 8	1046. 9	49. 0%	55. 71
2002/2003	1187. 3	1980. 8	657. 3	2142. 2	663. 1	1036. 9	48. 0%	41. 81

注：1. 数据来源：美国农业部（USDA）、国家棉花市场监测系统。

2. 2004/2005 年度以前为北欧到岸价 A 指数，2004/2005 年度以后为国际棉花指数（M）。

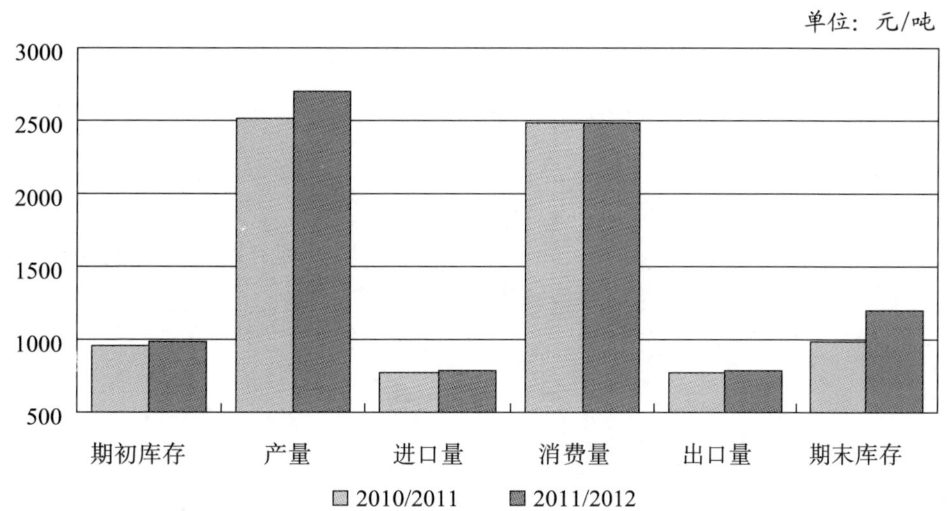

图 4－25　2010/2011 和 2011/2012 年度全球产销存预测比较

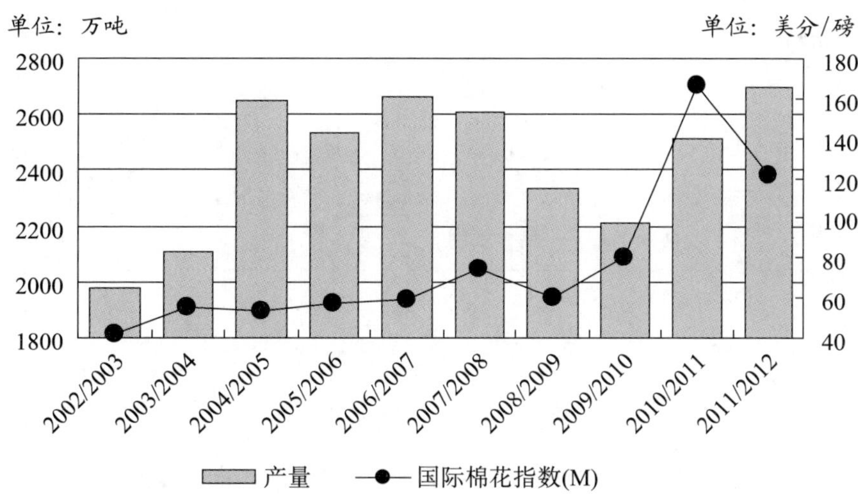

图 4－26　2002/2003 年度以来国际棉价与全球棉花产量变化

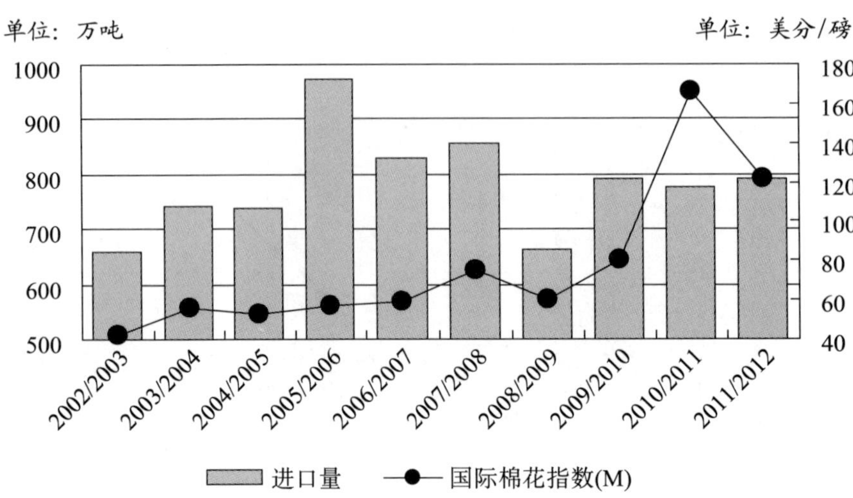

图 4－27　2002/2003 年度以来国际棉价与全球棉花进口量变化

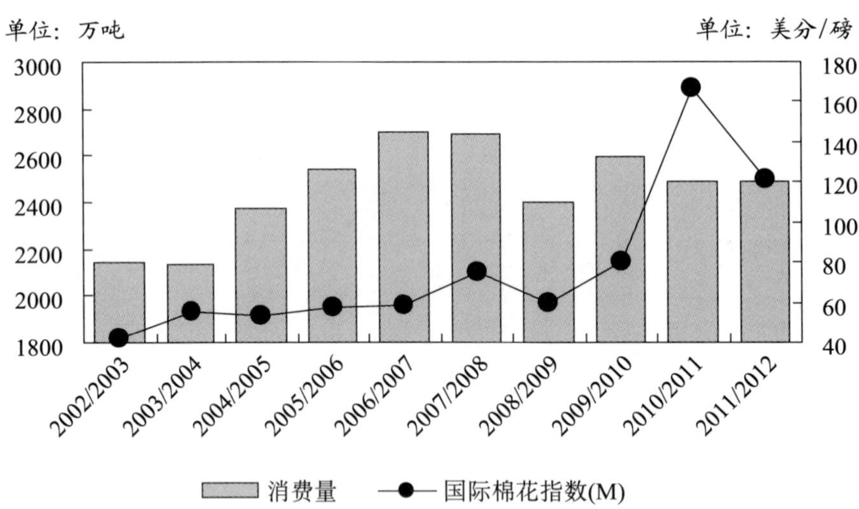

图 4－28　2002/2003 年度以来国际棉价与全球棉花消费量变化

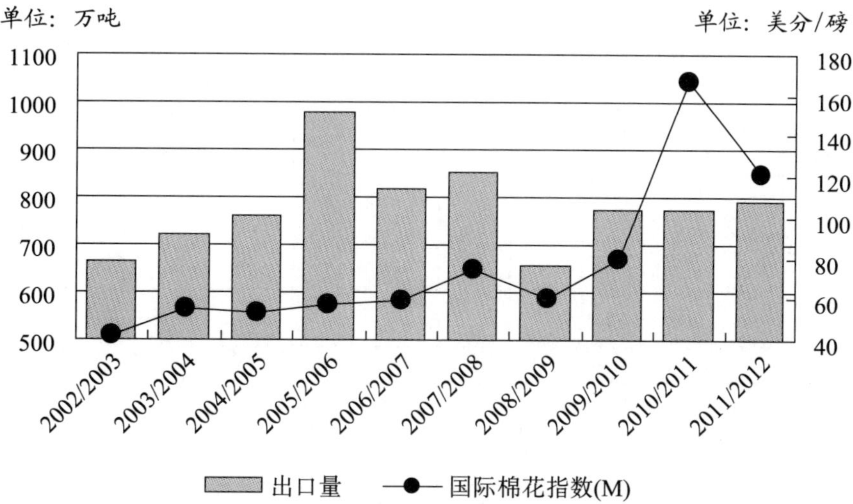

图 4－29　2002/2003 年度以来国际棉价与全球棉花出口量变化

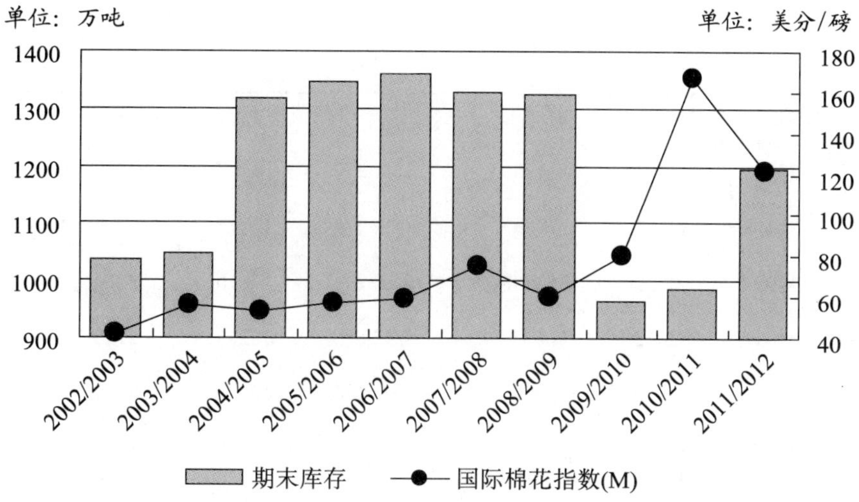

图 4－30　2002/2003 年度以来国际棉价与全球棉花期末库存变化

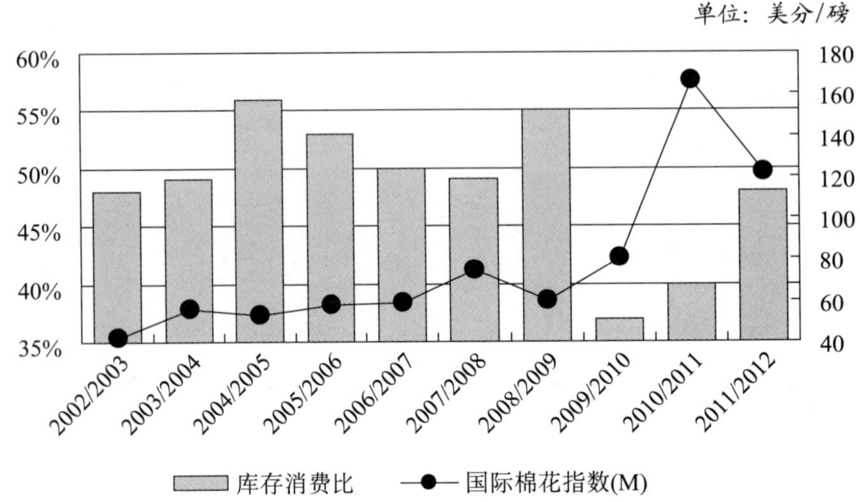

图 4－31　2002/2003 年度以来国际棉价与全球棉花库存消费比变化

4－63　2002/2003 年度以来主要国家棉花产量预测统计表

单位：万吨

年　　度	中国	印度	美国	巴基斯坦	乌兹别克斯坦	巴西	土耳其	澳大利亚	西非
2002/2003	548.7	230.8	374.7	173.6	100.2	84.7	91.0	36.6	83.9
2003/2004	518.2	304.8	397.5	170.8	89.3	131.0	89.3	37.0	92.8
2004/2005	659.7	413.7	506.2	242.5	113.2	128.5	90.4	65.3	100.9
2005/2006	618.3	414.8	520.2	214.5	120.8	102.3	77.3	61.0	90.6
2006/2007	772.9	474.6	470.0	209.0	116.5	152.4	82.7	29.4	81.9
2007/2008	805.6	522.5	418.2	187.2	116.5	160.2	67.5	13.9	57.0
2008/2009	799.1	492.1	279.0	189.4	100.2	119.3	42.0	32.7	57.0
2009/2010	696.7	500.8	265.4	209.0	84.9	118.7	38.1	38.6	55.9
2010/2011	664.1	553.0	394.2	191.6	89.3	196.0	45.7	91.4	56.3
2011/2012	729.4	598.8	361.6	217.7	91.4	196.0	63.1	108.9	66.1

数据来源：美国农业部（USDA）。

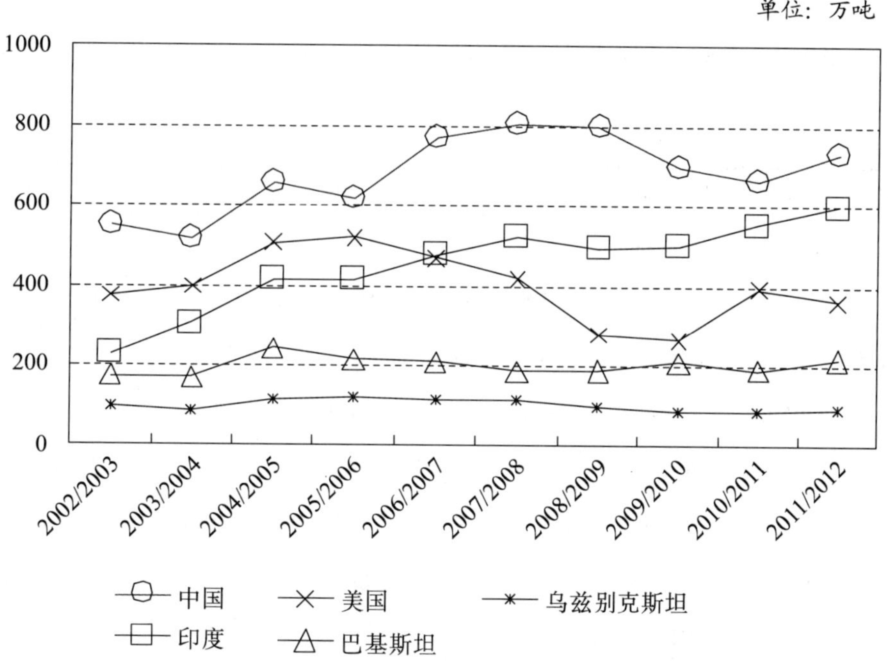

图 4－32　2002/2003 年度以来主要国家棉花产量变化

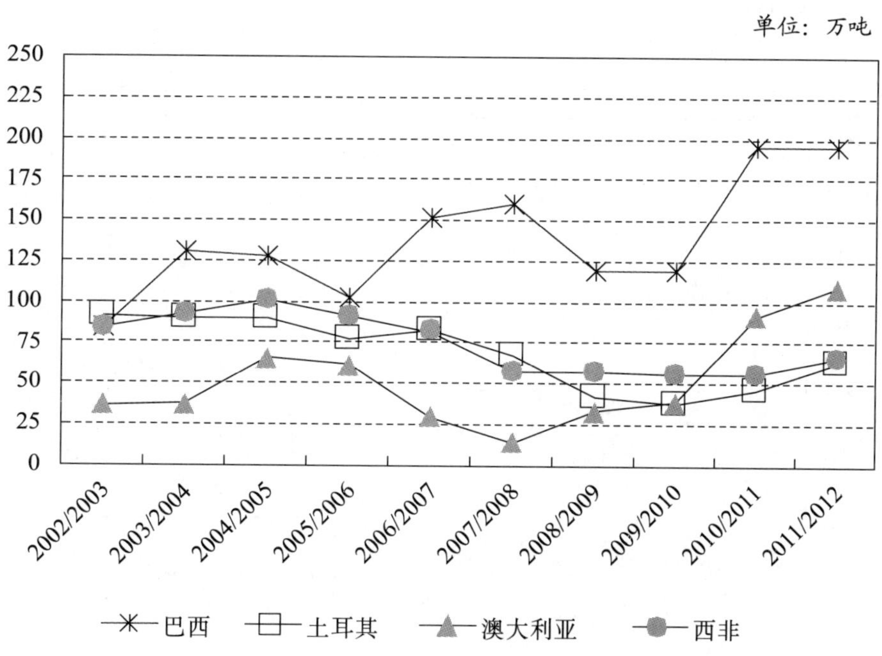

图 4－33　2002/2003 年度以来主要国家棉花产量变化

4-64 2002/2003年度以来主要国家棉花消费量预测统计表

单位：万吨

年　　度	中国	印度	巴基斯坦	土耳其	美国	巴西	孟加拉国	印度尼西亚	泰国	墨西哥
2002/2003	651.0	289.6	204.7	137.2	158.4	81.3	33.7	49.0	42.5	45.7
2003/2004	696.7	293.9	209.0	130.6	136.4	87.4	39.2	46.8	40.3	43.5
2004/2005	838.3	322.2	228.6	154.6	145.7	93.8	47.9	46.8	45.7	45.7
2005/2006	979.8	363.6	250.4	150.2	127.8	96.9	54.4	47.4	44.6	45.7
2006/2007	1088.6	394.1	261.3	158.9	107.4	99.6	69.7	47.4	42.5	45.7
2007/2008	1110.4	405.0	261.3	135.0	99.8	100.2	76.2	54.4	42.5	43.5
2008/2009	958.0	386.5	244.9	111.0	77.1	91.4	82.7	49.0	34.8	40.3
2009/2010	1088.6	432.2	235.1	126.3	77.3	95.8	84.9	46.8	38.6	41.4
2010/2011	1001.5	446.3	223.2	121.9	84.9	95.8	77.3	44.6	37.0	35.9
2011/2012	990.7	446.3	224.3	126.3	82.7	95.8	78.4	47.9	37.0	39.2

数据来源：美国农业部（USDA）。

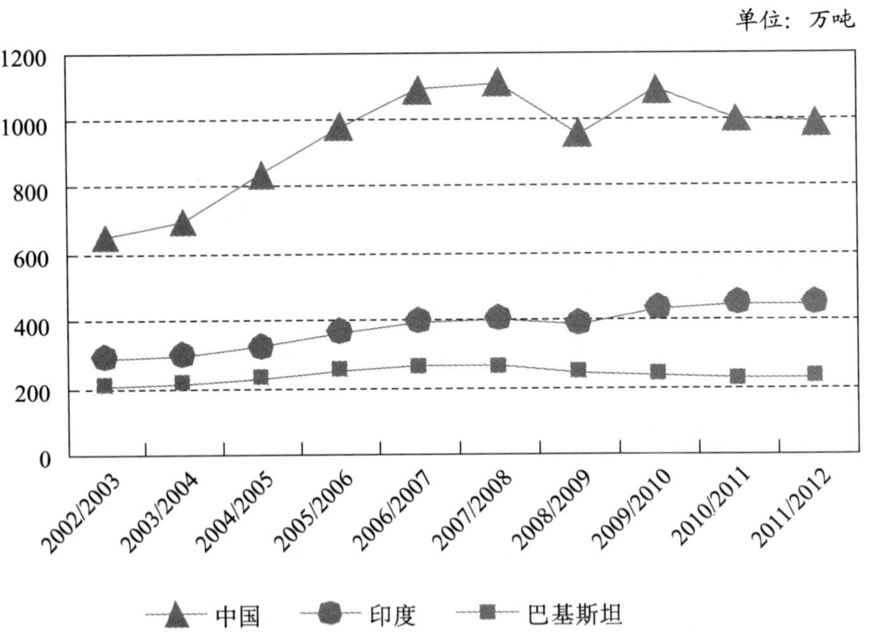

图4-34 2002/2003年度以来主要国家棉花消费量变化

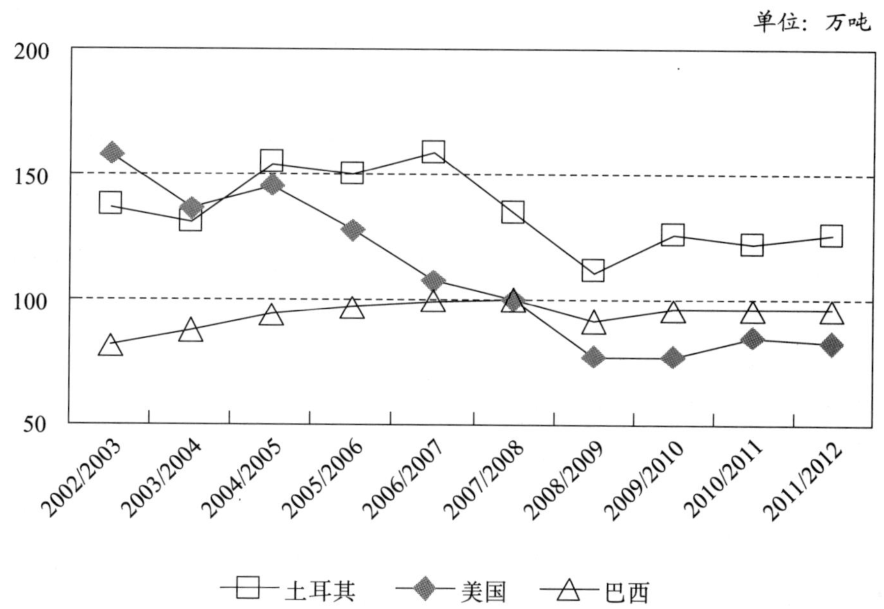

图 4-35　2002/2003 年度以来主要国家棉花消费量变化

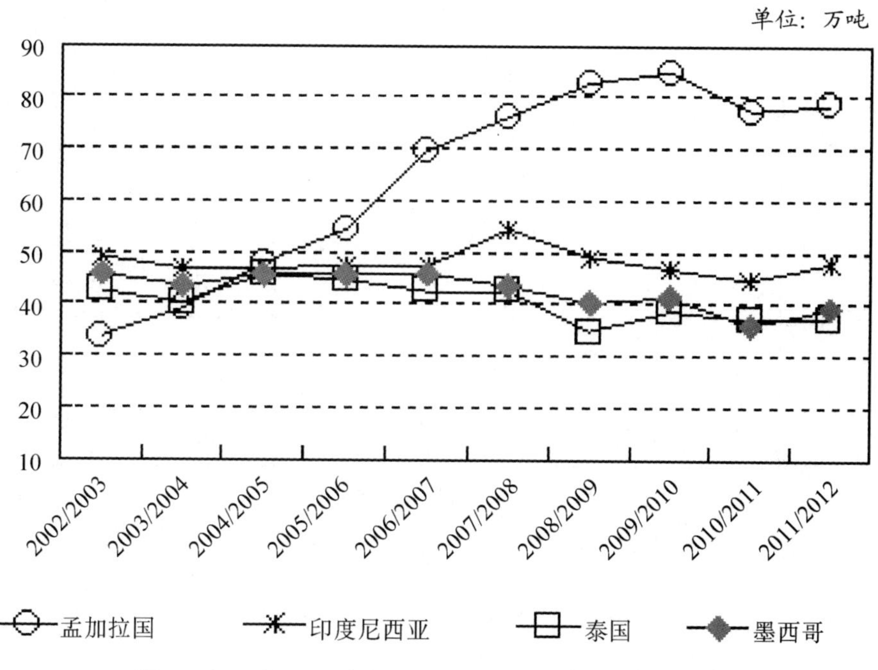

图 4-36　2002/2003 年度以来主要国家棉花消费量变化

4－65　2002/2003 年度以来主要国家棉花进口量预测统计表

单位：万吨

年　度	中国	土耳其	巴基斯坦	孟加拉国	印度尼西亚	泰国	墨西哥
2002/2003	68.1	49.3	19.0	34.8	48.5	42.3	50.7
2003/2004	192.3	51.6	39.3	39.2	46.8	36.5	40.5
2004/2005	139.0	74.3	38.2	49.0	47.9	49.7	39.4
2005/2006	419.9	76.2	35.2	53.3	47.9	41.2	38.0
2006/2007	230.5	87.7	50.2	70.8	47.9	41.5	29.5
2007/2008	251.0	71.1	85.1	78.4	56.6	42.0	33.3
2008/2009	152.3	63.6	41.7	82.7	50.1	34.9	28.6
2009/2010	237.4	95.7	34.3	84.9	47.9	39.3	30.3
2010/2011	260.8	72.9	31.6	80.6	45.7	38.1	26.0
2011/2012	304.8	69.7	32.7	76.2	49.0	38.1	24.0

数据来源：美国农业部（USDA）。

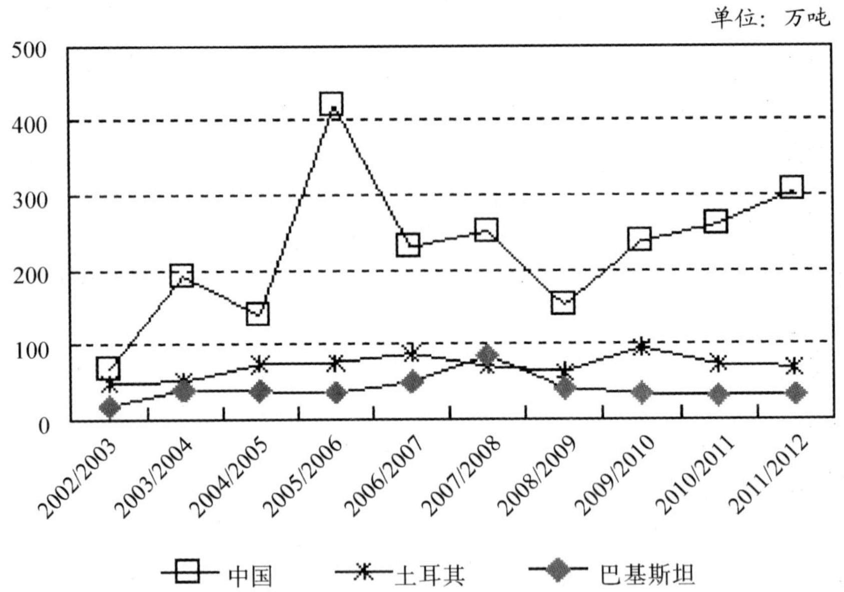

图 4－37　2002/2003 年度以来主要国家棉花进口量变化

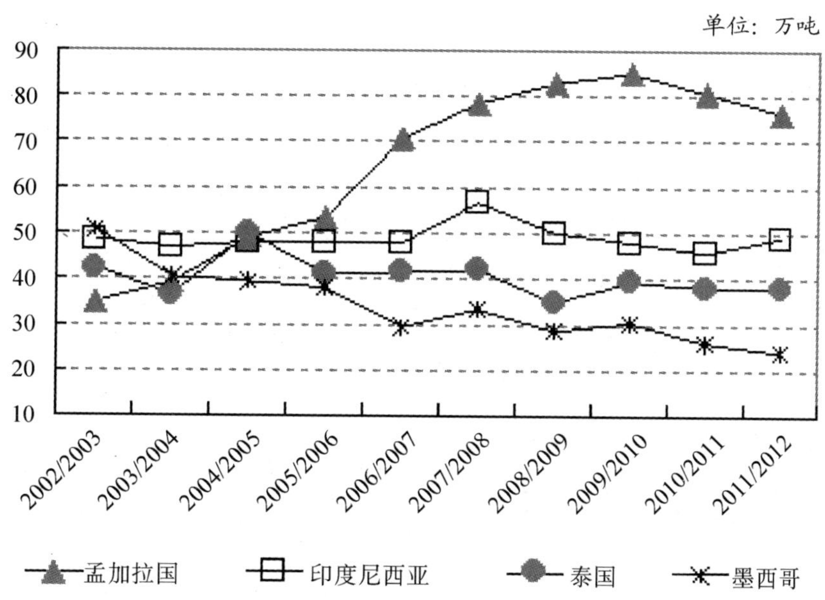

图 4－38　2002/2003 年度以来主要国家棉花进口量变化

4－66　2002/2003 年度以来主要国家棉花出口量预测统计表

单位：万吨

年　度	美国	印度	乌兹别克斯坦	西非	澳大利亚	巴西
2002/2003	259. 1	1. 2	74. 0	71. 9	57. 8	10. 6
2003/2004	299. 6	15. 2	67. 5	86. 8	47. 0	21. 0
2004/2005	314. 3	14. 4	86. 0	79. 2	43. 5	33. 9
2005/2006	384. 8	80. 0	104. 5	88. 4	62. 8	42. 9
2006/2007	282. 2	106. 1	98. 0	80. 0	46. 4	28. 3
2007/2008	296. 9	163. 3	91. 4	54. 9	26. 5	48. 6
2008/2009	288. 7	51. 4	65. 3	45. 5	26. 1	59. 6
2009/2010	262. 1	142. 6	82. 7	49. 9	46. 0	43. 3
2010/2011	313. 0	111. 0	57. 7	48. 2	54. 6	43. 5
2011/2012	250. 4	114. 3	61. 0	52. 1	93. 6	82. 7

数据来源：美国农业部（USDA）。

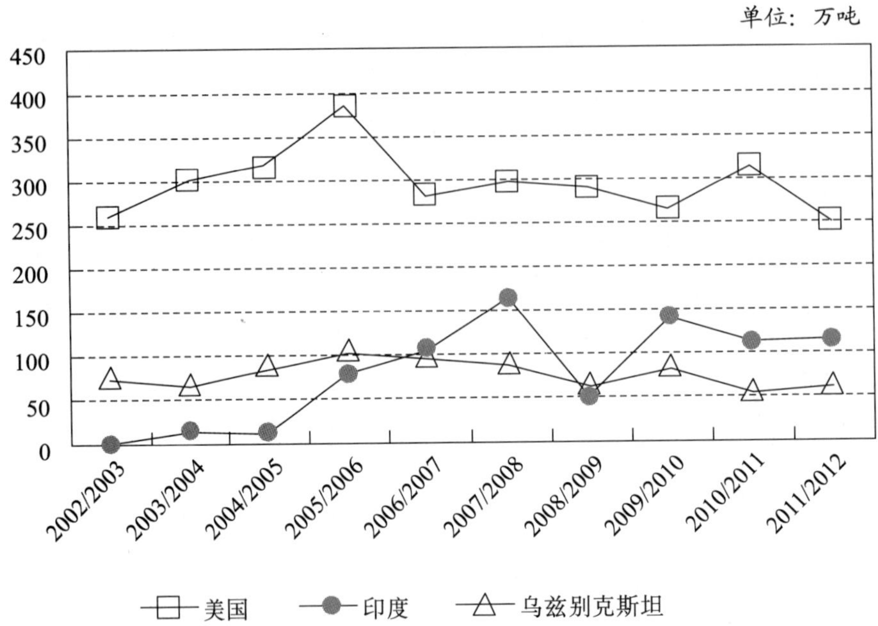

图 4－39　2002/2003 年度以来主要国家棉花出口量变化

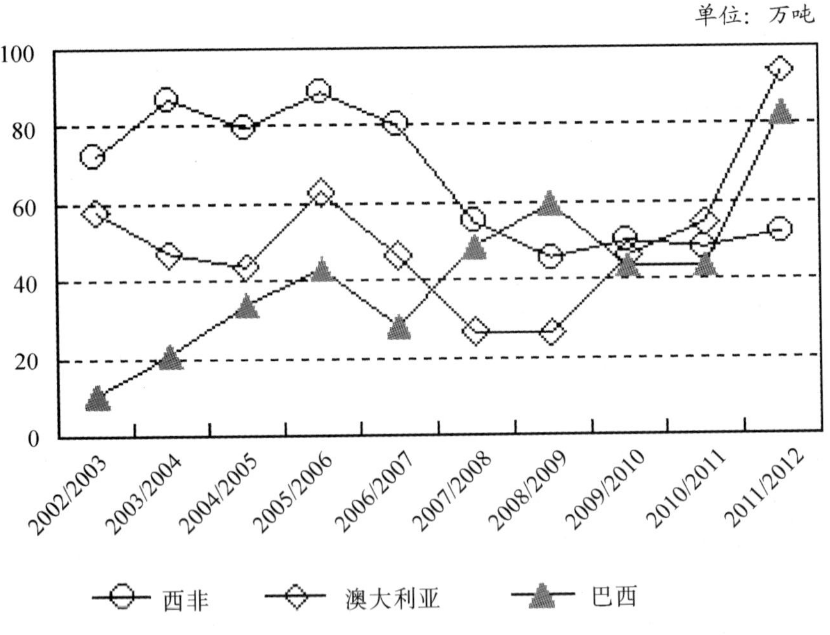

图 4－40　2002/2003 年度以来主要国家棉花出口量变化

4－67　2002/2003 年度以来主要国家棉花期末库存预测统计表

单位：万吨

年　　度	中国	印度	巴基斯坦	土耳其	美国	巴西	孟加拉国	印度尼西亚	泰国	墨西哥
2002/2003	380.5	78.1	71.4	29.7	117.2	60.0	6.7	8.8	12.5	23.3
2003/2004	413.3	91.1	68.2	32.2	75.1	97.7	8.2	8.0	8.6	24.9
2004/2005	400.4	190.8	107.7	39.0	119.6	106.3	10.5	8.2	12.5	28.7
2005/2006	490.7	170.7	100.1	37.6	132.1	78.7	10.8	7.9	8.9	28.8
2006/2007	447.1	155.2	92.8	44.6	206.4	117.7	12.9	7.7	7.7	22.4
2007/2008	446.4	122.6	97.4	42.5	218.8	136.1	15.6	9.0	6.9	20.3
2008/2009	487.0	194.2	75.3	36.0	138.0	108.7	16.3	9.2	6.3	16.6
2009/2010	331.9	130.6	67.1	42.0	64.2	94.8	17.2	9.6	6.4	12.6
2010/2011	252.6	136.1	55.7	37.3	56.6	170.0	21.6	9.7	7.0	10.1
2011/2012	295.1	184.0	71.5	42.3	84.9	192.8	20.6	9.8	7.6	13.9

数据来源：美国农业部（USDA）。

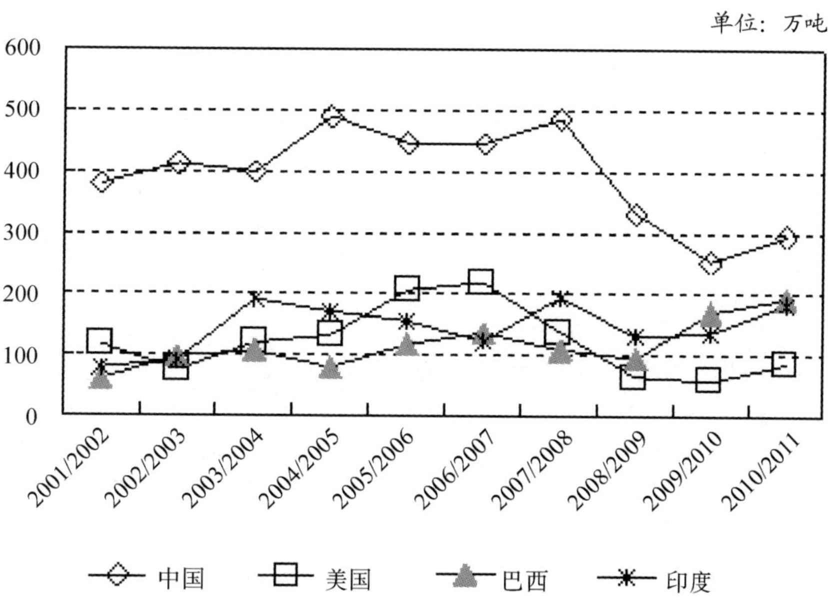

图 4－41　2001/2002 年度以来主要国家棉花期末库存变化

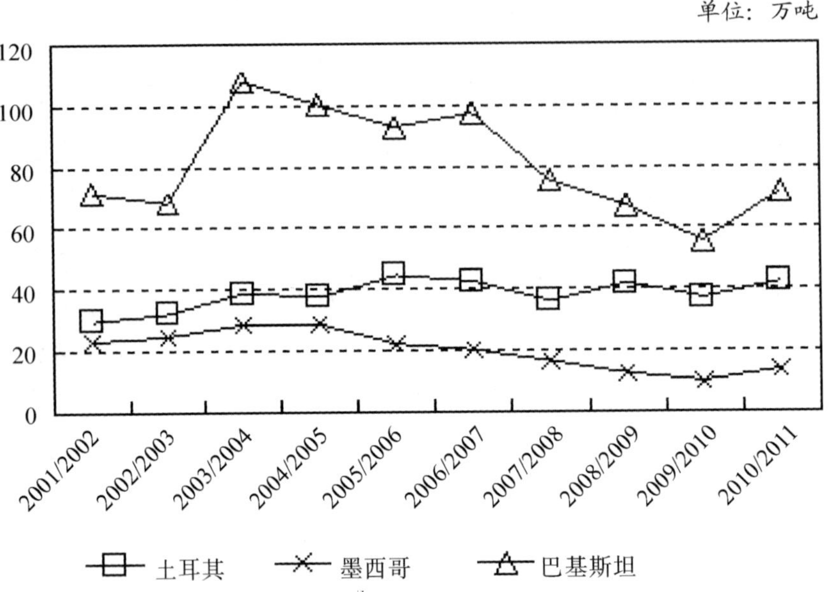

图 4－42　2001/2002 年度以来主要国家棉花期末库存变化

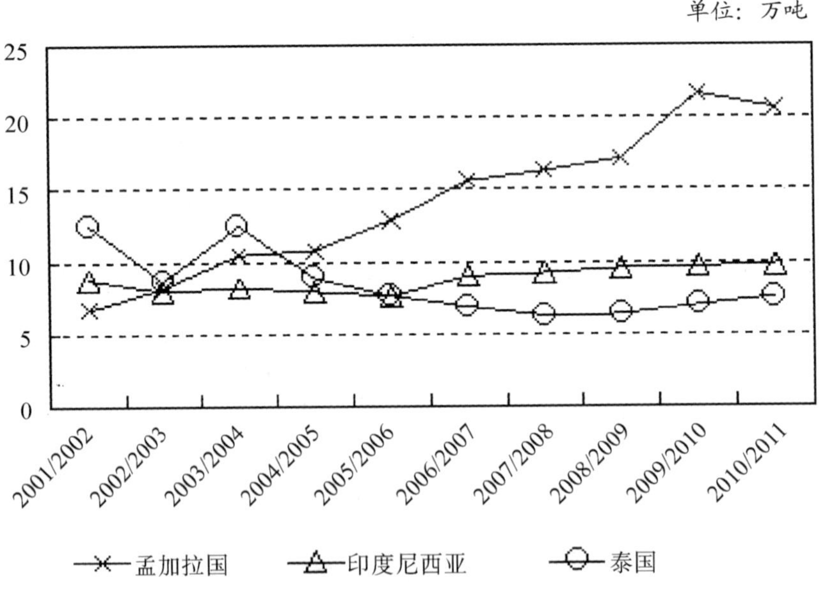

图 4－43　2001/2002 年度以来主要国家棉花期末库存变化

4－68　2010/2011 年度主要国家棉花产销存预测表

单位：万吨

国家和地区	期初库存	产量	进口量	消费量	出口量	期末库存
全球	**976.9**	**2704.0**	**795.4**	**2490.4**	**794.9**	**1193.8**
美国	56.6	361.6	0.2	82.7	250.4	84.9
中亚	43.1	145.4	0.2	41.6	97.3	49.9
西非	12.2	62.7	0.0	4.1	52.7	18.1
南半球	262.1	359.5	5.9	125.6	197.0	310.9
澳大利亚	55.5	108.9	0.0	0.9	93.6	73.2
巴西	170.0	196.0	2.2	95.8	82.7	192.9
印度	136.1	598.8	9.8	446.3	114.3	184.0
墨西哥	10.0	25.0	24.0	39.2	5.4	13.9
中国	252.6	729.4	304.8	990.7	1.1	295.0
欧盟	10.2	35.9	21.3	22.9	27.9	15.7
土耳其	37.2	63.1	69.7	126.3	3.3	42.2
巴基斯坦	55.7	217.7	32.7	224.3	9.8	71.4
印度尼西亚	9.6	0.7	49.0	47.9	0.4	9.8
泰国	7.0	0.0	38.1	37.0	0.0	7.6
孟加拉国	21.6	1.5	76.2	78.4	0.0	20.7
越南	8.3	0.4	34.8	35.9	0.0	7.6

数据来源：美国农业部（USDA）。

4－69　2002/2003 年度以来全球棉花种植面积和单产统计表

单位：亿亩、公斤/亩

年　度	种植面积	单产	年　度	种植面积	单产
2002/2003	4.6	42.9	2007/2008	4.9	52.8
2003/2004	4.8	43.4	2008/2009	4.6	50.8
2004/2005	5.4	49.4	2009/2010	4.5	48.8
2005/2006	5.2	48.6	2010/2011	5.0	50.6
2006/2007	5.2	51.1	2011/2012	5.4	50.1

数据来源：美国农业部（USDA）。

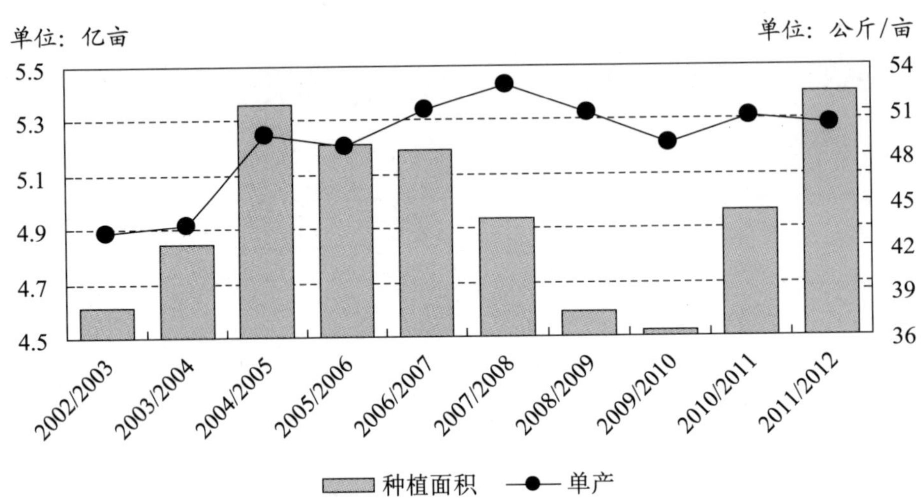

图 4－44　2002/2003 年度以来全球棉花种植面积和单产变化

4－70　2007/2008 年度以来美国洲际交易所期货近月合约均价与美棉出口量对比表

单位：万吨、美分/磅

年　度	美棉出口装运量	ICE 期货近月合约价格
2007/2008	296.9	67.22
2008/2009	288.7	51.89
2009/2010	262.1	73.23
2010/2011	313	144.02
2011/2012	250.4	102.27

数据来源：美国农业部（USDA）、美国洲际交易所（ICE）。

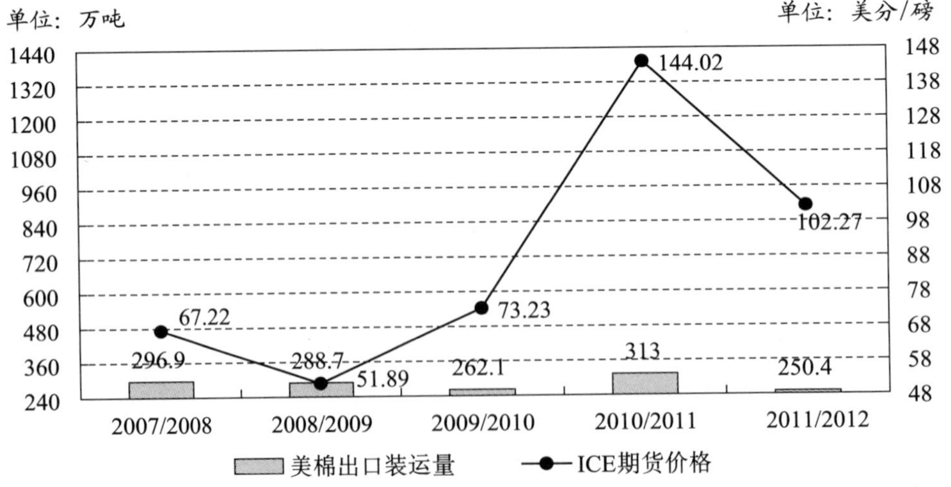

图 4－45　2007/2008 年度以来 ICE 期货近月合约均价与美棉出口量比较

4－71　2010/2011年度美棉出口装运量分月统计表

单位：万吨

月　份	美棉出口装运量	美棉对中国出口装运量	比重（%）
2010年9月	16.46	6.19	38
2010年10月	8.82	2.40	27
2010年11月	15.49	6.57	42
2010年12月	35.62	15.63	44
2011年1月	32.65	10.52	32
2011年2月	41.15	12.56	31
2011年3月	51.03	14.94	29
2011年4月	33.07	10.49	32
2011年5月	25.77	7.38	29
2011年6月	21.47	6.41	30
2011年7月	10.99	4.17	38
2011年8月	11.79	2.51	21

数据来源：美国农业部（USDA）。

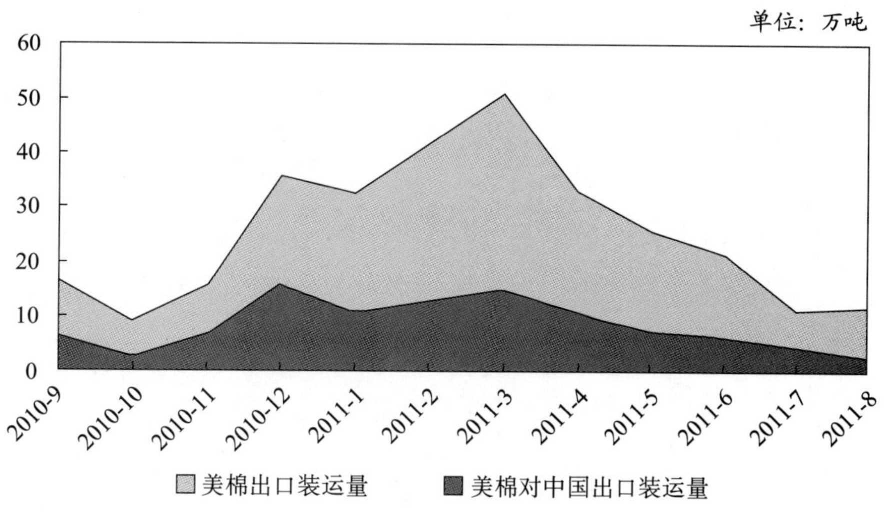

图4－46　2010/2011年度美棉出口装运量分月统计

4－72　2010/2011年度美国纺织用棉量分月统计表

单位：万吨

月　　份	美国纺织用棉量	月　　份	美国纺织用棉量
2010年9月	6.65	2011年3月	6.79
2010年10月	6.85	2011年4月	6.61
2010年11月	6.85	2011年5月	6.55
2010年12月	6.99	2011年6月	6.55
2011年1月	7.20	2011年7月	6.28
2011年2月	6.97		

数据来源：美国人口普查局（V. S. Census Bureau）。

泰安市华源棉业有限责任公司

泰安市华源棉业有限责任公司于2002年6月经泰安市政府批准，在原泰安市棉麻公司的基础上整体改制而来。公司位于泰安市高新技术产业开发区北天门大街，占地面积150亩。

公司资产总额3亿余元，公司机构下设：泰安市天成棉业有限公司；泰安市东平泰山棉业有限责任公司；新疆阿克苏华源棉业有限责任公司。配有400型大型打包机及整套先进的棉花加工设备，公司质检中心具有完备的检验检测设备。公司仓储中心近邻津沪铁路及京福、京沪高速公路，交通便利，辐射能力强。

公司主营棉花，主营方式为籽棉收购加工、皮棉购销、新疆棉代理、仓储物流。并在新疆合作经营棉花的收购加工业务。公司注册产品为“泰山”牌皮棉，为全国知名棉花品牌 。

公司坚持诚信为本的经营理念，重品质、塑品牌、树形象，打造出一支和谐的团队。曾先后被评为：全国供销总社和劳动人事部先进单位、山东省供销系统先进单位、泰安市管理示范单位、依法纳税先进单位、 泰安市流通行业最佳效益企业、重合同守信用企业、市级文明单位。

完全履约是公司的承诺，“诚信勤勉”是公司的宗旨， 把市场作为我们的工作现场，最大限度的满足客户需求将是华源棉业永远的追求！

董事长（总经理）：范立杰

电话：0538-6318088

传真：0538-6309512

地址：泰安市高新区北天门大街2505号

法人：赵双镇

纱厂车间

纱厂车间

棉厂

棉田

捡三丝现场

鲁锦-纯棉凉席

鲁锦-床单

菏泽市国花贸易有限公司

COMPANY PROFILE

山东省菏泽市国花贸易有限公司成立于2001年，多年来公司已从单一的棉花贸易公司发展成为集棉花生产、收购、加工及纺纱、织布、贸易等业务于一身的大型综合性涉棉企业集团。

公司下设有国花棉业、中泰棉业、新疆棉业、国花纺织、三元纺织、外棉交易、撮合期货等一系列分公司，总注册资本3000万元。常年经营棉花、棉短绒、棉籽、棉纱、棉布等产品。多年来，公司凭着位于苏鲁皖豫四省交界处这种优越的地理位置，借助纵横南北与东西的京九、新石铁路干线交汇地这种交通和运输便利，秉承深厚的齐鲁文化，遵循“诚信服务、品牌专业”的经营理念，坚持“和谐双赢、跨越发展”的企业精神，团结奋进、博弈市场，走出了一条“产、购、加、纺、销、存”的棉花产业新路子，开创了“做精做细、做大做强、驾驭市场、超越发展”的新模式，探索出利用棉花专业合作社掌控棉花资源的新途径，发展出以自收、自加、自纺、自存、自销扩大创利空间的棉花集约经营新方法，同时充分利用撮合、期货市场等金融工具规避风险，力求内强质量、外塑形象，现已发展成为国内初具规模的大型专业涉棉公司。

公司同国内80余家棉纺厂，200余家轧花厂建立了紧密型采供营销网络，20家国内特大型棉纺集团已成为公司VIP客户，常年保持业务合作联系，年均棉花业务成交量在30000吨左右。

公司还是国家棉花市场监测系统信息采集会员单位、郑棉期货交割仓库所在地、国家棉花检验新体制改革试点单位，同时与国内多家棉花网站常年互通棉花市场信息。

菏泽是山东省棉花及纺织生产大市，常年棉花种植面积在350万亩左右，纺织产能在300万纱锭以上，为国花公司的发展提供了优质的产销平台。公司还具备良好的网络开发能力，可为涉棉企业提供软件开发服务，提高企业管理水平。

我们将本着“优势互补，互惠双赢”的原则，与各地棉花企业联合协作，共谋发展。其合作方式如下：

1. 用棉企业可与国花公司签订代采棉花协议，提出质量要求，国花公司按具体要求保质保量完成采购任务。
2. 与异地大型棉花加工企业进行强强合作，扩大棉花资源的采供量。
3. 经营企业可委托国花公司销售棉花、短绒、棉纱、落棉等，国花公司按具体要求发挥专业优势，帮助联营企业实现经营利润最大化。
4. 为棉企定制期货或现货棉花（短绒）打包布、打包铁丝、塑钢带。
5. 帮助棉企和纺企代储代存棉花（短绒），提供质押融资服务。
6. 指导棉企开展撮合、期货交易，提供仓单收购服务。

“有朋自远方来，不亦乐乎。”

我们诚挚邀请棉花业界同仁及朋友前来我公司洽谈、交流、作客。我们将以全新的服务、一流的环境、专业的配置、双赢的理念与您展开合作。

菏泽市国花贸易有限公司欢迎您!

地址：山东省菏泽市长江路166号菏泽棉麻转运站 邮编：274000

电话：0530-5332277 传真：0530-6167738

山东岱银纺织服装集团

山东岱银纺织服装集团是一家集纺织、服装、进出口贸易、跨国生产经营于一体的大型综合性企业，现有员工10000余名，具有30万枚纱锭、10000头气流纺、1000台织机、3500台（套）缝制设备的生产规模，设备先进，技术力量雄厚，年产各类纱线7万余吨，用棉8万余吨，系全国棉纺织行业竞争力排名前20强企业、全国服装双百强企业、中国优秀民营企业、山东省重点工业企业集团，2011年完成销售收入30亿元、利税3亿元、出口创汇1.5亿美元。

集团下设岱银纺织公司、中美合资金卡特牛仔织造公司、岱银毛纺公司、雷诺服饰公司、岱银进出口公司等八家分公司，并在海外设有岱银斯里兰卡服饰公司、美国、加拿大贸易公司等数家分支机构。目前，集团已通过ISO9001国际质量标准体系认证、ISO14001国际环境管理体系认证和OHSAS18000职业健康安全管理体系认证，并通过“国家AAAA级标准化良好行业”确认。各种系列的纱、布、毛呢、服装产品远销日、韩、东南亚、美国、欧共体等国家和地区，在国内、国际市场上享有很高的声誉。集团培植发展的名牌产品“雷诺”服饰先后荣膺“中国驰名商标”、“中国国际服装服饰博览会金奖”、“国家免检产品”、“山东省名牌产品”等殊荣，销售网络遍布全国各大中城市。

公司以竹节纱、包芯纱、精梳纱和气流纺纱为主，产品可以采用赛络纺、紧密纺、紧密赛络纺等各种纺纱形式生产。可生产各种原料和规格的竹节纱，是全国最大的竹节纱生产基地。公司有二十年的包芯纱生产历史，丰富的生产经验铸就了弹力纱的金牌品质。

公司设备先进，引进意大利开普竹节纱装置、德国特茵次勒清梳联合机、德国赐来福气流纺纱机、瑞士立达精梳机及并条机、日本村田和意大利萨维奥自动络筒机、苏拉倍捻机等。公司检测手段齐全，有瑞士乌斯特公司的全套检测仪器，能对原料、半成品、成品进行全流程检测和控制，为产品质量提供了保障。

公司拥有一支专业的技术研发队伍，新产品研发能力强，新近推出的特色新产品有：色纺系列、易洁木纤维系列、功能性纤维系列、半精纺系列、毛巾用新型无捻纱系列、低捻高强柔软纱系列、气流纺化纤纯纺系列等，并能根据客户要求联合开发各类新产品。

原料采购：0538-6132789，

棉纱销售：0538-6122038、6135609

地址：山东省泰安市东岳大街东首

衡水市棉麻总公司储备库

衡水市棉麻总公司储备库坐落在河北省东南部，北与京津接壤，南与河南郑州相望，东与山东德州相邻，西与石家庄比邻；京九铁路、太（原）青（岛）铁路、石（家庄）德（州）铁路、邯（郸）黄（骅）铁路穿越衡水市区，大（庆）广（州）高速、京沪高速、京福高速，石黄高速、衡德高速与106、307、104国道交织衡水市区，衡（衡水）保（保定）路在库区门口经过，交通快捷便利，方圆300公里内有山东魏桥、石家庄常山纺织等数十家国内知名大型纺织企业，纱锭数量超过300万，并可辐射京津、东北、山西、陕西、河南、江浙、福建等地，是全国省、市级棉麻公司最大的棉花仓库之一。

储备库占地面积497亩，建有1000平方米库房43栋，露天垛位300余个，总储存量可达14万余吨，年吞吐量可达20万余吨，仓库铁路专用线全长3503米，其中库内近600米全部为复线，库内站台长550余米，可容纳成列火车同时在库内作业，新疆棉及全国各类商品棉通过铁路专线可直接发运储备库。棉花业务经营遍布全国20多个省、市、自治区，储备库率先被列为首批郑州商品交易所棉花期货指定交割仓库、全国棉花交易市场电子撮合交割仓库、中国储备棉管理总公司代储库、国家棉花交易中心指定交收仓库、新疆建设兵团、自治区棉麻代储库、衡水周边涉棉企业代储库和公司自营库、农发行贷款指定监管仓库、是中国棉花流通经济协会会员单位、是目前全国仓库面积最大、市场交易量最大的棉花仓储企业。

多年来，储备库围绕创建全国一流仓库的目标，狠抓安全仓储软、硬件建设，在“实、严、细、高、远”五个字上做文章，使仓库人员的整体素质、管理水平、预防火灾的能力，达到了建库以来的最好水平。始终坚持公开、公平、公正原则，优质服务，树立信誉，创新仓储流程，管理规范，加大投入，提升了仓库作业安全管理和信息服务水平，在历次重大国储棉入库、出库、期货电子撮合交割工作中经受住了考验，赢得了广大客户的认可。2010年，储备库被确定为国家“十一五”科技支撑计划棉花物流搬运技术研究及技术集成示范基地，2010年、2011年连续两次被中储棉管理总公司评为安全、业务双先进的同时，连续两次被郑州商品交易所评为五星级交割仓库，被北京全国棉花交易市场评为先进交割仓库，中央主流媒体人民日报、新华社、中央电视台新闻频道、中央电视台经济频道、农民日报、金融时报记者组团到储备库采访，衡水日报刊登了储备库两个文明建设情况，在业界引起了很大反响，收到了良好效果。

欢迎广大客户前来洽谈仓储业务，我们将竭诚为您提供最优质的服务。

仓库名称：衡水市棉麻总公司储备库

单位地址：衡水市人民西路西段98号

邮　　编：053000

联 系 人：邱福深（仓库主任）

　　　　　宋文会（业务主任）

联系电话：0318-2398258、2398268、2149000、13081809285、13932894467

传真电话：0318-2200719、2398258

网　　站：http://www.hebhshmm.com.cn

电子邮箱：hsmmcbk@126.com

到　　站：前磨头

收 货 人：衡水市棉麻总公司储备库

中国储备棉管理总公司
CNCRC
代储库

郑州商品交易所
ZCE
指定交割仓库

全国棉花交易市场
CNCE
指定交割仓库

南阳红棉棉业集团有限公司

NANYANG RED COTTON GROUP CO.,LTD.

南阳红棉棉业集团有限公司是南阳市供销社投资直属企业，现有员工342人，其中外籍员工175人。资产总额5.44亿元。集团下属三个全资子公司：南阳红棉物流有限公司，南阳陆运口岸有限公司，新疆昌吉一通工贸有限公司；三个控股公司：南阳红棉天使纺织有限公司，南阳裕诚棉业有限公司，南阳丽晶糖业有限公司；一个参股公司：中棉集团南阳华棉实业有限公司。

红棉集团主要业务为棉花经营、仓储物流、进出口贸易、境外投资等，在棉花购销业务方面，红棉集团拥有自己的新体制轧花厂，并通过期现结合，利用资本市场，确立了棉花主营的地位。子公司南阳红棉物流有限公司占地166亩，拥有24栋国标大仓，双股道铁路专用线，是郑商所棉花期货指定交割仓库，中储棉总公司国储棉定点储备仓库。年货物周转量50万吨以上，铁路专用线一次可作业一个专列。南阳陆运口岸有限公司是河南省人民政府批准设立的国家二类陆运口岸，近年来在国际贸易业务方面有较大的突破。与联想集团合作，向中亚土库曼斯坦出口电脑18000台，并投资兴建了一条棉花种子包衣生产线，实现了农业机械设备的整套出口。在项目建设方面，红棉集团积极实施“走出去”战略，通过控股企业南阳红棉天使纺织有限公司，于2009年10月在乌兹别克斯坦投资1800万美元兴建了一座8万锭的新型棉纺厂，该厂于2010年3月投产运营。

红棉集团是全国供销总社“农业产业化龙头企业”，总社“百强企业”，南阳市“重点进出口企业”和“高新技术

联系电话：0377-60066009
传　　真：0377-66089600
联 系 人：陈宇
通讯地址：南阳市高新路蓝调街区1号楼3层

郑州四棉纺织有限公司

——国内大型功能性纺织品生产基地

郑州四棉纺织有限公司是由原国有大型棉纺织企业——郑州四棉有限责任公司改制的棉纺织企业，目前有5万纱锭，300台进口喷气织机，整体装备水平达到国内先进水平。精梳纱比重达到80%，无卷化率达到50%，无梭布比重达到100%，无结头纱比重达到100%，“三无一精”比例达到或超过国内先进水平。

四棉公司依靠科技创新，以开发应用新纤维、产品创新为龙头，加大研发力度，不断在产品的功能性、舒适性、适应性方面推陈出新，已初步形成了以各类新型纤维混纺为主的具有自己特色的产品体系，并成功地开发了一批具有自主知识产权的产品，已获得国家专利两个，四棉公司依靠科技创新，以开发应用新纤维、产品创新为龙头，加大研发力度，不断在产品的功能性、舒适性、适应性方面推陈出新，已初步形成了以各类新型纤维混纺为主的具有自己特色的产品体系，并成功地开发了一批具有自主知识产权的产品，已获得国家专利两个，其中发明专利一个，河南省科技进步奖三项。目前，开发生产了五大系列功能性产品，逐步成为国内具有高科技含量的功能性产品生产基地，特别是抗静电系列产品的生产在产品种类、产品性能、产品质量、生产规模等方面在国内名列前茅，享有很高的声誉。

一、防护功能系列产品：

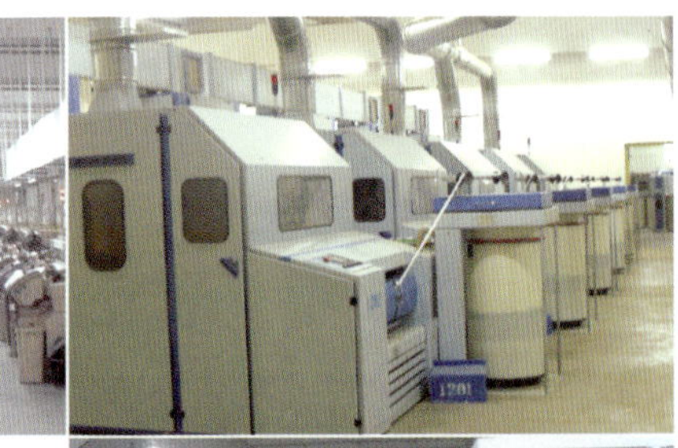

我公司开发生产的防静电系列产品，规格齐全，品种多样，已形成了大批量的生产。该类产品已达到了欧盟的EN-1149标准、中国的GB-12014-2009标准，广泛地用于石油、化工、军工、仓储等行业。同时还开发了以阻燃纤维为主的阻燃防静电织物，具有防辐射功能的屏蔽服面料，具有耐高温、阻燃功能的芳纶面料等系列产品。

二、 保健功能系列产品：

我公司开发的“高强抗绉珍珠纤维纱”通过了省级科技成果鉴定，并获得了国家专利。利用牛奶蛋白纤维开发的“复合蛋白高档服装面料”获河南省科技进步三等奖。另外，我公司还开发生产了可以有效改善人体微循环功能的远红外产品，竹炭纤维面料等具有保健功能的系列产品。

三、舒适功能系列产品：

我公司利用Outlast空调纤维开发的“空调弹力织物”通过了省级科技成果鉴定，开发生产了吸湿排汗系列产品，以穿着柔软舒适、回弹性良好而著称的SOMALOR纤维面料，具有蓄热保暖功能的陶瓷纤维面料，具有天然冰凉效果的云母纤维面料，具有吸湿发热功能的THERMOGEAR纤维面料等舒适功能系列产品。

四、卫生功能系列产品：

以圣麻纤维为原料开发了“新一代圣麻织物”，通过了省级科技成果鉴定，开发生产了竹纤维织物，具有抗血栓和抗菌功能的铂金纤维织物，具有良好的防尘螨效果的防螨织物，具有良好的抗菌、防霉功能的甲壳素织物，具有脱臭功效的椰碳织物等卫生系列产品。该类产品广泛地应用于医疗卫生、个人保健、家庭卫生等领域。

五、环保系列产品：

近几年开发生产的新型环保纤维织物有莫代尔系列织物、彩棉产品，由回收的聚酯原料和PET宝特瓶制成的具有优良质量的环保再生纤维织物等环保系列产品。该类产品不但具有优良的服用性能，同时有着减轻环境污染的社会效应，在欧美市场有着广泛的市场。

欢迎国内外客商莅临我公司洽谈业务，共谋发展。

地　址：河南省郑州市管城区圃田郑州板材市场东500米
联系人：伏广庆
电　话：13837152521
传　真：0371-60862579
E-mail：hzzfgq@163.com

江苏银宝实业股份有限公司

董事长、总经理卢玉元

江苏银宝实业股份有限公司系国有集体企业转制改建的民营企业。公司集棉花收购、纺纱、织布、服装、贸易、产加销、贸农工一体化的企业，是国家棉花市场监测系统江苏宝应监测站单位，是江苏省农业产业化重点龙头企业。公司具有30多年从事纺织品专业经营、纺织品研发的历史实践和经验，拥有一批成熟的员工和技术骨干队伍。“银宝”品牌系江苏省著名商标，“银宝”牌产品系中国优质产品、江苏省名牌产品、江苏省质量信用产品和扬州市名牌产品。

公司现有资产总量1.5亿元，占地8万平方米，建筑面积4.2万平方米。公司有两条轧花生产线，有5万枚环锭纺和499台剑杆织机的纺织生产能力。公司可纺50S及以下的各种纯棉、涤棉纱线，正反捻纱、竹节纱、包芯纱等。年纺纱12000吨。公司可织幅宽133英寸至38英寸50S及以下的平纹、斜纹、缎纹及小提花坯布，可供服装、装饰、床上用品用料，并根据客户需要可生产弹力布、抗静电布、竹纤维和棉麻纤维及新型人造纤维织物。年织布2600万米。

公司在上海浦东注册设立上海易元国际贸易有限公司和上海锦曈服饰有限公司，在宝应设立全资子企业宝应县良种棉加工厂。公司在上海设有国际贸易部、在苏州和无锡洛社设有国内贸易部。公司和上海易元公司都具有进出口经营权。

公司法定代表人卢玉元是公司董事长、总经理，有从事四十多年经济管理和三十多年纺织经营履历，积累了丰厚的经济管理和纺织专业经营经验，是高级经济师、高级政工师。是本届省、市工商联执委、县工商联副会长、市人大代表、县政协常委。曾荣获全国纺织系统劳动模范、全国优秀诚信企业家、江苏省劳动模范、省明星企业家等荣誉称号。在社会活动和企业经营活动中享有一定的美誉度和信誉度。

公司一切经营活动始终围绕“诚信敬业、追求完美”的银宝企业精神开展工作，得到了客户和社会的广泛赞誉和推崇。公司是中国AAA级信用企业、江苏省重合同守信用企业、江苏省质量诚信AAAA级品牌企业、江苏省诚信单位、江苏省AAA资信等级单位、江苏省节水型企业、江苏省安全生产诚信企业、扬州市环境友好企业、扬州市节能示范企业、市、县安全管理标准化达标企业、县环保绿色企业、市、县绿化先进单位、县工商业联合会副会长单位。

公司地址：江苏省宝应县范水镇芦范路北范水镇工业园区

邮　　编：225819

电　　话：0514-88421138

传　　真：0514-88421138

徐州金陵棉业有限公司

徐州金陵棉业有限公司是一家集棉花收购、加工、购销和储存于一体的专业公司，是徐州市纺织行业商会常务副会长单位，在徐州经济开发区有合作的专业仓库，主要经营皮棉、棉短绒，同时代购、代销新疆棉和进口棉，年经营量在一万吨以上。主要业务“立足徐州，面向淮海经济区”。董事长胡亚中热忱欢迎广大客户前来考察、合作。

业务联系人：韩世宏

联 系 电话：0516-85559200　82330171（传真）

手　　　机：13705202950

办 公 地址：徐州市黄河南路77号兴业科技大楼四楼

邮 政 编码：221006

江蘇裕綸紡織集團有限公司

江苏裕纶纺织集团有限公司创办于1944年，位于长江中下游的明星县市——江苏省靖江市，是靖江建厂最早的工业企业，也是苏中规模最大的纺织企业。

江苏裕纶纺织集团有限公司是全国棉纺织行业50强企业之一的大型企业。公司下设四个纺纱子公司、一个织布子公司、四个贸易公司、一个棉花子公司。公司总资产7亿元，拥有纱锭16万枚、气流纺4480头、喷气织机260台。公司装备精良，拥有进口清梳联合机、精梳机、并条机、气流纺纱机、自动络筒机、喷气织机、纺织测试仪器，以及国产新型细纱机、粗纱机、梳棉机等一批先进设备。公司年产“马驼”牌、“裕纶”牌各类纱线35000吨，坯布、色织布2000万米，年销售收入8亿元，出口创汇1500万美元，利税6000万元。

集团公司主要产品为纯棉、纯化纤、混纺、气流纺四大系列60多个品种的纱线以及各种细支高密织物、高档混纺交织布等坯布。形成了高档精梳漂白纱、纯涤纱、涤棉纱、人造棉纱、粘棉纱、竹节纱、腈棉纱、锦棉纱、包芯纱、赛络纺及弹力府绸、贡缎、锦棉布等产品。企业主导产品为“马驼”牌、“裕纶”牌纯棉、纯化纤及其混纺各个品种的纱线,各种细支高密府绸、高档混纺交织、牛津纺和弹力等坯布和色织布。产品通过ISO9001质量体系认证，质量达同行业先进水平,畅销苏、浙、沪、粤、闽等省市,部分产品远销日本、韩国、港澳、欧美等国家和地区。

公司求贤若渴，唯才是举。董事长朱继南、总经理肖卫热忱邀请您加盟裕纶，共创大业。

地址：江苏省靖江市人民北路180号

邮编：214500

联系人：张建红

联系电话：0523-84894869

传 真：0523-84832130

安徽阜阳华源纺织有限公司

安徽阜阳华源纺织有限公司系大型纺织类企业。企业前身安徽阜阳纺 织集团有限公司，始建于1958年，系国家大型一级企业，安徽省重点扶优扶强企业。公司资产总额4.6亿元，年产值4.2亿元，现有棉纺纱锭64276枚，气流纺1200头，有梭织机660台，喷气织机172台，粗梳毛纺6762枚，精梳毛纺5112枚，半精纺5040锭，针织大圆机10台。公司年产各类棉纱13000吨，坯布3300万米，粗梳各类毛纱、羊绒纱800吨，精梳、半精梳各类毛纱、羊绒纱850吨，针织坯布1100吨。公司具备棉纺织、棉针织、粗梳毛纺、精梳毛纺、半精纺等多门类的优势，突破了棉纺或毛纺单一功能纺纱的局限，开创了棉、毛相结合新的纺纱工艺，在业界独树一帜，成为国内知名的特种动植纤维产品开发和生产基地。

地　　址：安徽省阜阳市文峰路九号
邮　　编：236089
公司网址：www.fyhyfz.com
棉采购部联系人：王磊
电　　话：0558-2287122 0558-7119036
传　　真：0558-7119026
手　　机：13955882398
邮　　箱：WL2398@sina.com
棉销售部联系人：白群颖
电　　话：0558-2287138
传　　真：0558-2261355
毛销售部联系人：刘淑军
电　　话：0558-2287128
传　　真：0558-2266867

彭泽棉花交易市场有限公司

彭泽县棉花交易市场
闵家桥仓库

彭泽县棉花交易市场位于江西省彭泽县，公司是一家集仓储物流、电子撮合、仓单质押等业务于一身的制度完备的大型综合交易市场，为棉花供需双方提供仓储服务，在以棉花集中产销区为依托、实行计算机网络化管理，实施网上电子撮合交易和现货交易，充分发挥了交易市场价格形成和信息传递的功能，

公司法人代表叶天宝，毕业于安徽财贸大学棉花专业，从事棉花行业工作20余年。在叶总的领导下，交易市场现拥有三处仓库占地面积达40000多平米，仓储量共计24000吨。棉花交易市场遵循公开、公平、公正和诚实信用、买卖自愿的原则，每年交易量为3.5万余吨，交易额为4亿-5亿元，企业现有专业的仓储管理人员15名，和相应数量的棉花检验设施设备，棉花电子交易平台和现代化办公设备，在引导彭泽棉花生产和流通，传递棉花价格信息等方面发挥了重要作用。

欢迎具有独立法人资格的棉花经营企业、纺织企业、棉花进出口企业以及其他具有棉花经营权的企业，来彭泽棉花交易市场进行棉花、副产品现货交易或电子撮合交易、仓单质押和仓储业务。

联系方式：

彭泽县棉花交易市场闵家桥仓库（皮棉仓储量达10000吨以上）

地　　址：彭泽县城郊闵家桥开发区

彭泽县棉花交易市场江边仓库（皮棉仓储量3000吨左右）

地　　址：彭泽县城沿江路39号

联系电话：0792-5622679 、13507061160

公司地址：江西省彭泽县县城龙城镇沿江路39号

湖南华湘棉花产业有限公司

董事长兼总经理：张 亮

湖南澧县地处洞庭湖之滨，植棉历史悠久，其棉花播种面积和产量始终保持在30万亩　、50万担左右，是全国植棉大县和全国优质棉基地之一。

湖南华湘棉花产业有限公司下设两个棉花经营分公司、一个油脂加工厂、一个纺织厂、一个棉花专业合作社，是一家以棉花收购加工为主，油脂、棉纱生产经营同步发展的民营股份制企业。公司注册资本为人民币660万元，占地面积16.5万平方米，共有员工450人，自有流动资金1200多万元，固定资产4800万元，年销售额在2亿元以上。多年来，公司调销的棉花、棉纱、油脂等产品深受广大用户的赞誉和好评。近年来，公司综合实力不断增强，已发展为“湖南省农业产业化龙头企业”、省农业发展银行A级信用企业、农发行优质客户、“常德市农产品加工骨干企业”，又被湖南省工商行政管理局授予“守合同重信用企业”。

公司拥有80型锯齿轧花机8台、400型打包机一台、200型打包机4台，141、160型剥绒机18台及其他附属棉花加工设备，年加工能力可达籽棉3万吨、皮棉11000吨、棉短绒1400吨。同时，公司引进了国内先进的油脂生产线和环锭纺纱生产线——银盛纺织公司现有规模3万锭，可年产各类棉纱6000多吨；千诺拉油脂公司年可加工棉籽　、油菜籽、茶籽5万吨，生产各类食用植物油1万吨，旗下的“千诺拉”牌低芥酸高级营养油荣获“湖南省第三届农博会金奖”。

公司坚持走“公司+基地+农户”的棉花产业化发展的路子。目前，由澧县供销社和公司联合发起成立的“澧县富民棉花专业合作社”入社农户已达3000多户，棉花面积5万多亩，油菜面积8万多亩。这种以服务为宗旨，谋求共同利益为目标的专业合作社，将为华湘公司进一步巩固和发展农业产业化经营打下坚实基础。

公司全体员工在公司董事长、总经理张亮为核心的领导班子带领下奋力拚搏，企业正向着集团化、规模化方向做大做强。我们愿架友谊之桥梁，结八方宾朋，热忱欢迎社会各界给予我们更多的支持和帮助，共同努力，创造企业美好的明天。

董事长兼总经理：张亮
电话：0736-3222638
传真：0736-3131678
网址：　www.hnhuaxiangmy.cn
公司地址：澧县澧阳镇工业园区
邮政编码：415500

新疆生产建设兵团农五师棉麻公司

农五师棉麻公司隶属新疆生产建设兵团农五师供销合作社，该公司距中国第二条亚欧大陆桥桥头堡阿拉山口口岸80公里，地理位置优越，交通十分便利。

公司成立于1991年，下属有独立核算的12个棉花加工厂，具体负责农五师每年9万余吨棉花的销售工作。多年来，在企业广大干部职工的不懈努力下，取得了极其可观的经济效益，并且以价格、质量等优势形成了局部垄断。2010年销售额突破20亿元大关，年上缴国家利税5000多万元，现拥有固定资产3.5亿元，2010年末在册职工人数1100人。

农五师十分重视棉花的生产质量，不仅在棉花栽培措施上实施了技术创新，而且制定了统一的质量标准，使该师生产的“北疆”牌棉花各项物理指标居全国之首。2001年以来，“北疆”牌棉花荣获“全国十大知名品牌”等几十项大奖，棉麻公司相继在2007年、2008年和2010年获得了全国供销系统重点龙头企业称号和全国供销系统百强企业称号。

在提高“北疆”棉花品牌知名度的同时，农五师棉麻公司陆续同内地较有影响的棉纺企业建立了长期的战略合作关系，为进一步发展农五师棉花这一支柱产业奠定了坚实的基础。农五师棉麻公司将认真贯彻落实中央新疆工作座谈会精神，紧紧抓住对口援疆契机，不断加大招商引资和股份制合作力度，以项目建设拉动企业发展。我们真诚地欢迎国内外客商前来洽谈、合作，携手共创辉煌未来。

公司地址：新疆博乐市健康路76号　邮政编码：833400

公司网址：http://www.wsgxs.com/

销售热线：0909-2278988

传真号码：0909-7671181

佛山市福雅田纺织有限公司

本公司位于“中国针织名城”之称的广东省佛山市张槎镇，距新白云机场60公里，距广州30公里，广佛高速、粤海铁路贯穿境内，交通便利快捷。

本公司从事针织行业工作有着二十多年的历程。公司现以经营优质棉纱为主业，以针织布、针织机配件为辅。常年与山东、江苏、河南等省的大型棉纺企业有着紧密合作，合作形式有购买、订做、包机台、来料加工等多种方式，形成了大中型纺企棉纱的物流集散基地之一。

本公司坚持“和谐、奋斗、专注”的企业精神，以产品质量为生命，以市场需求为导向，为纺企做好集散配送工作，并秉承成信、守约的服务宗旨。祺盼全国有意向合作的纺企与我公司抱团经营，为纺织行业的发展共同努力。

联系人：陈先生

电　话：0757-88573227　82121733　13802628825

地　址：广东省佛山市罗村镇桂丹路

西安三棉纺织有限责任公司

西安三棉纺织有限责任公司前身为国营西北第三棉纺织厂，始建于1953年，1954年12月15日正式投产，是国家“一五”期间重大建设项目之一，也是国家在西安市建设的第一家大型二类棉纺织企业。曾为中国500家最大纺织企业之一，陕西省的税利大户、创汇大户和纺织工业的骨干企业。1998年后隶属中国华诚集团陕西唐华纺织印染集团有限责任公司，2001年3月整体改制后成立陕西唐华三棉有限责任公司，2008年7月22日划归西安市管理并实施政策性破产，并与10月10日完成破产终结程序。

西安三棉纺织有限责任公司是西安市国资委出资1000万注册的国有独资公司，接续破产企业陕西唐华三棉有限责任公司的生产经营活动。公司于2008年10月24日挂牌成立，承接破产拍卖资产11680万元，12月1日正式运行，根据西安市做精做强纺织产业规划，公司现隶属于西安纺织集团有限责任公司。

公司占地总面积246.8亩，年产棉纱9000吨，棉布4800万米，年销售收入2.4亿元，产品主要销往华东及华南地区，年上缴税金1500万元左右，累计上缴利税相当于国家投资的40倍，能够生产100S 及以下的各种普梳、精梳纯棉、涤棉混纺纱线和气流纺纱，能够织造47″-110″的具有一定难度的三原组织、复合组织坯布。

公司现拥有纱锭51400枚，线锭3800枚，气流纺504头，本宁格整经机1台，祖克浆纱机3台，村田自动络筒机13台，布机946台，其中有梭布机666台，无梭织布机280台（津田驹zax-e电子多臂织机18台，津田驹ZA203-190型129台，ZA205i-280型70台，普声喷气织机63台）等技术装备，以及乌斯特III型条干仪、III型强力仪、II型纱疵分级仪等检测手段。

公司地处西安市东郊纺织城，邻近环城高速公路直通西安国际机场，市区公路直通厂前，交通运输十分方便，通讯设施齐全，是投资兴业的理想之地。

公司正在按照市政府确定的“改制、改造、搬迁”三位一体模式，稳步推进企业搬迁至西安现代纺织产业园，20万锭规模的新企业正在建设之中。

我们奉行**“质量第一，服务第一，精诚合作”**的宗旨，竭诚希望与各界人士、以各种方式进行合作，共同建立长期、友好、真诚的贸易关系，互惠互利，共创效益。

四川射洪棉麻有限责任公司

四川射洪棉麻有限责任公司是供销总社和遂宁市重点龙头企业，于1999年8月经县委、县府批准、县体改委规范确认，改组设立的有限责任公司，为全省首家改制的棉麻企业，共设总股本1080万元。下属有四个分公司，以及3.5万纱锭、100万条棉胎、30万套家纺系列和气流纺、硬脂棉生产线的家纺公司，拥有自主知识产权“宏宇杂3号”搞虫棉为主进行农业科技服务的研究所，棉油厂等，在职职工近200人，常年担负着全县近10万亩棉花的生产发展、收购加工、经营销售任务，业务涉及棉花、棉纱、棉胎、棉油、种子、科技服务等，其中“安浪”牌棉胎为四川省名优产品。多年来，公司始终坚持科技兴棉、为农服务的宗旨，以棉花科技承包为手段，采取同棉农签订产销合同、积极发展棉花专业合作社的产业化经营模式，为稳定射洪棉业做出了较大贡献。多次荣获总社科技兴棉、农业产业化、重合同守信用企业以及省市县各类先进企业等多项殊荣。

地　　址：四川省射洪县太和镇文化路315号

法人代表：徐　俊

业务电话：0825-6621818

办 公 室：0825-6621216

邮　　编：629200

ennah 安浪家纺

ICE FUTURES U.S.

Coffee
咖啡

Cotton
棉花

Sugar
原糖

USDX
美元指数

ICE Currency Pairs
货币配对

ICE FUTURES EUROPE

Brent
布伦特原油

WTI
西德州(WTI)轻质原油

Fuel Oil
燃料油

Gasoil
柴油

Gasoline
汽油

Coal
煤炭

Natural Gas
天然气

洲际交易所:
全球市场与风险管理服务

ICE

关于洲际交易所(ICE)

洲际交易所(纽约证交所代码:ICE) 是世界领先的交易与风险管 理服务提供者, 服务范围覆盖多种多样的受监管期货以及场外交易(OTC)市场。 自2000年成立以来, ICE致力为全球能源市场带 来透明度, 如今服务的市场包括农业, 信用, 能源,股指以及 外汇。ICE运营三个受监管的期货交易所, 两个场外交易市场以及五个受监管的清 算所。

期货市场

ICE美国期货交易所

ICE美国期货交易所, 前身为纽约期货交易所(NYBOT), 于2007年被ICE收购。NYBOT成立于1998年, 由两家交易所合并而成, 包括当时世界最古老的棉花交易 所 - 纽约棉花交易所(NYCE), 以及咖啡糖可可交易所(CSCE。NYCE成立于1870 年, 而CSCE于 1882年成立, 原名为纽约咖啡交易所。今天, ICE美国期货交易所是 美国第二大衍生工具交易所, 提供农业大宗商品, 外汇以及股指的期货和期权。 ICE 美国期货交易所也是受商品期货交易委员会(CFTC)监管的指定合约市场。

ICE欧洲期货交易所

ICE欧洲期货交易所成立于1981年, 前身为伦敦国际石油交易所(IPE), 于2001年被ICE收购。 ICE欧洲期货交易所是欧洲最大, 世界第二大的受监管能源期货交易所。世界上三分之二的现货石油均依靠该交易所的基准合约 - ICE布伦特原油期货合约来定价, 而ICE柴油期货合约则是世界最大的精炼成品油期货合约。 因此,世界原油和成品油期货有一半在本交易所的市场中交易。 ICE欧洲期货交易所是受英国金融服务管理局(FSA)监管的认可投资交易所, 同时它也在CFTC监察之下。 监管包括所有与美 国关联合约的头寸设限以及加强报告。

清算服务

ICE受监管的清算所确保交易诚信, 消除了市场参与者之间的交易对手风险以及信用风险。

ICE美国清算所

ICE美国清算所为ICE美国期货交易所的市场提供服务,是 «商品交易法案» 规定的 "衍生工具清算组织", 并受CFTC监管。

ICE欧洲清算所

ICE欧洲清算所为ICE欧洲期货交易所的期货市场以及ICE的OTC能源市场提供服务。 ICE欧洲清算所于2009年7月推出欧洲CDS的清算服务, 具备独立的风险池,保证基金 以及保证金账户, 同时还具有专用的风险管理系统和治理结构。 ICE欧洲清算所总部设于伦敦, 是受FSA监管的英国认可清算所。2010年1月, ICE欧洲清算所获批在CFTC注册为美国衍生工具清算组织(DCO)。

全球大宗商品和衍生工具市场的风险管理

ICE为全世界的大宗商品生产商, 炼油商, 制造商, 银行, 基金和政府机构提供服务。自成立以来, ICE一直是电子交易的领先者。 电子交易的成交量, 流动性和透明度均在增加。 与公开喊价市场以及不透明而分散的电话市场相比, 电子交易所解决了有关风险和利益冲突等弊病。

ICE的市场让参与者对其原料成本进行套期保值, 或者防范他们买卖的大宗商品或制成品的不利价格变化。 除了套保, 采购和投 资的功能以外, ICE的集成电子平台还提供实时的价格透明度以及多种先进的风险管理工具, 包括交易对手信用过滤, 直通处理 以及高度准入, 全天开放的电子市场, 为市场参与者带来公平交易环境。

ICE亚太区 Email: ASIAPacific@theice.com 电话: +65 6594 0160

二号棉花®

ICE FUTURES U.S.®

洲际交易所®（ICE）于2007年收购纽约期货交易所（NYBOT）之后成为全球软商品的重要枢纽和交易场所，现名为ICE美国期货交易所®，提供各种软商品（咖啡，可可，原糖和橙汁）的期货和期权，其中也包括了二号棉花合约，成为国际棉花市场上全球价格发现的基准。

ICE美国期货交易所二号棉花合约是原棉纤维定价与风险管理的全球基准。因此全球产家、商家、棉纺厂和终端用户均广泛使用该期货和期权合约，从而管理纤维、棉纱和棉制品销售和采购过程中产生的价格风险。同时，机构投资者、商品交易顾问、对冲基金和其他投机交易商也广泛使用这些合约，以期利用其流动性来获利。最后，二号棉花期货合约也被纳入极为重要的全球商品指数，充分说明了其全球基准的地位。

ICE棉花合约是在中国以外唯一可供全球市场参与者使用的高流动性、高活跃度的期货和期权合约，几乎占据了100%的市场份额。2010年二号棉花期货和期权合约的年交易量为8,644,415手，较前一年增长63%。以每手合约代表50,000磅或100包棉花计算，则2010年交易量约合9亿包棉花，相当于全球产量的7.4倍，也是世界总出口量的22倍以上。在2011年头八个月，期货和期权日均交易量（ADV）超过29,000手，较2010年全年水平增长21%。

合约代码	CT
合约大小	净重50,000磅 。
报价单位	美分/磅，精确到小数点后两位 。
合约月份	3月，5月，7月，10月，12月 。
最小变动价位	每磅1/100美分（一“点”），相当于每份合约5.00美元 。
结算	实物交割 。
每日限价	期货合约设有每日限价，其幅度可在3至7美分/磅的范围内。详情请见规则第10.09条。
可交割产地	仅限美国原产
交割点	德克萨斯州：加尔维斯顿，休斯顿；路易斯安那州：新奥尔良；田纳西州：孟菲斯；南卡罗来纳州：格林维尔/斯帕坦堡 （2013年12月合约到期之后，新奥尔良将不再作为交割点，而田纳西州：达拉斯/沃斯堡将成为交割点。）
基础 等级	质量：严格的次中级 长度：1 2/32英寸
第一通知日	交割月第一个交割日（即当月第一个工作日）倒数五个工作日。
最后交易日	交割月月末倒数第十七个工作日。
最后通知日	交割月月末倒数第十二个工作日。

中投天琪期货有限公司
CHINA INVESTMENT FUTURES CO., LTD.

万达期货
WONDER FUTURES

中储棉花信息中心

CHINA NATIONAL COTTON INFORMATION CENTER

是中国储备棉管理总公司为完成国家棉花市场监测系统建设任务，提高国家宏观调控决策水平，向社会提供高质量的棉花资讯服务而独资设立的法人企业。中心于2004年1月在国家工商行政管理总局正式注册登记，主要职责是承担国家棉花市场监测系统建设、运行和维护任务；负责中国棉花网建设与发展，使之成为国内外较具影响力的行业门户网站；向政府有关部门提供棉花市场信息服务，为广大涉棉企业提供优质的网络信息与技术服务。

秉承“准确、及时、全面、权威”的宗旨，信息中心将努力建设成为国家级棉花行业权威信息咨询与预测机构，大力加强行业信息观念，增进企业信息意识，应用现代信息技术先进成果，提高行业信息质量、传播速度，为提升我国棉花行业信息化建设整体水平，提升我国棉花产业的国际竞争力做出贡献。

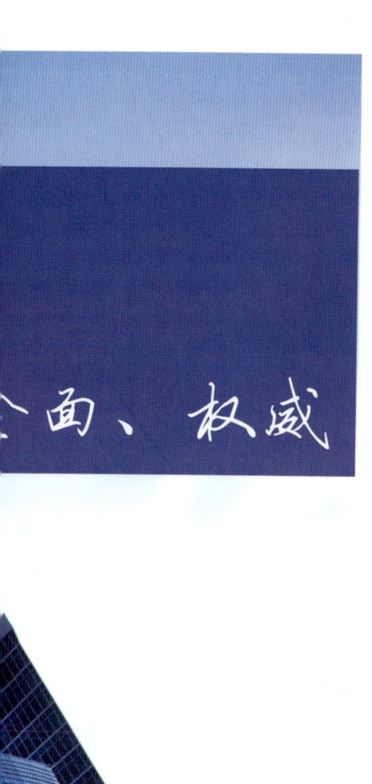

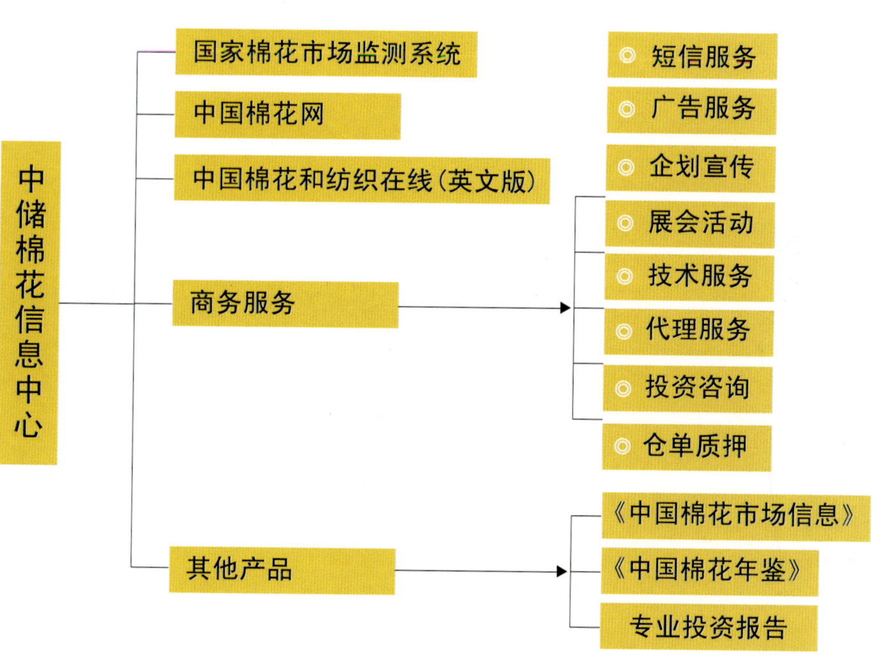

CNCIC

China National Cotton Information Center (CNCIC) is an independent corporate body established by China National Cotton Reserves Corporation (CNCRC) aiming to complete the construction of the National Cotton Market Monitoring System (NCMMS), improve the national macroeconomic decision-making efficiency and provide quality cotton market information service for the public. CNCIC was officially registered at the State Administration of Industry & Commerce in January 2004. The main task of CNCIC is to construct, operate and maintain NCMMS, construct and develop cnotton.com and turn it into an influential portal web to provide cotton market information for relevant government organs and offer quality information service and technical support for all cotton-related enterprises. In light of the principle of "accurate, timely, comprehensive and authoritative", CNCIC will strive to become the authoritative national information consulting and forecast organization to strengthen the industrial information concept, reinforce the information sense among enterprises, raise the quality and speed of industrial information spread by adopting the achievements of advanced modern information technology, so as to contribute to the improvement of the holistic industrial informatization as well as the competitiveness of China cotton industry in the international market.

大事记

第五部分

国 内 棉 花

中国农业发展银行部署2010棉花年度收购信贷工作

2010棉花年度，中国农业发展银行高度重视棉花收购信贷工作，于9月初制定出台了《关于做好2010年度棉花收购信贷工作的意见》。该意见明确了信贷支持棉花收购的重大方针，全面部署了新棉花年度收购资金供应和管理工作，要求各主产省分行坚持“保收购、稳市场、调结构、控风险”的原则，做好各项准备工作，积极稳妥支持企业入市收购，确保新棉花年度收购信贷工作平稳有序进行。

2010/2011年度全国棉花工作电视电话会议在北京举行

2010年9月27日，2010/2011年度全国棉花工作电视电话会议在北京举行，会议由国家发展改革委、财政部、农业部、工商总局、质检总局、供销总社和农业发展银行七部门联合召开。会议的主要任务是总结2009年度棉花工作，分析2010年度棉花形势，部署新年度的棉花工作。

国家增加投放40万吨储备棉

2010年9月28日起，为满足纺织用棉需要，稳定棉花市场，国家有关部门决定，增加投放国家储备棉40万吨，竞卖交易与8月10日开始的60万吨抛储连续进行。

国家发展改革委等七部门紧急下发通知要求切实维护当前棉花市场秩序

2010年10月29日，国家发展改革委等七部门联合下发《关于切实落实全国棉花工作电视电话会议精神维护当前棉花市场秩序的紧急通知》。

受国际市场棉价上涨、部分产区不利气候和市场投机炒作等因素影响，2010年9月份以来棉花价格快速上涨，部分地区出现了抬价抢购、混等混级收购、掺杂使假、无证照收购加工棉花等问题。为此，国家发展改革委、农业部、铁道部、国家工商总局、国家质检总局、供销合作总社和中国农业发展银行等部门下发该通知，对稳定棉花市场、规范流通秩序做了专门安排部署，要求各地各有关部门切实做好新棉购销工作，维护棉花市场秩序，稳定棉花市场。

国家发布《2011年度棉花临时收储预案》

2011年3月28日，为稳定棉花生产、经营者和用棉企业市场预期，保护棉农利益，保证市场供应，国家发展改革委、财政部、农业部、工业和信息化部、铁道部、国家质检总局、供销合作总社、中国农业发展银行联合发布《2011年度棉花临时收储预案》，规定2011年度棉花临时收储价为标准级皮棉到库价格每吨19800元（公重），其他等级皮棉的收储价格按照3%的品级差率、1%的长度差率计算。

2011年滑准税棉花进口配额提前增量发放

2010年12月底，国家相关部门发放了259.4万吨2011年棉花进口配额，其中包括89.4万吨进口关税配额和170万吨滑准税配额，比去年增加70万吨。

国家棉花市场监测系统举办冀鲁豫区域联席工作会议

2011年6月24－25日，国家棉花市场监测系统项目办组织冀鲁豫三大主产棉区监测站在山东德州召开联席会议，会上除各监测站互相交流工作经验之外，还对2010/2011年度后期市场行情及新棉长势进行了交流讨论。

国家开展2010年度出疆棉移库费用补贴审核工作

2011年8月3日国家正式开通2010/2011年度出疆棉移库费用补贴申报系统，于2011年8月10日至9月25日对申报企业进行书面审核。为落实中央关于支持新疆跨越式发展有关精神，进一步促进新疆棉花及纺织产业发展，经研究，“十二五”期间，中央财政继续实施出疆棉（含棉纱）运费补贴政策，同时，适当扩大补贴范围，提高补贴标准。

国家启动《2011年度棉花临时收储预案》准备工作

2011年8月4日，国家发展改革委等有关部门召开专题会议，研究落实《2011年度棉花临时收储预案》准备工作，要求认真贯彻落实《2011年度棉花临时收储预案》精神，稳定市场预期，保护棉农利益，做好2011棉花年度敞开收储的准备工作。会议讨论了《中国储备棉管理总公司〈2011年度棉花临时收储预案〉实施办法》等相关办法。

中国储备棉管理总公司发布《〈2011年度棉花临时收储预案〉实施办法》

2011年8月26日中国储备棉管理总公司根据国家发展改革委等八部门联合下发的《2011年度棉花临时收储预案》（2011年第5号公告，以下简称《预案》）规定，为更好的落实《预案》有关要求，切实做好2011年度棉花临时收储工作，经有关部门研究同意，8月26日，《中国储备棉管理总公司〈2011年度棉花临时收储预案〉实施办法》予以发布，2011年度棉花临时收储事宜按本实施办法执行。

国家发布《2011年度棉花临时收储交易办法》

2011年8月26日，国家发布《2011年度棉花临时收储交易办法》。根据国家发展和改革委员会等八部门发布的《2011年度棉花临时收储预案》（2011年第5号公告）有关规定，2011年度棉花收储交易通过全国棉花交易市场收储交易系统进行，有关交易规则按照《2011年度棉花临时收储交易办法》执行。

中国储备棉管理总公司举办2011年度棉花收储政策及业务培训

2011年8月28日-9月20日，为贯彻落实国家发展改革委、财政部等八部门关于《2011年度棉花临时收储预案》（公告2011年第5号），做好2011年度国家棉花收储工作，帮助符合交储条件的收购加工企业及代储库顺利开展棉花交储业务，中国储备棉管理总公司陆续在全国各主要棉产区举办“2011年度棉花收储政策及业务培训”，对各收购加工企业及仓库有关人员进行国家棉花收储政策及业务培训。

国　内　纺　织

纺织机械行业“十二五”发展的具体目标制定

2011年4月7日，中国纺织机械器材工业协会正式发布《纺织机械行业“十二五”发展指导性意见》，制定了纺织机械行业“十二五”发展的具体目标，并将推进行业结构调整、提升产品可靠性、发展高端纺织技术装备等作为今后5年行业发展的重点任务。

工信部发布2011年皮革印染化纤行业淘汰落后产能企业名单的公告

按照《国务院关于进一步加强淘汰落后产能

工作的通知》（国发［2010］7号）和《关于下达2011年工业行业淘汰落后产能目标任务的通知》（工信部产业［2011］161号）要求，2011年18个工业行业淘汰落后产能共涉及2255家企业。其中淘汰落后产能印染19.9亿米、涉及144家企业，化纤34.98万吨、涉及13家企业。湖北、山东、河南、浙江等省印染行业淘汰落后产能任务较重。

16种纺织商品进口税下调

自2011年7月1日起，我国将大幅下调汽油、柴油、航空煤油和燃料油的进口关税。同时还将下调帐篷、充气褥垫、救生衣、混纺布、亚麻纱线等16种纺织商品的进口关税，其中，化纤混纺未漂白轻质平纹棉布等8项商品进口关税由12%下调至6%；亚麻多股纱线或缆线由10%下调至5%；棉制帐篷、棉制充气褥垫等5种商品由14%下调至7%；化纤制充气褥垫由16%下调至7%；救生衣及安全带由14%下调至10%。

第108届广交会纺织服装成交减少

2010年10月30日－11月2日第108届广交会纺织服装成交45.6亿美元，比107届减少2.6%，比106届增长7.9%。其中纺织纱线面料及原料成交3亿美元，比107届减少13.5%，比106届增长5.1%，占全部成交额的13.1%，家纺及服装辅料成交8.9亿美元，占全部成交额的39.3%，比107届增长1%，比106届增长26.4%；服装及衣着附件成交10亿美元，占全部成交额的47.6%，比107届减少8.5%，比106届减少6.4%。

第109届广交会纺织服装成交增加

第109届春季广交会第三期于2011年5月1－5日在广州隆重举行。截至5月3日，纺织服装馆成交25.9亿美元，比108届广交会增长13.87%，比107届广交会增长7.39%。其中原料及纺织品成交11.9亿美元，服装及衣着附件成交13.9亿美元。对所有市场出口成交均有所增长。截至5月3日，欧洲市场成交10.2亿美元，比108届增长3.5%；美国市场成交4.3亿美元，比108届增长34.5%；日本市场成交1.3亿美元，比108届增长3.7%；非洲市场成交0.9亿美元，比108届增长2.5%。

国　际　市　场

印度解除棉花出口限制政策

2010年7月31日，印度政府考虑到国内库存充足和棉价下跌，宣布解除2010/2011年度的棉花出口限制。此外，从2011年4月1日起恢复棉纱的关税权力义务证书（DEPB）优惠机制；从2010年10月1日起恢复棉花的关税权力义务证书（DEPB）优惠机制。但是由于全球棉花市场需求疲软，加上国际棉商对印度棉存有顾虑，因此业内反应较为平淡。

第二轮量化宽松货币政策

2010年8月27日，美联储主席伯南克宣布计划推出第二轮量化宽松政策（QE2），11月3日，美联储正式启动QE2，计划在2011年6月底前购买6000亿美元的美国长期国债，压低长期利率，借此提振美国经济，缓解通胀以及降低失业率。不过，这也预示美元很可能再次泛滥，或对其他国家带来汇率波动、资产泡沫等冲击。对于中国而言，这可能导致中国巨额外汇贬值，压迫人民币升值，造成通货膨胀。

G20 首尔峰会

2010 年 11 月 11－12 日，二十国集团（G20）第五次领导人峰会在韩国首尔举行。本次会议以汇率、全球金融安全网、国际金融组织改革和发展为主要议题，其中贸易失衡和汇率之争成焦点。

中储棉花信息中心和国际棉花杂志信息互换

2011 年 4 月初，中储棉花信息中心（CNCIC）和国际棉花杂志就双方进行信息交流达成了一致。这次合作搭建的构架可以让全球及时分享到中国的棉花市场动态，同时可以使中国的棉花产业更多了解国际市场提供了可靠渠道。

美国主权信用降级

2011 年 4 月 18 日，全球三大国际评级机构之一标准普尔公司将美国主权信用评级展望下调至"负面"，当日纽约股市三大股指全线下跌，纽约市场油价跌幅超过 2%。美国东部时间 8 月 5 日晚间，国际评级机构标准普尔再将美国长期主权信用评级由最高级别的"AAA"下调至"AA +"，并将其评级前景定为"负面"。这是美国在历史上首度丧失其拥有近一个世纪之久的最高信用评级，引起全球关注。分析人士指出，这一举措虽然在一定程度上能遏制美国国债价格暴跌的可能性，但它也可能带来美元贬值和收益率下降等问题。

欧洲多国信用评级被下调

2011 年 5 月 20 日，国际评级机构惠誉将希腊的信用评级从"BB +"降至"B +"，并将其"B +"的评级放入"前景负面"观察名单。此外，2011 年日本"3・11"大地震以及"福岛第一核电厂事故"给日本经济带来较大冲击，惠誉在 5 月 27 日将日本长期主权信用评级展望从"稳定"下调为"负面"，且将日本外币债务和本币债务的评级分别维持在"Aa"和"AA －"。另外，7 月 13 日穆迪投资者服务机构将爱尔兰的外汇和本土货币政府债券评级从"Baa3"下调至"Ba1"的垃圾级评级。

中储棉花信息中心在京召开棉花高层学术峰会

2011 年 6 月 21 日，中储棉花信息中心（CNCIC）在北京举办了"2011 年棉花高层学术峰会"，来自五个国家（中国、印度、美国、巴基斯坦和乌干达）的 130 多人出席了本次会议。旨在加强国际棉花行业学术交流，提高全球棉花产需数据分析和预测水平，分析未来全球棉花供需趋势，促进我国棉花产业持续发展。

宏 观 经 济

住房契税征收政策调整

2010 年 10 月 1 日，财政部、国家税务总局、住房和城乡建设部宣布，即日起对个人购买普通住房且该住房属于家庭（成员范围包括购房人、配偶以及未成年子女）惟一住房的，减半征收契税；对个人购买 90 平方米及以下普通住房且该住房属于家庭惟一住房的，按 1% 税率征收契税。凡不符合上述规定的，不得享受上述优惠政策。

我国下调部分产品进口关税税率

《进境物品税调整方案》于 2011 年 1 月 27 日起实施，部分产品进口关税税率下调，其中纺织品等物品进口关税调整至 20%。

我国成世界第二大经济体

2011 年 2 月 14 日，日本内阁府公布 2010 年全年经济数据，按可比价格计算，2010年日本名义GDP为5.47万亿美元，比中国低4000多亿美元，排名世界第三。中国国内生产总值（GDP）赶超日本成为世界第二。

千万套保障房限期开工

2011年2月24日，全国保障性安居工程工作会议举行，住房和城乡建设部代表国务院保障性安居工程协调小组与各省、自治区、直辖市和新疆生产建设兵团签订了2011年的保障性安居工程建设目标责任书，表示当年全国共将建设城镇保障性住房1000万套，比上年增加70%多，改造农村危房150万户以上。

日本地震影响经济

2011年3月11日，北京时间13:46日本本州岛东北宫城县以东海域发生9.0级地震，引发海啸及核泄漏。地震重创日本经济，初步估计，造成日本7个县的资本存量16万亿－25万亿日元（约合1951亿－3049亿美元）损失，约占日本国内生产总值的3.3%－5.2%，影响主要集中在岩手县、宫城县和福岛县。这3个县的生产总值占日本经济总量的4%，受灾人口约占日本总人口的4.5%。

国家修订并发布新的产业结构调整指导目录

2011年4月25日，国家发展改革委修订并发布了新的产业结构调整指导目录（2011年本）。该目录是政府引导投资方向，管理投资项目，制定和实施财税、金融、土地、进出口等政策的重要依据。

15省市非居民销售电价每度平均上调1.67分

国家发展和改革委员会决定，自2011年6月1日起全国15省市上调销售电价平均每度上调1.67分，其中最高是山西，每度上调2.4分，最低的是四川，每度上调0.4分。此次上调涉及工业、商业、农业用户，居民电价不上调。

个税起征点上调至3500元

2011年6月30日，全国人大常委会通过了《全国人民代表大会常务委员会关于修改〈中华人民共和国个人所得税法〉的决定》。由于公众和人大常委会委员们对进一步提高个税免征额呼声强烈，最终通过的个税修改决定将工薪所得免征额由2000元提高到3500元。

注：宏观经济部分时间范围为2010年9月1日至2011年8月31日。

政策文件

第六部分

张晓强在全国棉花工作电视电话会议上的讲话

抓好政策落实 保护棉农利益 切实做好2011年度棉花工作

国家发展改革委副主任 张晓强

（2011年9月29日）

同志们：

新的棉花年度已经开始。经国务院批准，今天国家发展改革委、财政部、农业部、工信部、工商总局、质检总局、供销总社、农业发展银行八个部门和单位联合召开全国棉花工作电视电话会议。这次会议的主要任务是总结2010年度棉花工作，分析2011年度棉花形势并部署工作。下面我讲三点意见。

一、2010年度棉花工作回顾

在刚刚过去的2010棉花年度（2010年9月至2011年8月），受棉花减产、纺织需求变化和国际棉价大起大落等因素影响，我国棉花市场出现了较大波动。国家通过加大储备棉投放力度，合理组织棉花进口，加快调运新疆棉，规范市场秩序，引导市场运行趋于平稳，较好地保护了棉农利益，保障了纺织用棉需要。一年来，国务院各有关部门、单位和地方各级人民政府共同努力，重点做了以下几方面的工作：

（一）保持棉花总量平衡。据国家统计局统计，2010年全国棉花种植面积7275万亩，比上年减少2%；棉花总产量597万吨，减少6%。根据新疆棉实际运出数量测算，棉花产量在670万吨左右，同比减少约30万吨，减幅4.3%。2010年度，全国纱产量累计为2828万吨，同比增长7.1%，增幅比上年缩小9.5个百分点。由于棉花与替代品涤纶短纤的价差大幅扩大，纺织企业今年以来普遍减少用棉量，增加化纤用量。全年度棉花消费量在1000万吨左右，比上年度减少60万吨；产需缺口约330万吨，减少30万吨。为弥补产需缺口，稳定棉花市场，国家采取了多项保供措施：一是2010年8月份后投放储备棉100万吨，增加市场供应；二是把握节奏分三次发放2011年棉花进口配额360万吨，2011年1—8月进口棉花169万吨，全年度进口258万吨，有效补充了国内资源；三是落实出疆棉花铁路运费补贴政策，及时组织调运新疆棉243万吨，保障了内地销区的用棉需要。

（二）加强市场规范引导。年度初期，受棉花减产、上市推迟及国际棉价大幅上涨影响，市场棉价快速上涨。一些投机资金借机炒作，部分棉区收购加工秩序混乱，企业无序竞争、争抢资源，放大了供需缺口，进一步推高了棉价。2011年3月下旬，国内市场棉价一度高达31000元/吨，同比涨幅高达100%。针对这种情况，国家有关部门及时下发通知部署维护棉花市场秩序工作。为抑制期货市场过度炒作，有关部门协调郑州商品交易所提高棉花期货交易手续费和保证金标准，打击滥用交易权炒作行为，还组成联合巡查组赴新疆等主产区加强督促检查，查处游资炒棉、扰乱市场秩序等违法行为。产棉区地方政府组织发展改革、工商、质检、物价等部门加大市场和质量监管力度，重点加强对农村棉花经纪人管理和社会游资租厂或委托收购加工棉花情况的排查，引导棉花企业有序入市、理性经营。农业发展银行强化了资金监管和风险控制，棉花协会等行业组织加强了信息引导和行业自律。

（三）积极推进棉花质检改革。按照国务院批准的《棉花质量检验体制改革方案》和改革过渡期安排，有关部门和产棉区人民政府认真落实改革各项配套政策，进一步优化棉花加工业布局，完善仪器化检验体系和加工、物流设施服务体系，积极稳妥引导小包棉企业退出市场。截至2011年8月底，已有2313家棉花加工企业按照棉花质量检验体制改革要求完成了技术改造，占规划数的96%；全国已建成87家仪器化检验实验室，检验能力达到530万吨。2010年度，经仪器化检验大包棉267万吨，比上年度增长5%。棉花仪器化检验结果提高了质量标识公信力，减少了贸易纠纷；大型和出口型纺织企业越来越多使用仪器化公证检验指标配棉纺纱，降低了成本。

（四）及时制定公布棉花临时收储政策。在总结近年来棉花市场调控经验的基础上，为防止棉价大起大落带来生产的大上大下，有关部门及时研究保护棉农利益、稳定棉花生产的长效机制，报经国务院批准后，2011年3月份棉花春播前公布了棉花临时收储预案，明确2011年度皮棉临时收储价19800元/吨。为确保棉农受益，预案规定实行皮棉收储价格与籽棉收购价格挂钩的机制。临时收储政策的及时出台给棉农安排生产吃了“定心丸”。新的棉花年度开始前，有关部门和单位及早制定并公布收储办法和交易规则，测算并公布籽棉收购参考价，安排收储库点，组织开展培训，为收储做了较为充分的准备，有效地稳定了市场预期。

回顾近几年特别是上一年度棉花市场运行和调控工作，有以下几点体会：一是要不断完善棉花调控机制，避免市场大起大落。棉花是关系国计民生的主要大宗农产品，又是纺织工业的重要原料。如果棉花市场和价格波动过大，不仅影响纺织企业正常生产经营，也不利于保护棉农利益和促进棉花生产稳定发展。为防止棉花市场大起大落，今年国家把以往在主产区临时收储皮棉的措施常态化，建立了棉花临时收储制度，这是完善棉花调控体系、促进棉花产业稳定发展的重大举措，也是棉花流通体制改革的进一步深化。我们要切实贯彻落实好这一政策，并适应新的形势和要求，不断完善调控机制，确保棉花市场平稳运行。二是要继续落实“三加强”，切实维护市场秩序。2001年国务院提出进一步深化棉花流通体制改革，在放开棉花市场的同时要切实做到“三加强”（加强市场管理、加强质量监督、加强宏观调控）。近年来，有关部门和各地在这些方面采取了不少措施，做了很多工作，但棉花加工能力过剩、小轧花机土打包机非法加工、混等混级收购等问题没有得到根本改变，棉花流通秩序混乱、企业无序竞争的情况仍比较突出，这不仅扭曲价格信号，加剧市场波动，而且不利于提高我国棉花质量和纺织产品竞争力。良好的市场秩序是市场机制正常发挥作用和产业健康发展的重要保障，今后要通过进一步明确责任、完善制度、创新方式、强化监管，继续在“三加强”方面下更大功夫，切实取得成效。三是要增强企业市场风险意识，提高经营管理水平。在市场经济体制下，棉花供求和价格受多种因素影响，一定程度的波动难以避免。在上个年度，一些企业盲目抬价抢购，有的企业在组织进口时对市场风险估计不足，造成了棉花降价后企业经营的困难。这些教训警示涉棉企业一定要强化风险意识，加强风险管理，增强抗风险能力，积极有效利用相关避险工具，做到理性稳健经营。

二、2011年度棉花工作面临的形势

近一个时期，国家发展改革委会同有关部门和单位对2011年度棉花市场形势进行了多次分析和研究，并组织联合调查组到棉花主产省区进行了调研。综合各方面的意见，对2011年度棉花市场形势有以下几点基本判断：

（一）棉花供给增加。一是国内棉花丰收。受上年度籽棉收购价格上涨、棉农收益大幅提高和国家出台临时收储政策稳定市场预期的影响，今年棉花播种面积增加。据农业部门最新调查，预计今年棉花种植面积7780万亩左右，同比增长4.7%。初步估计，产量约在720万吨。农业部门加强生产指导，在主要产棉区开展高产创建活动，加上今年

各主产区气候基本正常，棉花长势良好，单产将高于上年水平。如近期不出现灾害性天气，有望获得较好收成。二是国际市场资源状况好转。据有关国际组织最新预测，2011 年度全球主要产棉国都有不同程度的增产，棉花产量 2691 万吨，比上年度增加 205 万吨；消费量 2472 万吨，增加 35 万吨；期初库存 906 万吨，增加 42 万吨。全球棉花产大于需 219 万吨，加上库存水平有所增加，供求关系明显改善。

（二）棉花需求基本稳定。目前，全球经济增长放缓，我国纺织出口竞争压力加大，再考虑到人民币升值、资金紧张、生产成本上升和化纤替代增加等因素影响，纺织生产和出口增速可能放慢，棉花需求不会出现明显增长，产需缺口也将比上年度有所缩小。

（三）棉花市场能够保持平稳运行。从供求关系看，由于国内棉花供需矛盾缓解，国际棉花资源量增加，通过有效利用国际市场资源，能够保持国内棉花供求总量基本平衡。从政策层面看，临时收储政策的出台为国内棉价提供了有力支撑；国家继续实施出疆棉运费补贴政策，并将补贴标准由 400 元/吨提高到 500 元/吨，有利于提高企业调运新疆棉的积极性，促进棉花资源在区域和结构上的平衡。目前，新棉已陆续上市，各地棉花购销价格稳中有升，近期已回升至 20000 元/吨左右，市场运行基本平稳。

2011 年度棉花工作中也存在一些矛盾和问题：一是新棉集中上市期棉价面临一定下行压力。受棉花增产预期、近期纺织需求不旺、国际棉价下跌等因素影响，棉花企业入市比较谨慎，部分棉区特别是新疆棉区新棉集中上市期间有可能出现价格回落的情况。在这种情况下，要防止出现“卖棉难”和企业收购籽棉时压级压价损害农民利益的问题。二是收购资金偏紧。受货币政策紧缩及纺织市场不景气影响，今年投入棉花收购的纺织企业预付款、社会资金及商业银行贷款可能减少。三是棉花市场秩序仍需进一步规范。四是稳定棉花生产的难度加大。种棉费工费时，生产机械化水平低，生产成本特别是劳动力成本大幅上升，比较效益仍然不高，对稳定棉花生产的不利影响日益突出。

三、切实做好 2011 年度棉花工作

当前国际、国内经济形势复杂多变，影响棉花市场稳定运行的不确定因素较多，今年也是新的棉花临时收储政策实施的第一年，做好新年度棉花工作的任务很重。各地、各有关部门和单位要切实落实临时收储政策，维护收购加工秩序，加强棉花市场调控，稳定棉花市场和价格，确保在丰收之年棉农利益和种棉积极性得到有效保护，促进棉花产业和纺织产业的持续健康发展。重点要做好以下六方面的工作：

（一）落实好临时收储政策。收储工作已于 9 月 8 日启动。由于目前棉花收购加工尚未形成批量，暂无成交，但收储政策托市的效果显现，市场信心增强，棉价稳步回升，9 月下旬后已高出收储价。要继续做好各项工作，确保新棉大量上市后收储工作顺利推进。一是进一步加大政策宣传力度。为稳定市场预期，有关部门、单位和产棉区地方政府要通过电视、广播、报刊和网络等各种渠道和群众喜闻乐见的方式，宣传棉花临时收储政策的主要目的、基本内容和实施办法，重点宣传敞开收储、皮棉收储价与籽棉收购价挂钩等措施，使广大棉农家喻户晓，涉棉企业增强政策意识，社会各界有效监督。要增强宣传的针对性，新疆等地要结合民族地区特点加强双语政策宣传。为贴合棉农了解市场信息的习惯，所有交储企业必须在厂区门口显著位置张贴政策宣传告示和中国棉花协会发布的籽棉收购参考价，并按对应的参考价挂牌收购。二是严格执行皮棉收储价和籽棉收购参考价挂钩的政策，确保农民得到实惠。中储棉总公司作为国家委托的临时收储预案执行责任主体，要认真查验交储企业收购单据，凡籽棉实际收购价低于收购参考价的，不予入储；棉花协会、棉纺协会等行业组织要配合实施舆论监督，将不执行籽棉收购参考价的交储企业列入行业黑名单；有关部门和产棉区地方政府要加强对交储企业收购价格和合同执行情况的监管。中

棉集团等大型骨干棉花企业要利用加工点多、面广的优势，带头挂牌收购，积极发挥示范和引导市场的作用。三是安排好收储库点。中储棉总公司要继续按照“有利于保护农民利益、有利于企业就近交储、有利于棉花安全储存、有利于监管、有利于调运”的原则，加紧做好后续库点的安排准备工作，根据交储量增加的需要，及时公布新的收储库点，方便农民交售和企业交储。四是抓好收储资金供应、交易、入库和结算等工作。农业发展银行要做好资金测算，及时安排信贷计划，确保临时收储资金及时、足额、有序供应。中储棉总公司、中国纤维检验局、农业发展银行和全国棉花交易市场要进一步加强配合，提高效率，加快储备棉检验、入库和结算进度，减少交储企业利息成本，方便其回笼资金后继续投入收购。

（二）抓好棉花市场购销相关工作。产棉区政府要加大新棉购销工作组织和指导的力度，客观宣传我国棉花产销形势，引导棉农及时采摘新棉，合理把握交售时机，指导棉花企业积极有序收购籽棉，均衡加工销售，通过加快资金周转提高经营规模和效益，不囤积棉花赌后市。大型棉花流通企业和用棉企业要充分发挥市场影响力，服从服务于国家宏观调控。中国棉花协会和棉纺织行业协会要继续加强信息服务和行业自律。各级农业发展银行要按照总行确定的在不“打白条”的前提下防控风险的原则，做好新棉收购资金管理工作，做到及时、足额、平稳、有序供应。产棉区地方政府要认真分析本地区棉花收购资金供应形势，找出可能出现的空白点，提早协调有关金融机构为新棉收购提供金融服务，切实防止辖区内出现企业收购籽棉对农民“打白条”现象。

（三）强化市场和质量监管。产棉区地方政府要严把棉花市场主体准入关，组织工商、物价等相关部门加强对棉花收购行为的监管，严厉打击无证照经营行为和压级压价收购棉花的坑农害农行为，坚决取缔小轧花机、土打包机等非法加工设备，规范棉花现货市场交易，维护正常的棉花流通秩序。质监部门要依法加强棉花质量的检查，加强收购加工环节质量监督管理，打击棉花掺杂使假等质量违法行为。有关部门要进一步完善期货交易规则，严厉打击过度投机炒作行为。棉花协会要引导在棉花采摘收购加工环节避免混等混级，加强排除异性纤维工作，提高棉花质量。行业协会要引导推广使用棉包塑钢打包带，研究建立棉包塑钢打包机、打包带生产准入制度，确保棉花打包质量。新疆自治区政府有关部门要配合铁路部门进一步加强棉花铁路运输防治火灾工作。

（四）进一步加强市场调控。一是组织协调好棉花进口。待棉花生产、消费形势进一步明朗后，有关部门将抓紧研究2012年棉花进口总量计划，适时、适量发放进口配额，满足纺织需要。各地有关部门和行业协会要加强宣传培训，推广使用棉花协会标准进口合同，引导企业合理把握进口时机，提高国际贸易操作水平。二是加强新疆棉花运销协调。今年新疆棉增产，预计调运数量高于上年，运输压力加大。有关部门要继续执行好出疆棉花铁路运输补贴政策，新疆自治区政府和行业协会要引导新疆棉花企业收购加工后抓紧销售和向内地均衡移库运输。铁路等有关部门要继续组织好新疆棉外运，增加棉花出疆运力，满足销售和移库需要。三是做好储备调控预案。新年度棉花供需矛盾有所缓解，但产需仍存在一定缺口，如后期国际经济形势好转，纺织用棉需求恢复，棉价仍存在波动的可能。一旦市场需要，国家将及时投放储备保障供应。四是完善工作机制。有关部门和产棉区地方政府要进一步改进产需统计，确保数据真实可靠，密切监测分析市场形势，做好宏观调控的基础工作。要进一步发挥行业组织作用，规范信息发布，提高棉花市场信息的权威性、及时性、准确性。

（五）继续推进棉花质检体制改革。各地区要继续做好棉花加工企业技术改造的收尾工作，并根据棉花生产区域的变化，动态调整完善棉花加工业布局，确保全覆盖、无遗漏。产棉区地方政府要继续按照“积极引导、扶大限小、因地制宜、分步实施”的原则，积极稳妥地引导200型棉花加工企业在规定期限内有序退出市场。纤检机构要妥善组织好大包型棉花特别是交储棉花的仪器化公证检验工作，改善检验服务，努力提高送检率。要加紧修订棉花质量标准，尽早实现仪器化检验取代感官检验，促进机采棉检验科学和质量提高。中国纤维检验局要配合有关行业组织加快棉花仪器化检验结果在纺纱配棉上的应用推广，引导纺织企业积极采购大包型棉花。棉花协会要会同有关方面研究制定大包型棉花进入专业仓储办法，并建立与质检体制改革相适应的国内棉花贸易规则。

（六）扶持发展棉花生产。要切实加大国家对棉花生产的支持力度，增加投入，加强新疆、黄河流域和长江流域优质棉生产基地建设，稳步扩大优势区域棉花种植面积。鼓励有条件的地区合理开发利用盐碱地等，增加棉花种植面积。要增加科研投入，加强农技服务体系建设，加快良种繁育和推广，继续大力开展棉花高产创建，提高我国棉花综合生产能力。要进一步完善棉花良种补贴政策，加快推广棉花生产保险，增强防范风险能力。要适应农村劳动力结构变化的新形势，研发推广棉花移栽、采收机械及配套品种和技术，提高棉花生产机械化水平。为稳定棉花生产，我们将根据今年执行情况进一步总结完善棉花临时收储政策，明年春播前继续提早公布下年度临时收储价格。

在做好棉花购销和生产工作的同时，要继续引导纺织行业转变增长方式，发挥产业政策的引导作用，加快结构调整和产业升级，巩固和加强纺织工业的国际竞争力，促进纺织行业的健康发展。

同志们，2011 年度棉花工作面临新的形势和任务。各部门、各地政府特别是棉花主产区地方政府，要高度重视，加强对棉花工作的组织领导，切实负起责任，加强协同配合，扎实做好各项工作。国家有关部门要继续坚持并完善棉花调控会商联席会议制度，加强监测分析，跟踪了解政策落实情况，及时解决临时收储、市场运行中的问题，适时组织巡查，指导和督促地方落实各项政策措施。产棉区地方政府也要建立相关部门参加的棉花工作会商机制，及时掌握当地市场购销情况和动态，加强对交储企业收购籽棉情况的监督检查，协调相关部门做好配合收储的工作，组织好棉花购销调运、资金供应和市场监管。产棉区发展改革委要切实承担起牵头协调组织工作，及时解决棉花工作中出现的新问题，重大情况及时向当地政府和国家有关部门报告。我们相信，在各方面的共同努力下，一定能够完成好 2011 棉花年度各项工作任务，为促进国民经济平稳健康发展做出新的贡献。

张少春在全国棉花工作电视电话会议上的讲话

进一步加大财政支持力度 促进棉花产业健康发展

财政部副部长 张少春

（2011 年 9 月 29 日）

同志们：

新的棉花年度开始了。今天我们在这里召开年度棉花工作会议，总结 2010 年度棉花工作，分析当前棉花市场形势，对 2011 年度棉花工作做出部署，非常必要。下面我就财政系统上年度棉花工作情况以及新的年度如何继续做好棉花工作谈几点意见。

一、2010年度财政棉花工作回顾

财政部门历来高度重视棉花工作，认真贯彻党中央、国务院支持棉花产业发展的各项方针政策，积极参与宏观调控。2010年度，财务部门从资金和政策上进一步加大了支持力度。

（一）实施棉花良种补贴全覆盖，全面提高棉花品质。为鼓励农民购买抗虫杂交棉种等优质棉花品种，中央财政棉花良种补贴政策从2007年启动实施，2009年起实现了全覆盖，补贴标准为每亩15元。2010年、2011年分别拨付补贴资金10.55亿元，对激发农民植棉积极性，加快推广优质棉种，稳定棉花种植面积发挥了重要作用。

（二）完善农机购置补贴政策，支持棉花生产现代化。为支持农民和专业合作组织购买先进适用的棉花种植机械，中央财政农机购置补贴政策对大型棉花机械予以倾斜。农机购置补贴执行不超过30%的补贴比例，单机补贴限额原则上不超过5万元。2010年起中央财政将大型棉花采摘机补贴限额提高到20万元，在此基础上，地方还可根据本辖区棉花产业发展需要实行累加补贴，加大了对购置棉花种植机械的支持力度。

（三）支持粮棉花高产创建活动，提高棉花单产。为支持棉花产业发展，2010年中央财政拨付棉花高产创建补助资金4000万元，支持建设200个棉花高产示范片。2011年拨付补助5200万元，支持建设260个棉花高产示范片，促进棉花高产稳产。

（四）加大棉花保险补贴支持力度，降低植棉风险。2011年，中央财政进一步加大了对棉花等农作物农业保险的支持力度，安排农作物（含棉花）保险保费补贴资金63.67亿元，同比增长10%。保费政策实施以来，棉花保险覆盖面不断提高，在新疆等棉花主产区，棉花保险覆盖率超过80%。棉花保险在防范棉花生产风险，保障棉农收入等方面发挥了积极作用。

（五）支持棉花质量检验，推动检验体制改革。为保证棉花质量检验体制改革的顺利进行，2010年中央财政安排棉花质量检验体制改革经费3376万元，支持纤检机构改善检验技术条件等；安排棉花质量公证检验补助经费24708万元。2011年中央财政继续安排棉花质量检验体制改革经费3376万元，棉花质量公证检验补助经费截至目前已下达18793万元，年度终了据实结算。

（六）稳定出疆棉及棉纱运费补贴政策，促进新疆棉花及纺织产业发展。为增强新疆棉花市场竞争力，保护新疆发展棉花及纺织产业的积极性，2010年中央财政继续实施出疆棉及棉纱运费补贴政策，累计拨付出疆棉移库费用补贴113448万元、出疆棉纱运费补贴14461万元。

（七）加大储备调控力度，稳定国内棉花市场。针对2010年下半年棉花价格快速上涨的情况，2010年8月后，财政部积极会同有关部门先后投放国家储备棉100万吨，有效补充了国内资源。同时，为提高农民种棉积极性，2011年上半年，会同有关部门研究建立了棉花临时收储制度，及时公布了2011年度收储方案，对稳定棉花市场，鼓励农民种棉发挥了积极作用。目前，2011年度收储工作已经启动。

二、切实做好2011棉花年度财政工作

新的棉花年度，各级财政部门要高度重视市场变化，继续加强和改善调控，充分运用现行政策，及时采取有效措施，促进棉花产业健康发展。重点做好以下工作：

（一）大力扶持棉花生产。有关方面预测，2011年度我国棉花产量将有所增加，供需缺口有所缩小，供给紧张的情况将有所缓解，但我国棉花资源不足的状况将长期存在，且有扩大趋势，因此，必须从生产上下功夫。2011年度国家将继续实施棉花良种补贴、棉花保险保费补贴和农机购置补贴等扶持棉花生产的财政政策。各级财政部门要积极落实好这些政策，支持和稳定棉花生产，提高我国棉花综合生产能力和竞争力。

（二）加强和完善棉花市场调控。2011年度，要继续用好储备、进口两大调控政策手段，保持国内棉花供求基本平衡和国内棉花价格相对稳定。一是进一步调整完善棉花滑准税调控政策。二是加强储

备调控，把握好储备出入库的总量和时机。密切跟踪棉花市场行情，适时组织抛储，通过储备吞吐熨平市场波动。三是落实好棉花临时收储政策，稳定农民种棉预期，并根据政策实施情况作进一步调整完善。

（三）利用运费补贴政策促进新疆棉运销。为进一步促进新疆地区棉花和纺织产业升级，促进新疆棉花等的销售，财政部已发文明确，“十二五”期间中央财政继续实施出疆棉花、棉纱运费补贴政策，同时，将棉布纳入补贴范围，并将补贴标准由每吨400元提高到500元。各级财政部门要引导企业运用好上述政策，加快新疆棉、棉纱及棉布运输出疆，稳定国内市场供应。

同志们，棉花产业与广大棉农和纺织业职工的利益密切相关，支持棉花产业发展，事关“三农”和民生。希望各级财政部门高度重视，扎实工作，加强与有关部门的协调协作，共同做好2011年度棉花财政工作，为棉农增产增收和棉花产业健康发展做出新的成绩。

张玉香在全国棉花工作电视电话会议上的讲话

加大工作力度　落实关键措施　促进棉花生产稳定发展

农业部党组成员　张玉香

（2011年9月29日）

同志们：

刚才，张晓强副主任全面分析了当前棉花产销形势，对新年度棉花工作做了全面部署，各地农业部门要认真贯彻落实。下面，我就促进棉花生产稳定发展讲两点意见。

第一，坚定信心，切实抓好后期田间管理，力争今年棉花丰产丰收

促进棉花生产恢复发展是今年农业生产的一项重要任务。各地在落实好良种补贴政策和优质棉基地建设项目的同时，抓住棉花价格上涨、种植效益提升的有利时机，引导农民多种棉、种好棉，今年植棉面积恢复性增加。但仍未恢复到金融危机前的面积水平。据我部农情调度，预计今年棉花播种面积7780万亩，同比增347万亩。棉花播种以来，除前期长江流域遭遇干旱、旱涝急转等灾害外，大部分棉区气候总体较为适宜，病虫害发生程度偏轻，全国棉花总体长势较好，尤其是7月中下旬以来棉花进入盛花期，主要棉区气温偏高，三类棉苗转化加快，棉株整体素质较好，长势稳健，基本搭好丰产架子。当前棉花长势总体好于上年，西北内陆棉区好于常年；黄河流域棉区好于上年，与常年相当；长江流域棉区长势好于上年，差于常年。若后期不发生大的灾害，今年棉花将有好收成。目前，棉花生产已陆续进入收获阶段，各级农业部门要加强技术指导服务，狠抓关键措施落实，做到丰收一天不到手、管理一天不放松，努力争取棉花有个好收成。

一是切实抓好田间管理。各级农业部门要组织专家和技术人员深入田间地头，开展分类指导，研究对策措施。重点指导农民搞好田间管理，进一步加强肥水管理和病虫害防治工作。以抓秋桃、增铃重、促早熟为主，及时摘除无效花蕾，清沟排渍，降低田间湿度，改善棉田通风透光条件，促进棉桃成熟吐絮。对早衰棉田适当喷洒微量元素，增强棉花生长后劲；对晚发、晚熟的棉田可喷洒催熟剂，促使秋桃早日吐絮。要密切关注棉花生长后期的气候变化和长势情况，针对收获季节可能出现的灾害，

做好防灾减灾的预案，尽早采取措施，减少损失。

二是切实做好棉种收购和加工。去年棉花生长后期由于灾害性天气影响，对部分棉区棉种数量和质量都造成了一定损失。要汲取教训，指导农民切实加强种子繁殖田的后期管理，有关良种企业要及时把种子繁殖田的棉种收上来，做好加工、精选、贮存工作。要加强棉种生产过程的质量控制，确保明年生产用种数量充足、质量可靠。

三是切实指导农民科学采摘。今年天气条件有利，棉花成熟度好，纤维品质较上年明显提高。各级农业部门要加强对农民的宣传培训，提高质量意识，强化质量责任。指导棉农科学收获，及时采摘、科学晾晒，尽可能做到分摘、分晒、分存、分售，避免混等混级，控制异形纤维混入，切实提高棉花质量。

四是切实落实棉花收储政策。今年国家出台了与收购价格挂钩的棉花临时收储政策，对稳定市场、保护棉农利益有重要作用。各级农业部门要加强信息指导，把政策宣传到户，帮助棉农正确理解政策，并引导棉农消除惜售心理，适时销售；要主动协助有关部门加强市场管理，组织好新棉收购，防止掺杂使假、压级压价、“打白条”等现象发生，维护市场秩序；要及时了解临时收储政策落实情况，配合监督皮棉交售与籽棉收购价格挂钩制度的执行，积极反映棉农的意见和要求，切实保护棉农利益。

第二，正确分析形势，采取有力措施，促进棉花生产稳定发展

今年棉花丰收了，但稳定发展棉花生产仍面临着诸多制约因素。一是用工成本高。棉花生产周期长、环节多、技术复杂，用工多且作业环境艰苦。随着劳动力工资的不断上涨，棉花生产用工成本逐年增加。二是技术储备不足。棉花育种尤其是抗黄萎病和抗逆品种没有突破性进展，轻简栽培技术尚不成熟，适应机械化的品种、栽培模式和设备研发不够，防控重大病虫害的有效措施不多。三是资源约束增强。我国耕地资源和水资源有限，长江流域和黄河流域棉区也是粮食主产区，棉花面积难以增加；西北内陆棉区受水资源制约，进一步扩大棉花面积潜力有限。

各级农业部门要正确分析棉花生产形势，及早谋划好明年的棉花生产。总的要求是，坚持以满足国内消费用棉需求为目标，按照“优化布局、主攻单产、提高效益、改善品质”的要求，加大工作力度，促进棉花生产稳定发展。力争棉花种植面积稳定在8000万亩以上，总产量在700万吨以上。重点抓好以下措施落实：

一是大力落实棉花种植面积。今年籽棉收购价较上年有所回落，棉农收益可能会受到一些影响。因此，各级农业部门要因地制宜研究制定明年棉花生产的指导意见，通过政策和信息引导，充分调动棉农生产积极性，防止面积再次出现滑坡。长江流域棉区要推广间作套种、多熟高效种植等生产模式，提高复种指数，力争恢复到2100万亩左右；黄河流域棉区要粮棉统筹兼顾，加大盐碱地改良开发力度，植棉面积恢复到3500万亩左右；西北内陆棉区要发挥资源优势，大力推广节水技术，力争棉田面积稳定在2400万亩左右。

二是大力推进优势区域规划实施。《全国优势农产品区域布局规划（2008－2015年）》实施期已经过半，各棉花优势产区在研究制定当地“十二五”农业规划时，要充分考虑棉花优势区建设，深入推进棉花优势区域规划的实施。要进一步整合项目资金，加大扶持力度，加强基础设施建设，加快优势产业带建设。重点抓好296个重点产棉县（团、场）的建设，发挥资源优势，提升棉花生产能力。

三是大力开展高产创建。近几年来，农业部门开展了棉花高产创建活动，成效显著，今年许多棉花万亩示范片的单产都打破了当地历史记录。今年全国棉花丰收，除了天气条件外，也是与高产创建的示范带动分不开的。实践证明，高产创建活动集成推广技术，充分挖掘单产潜力，是促进棉花增产增效的重要举措。今后农业部要继续抓好这项工作，并进一步扩大范围、丰富内涵、规范管理。各地要按照农业部的统一部署，以集成推广高产、轻简、高效的棉花生产技术模式为重点，努力实现“五个 100%”的目标任务，切实加强组织领导，强化宣传引导和工作督导，充分发挥示范带动作用，确保创建活动取得显著成效，努力探索棉花生产优质高产高效的发展之路。

四是大力推广轻简栽培技术。轻简化栽培技术的推广应用对解决棉花用工问题、稳定棉花生产至关重要。今年农业部在 9 个主产省安排了棉花轻简育苗移栽试点示范。目前，各试点棉花长势良好。这项技术在降低劳动强度、提高生产效率方面效果显著，得到了当地农户的普遍认可。明年农业部将继续开展示范推广，各地要抓好各项措施的落实，结合本地实际进一步完善技术体系，创新推广模式，加快轻简育苗移栽技术的示范推广。此外，各地要因地制宜地推广一批较成熟的轻简栽培技术，如免耕化除、简化整枝、化学调控、膜下滴灌等，提高生产水平，力争经过几年的努力，在轻简栽培技术应用方面取得突破。

我们要认真贯彻这次会议精神，力度再加大，措施再加实，扎扎实实推进各项工作，全力夺取今年棉花丰收，促进棉花生产稳定发展。

朱宏任在全国棉花工作电视电话会议上的讲话

充分用好棉花资源 促进纺织工业健康发展

工业和信息化部党组成员、总工程师 朱宏任

（2011 年 9 月 29 日）

同志们：

按照国务院工作部署和要求，今天 8 个部门联合召开电视电话会议，分析棉花产销形势，安排落实 2011 年度棉花工作，非常及时，非常必要。下面，我代表工业和信息化部，就充分利用好棉花资源、促进纺织工业健康发展讲两点意见。

一、棉花供应是纺织工业保持平稳较快发展的重要因素

棉花是纺织工业的重要原料，目前棉花用量占纺织纤维加工总量的 1/4，棉花的稳定供给对纺织工业健康发展具有重大影响。2010 年棉花年度，棉花价格出现较大波动，纺织企业稳定运行受到较大影响，棉花消费下降，中小企业经营困难。面对复杂的局面，在国务院领导和各地区的共同努力下，纺织行业坚定信心，积极转变发展方式，加快产业升级和调整产品结构，有效降低棉价波动的影响，进一步增强了竞争力，纺织工业总体保持平稳较快发展。今年前 8 个月，全国纱产量同比增长 11.5%，纺织品服装出口同比增长 25.7%，规模以上企业效益进一步改善。

从各方面情况看，新棉花年度，纺织工业仍将保持增长，棉花需求基本稳定。今年 1－8 月，限额以上服装鞋帽针织纺织品批零额同比增长 24%，增幅高于社会消费品零售总额增幅 7 个百分点。随着国家扩大内需政策效果的显现，内需将成为拉动我国纺织工业增长的主要力量。从出口形势看，尽管国际市场需求不确定性增加，我国纺织品服装出口面临的竞争压力加大，但我国纺织工业在国际市场具有广泛的市场网络，产业链集成优势将继续保持，纺织品服装出口仍将保持增长态势。

在新的棉花年度，全球棉花增产，供给大环境有所改善，国际棉价总体低于上年，同时国内棉花产量增长，临时收储政策的实施也有利于稳定棉花

价格，棉花市场环境较上年将有所改观，这不仅有利于纺织工业的健康发展，也有利于促进棉花消费。

二、保证棉花供需形势基本稳定，促进纺织工业健康发展

从有关部门预测分析看，今年国内棉花生产总体供给好于上年，但缺口依然较大，资源、劳动力等要素对纺织工业发展的制约愈加明显，周边国家的棉纺织品以及服装加工等对我国也形成较强竞争。充分用好棉花资源，提高产品附加值，提高劳动生产率，提高研发设计和品牌创建能力，加快转型升级成为保持纺织工业健康发展的核心要求。各级工业主管部门和广大纺织企业应着力做好以下工作：

（一）积极应对，防范经营风险。纺织企业要加强跟踪分析，准确判断棉花及纺织市场走势，积极应对。大企业要发挥资金实力和稳定市场的作用，不盲目追涨，不恶意压价，维护好农民利益，保持合理库存，保障纺织用棉需求；有条件的企业充分运用国内外资源，用好棉花进口配额，实现国内外棉花资源的合理配置，提高棉花使用效率，进一步加强企业管理，降低生产成本；要运用棉花期货套期保值功能，锁定经营成本，防范经营风险。

（二）加强技术改造，提高生产效率和产品质量。要积极采用紧密纺纱、清梳联、细络联、无梭织机等高效、节能、用工少的新型纺纱、织造工艺技术装备，提高天然纤维资源利用水平，提高劳动生产率，合理确定和保持万锭用工水平。进一步提高棉纺织品附加值，开发新型纤维与棉交织混纺产品，实现棉纺织品的多样化和高档化。

（三）加快品牌建设，提升产品价值和营销能力。抓住国家扩大内需战略的机遇，加强自主品牌建设，提升产品设计水平，创新营销模式，推进规模化、品牌化、网络化经营，重点培育一批自主创新能力强、市场竞争能力强、品牌知名度高的示范企业，引领纺织行业自主品牌发展。

（四）推进淘汰落后和兼并重组，提高生产集约化水平。加快淘汰自动化程度低、耗能高、生产效率低、产品质量保障能力差的落后棉纺、织造设备；加快优势企业兼并重组，提高产业链配套水平，提高产业集中度；防止低水平的重复建设，规范新企业建设。今年万锭棉纺企业已有近一半停产，希望各地工业主管部门要加强引导，不要再盲目建设规模小，技术装备一般的棉纺织项目。

（五）引导产业转移，实现资源优化配置。引导棉纺织企业向有资源、有劳动力优势，有一定产业链基础的地区转移。加强与国内棉花生产基地的合作，延长产业链，提高原料保障能力。利用好产业援疆机遇，引导东部地区优势企业将部分加工制造能力向新疆转移，充分利用新疆棉花资源建设新疆棉纺织品基地。

同志们，棉花是纺织工业的重要原料，棉花产业事关广大棉农和纺织职工的切身利益。各级工业主管部门和广大纺织企业要充分认识到纺织工业和棉花产业的相互依存关系和重大民生意义，要以技术创新为核心，以加快转变发展方式为主线，充分用好棉花资源，通过提高棉纺织品附加值提升棉花价值。让我们共同努力，为推进棉花产业持续健康发展做出新的贡献！

甘霖在全国棉花工作电视电话会议上的讲话

充分发挥工商职能作用　切实维护棉花市场秩序

国家工商行政管理总局副局长　甘　霖

（2011 年 9 月 29 日）

同志们：

这次全国棉花工作电视电话会议对于做好今年的棉花工作具有十分重要的指导意义。刚才，张晓强副主任总结了 2010 年度棉花工作，对 2011 年度棉花工作做了部署，我完全同意。下面，我就工商系统发挥职能作用、维护棉花市场秩序讲几点意见。

一、认真履职，2010 年度工商系统棉花市场监管工作取得实效

我国是世界棉花生产第一大国，植棉收入是产棉区农民收入的重要来源，棉花市场秩序关系广大棉农切身利益，关乎棉花产业健康发展，影响农村社会稳定，涉及国民经济安全运行。几年来，各级工商行政管理机关认真履行职责，在棉花工作中主要抓了两件事，一是在棉花种植季节，深入开展红盾护农运动，严厉查处制售假冒伪劣棉种和农资坑害棉农的违法行为，保护了棉农的合法权益，为夺取今年的棉花丰收打下了坚实的基础。二是在棉花收购季节，切实加强棉花市场监管，严厉查处棉花收购、加工中的违法行为，维护了棉花市场平稳有序，促进了棉花产业的健康发展。据统计，2010 年度各级工商机关共查处涉及棉花生产的假冒伪劣农资案件 8732 件，为棉农挽回经济损失 4585 万元；查处棉花违法案件 1312 件，案值 6437 万元，没收棉花 3927 公斤，切实规范了棉花市场秩序，促进了棉农增收。

二、加强监管，依法保障棉花市场稳定有序

在充分肯定棉花市场监管工作成效的同时，我们也要清醒地看到，在我国棉花产需矛盾比较突出的情况下，个别地区无照收购、加工棉花的现象依然存在，侵害棉农利益、扰乱市场秩序的违法违规行为仍有发生，加强市场监管、保护棉农权益的任务依然艰巨。各级工商机关一定要按照总局党组“五个四”和“五个更加”的要求，进一步增强工作的紧迫感和责任感，认清形势，提高认识，在地方党委、政府的领导下，依法履行职责，采取有效措施，切实加强棉花市场监管，依法保护棉农利益，规范棉花流通秩序，努力为棉花产业健康发展提供良好的市场环境。

一是要运用市场准入职能，促进棉花市场主体规范发展。各级工商机关要认真落实《棉花加工资格认定和市场管理暂行办法》规定，进一步完善市场主体登记管理制度，细化准入登记程序，支持符合条件的经营者从事棉花收购，大力扶持棉花收购、加工企业做大做强，培育壮大棉花龙头企业，提高市场竞争力。要逐步健全棉花市场主体的准入、退出机制，积极引导棉花市场主体沿着符合国际产业政策的方向发展，配合主管部门推进棉花加工企业升级改造，鼓励先进，淘汰落后，壮大规模，优化结构，促进棉花产业健康发展。要建立无照经营查处规范工作机构，严厉查处无照经营、超范围经营和非法加工棉花等违法违规行为，确保棉花市场主体资格合法有效。

二是要强化执法监管，切实维护棉花收购加工秩序。各地特别是重要产棉区、加工区的工商机关要进一步加大日常巡查力度，对重点区域、重点部

位实施重点检查；要进一步加大棉花市场监管执法力度，重拳出击，从重从快查办大要案件，严厉查处非法收购、加工、销售棉花以及“一证多厂”等违法违规行为，切实维护棉花市场秩序。

三是要加强协作，配合主管部门做好棉花工作。各级工商机关要在当地党委、政府的领导下，进一步加强与发展改革委、财政、农业、工信、质检、供销等部门的协作配合，加强信息通报，开展联合督查、执法，实现资源共享，努力完善各部门协同配合、齐抓共管的工作机制，不断提高监管执法的整体合力，积极配合主管部门做好棉花工作。

三、突出服务，切实促进棉花产业健康发展和棉农增收

各级工商机关要把服务棉花产业又好又快发展作为做好棉花工作的出发点和立足点，进一步增强工作积极性和主动性，按照监管与发展、服务、维权、执法相统一的要求，充分发挥职能作用，积极促进棉农增收，努力服务产业发展。

一是要培育和发展棉花经纪人，大力促进棉花生产与市场需求衔接。要制定和完善各项工作制度，加强服务指导，注重规范发展，积极扶持和引导棉花经纪人守法诚信经营，大力培育懂法律、重信誉、精业务、善营销、具备市场竞争力的高素质棉花经纪人。要以服务地方经济发展和维护社会和谐稳定为重点，加大对产棉区特别是新疆地区棉花经纪人的培育力度，引导经纪人将零散的棉农和农村剩余劳动力组织起来，促进与市场需求有效衔接，努力帮助当地解决摘棉难、收棉难和卖棉难的问题。要依法严厉查处棉花经纪人坑害棉农利益的不法行为，切实保障棉农增收。

二是要规范棉花合同，切实维护合同当事人合法权益。各地要按照今年全国工商系统合同监管工作座谈会的精神和部署，充分发挥合同监管职能，积极开展合同帮扶工作，大力推行以龙头企业和商标为依托的棉花订单合同，加强合同行政指导，不断提高合同履约率。要扎实开展合同争议行政调解工作，及时解决合同纠纷，严厉查处合同欺诈行为，促进订单农业取得实效。要积极引导企业运用动产抵押、股权出质等融资手段，帮助棉花企业解决融资难题，协助做好棉花收购工作。

四、强化协作，积极配合有关部门继续推进棉花质检体质改革

棉花质检体质改革是我国棉花流通体制改革的重要组成部分。2011 年度是继续推进棉花质检改革的关键一年，如何在推动改革稳步进行的同时，切实保护棉农利益，促进地方经济发展，此项工作艰巨而繁重。各级工商机关要认真贯彻落实国务院关于推进棉花质检体制改革的总体部署，在当地党委、政府的领导下，积极配合有关部门做好棉花加工资格认定和退出工作，优化加工企业布局，稳步推进棉花质检体质改革。

同志们，棉花市场监管工作任务光荣而艰巨。我们要认真学习贯彻本次会议的精神，明确工作重点，依法履行职责，努力维护良好的市场秩序，为促进棉农增产增收和棉花产业健康发展做出新的贡献。

蒲长城在全国棉花工作电视电话会议上的讲话

切实加强棉花质量监督　继续深化棉花质量检验体制改革

国家质检总局副局长　蒲长城

（2011 年 9 月 29 日）

同志们：

今天，国家发展改革委等八部门在这里联合召开全国棉花工作电视电话会议，这次会议非常重要。刚才，张晓强副主任等领导同志都做了重要讲话，各级质监部门和纤检机构要按照这次会议要求，结合实际认真抓好落实。在上一个棉花年度中，各级质检部门和纤检机构切实履行职能，深入开展棉花质量专项整治行动，严厉打击棉花质量违法行为，全力巩固棉花质检体制改革成果，在棉花市场对质量造成冲击的形势下，全国没有出现重大的恶性质量安全事故，没有出现区域性、系统性的掺杂使假违法行为，公证检验数量不降反升，棉花质量监督工作取得很大成效。取得这样的局面，离不开国务院的高度重视，各有关部门的通力合作，还有全国棉花质量监督工作人员的努力。下面，我根据会议安排，结合质检部门职能，就做好 2011 年度棉花质量监督工作讲三点意见。

一、以保证棉花质量安全为重点，强化棉花质量监督检查

今年棉花产量有望进一步增加，但影响棉花质量的因素仍然复杂。各级质检部门和纤检机构要抓住工作重点，确保不发生恶性质量安全事故，不出现区域性、系统性的掺杂使假违法行为，将棉花质量监督检查工作抓出实效。重点做好以下工作：

（一）加强棉花收购加工环节监督检查。各地要依据《棉花质量监督管理条例》大力开展监督检查工作。针对收购环节全面放开的现状，重点加大对棉花加工环节巡回检查的频次和力度，督促棉花加工企业落实各项质量义务，重点查处企业收购加工中存在的异性纤维、混等混级等质量问题。要加强制度建设，严格检查工作程序，决不能放松对收购加工后期的质量监管力度。

（二）开展专项整治。要组织开展对棉包条码缺失、水分超标、样品问题的综合治理。重点检查新体制加工企业加工的成包皮棉是否悬挂条码，回潮率检测数据是否超标，送检样品是否真实。专项整治中发现的重要情况、查办的重大案件要随时报送。

（三）保持棉花打假高压态势。各地要继续保持棉花打假高压态势，严厉打击掺杂使假、以次充好等严重质量违法行为。针对当前棉花掺杂使假行为隐蔽、多样的特点，要提高对举报、网络线索的关注程度。涉嫌存在严重质量问题的，要做好证据采集，按照规定的程序依法严肃查处，对属于无证非法加工且存在严重质量违法行为的，要通知有关部门予以取缔。

（四）配合相关部门加大“两小一土”整治力度。对仍存在“两小一土”问题的地区，要及时报告地方政府和上级主管部门，在地方政府主导下，与有关部门形成合力，开展综合整治，确保不出现区域性质量违法行为。

二、继续深化棉花质量检验体制改革

在各有关方面的共同努力下，棉花质检体制改革取得了很大成效。在新年度，各级质监部门和纤检机构要继续采取措施，深化棉花质检体制改革，

努力推动改革深入发展。

（一）积极组织开展仪器化公证检验工作。参与储备棉入储的棉花是需要经过专业纤检机构仪器化公证检验的大包棉。各级专业纤检机构要抓住临时收储政策对改革利好这个机遇，加强政策宣传，引导新体制棉花加工企业提高送检率，及时提供公证检验服务，提高公证检验覆盖率。中纤局要继续完善棉花质量信息系统，统计分析检验数据，发布《棉花质量状况分析报告》，发挥服务企业发展、服务政府宏观调控的功能作用。

（二）积极配合有关部门调整完善棉花加工业布局。各地要按照全国棉花加工业更新改造布局规划的要求，积极做好棉花加工企业质量保证能力前置审查和复查，对检查结果不合格的企业，要及时向当地发展改革部门反映，协助做好棉花加工业布局的动态调整。要及时向当地政府和相关部门报告小包棉企业质量保证能力情况，积极协助地方政府做好小包棉企业退出工作。

（三）组织做好棉花质量标准修订。为了尽早实现仪器化检验全面取代感官检验，中纤局要克服困难，围绕改革品级指标，出台颜色级检验指标，建立全面采用仪器化检验的质量指标体系，促进机采棉检验科学和质量提高，尽快会同农业、供销、纺织等相关部门开展 GB1103 棉花国家标准的修订工作。2011 年度颜色级指标试点验证工作是做好标准修订的一项基础性工作，十分重要，中纤局要会同相关部门切实加强宣传引导，加强检验技校交流，尽快抓出成效。

（四）积极推进仪器化检验指标应用纺织配棉系统的研发。要继续会同研发单位、纺织企业做好仪器化检验指标应用纺织配棉系统的验证工作，掌握纺织企业对 HVI 检验指标组批配棉的精确要求。加大对纺织企业的调研力度，力争取得更大的突破。

三、精心组织，积极做好储备棉公证检验工作

2011 棉花年度已经开始，新棉收购工作已经全面展开。刚才，张晓强副主任分析了新年度棉花工作面临的形势，部署新年度棉花工作，我们一定要认真组织落实，确保完成任务。实施临时收储政策是新年度棉花工作的重点，对稳定棉花市场、防止价格出现大幅度波动、保护棉农利益发挥关键作用。中国纤维检验局和各承检机构要按照临时收储工作的统一部署，创新工作手段，提高工作效率，强化配合，保证质量，努力实现敞开收储的政策效果。

（一）明确工作任务和措施。要按照中储棉总公司提供的交储库点名单，掌握库容规模和周边企业交储意向，密切关注棉花价格，做好人员安排、设备保障、技术培训等各项准备工作，提高应急反应能力；要进一步完善国储棉入库公证检验实施方案，全面细化工作流程，明确岗位职责；要继续提高检测设备检测功能，更新软件系统，创新工作手段，实现准确、可靠的快速检验；要加快储备棉检验进度，提高工作效率，积极配合各有关部门的工作，给交储企业提供方便快捷的检验服务。对检验中出现的问题，中国纤维检验局要加强和相关部门的沟通协调。

（二）加强监督考核。各级专业纤检机构要建立工作质量考核奖惩机制，明确责任，规范检验人员行为，保证工作质量；中纤局要加强国储棉公证检验工作考核，在保证工作质量前提下，保证检验进度。

（三）做好援疆服务工作。为了落实好收储政策，今年新疆地区纤检机构的工作压力大于往年，质量监督和公证检验任务更为繁重。为此，今年从全国纤检系统抽调了更多力量，赴新疆开展技术服务工作。中纤局和各技术服务队，要积极做好技术服务工作，扩大服务范围，加强质量管理，协助新疆公证检验实验室加快检验进度，推动新疆地区质检体制改革进一步深化，为提高新疆等主产区棉花质量发挥积极作用。

同志们，今年棉花质量监督工作任务多、责任重。各级质监部门和纤检机构要认真贯彻落实此次会议精神，全力以赴，扎实工作，切实做好 2011 年度棉花质量监督工作。

戴公兴在全国棉花工作电视电话会议上的讲话

承担责任　发挥优势　努力做好2011年度棉花购销工作

中华全国供销合作总社理事会副主任　戴公兴

（2011年9月29日）

同志们：

2011年度棉花购销工作已经拉开序幕。尽管上年度棉花市场行情遭遇前所未有的大起大落，但在国家临时收储政策支撑下止跌企稳，产业发展呈现积极态势。按照国务院的要求，供销合作社系统棉花企业，要积极贯彻落实这次会议精神，努力承担责任，发挥网络优势，积极入市收购，保护农民利益，服务宏观调控，全力以赴做好今年棉花购销工作。

一、2010年度供销社棉花购销工作取得较好成绩

（一）继续发挥购销主导作用

刚刚过去的2010棉花年度，受国内外经济形势、流动性过剩、供求关系等多种因素影响，棉花价格大幅波动，波动幅度前所未有，产业各方经受了洗礼和考验。在这一轮“过山车”般的棉价行情中，供销社多数棉花企业特别是骨干龙头企业，能够客观分析形势，努力控制经营风险，实行稳健经营。据统计，2010年度，全国供销社系统棉花企业皮棉收购量占全国棉花总产量的50%左右，年度实现利润47.5亿元，比上年度增长22%，占全系统企业利润总额的23.8%。供销社系统棉花企业在不断壮大自身经营服务实力、提高经济效益的同时，在稳定市场秩序、保护棉农利益、保障纺织供应等方面发挥了重要作用。

（二）努力推动棉花质检体制改革

按照“积极引导、扶大限小、因地制宜、健步实施”的原则，供销社系统棉花企业积极参与棉花质检体制改革，同时有步骤地引导系统内200型棉花加工企业退出市场。截至2011年9月25日，全国共有2039家加工企业完成更新改造，其中供销社系统939家，占总数的46%，收购加工能力占全国总加工能力的一半以上。新疆全区完成质检改革的加工企业为782家，其中供销社系统516家，占总数的66%。内地参与改革的企业有1257家，其中供销社系统423家，占总数的34%。供销社系统棉花企业成为推动棉花质检体制改革的主要力量。

（三）积极服务于国家宏观调控

在棉价大幅波动过程中，配合国家宏观调控政策，供销总社所属的中国棉花协会，逐步完善中国棉花预警系统，多次发布行业警示，引导业内防范风险，在行业自律方面发挥了重要作用；全国棉花交易市场尽职尽责地完成储备棉吞吐任务，努力发挥好调控抓手作用；中棉集团及省级骨干棉花企业，按照各级政府部门的要求，积极承担社会责任，努力发挥骨干龙头企业保供稳市的作用。

二、努力做好2011年度棉花购销工作

（一）正确分析形势，把握宏观大局

棉花市场走势既取决于市场供求基本面变化，也受国内国际宏观经济形势影响。2011年度，全国棉花面积和总产均有所增长，产需缺口缩小；全球棉花供需基本平衡，略有盈余。国家今年出台的临时收储政策不仅有利于保护棉农利益，也增强了

市场信心，降低了企业经营风险。但购销企业还应密切关注国际国内经济形势，把握宏观大局。今年国际国内经济形势复杂多变，不确定因素依然较多。由于诸多原因，尤其受上年度棉花市场巨变的冲击，新棉上市伊始，棉农惜售，棉企慎购，购销双方呈现僵持状态。供销社系统棉花企业要发挥自身网络、人员优势，采取多元化经营策略，积极稳妥入市，有效防范风险，发挥市场主导作用。

（二）完善工作机制，执行收储政策

今年是国家正式启动棉花临时收储预案的第一个年度，也是尝试将临时收储政策机制化、长效化的关键性年度。供销合作社各涉棉单位要顾大局、识大体，按照各自分工，认真执行临时收储政策各项规定，确保好政策取得好成效。中国棉花协会要在前期测算籽棉收购参考价格的基础上加强政策宣传，让棉农和企业了解收储政策，用好收储政策，同时认真履行行业自律职能，对不执行籽棉收购参考价的企业给予警示；全国棉花交易市场要努力提高工作效率和服务质量，为企业交储提供快捷有效的服务平台；中棉集团及各首级棉花骨干企业要发挥示范、引导作用，利用加工企业点多、面广的优势，带头入市收购，不拒收，不“打白条”，保护棉农利益；不囤棉，不赌后市，保证棉花质量。

（三）强化质量管理，促进质检改革

上一年度，受气候和人为因素影响，超水棉、混等混级问题突出，掺杂造假有所抬头，棉花质量大幅下降，扰乱了棉花市场秩序，影响纺织企业生产经营。随着纺织行业转型、升级压力加大，纺织企业对棉花质量的要求越来越高，企业产品结构优化升级，增强市场竞争力，需要优质的原料。今年棉花生产有所恢复，棉花品质有所提高。各级供销社棉花企业要把诚信意识、质量意识放在首位，在收购环节注意引导棉农做好“四分”（分摘、分晒、分存、分售），严把质量关；在加工环节，做好排除异性纤维工作，以优良的质量和服务树信誉、创品牌。棉花协会要研究制定出台大包型棉花进入专业仓储的办法，建立与质检体制改革相适应的国内棉花贸易规则，深入推进棉花质检体制改革。

（四）增强服务意识，推进行业管理

各级供销合作社要高度重视棉花行业管理工作，按照地方政府的部署，指导本系统涉棉单位，服务于宏观调控，服务于棉农和企业。

中国棉花协会和各级地方协会要进一步完善中国棉花预警系统，准确及时发布行业警示，引导行业自律；要利用各种渠道和全国棉花协会网络，积极宣传棉花临时收储政策；要客观分析棉花产销形势，引导棉农及时采摘和交售新棉，引导棉花加工企业积极有序收购和均衡销售。

全国棉花交易市场要按照国家棉花宏观调控的总体要求做好储备棉交易的服务组织工作，提高为企业服务的质量和效率。要按照“公开、公平、公正”原则，坚持业务创新，进一步完善交易监管规则。要大力发展棉花专业仓储，积极推进棉花第三方监管体系建设。

各地供销合作社棉花系统要继续推进棉花产业化经营，加强社会化服务体系建设，发挥覆盖生产、加工、流通等多个环节的独特优势，加强龙头企业与专业合作社和基地的对接，为农户提供综合配套服务，提高农民组织化程度，与农户结成利益共同体。大型骨干企业要以现代经营方式改造传统经营网络，利用好资金、项目平台，对经营网络进行改造、提升、整合和优化，积极发展现代仓储物流系统。

刘梅生在全国棉花工作电视电话会议上的讲话

积极履行政策性银行职责　全力做好棉花收购资金供应与管理工作

中国农业发展银行副行长　刘梅生

（2011 年 9 月 29 日）

同志们：

2011 棉花年度已经开始，今天国家发展改革委等部门在这里联合召开全国棉花电视电话工作会，全面部署新年度棉花工作，这对稳定全国棉花市场，维护棉农利益具有十分重要的意义。各级农发行要认真学习国家发展改革委等部门领导的重要讲话，深刻领会，结合实际抓好贯彻落实。下面，我就农发行有关工作讲几点意见。

一、深入分析市场形势，认真履行政策性银行职能

2011 年度，棉花收购工作面临着一系列新的形势和新的变化，对农发行的棉花信贷工作提出了更高的要求。一是国家首次出台棉花临时收储政策，保护棉农利益和棉花产业健康发展，这要求我行更好地贯彻执行国家宏观调控政策；二是 2011 棉花年度包括我国在内的全球棉花丰产基本已成定局，而棉花消费却受全球经济持续放缓、纺织行业不景气等因素影响而存在不确定性，这就要求我行棉花信贷政策更加贴近市场，适应市场变化；三是由于国家继续实施适度从紧的货币政策，预计参与 2011 棉花年度棉花收购的商业性信贷资金将大幅减少，加之上年度后期棉花价格大幅回落，购销企业经营亏损面较大，可持续经营能力和资金实力下降，这也要求我行筹措更多的收购资金，支持贷款企业承担更多的收购任务，以确保棉农售棉后得到及时的兑付。

各级农发行必须深刻认识到做好 2011 年度棉花收购信贷资金供应工作的重要性、艰巨性和复杂性，自觉增强大局意识和责任意识，积极履行政策性银行职能，及时、足额、平稳、有序供应棉花收购信贷资金，确保 2011 年度棉花收购不因我行工作出现大的问题。

二、准确把握信贷政策，全力支持棉花收购

8 月底，总行已经召开了全行棉花收购信贷工作会议，全面部署了 2011 年度棉花收购资金供应和管理工作，从反馈的情况看，各行正在按照总行的统一部署，有条不紊地做好资金供应工作。

这里我想再强调几点：

一是积极配合宏观调控，做好临储各项工作。临储已于 9 月 8 日正式启动，各级农发行要积极配合宏观部门做好临储的各项工作。要加大信贷支持力度，向参与交储的贷款企业及时足额提供资金，保证收购顺利进行；要核查企业收购的原始单据，监督企业按照不低于中国棉花协会发布的籽棉收购参考价进行收购，并及时向农民兑付售棉款，保证国家的惠农措施落到实处；总行营业部要提前安排信贷计划，并加强与中储棉总公司的沟通和协调，及时供应临时收储资金，确保企业收储、结算顺利进行。

二是合理布局收购资金供应点，方便棉农售棉。各行要认真做好棉花收购贷款资格认定工作，合理布局收购资金供应点，使我行的贷款企业基本覆盖棉花主产区，方便棉农售棉。目前各行已认定贷款客户 654 家，比去年实际放款企业多 85 家。

下一步各行还要根据收购市场的变化，有条件地增加一部分贷款客户，以满足收购的需要。对于可能出现的收购资金供应空白点，要提前做好有针对性的预案，支持优质的基本客户在资金供应空白点开展省内跨地市收购，同时要及时向当地政府和上级行报告，争取工作的主动。

三是切实落实信贷计划，确保棉花收购资金及时足额供应。做好秋季粮棉收购资金供应工作是下半年农发行信贷工作的重中之重，各行要准确测算资金需求，足额安排信贷规模。收购开始前，要根据企业收购需要适时发放一定数量的铺底资金，据统计，从9月初开始全行已发放收购铺底资金近百亿元，做到了“钱等棉”。本年度的资金供应要力求做到“早”“足”“广”，即铺底资金的发放要早，收购资金的供应要足，网点布局的辐射要广。各行还要加强与人民银行、现金代理行和贷款企业的沟通，确保现金供应。要对即将到来的国庆节等节假日资金供应做出周密安排，在条件具备的地区要积极推广非现金结算。

四是加强结算监管，确保棉农收益实现。各行要加强对企业与棉农、棉花经纪人结算行为的监管，提高结算服务的质量和效率，督促企业加快棉款结算，确保棉农交售棉花后能及时足额拿到棉款。对企业违规延期支付棉款的，开户行要立即采取措施督促企业予以纠正，并及时向当地政府和上级行报告。

五是要加强信贷管理，确保收购资金良性循环。各行要坚持收购资金封闭运行的各项制度措施，在积极支持企业开展收购的同时，加大资金的管理力度，提供优质服务，努力实现年度结束时收购贷款本息的收回，以维护政策性资金的安全运行。

同志们，做好2011年度棉花收购资金供应和管理工作是我们农业发展银行的基本职责，也是党和人民赋予我们的历史使命。各行要按照这次全国棉花工作电视电话会议的统一部署，增强大局意识，加强组织领导，开拓创新，锐意进取，扎实工作确保2011年度棉花收购信贷资金供应和管理各项工作顺利进行，为实现中国棉花产业健康发展做出应有的贡献。

国家发展改革委关于2011年粮食、棉花进口关税配额数量、申请条件和分配原则的公告

【发布单位】国家发展和改革委员会
【发布文号】公告2010年第27号
【发布日期】2010年9月25日

根据《农产品进口关税配额管理暂行办法》，制定了《2011年粮食、棉花进口关税配额数量、申请条件和分配原则》，现予以公告。

附件 1

2011 年粮食、棉花进口关税配额数量、申请条件和分配原则

根据《农产品进口关税配额管理暂行办法》（商务部、国家发展和改革委员会令 2003 年第 4 号），现将 2011 年粮食、棉花进口关税配额数量、申领条件和分配原则公布如下：

一、2011 年粮食、棉花进口关税配额量为：小麦 963.6 万吨，国营贸易比例 90%；玉米 720 万吨，国营贸易比例 60%；大米 532 万吨（其中，长粒米 266 万吨，中短粒米 266 万吨），国营贸易比例 50%；棉花 89.4 万吨，国营贸易比例 33%。

二、企业通过一般贸易、加工贸易、易货贸易、边境小额贸易、援助、捐赠等贸易方式进口上述农产品均需申请农产品进口关税配额，并凭农产品进口关税配额证办理通关手续。由境外进入保税仓库、保税区、出口加工区的产品，免予申领农产品进口关税配额证。

三、农产品进口关税配额申请者的基本条件为：2010 年 10 月 1 日前在国家工商管理部门登记注册（需提供企业法人营业执照副本）；具有良好的财务状况和纳税记录（需提供 2009 年及 2010 年有关资料）；2008－2010 年在海关、工商、税务、检验检疫方面无违规记录；2009 年企业年检合格；没有违反《农产品进口关税配额管理暂行办法》的行为。

在具备上述条件的前提下，进口关税配额申请者还必须符合下列条件之一：

（一）小麦

1. 国营贸易企业；

2. 具有国家储备职能的中央企业；

3. 2010 年有进口实绩的企业；

4. 日加工小麦 400 吨以上的生产企业；

5. 2010 年无进口实绩，但具有进出口经营权并由所在地外经贸主管部门出具加工贸易生产能力证明、以小麦为原料从事加工贸易的企业。

（二）玉米

1. 国营贸易企业；

2. 具有国家储备职能的中央企业；

3. 2010 年有进口实绩的企业；

4. 以玉米为原料，年需要玉米 5 万吨以上的配合饲料生产企业；

5. 以玉米为原料，年需要玉米 10 万吨以上的其他生产企业；

6. 2010 年无进口实绩，但具有进出口经营权并由所在地外经贸主管部门出具加工贸易生产能力证明、以玉米为原料从事加工贸易的企业。

（三）稻谷和大米（长粒米和中短粒米需分别申请）

1. 国营贸易企业；

2. 具有国家储备职能的中央企业；

3. 2010 年有进口实绩的企业；

4. 具有粮食批发零售资格，年销售额 1 亿元人民币以上的粮食企业；

5. 粮食年进出口额 2500 万美元以上的贸易企业；

6. 2010 年无进口实绩，但具有进出口经营权并由所在地外经贸主管部门出具加工贸易生产能力证明、以稻谷和大米为原料从事加工贸易的企业。

（四）棉花

1. 国营贸易企业；

2. 2010 年有进口实绩的企业；

3. 纺纱设备 5 万锭以上的棉纺企业。

四、上述农产品进口关税配额将根据申请者的申请数量、历史进口实绩、生产能力和其他相关商业标准进行分配。

（一）如进口关税配额量能够满足符合条件申请者的申请总量，则按申请者申请数量分配关税配额量。

（二）如进口关税配额量不能满足符合条件申请者的申请总量，则有进口实绩的申请者，可优先获得配额；无进口实绩的申请者，将以其加工能力或经营数量等为主要依据，按比例分配进口关税配

额量。其中申请数量低于按比例分配数量的，则按申请数量分配。

五、2011 年粮食、棉花进口关税配额申请时间为 2010 年 10 月 15 日至 30 日。申请者可到国家发展改革委授权机构领取，或从国家发展改革委网站（http：//www. ndrc. gov. cn）下载《农产品进口关税配额申请表》（见附件 2），并如实填写。

六、国家发展改革委授权机构负责受理属地范围内的企业申请，并于 2010 年 11 月 30 日前将符合公布条件的申请送达国家发展改革委，同时抄报商务部。

七、国家发展改革委于 2011 年 1 月 1 日前通过授权机构将农产品进口关税配额分配给最终用户。

附件 2

农产品进口关税配额申请表

申请企业盖章：　　　　　　　　　　　　企业法人代表签字：

<table>
<tr><td colspan="4">企业名称：</td></tr>
<tr><td>申请农产品配额名称：</td><td>□ 2010 年有该农产品一般贸易进口实绩者</td><td>□ 2010 年有该农产品加工贸易进口实绩者</td><td>□ 2010 年无该农产品进口实绩者</td></tr>
<tr><td rowspan="2">一般贸易</td><td>申请数量：</td><td rowspan="2">加工贸易</td><td>申请数量：</td></tr>
<tr><td>报关口岸：①　　②</td><td>报关口岸：①　　②</td></tr>
<tr><td colspan="4">企业注册地址：</td></tr>
<tr><td>注册资本：</td><td colspan="2">工商注册号：</td><td>联系电话：</td></tr>
<tr><td colspan="4">企业性质：　□国有　□股份制　□民营　□外商投资</td></tr>
<tr><td colspan="4">企业类型：　□生产企业　□贸易企业</td></tr>
<tr><td colspan="4">以下由生产企业填写：</td></tr>
<tr><td rowspan="4">2010 年企业产品及生产能力（注：棉花填纺锭数）</td><td colspan="2">产品名称：</td><td>所需进口农产品名称：</td></tr>
<tr><td colspan="2">日产量（吨）：</td><td>日需要量（吨）：</td></tr>
<tr><td colspan="2">年产量（吨）：</td><td>年需要量（吨）：</td></tr>
<tr><td colspan="3">该产品年销售额（万元）：</td></tr>
<tr><td colspan="4">以下由有加工贸易进口实绩的企业填写：</td></tr>
<tr><td rowspan="2">2009 年加工贸易配额</td><td>申领到配额量（吨）：</td><td rowspan="2">2010 年加工贸易配额</td><td>已申领到配额量（吨）：</td></tr>
<tr><td>实际进口量（吨）：</td><td>已完成进口量（吨）：</td></tr>
<tr><td colspan="4">以下由有一般贸易进口实绩的企业填写（不包括代理进口）：</td></tr>
<tr><td rowspan="3">2009 年一般贸易配额</td><td>分配量（吨）：</td><td rowspan="3">2010 年一般贸易配额</td><td>分配量（吨）：</td></tr>
<tr><td>实际进口量（吨）：</td><td>预计进口量（吨）：</td></tr>
<tr><td>调整期退回量（吨）：</td><td>调整期退回量（吨）：</td></tr>
<tr><td colspan="4">以下由具有粮食批发零售资格的企业填写</td></tr>
<tr><td colspan="2">2009 年粮食贸易年销售额（万元）：</td><td colspan="2">2009 年粮食进出口额（万美元）：</td></tr>
<tr><td colspan="2">2010 年粮食贸易完成销售额（万元）：</td><td colspan="2">2010 年粮食完成进出口额（万美元）：</td></tr>
<tr><td colspan="4">是否同意对国外和国内应询提供本企业配额申领数量　□是　□否</td></tr>
<tr><td colspan="4">授权机构审核意见：</td></tr>
</table>

填表说明：1.“2010 年企业产品及生产能力”：指以申请进口农产品为主要原料生产的产品及生产能力。2.“日、年产量”及“日、年需原料量”：指企业 2010 年日、年产量及对进口农产品的日、年需要量。3. 棉花申请企业在“日需要量”一栏填纺纱设备的锭数。

商务部、中国海关总署、国家质检总局发布《2011年进口许可证管理货物目录》的公告

【发布单位】商务部　中国海关总署　国家质检总局
【发布文号】公告2010年第107号
【发布日期】2010年12月30日
【实施日期】2011年1月1日

根据《中华人民共和国对外贸易法》、《中华人民共和国货物进出口管理条例》和《重点旧机电产品进口管理办法》，现发布《2011年进口许可证管理货物目录》，本目录自2011年1月1日起执行。《2010年进口许可证管理货物目录》同时废止。

附件

2011年进口许可证管理货物目录

重点旧机电产品进口目录

种类	海关商品编号	商品名称及备注	单位
一、化工设备	8419409090	其他蒸馏或精馏设备	台
	8419609010	液化器（将来自级联的UF6气体压缩并冷凝成液态UF6）	台
	8419899010	带加热装置的发酵罐（不发散气溶胶，且容积>20升）	台
二、金属冶炼设备	8454100000	金属冶炼及铸造用转炉	台
	8454209000	其他金属冶炼及铸造用锭模及浇包	台
	8454309000	其他金属冶炼及铸造用铸造机	台
三、工程机械类	8425319000	其他电动卷扬机及绞盘	台
	8426193000	龙门式起重机	台
	8426194100	门式装卸桥	台
	8426194200	集装箱装卸桥	台
	8426200000	塔式起重机	台
	8426411001	55吨轮胎式起重机	台
	8426411090	其他轮胎式起重机	台
	8426419000	其他带胶轮的自推进起重机械	台
	8426491000	履带式自推进起重机械	台

续表1

种类	海关商品编号	商品名称及备注	单位
三、工程机械类	8426499000	其他不带胶轮的自推进起重机械	台
	8426910000	供装于公路车辆的其他起重机械	台
	8426990000	其他起重机械	台
	8427101000	有轨巷道堆垛机	台
	8427102000	无轨巷道堆垛机	台
	8427201000	集装箱叉车	台
	8427209000	其他机动叉车及有升降装置的工作车（包括装有搬运装置的机动工作车）	台
	8427900000	其他叉车及可升降的工作车（工作车指装有升降或搬运装置）	台
	8428101001	无障碍升降机	台
	8428101090	其他载客电梯	台
	8428109000	其他升降机及倒卸式起重机	台
	8428400000	自动梯及自动人行道	台
	8428602100	单线循环式客运架空索道	台
	8428602900	非单线循环式客运架空索道	台
四、造纸设备	8439100000	制造纤维素纸浆的机器	台
	8439200000	纸或纸板的抄造机器	台
	8439300000	纸或纸板的整理机器	台
五、电力、电气设备	8501610000	输出功率≤75KVA交流发电机	台，千瓦
	8501620000	75KVA＜输出功率≤375KVA交流发电机	台，千瓦
	8501630000	375KVA＜输出功率≤750KVA交流发电机	台，千瓦
	8501641000	750KVA＜输出功率≤350MVA交流发电机	台，千瓦
	8501642000	350MVA＜输出功率≤665MVA交流发电机	台，千瓦
	8501643000	输出功率＞665MVA交流发电机	台，千瓦
	8502110000	输出功率≤75KVA柴油发电机组（包括半柴油发电机组）	台，千瓦
	8502120000	75KVA＜输出功率≤375KVA柴油发电机组（包括半柴油发电机组）	台，千瓦
	8502131000	375KVA＜输出功率≤2MVA柴油发电机组（包括半柴油发电机组）	台，千瓦
	8502132000	输出功率＞2MVA柴油发电机组（包括半柴油发电机组）	台，千瓦
	8502200000	装有点燃式活塞发动机的发电机组（内燃的）	台，千瓦
	8502390000	其他发电机组（风力驱动除外）	台，千瓦
	8515211000	直缝焊管机（全自动或半自动的）	台

续表 2

种类	海关商品编号	商品名称及备注	单位
五、电力、电气设备	8515219000	其他全自动或半自动电阻焊接机器（包括焊接装置）	台
	8515290000	其他电阻焊接机器及装置	台
	8515311000	螺旋焊管机（全自动或半自动的）	台
	8515319000	其他全自动或半自动电弧（包括等离子弧）焊接机及装置	台
	8515390000	其他电弧（等离子弧）焊接机器及装置（非全自动或半自动的）	台
	8515800010	电子束、激光自动焊接机（将端塞焊接于燃料细棒（或棒）的自动焊接机）	台
	8515800090	其他焊接机器及装置	台
六、食品加工及包装设备	8419810000	加工热饮料，烹调，加热食品的机器	台
	8421220000	过滤或净化饮料的机器及装置（过滤或净化水的装置除外）	台
	8422301001	乳品加工用自动化灌装设备	台
	8422301090	其他饮料及液体食品灌装设备	台
	8434200000	乳品加工机器	台
	8438100010	糕点生产线	台
	8438100090	通心粉，面条的生产加工机器（包括类似产品的加工机）	台
	8438500000	肉类或家禽加工机器	台/千克
七、农业机械类	8433510001	功率≥160 马力的联合收割机	台
	8433510090	功率 < 160 马力的联合收割机	台
	8433599090	其他收割机及脱粒机	台
	8434100000	挤奶机	台
八、印刷机械类	8443120000	办公室用片取进料式胶印机（片尺寸不超过 22 × 36 厘米，用税目 84. 42 项下商品进行印刷的机器）	台
	8443140000	卷取进料式凸版印刷机，但不包括苯胺印刷机（用税目 84. 42 项下商品进行印刷的机器）	台
	8443150000	除卷取进料式以外的凸版印刷机，但不包括苯胺印刷机（用税目 84. 42 项下商品进行印刷的机器）	台
	8443160001	苯胺印刷机，线速度≥300 米/分钟，幅宽≥800 毫米（柔性版印刷机，用税目 84. 42 项下商品进行印刷的机器）	台
	8443160002	机组式柔性版印刷机，线速度≥160m /min，250mm≤幅宽 < 800mm（具有烫印或全息或丝网印刷功能单元的）	台
	8443160090	其他苯胺印刷机（柔性版印刷机，用税目 84. 42 项下商品进行印刷的机器）	台
	8443198000	未列名印刷机（网式印刷机除外，用税目 84. 42 项下商品进行印刷的机器）	台

续表 3

种类	海关商品编号	商品名称及备注	单位
九、纺织机械类	8446304000	织物宽度 > 30cm 的喷水织机	台
	8447202000	平型纬编机	台
	8451400000	其他洗涤，漂白或染色机器	台
	8453100000	生皮，皮革的处理或加工机器（包括鞣制机）	台
十、船舶类	8901101010	高速客船（包括主要用于客运的类似船舶）	艘
	8901101090	其他机动巡航船、游览船及各式渡船（包括主要用于客运的类似船舶）	艘
	8903100000	充气的娱乐或运动用快艇（包括充气的划艇及轻舟）	艘
	8903920001	8 米 < 长度 < 90 米的汽艇（装有舷外发动机的除外）	艘
	8903920090	其他汽艇（装有舷外发动机的除外）	艘
	8903990001	8 米 < 长度 < 90 米的娱乐或运动用其他机动船舶或快艇（包括划艇及轻舟）	艘
	8903990090	娱乐或运动用其他船舶或快艇（包括划艇及轻舟）	艘
	8901109000	非机动巡航船、游览船及各式渡船（以及主要用于客运的类似船舶）	艘
	8901909000	非机动货运船舶及客货兼运船舶	艘
十一、硒鼓	8443999010	其他印刷（打印）机、复印机及传真机的感光鼓和含感光鼓的碳粉盒	个/千克
消耗臭氧层物质			
	2903191010	1，1，1－三氯乙烷（甲基氯仿，用于清洗剂除外）	千克
	2903191090	1，1，1－三氯乙烷（甲基氯仿，用于清洗剂的）	千克
	2903399020	溴甲烷（别名甲基溴）	千克
	2903410000	三氯氟甲烷（CFC－11）	千克
	2903420000	二氯二氟甲烷（CFC－12）	千克
	2903430010	三氯三氟乙烷，用于清洗剂除外（CFC－113）	千克
	2903440010	二氯四氟乙烷（CFC－114）	千克
	2903440090	氯五氟乙烷（CFC－115）	千克
	2903451000	氯三氟甲烷（CFC－13）	千克
	2903460010	溴氯二氟甲烷（Halon－1211）	千克
	2903460020	溴三氟甲烷（Halon－1301）	千克
	2903491011	一氟二氯甲烷	千克
	2903491012	二氟一氯甲烷	千克
	2903491016	1，1，1－三氟－2，2－二氯乙烷	千克
	2903491017	1，1，1，2－四氟－2－氯乙烷	千克
	2903491021	三氟一氯乙烷	千克

续表 4

种类	海关商品编号	商品名称及备注	单位
	2903491022	一氟二氯乙烷	千克
	2903491023	1－氟－1，1－二氯乙烷	千克
	2903491024	二氟一氯乙烷	千克
	2903491025	1，1－二氟－1－氯乙烷	千克
	2903491033	1，1，1，2，2－五氟－3，3－二氯丙烷	千克
	2903491034	1，1，2，2，3－五氟－1，3－二氯丙烷	千克
	2903491090	其他氢氯氟烃类物质	千克
	3824710011	二氯二氟甲烷和二氟乙烷的混合物（R－500）	千克
	3824710012	一氯二氟甲烷和二氯二氟甲烷的混合物（R－501）	千克
	3824710013	一氯二氟甲烷和一氯五氟乙烷的混合物（R－502）	千克
	3824710014	三氟甲烷和一氯三氟甲烷的混合物（R－503）	千克
	3824710015	二氟甲烷和一氯五氟乙烷的混合物（R－504）	千克
	3824710016	二氯二氟甲烷和一氟一氯甲烷的混合物（R－505）	千克
	3824710017	一氟一氯甲烷和二氯四氟乙烷的混合物（R－506）	千克
	3824710018	二氯二氟甲烷和二氯四氟乙烷的混合物（R－400）	千克
	3824740011	二氟一氯甲烷、二氟乙烷和一氯四氟乙烷的混合物（R－401）	千克
	3824740012	五氟乙烷、丙烷和二氟一氯甲烷的混合物（R402）	千克
	3824740013	丙烷、二氟一氯甲烷和八氟丙烷的混合物（R403）	千克
	3824740014	二氟一氯甲烷、二氟乙烷、一氯二氟乙烷和八氟环丁烷的混合物（R405）	千克
	3824740015	二氟一氯甲烷、2－甲基丙烷（异丁烷）和一氯二氟乙烷的混合物（R406）	千克
	3824740016	五氟乙烷、三氟乙烷和二氟一氯甲烷的混合物（R408）	千克
	3824740017	二氟一氯甲烷、一氯四氟乙烷和一氯二氟乙烷的混合物（R409）	千克
	3824740018	丙烯、二氟一氯甲烷和二氟乙烷的混合物（R411）	千克
	3824740019	二氟一氯甲烷、八氟丙烷和一氯二氟乙烷的混合物（R412）	千克
	3824740021	二氟一氯甲烷、一氯四氟乙烷、一氯二氟乙烷和2－甲基丙烷的混合物（R414）	千克
	3824740022	二氟一氯甲烷和二氟乙烷的混合物（R415）	千克
	3824740023	四氟乙烷、一氯四氟乙烷和丁烷的混合物（R416）	千克
	3824740024	丙烷、二氟一氯甲烷和二氟乙烷的混合物（R418）	千克
	3824740025	二氟一氯甲烷和八氟丙烷的混合物（R509）	千克
	3824740026	二氟一氯甲烷和一氯二氟乙烷的混合物	千克
	3824740090	其他含甲烷、乙烷或丙烷的氢氯氟烃混合物（不论是否含甲烷、乙烷或丙烷的全氟烃或氢氟烃，但不含全氯氟烃）	千克

商务部、中国海关总署发布《2011 年出口许可证管理货物目录》的公告

【发布单位】商务部　中国海关总署

【发布日期】2011 年 1 月 14 日

根据《中华人民共和国对外贸易法》和《中华人民共和国货物进出口管理条例》，商务部和海关总署发布《2011 年出口许可证管理货物目录》，并公告如下：

一、2011 年实行出口许可证管理的 49 种货物，分别实行出口配额许可证、出口配额招标和出口许可证管理。

（一）实行出口配额许可证管理的货物是：玉米、大米、小麦、玉米粉、大米粉、小麦粉、棉花、锯材、活牛（对港澳）、活猪（对港澳）、活鸡（对港澳）、煤炭、焦炭、原油、成品油、稀土、锑及锑制品、钨及钨制品、锌矿砂、锡及锡制品、白银、铟及铟制品、钼、磷矿石。

（二）实行出口配额招标的货物是：蔺草及蔺草制品、碳化硅、滑石块（粉）、镁砂、矾土、甘草及甘草制品。

（三）实行出口许可证管理的货物是：活牛（对港澳以外市场）、活猪（对港澳以外市场）、活鸡（对港澳以外市场）、冰鲜牛肉、冻牛肉、冰鲜猪肉、冻猪肉、冰鲜鸡肉、冻鸡肉、消耗臭氧层物质、石蜡、锌及锌基合金、部分金属及制品、铂金（以加工贸易方式出口）、汽车（包括成套散件）及其底盘、摩托车（含全地形车）及其发动机和车架、天然砂（含标准砂）、钼制品、柠檬酸、维生素 C、青霉素工业盐、硫酸二钠。

二、对港澳出口的活牛、活猪、活鸡实行全球许可证下的国别（地区）配额许可证管理；对港、澳、台出口天然砂实行出口许可证管理，对标准砂实行全球出口许可证管理。

三、对玉米、大米、煤炭、原油、成品油、棉花、锑及锑制品、钨及钨制品、白银实行国营贸易管理。

四、实行出口配额招标的货物，无论何种贸易方式，各授权发证机构均凭商务部下发的中标企业名单及其中标数量和招标办公室出具的《申领配额招标货物出口许可证证明书》签发出口许可证。

本目录自 2011 年 1 月 1 日起执行。《2010 年出口许可证管理货物目录》同时废止。

国家发展改革委等关于发布《2011 年度棉花临时收储预案》的公告

【发布单位】国家发展和改革委员会　财政部　农业部　工业和信息化部　铁道部　国家质检总局　供销合作总社　中国农业发展银行

【发布日期】2011 年 3 月 28 日

为稳定棉花生产、经营者和用棉企业市场预期，保护棉农利益，保证市场供应，国家发展改革委、财政部、农业部、工业和信息化部、铁道部、国家质检总局、供销合作总社、中国农业发展银行制定了《2011 年度棉花临时收储预案》，经国务院批准，现予发布。

附件

2011 年度棉花临时收储预案

第一条 为稳定棉花生产、经营者和用棉企业市场预期，保护棉农利益，保证市场供应，决定从 2011 年度开始实行棉花临时收储制度。特制定本预案。

第二条 执行本预案的棉花主产区为天津、河北、山西、江苏、安徽、江西、山东、河南、湖北、湖南、陕西、甘肃、新疆 13 省（区、市）。

第三条 2011 年度棉花临时收储价为，标准级皮棉到库价格每吨 19800 元（公重），其他等级皮棉的收储价格按照 3% 的品级差率、1% 的长度差率计算。

中国棉花协会根据皮棉临时收储价和当时的棉籽等副产品价格以及皮棉籽棉折算公式、相关合理参数测算籽棉收购参考价，并向社会公布。

第四条 2011 年度棉花临时收储预案执行时间为 2011 年 9 月 1 日至 2012 年 3 月 31 日。

第五条 收储的棉花为 2011 年度生产加工并经仪器化公证检验的锯齿细绒棉，由具有 400 型棉花加工资格的棉花企业直接交储。品级要求为 1 至 4 级，长度要求为 27 毫米以上（含 27 毫米），马克隆值要求为 A 级、B 级和 C 级 C2 档，其他质量要求按国家有关标准执行。

棉花包装要符合棉花包装国家标准（GB 6975－2007），铁路运输棉包捆扎物应使用塑钢带。

第六条 中国储备棉管理总公司（以下简称“中储棉总公司”）要按照“有利于保护农民利益、有利于企业就近交储、有利于棉花安全储存、有利于监管、有利于调运”的原则，合理确定执行棉花临时收储预案的承储库点（包括直属库和代储库点）。其中代储库点由中储棉总公司提出并报国家发展改革委、财政部备案及抄送中国农业发展银行后，双方签订《储备棉保管合同》。

代储库的具体选用标准和管理办法由中储棉总公司另行制定。

第七条 国家棉花市场监测系统和中国棉花协会监测国内棉花、棉籽市场价格水平，取两单位监测的棉花价格平均值和棉籽价格平均值作为国内棉花、棉籽市场平均价格。该价格通过相关行业网站每天发布。

第八条 预案执行期间当监测的棉花市场价格连续五个工作日低于临时收储价时，由中储棉总公司及时发布公告，启动收储预案。

收储按照公开、公平、公正的原则通过全国棉花交易市场收储交易系统进行，具体交易办法另行制定。

第九条 预案启动后，在交储企业与中储棉总公司签订的棉花购销合同中明确，交储企业应按不低于籽棉收购参考价的价格向农民收购籽棉。中储棉总公司承储库点在接受棉花入储时查验交储企业收购单据，凡籽棉实际收购价低于籽棉收购参考价的企业，其所加工的皮棉一律不得入储，所发生的一切费用一律由交储企业承担；棉花协会、棉纺协会等行业组织配合实施舆论监督，将不执行籽棉收购参考价的交储企业列入行业黑名单；有关部门加强对交储企业收购价格和合同执行情况的监管。

第十条 收储所需资金，由中国农业发展银行按照有关政策规定安排储备棉贷款解决，农业发展银行总行营业部（以下简称“总行营业部”）统一发放信用贷款。中储棉总公司实行统贷统还，按入储成本向总行营业部申请储备贷款，包括收储价格及收储直接相关的合理费用。总行营业部依据有关政策，将贷款发放到位。

临时收储直接相关的合理费用，统一计入储备成本，有定额标准的，按标准执行，没有定额标准的，由相关财政监察专员办事处及时审核确认。中储棉总公司要按合同将相关费用及时足额拨付到代储库点。

第十一条 承储库点要按照中央储备棉有关管理规定的要求，切实做好收储入库各项工作。对违规收取各种费用的，中储棉总公司要按相关规定严肃处理。

第十二条 预案执行期间，中储棉总公司每个工作日将当天收储的棉花数量、等级、价格、区域分布等情况汇总报国家发展改革委、财政部并抄送中国农业发展银行。

预案执行结束后十个工作日内，中储棉总公司要将当年度棉花临时收储预案执行情况报告国家发展改革委、财政部并抄送中国农业发展银行。

第十三条 中储棉总公司要加强入储棉花的保管工作，保障储备棉安全。在市场需要时，由国家有关部门委托中储棉总公司在全国棉花交易市场公开竞价销售入储的棉花。销售的国家储备棉由中央财政统负盈亏。

第十四条 国家发展改革委负责协调落实棉花临时收储制度相关政策，会同有关部门解决临时收储预案执行中的问题。财政部负责及时拨付中储棉总公司临时收储棉花所需的利息、费用补贴。农业部负责了解各地执行临时收储政策情况，监测棉花收购价格，反映农民的意见和要求。工业和信息化部负责监测纺织企业运行和棉花需求动态情况，及时反映纺织企业意见。铁道部负责做好临时收储新疆棉出疆的铁路运输工作。供销合作总社负责加强对所属棉花收购加工企业的指导，监督企业认真执行国家临时收储政策，切实保护农民利益。中国农业发展银行负责向中储棉总公司及时提供储备贷款，并对资金使用和棉花库存进行监管。中国纤维检验局负责组织棉花入库公证检验。中储棉总公司作为国家委托的临时收储预案执行责任主体，对其临时收储棉花的数量、质量、价格和库存管理等负总责。全国棉花交易市场负责维护管理收储交易系统，会同中储棉总公司审核交储企业资格。产棉区政府负责对交储企业执行籽棉收购参考价情况进行监督检查，并督促、协调地方相关部门，支持和配合中储棉总公司的工作，共同完成收储任务。

第十五条 本预案由国家发展改革委、财政部负责解释。

国家发展改革委、商务部关于《2011年农产品进口关税配额再分配公告》

【发布单位】国家发展和改革委员会　商务部
【发布文号】2011年第18号
【发布日期】2011年8月8日

根据《农产品进口关税配额管理暂行办法》，特制定《2011年农产品进口关税配额再分配公告》，现予以公布。

根据《农产品进口关税配额管理暂行办法》

（商务部、国家发展和改革委员会令2003年第4号，以下简称《暂行办法》）、《2011年粮食、棉花进口关税配额数量、申请条件和分配原则》（国家发展和改革委员会公告2010年第27号，以下简称《分配原则》）、《2011年食糖进口关税配额申请和分配细则》（商务部公告2010年第64号，以下简称《分配细则》）中的有关规定，现将2011年农产品进口关税配额再分配的有关事项公告如下：

一、持有2011年小麦、玉米、稻谷及大米、食糖、棉花进口关税配额的最终用户，当年未就全部配额数量签订进口合同，或已签订进口合同但预计年底前无法从始发港出运的，均应将其持有的关税配额量中未完成或不能完成的部分于9月15日前交还所在地的省（自治区、直辖市、计划单列市）发展改革委、商务厅（外经贸厅）。国家发展改革委、商务部将对交还的配额进行再分配。对最终用户9月15日前没有交还且年底前未充分使用的配额，国家发展改革委、商务部在分配下一年农产品进口关税配额时按比例相应扣减。

二、获得本公告第一条所列商品2011年进口关税配额并全部使用完毕（需提供进口报关单复印件）的最终用户，以及符合《分配原则》、《分配细则》中所列申请条件但在年初前分配时未申请2011年进口关税配额的新用户，可以向所在地省（自治区、直辖市、计划单列市）发展改革委、商务厅（外经贸厅）提出农产品进口关税配额再分配申请。

三、申请者需在9月1日至15日以书面形式向所在地省（自治区、直辖市、计划单列市）发展改革委、商务厅（外经贸厅）递交关税配额再分配申请。申请格式依照附件《2011年农产品进口关税配额再分配申请表》的有关规定填写。

四、各省（自治区、直辖市、计划单列市）发展改革委、商务厅（外经贸厅）对申请者的申请进行初步审核后，于9月1日开始将符合条件的申请通过农产品进口关税配额计算机管理系统分别进行申报，并于9月20日前将申请按时间顺序汇总后，以书面形式分别上报国家发展改革委、商务部。

五、国家发展改革委、商务部按照网上申报的顺序对用户交回的配额进行再分配。10月1日前将关税配额再分配的结果通知到最终用户。

当符合条件的申请数量总和小于关税配额再分配量时，每个申请者的申请均可获得满足；当符合条件的申请数量总和大于关税配额再分配量时，根据《分配原则》、《分配细则》中的有关规定，按照先来先领的原则进行再分配。

六、再分配关税配额的有效期等其他事项按照《暂行办法》、《分配原则》、《分配细则》执行。

七、小麦、玉米、稻谷及大米、棉花进口关税配额的再分配，由国家发展改革委会同商务部以及各省（自治区、直辖市、计划单列市）发展改革委组织实施；食糖进口关税配额再分配，由商务部以及各省（自治区、直辖市、计划单列市）商务厅（外经贸厅）组织实施。

附件

2011年农产品进口关税配额再分配申请表

申请企业盖章： 企业法人代表签字：

企业名称：			
申请农产品配额名称：	□ 2010年有该农产品一般贸易进口实绩者	□ 2010年有该农产品加工贸易进口实绩者	□ 2010年无该农产品进口实绩者

续表

<table>
<tr><td rowspan="2">一般贸易</td><td colspan="2">申请数量：</td><td rowspan="2">加工贸易</td><td colspan="2">申请数量：</td></tr>
<tr><td colspan="2">报关口岸：①　　　　②</td><td colspan="2">报关口岸：①　　　　②</td></tr>
<tr><td colspan="6">企业注册地址：</td></tr>
<tr><td colspan="2">注册资本：</td><td colspan="2">工商注册号：</td><td colspan="2">联系电话：</td></tr>
<tr><td colspan="6">企业性质：　□国有　□股份制　□民营　□外商投资</td></tr>
<tr><td colspan="6">企业类型：　□生产企业　□贸易企业</td></tr>
<tr><td colspan="6">以下由生产企业填写：</td></tr>
<tr><td rowspan="4">2010 年企业产品及生产能力
（注：棉花填纺锭数）</td><td colspan="3">产品名称：</td><td colspan="2">所需进口农产品名称：</td></tr>
<tr><td colspan="3">日产量（吨）：</td><td colspan="2">日需要量（吨）：</td></tr>
<tr><td colspan="3">年产量（吨）：</td><td colspan="2">年需要量（吨）：</td></tr>
<tr><td colspan="5">该产品年销售额（万元）：</td></tr>
<tr><td colspan="6">以下由有加工贸易进口实绩的企业填写：</td></tr>
<tr><td rowspan="2">2010 年加工贸易配额</td><td colspan="2">申领到配额量（吨）：</td><td rowspan="2">2011 年加工贸易配额</td><td colspan="2">已申领到配额量（吨）：</td></tr>
<tr><td colspan="2">实际进口量（吨）：</td><td colspan="2">已完成进口量（吨）：</td></tr>
<tr><td colspan="6">以下由有一般贸易进口实绩的企业填写（不包括代理进口）：</td></tr>
<tr><td rowspan="3">2010 年一般贸易配额</td><td colspan="2">分配量（吨）：</td><td rowspan="3">2011 年一般贸易配额</td><td colspan="2">分配量（吨）：</td></tr>
<tr><td colspan="2">实际进口量（吨）：</td><td colspan="2">预计进口量（吨）：</td></tr>
<tr><td colspan="2">调整期退回量（吨）：</td><td colspan="2">调整期退回量（吨）：</td></tr>
<tr><td colspan="6">以下由具有粮食批发零售资格的企业填写</td></tr>
<tr><td colspan="3">2010 年粮食贸易年销售额（万元）：</td><td colspan="3">2010 年粮食进出口额（万美元）：</td></tr>
<tr><td colspan="3">2011 年粮食贸易完成销售额（万元）：</td><td colspan="3">2011 年粮食完成进出口额（万美元）：</td></tr>
<tr><td colspan="6">是否同意对国外和国内应询提供本企业配额申领数量　□是　□否</td></tr>
<tr><td colspan="6">授权机构审核意见：</td></tr>
</table>

填表说明：1. “2010 年企业产品及生产能力”：指以申请进口农产品为主要原料生产的产品及生产能力。2. “日、年产量”及“日、年需原料量”：指企业 2010 年日、年产量及对进口农产品的日、年需要量。3. 棉花申请企业在“日需要量”一栏填纺纱设备的锭数。

财政部关于做好 2010 年棉花年度出疆棉移库费用补贴审核工作的通知

【发布单位】财政部驻新疆财政监察专员办事处

【发布文号】财驻新监［2011］80 号

【发布日期】2011 年 8 月 2 日

各出疆棉移库费用补贴申报企业：

为做好2010年度出疆棉移库费用补贴审核工作，现将2010棉花年度出疆棉审核相关事宜通知如下：

一、申报、审核程序

（一）申报企业按照以前年度操作执行，先上网填录企业申报信息后，将纸制材料装订送达或邮寄我办出疆棉移库费用补贴审核办公室。

（二）出疆棉移库费用补贴审核办公室对申报企业申报的书面材料和网上信息进行初步审核。

（三）初审完毕，将每一家申报企业录入的单批信息与2010年棉花年度出疆棉移库费用补贴申报的全部申报信息在数据库里进行排查对比，如发现录入的信息重复，审核人员进行分析确认后，将从数据库里对重复批次剔除。

（四）审核人员对全国申报企业按照分省市地区进行整理汇总后，上报财政部。

二、审核时间、邮寄地址及联系方式

出疆棉移库费用补贴申报系统将于2011年8月3日开通，我办将于2011年8月10日至9月25日对申报企业进行书面审核，送达或邮寄地址为“乌鲁木齐市民主路42号世纪大厦11楼新疆专员办出疆棉移库费用补贴审核办公室收”，邮编：830002，联系电话：0991－2335160、0991－2331062。

三、申报企业应注意事项

（一）上年度未能全额领取2009棉花年度的企业需提供以下原件材料，在申报2010棉花年度材料时一并报送我办，进行审核认定。

1. 棉花码单或货票重复的申报企业，需提供以下棉花码单和货票重复的原件：棉花购销合同、增值税发票、棉花加工码单、铁路货票、铁路装运清单、检验证书等证明材料。

2. 发生移库的申报企业需提供：棉花加工码单、铁路货票、检验证书、异地存放的仓储合同、入库凭证（通过全国棉花交易市场的，提供商品棉仓单）。没有增值税发票的，应提交对应卖方提供的普通营业发票和所在地税务部门提供的不能开具增值税发票的证明等原件。

（二）审核未通过和申报材料不齐全的企业按照2009年度申报要求重新准备书面材料，进行书面申报审核，将纸制材料装订送达我办出疆棉移库费用补贴审核办公室。

四、相关要求

（一）申报2010棉花年度的申报企业要在2010棉花年度出疆棉移库费用补贴网上申报系统进行信息录入。

（二）申报企业在签订购销合同时，要注明“出疆棉移库费用补贴由谁进行申报认领”或在补充合同证明上注明上述条文，申报企业要和有关业务联系单位积极沟通协调，分清各自申报的棉花批号，分清责任，防止两家申报企业对同一批棉花进行申报。

（三）申报企业如有棉花代加工的行为，要与棉花代加工企业联系，避免棉花代加工码单和棉花加工码单在编号时重复。

（四）我办在以前申报棉花年度出疆棉移库费用补贴时对铁路装运清单已做要求，申报企业必须提供新疆各铁路发运站点的原始单据，自制的铁路装运清单加盖各铁路发运站点凭证一概作废，并予以剔除。

（五）申报企业要在规定时间内进行申报，注意我办在新疆专员办门户网站和中国棉花信息网上发布的相关信息。

（六）2010年度出疆棉移库费用补贴必须在今年进行申报，过期将不予补贴。

（七）申报企业要认真准备所需材料，防止不当行为发生，如影响申报工作，后果由申报企业自负。

五、处理与处罚

申报企业要严格按照上述要求申报材料，如发现申报企业有重复及虚假申报的行为，我办将取消其申报补贴资格，扣减全部申报补贴，并根据《出疆棉移库费用补贴审核细则》追究责任人责任。

中国农业发展银行出台《关于做好2010年度棉花收购信贷工作的意见》

【发布单位】中国农业发展银行
【发布日期】2010年9月16日

2010棉花年度已经来临，农发行高度重视棉花收购信贷工作，比往年提前一个月召开了新年度棉花信贷工作会议，并在深入研究市场形势、广泛征求各方意见的基础上，于近期制定出台了《关于做好2010年度棉花收购信贷工作的意见》。《意见》明确了信贷支持棉花收购的重大方针，全面部署了新棉花年度收购资金供应和管理工作，要求各主产省分行坚持“保收购、稳市场、调结构、控风险”的原则，做好各项准备工作，积极稳妥支持企业入市收购，确保新棉花年度收购信贷工作平稳有序进行。

《意见》强调，各级行要认真做好2010棉花年度收购信贷资金供应和管理工作，切实履行好农发行信贷支农的政策性职能。一是要以“区别对待，择优扶持”为指导原则，做好棉花收购贷款资格认定工作，合理布局资金供应点，并及时向社会公布，方便棉农交售新棉。二是切实落实信贷计划，确保收购资金供应。各行要认真做好资金测算，及时制定信贷计划，保证棉花收购资金足额到位。把握好收购贷款投放的时机和数量，有效促进棉花收购市场的平稳运行。收购期间，要加强与人民银行、现金代理行和贷款企业的沟通，确保现金供应，特别是节假日现金供应，确保收购工作顺利进行。三是要加强对贷款支付环节的监督，积极与企业沟通协调，督促企业加快棉款结算，确保棉农能及时足额拿到售棉款。四是继续推行棉花库存第三方监管，逐步推广仓单质押、动产质押等监管模式，切实提高贷款的物资保障程度。

《意见》指出，各级行要充分认识2010棉花年度面临的特殊形势，高度重视棉花收购信贷工作，加强组织领导，精心部署，提前做好收购工作预案。同时，要深入基层调查研究，及时掌握新棉花年度收购中出现的新情况，准确分析，妥善解决。目前，各棉花主产区农发行收购贷款资格认定工作已基本结束，为新棉花年度收购工作顺利展开奠定了良好基础。

中国储备棉管理总公司关于开展仓单质押业务的补充通知

【发布单位】中国储备棉管理总公司
【发布日期】2010年9月2日

各直属单位：

为贯彻落实《中国储备棉管理总公司仓单质押业务管理办法》，提高总公司仓单质押业务的市场竞争力，在进一步征询部分直属单位、棉花加工企业意见后，针对仓单质押业务补充通知如下：

一、棉花仓单由总公司统一印制，各直属单位及仓单质押仓库领用，并编号登记。为便于出库，填报仓单时，一批一单。

二、今年是总公司开展仓单质押业务的第一年，为便于管理，限于每个直属单位在目前监管的代储库中选用不超过两个质押仓库，报总公司备案。原则只收购本管辖区域的仓单。直属单位要派员现场监管，对所质押棉花的质量、安全负责到底。

三、为了仓单质押业务顺利开展，总公司提供充裕的资金保障。但为了减少资金占压时间，提高资金使用率，请各直属单位于每周末提报下周资金使用计划，以便于财务部提前准备好资金，加速付款时间。

四、为了让加工企业及时拿到质押货款，各质押仓库生成仓单后将仓单对应棉花信息录入《网络版台账系统》，仓单经总公司直属单位派驻人员确认无误并签字后，由直属单位传真到总公司储备部，总公司凭仓单传真件支付货款，各直属单位负责将仓单原件邮寄总公司储备部。联系人：于海舰，电话：010－58519387，传真：010－58519363。

五、原则以检验出证后组批生成仓单，根据实际等级付款。未经公证检验的棉花（含小包棉）、进口棉也可以生成仓单，但驻库人员要对未公检棉花质量、水杂等把关，按低限等级付款。

六、入库费和保管费标准。各质押仓库可根据所处区域实际情况、运输工具等自行浮动入库费和保管费标准，报总公司备案，操作过程中不得超过该标准。

各直属单位要充分利用总公司的优惠政策和有利条件，积极开拓市场，发展客户，做好仓单质押业务。

中国储备棉管理总公司等关于增加部分国家储备棉出库销售的公告

【发布单位】中国储备棉管理总公司　北京全国棉花交易市场
【发布日期】2010 年 9 月 28 日

各纺织用棉企业：

为满足纺织用棉需要，稳定棉花市场，国家有关部门决定，增加投放国家储备棉 40 万吨，竞卖交易连续进行。

未尽事宜按照相关办法执行，特此公告。

中国储备棉管理总公司关于表彰 2010 年代储库储备棉安全管理先进单位的公告

【发布单位】中国储备棉管理总公司
【发布日期】2011 年 1 月 21 日

2010年，根据国家下达的储备棉调控计划，各代储库承担了艰巨的出库任务，为了圆满完成出库工作，各代储单位以大局为重，以安全工作为先，不畏困难，严格执行中国储备棉管理总公司（以下简称“中储棉总公司”）关于储备棉安全管理的各项规定，认真落实各项安全管理制度，不断规范安全工作流程，保证了储备棉的顺利进出库和在库储备棉的安全，为国家棉花宏观调控政策的顺利实施做出了贡献。

根据《中国储备棉管理总公司安全管理检查评比标准》和《国家储备棉代储库安全监管办法》的有关规定，经中储棉总公司研究决定，对在2010年储备棉安全管理评比中获奖的代储库予以通报表彰；对年终检查时因储备棉出空未列入检查评比范围或未获奖，但认真履行安全管理职责，实现了储备棉安全管理目标，为国家实现有效调控发挥了积极作用的代储库予以通报表扬。现将代储库安全管理工作先进单位及通报表扬单位名单公告如下：

一、2010年度代储库安全管理工作先进单位（排名不分先后）

1. 山东省棉麻公司高密采购供应站
2. 河北保定银河棉业有限公司定州棉库
3. 中棉集团廊坊储运有限公司
4. 天津宏棉股份有限公司杨柳青仓库
5. 山东省禹城棉麻有限公司仓库

二、2010年储备棉安全管理工作通报表扬单位（排名不分先后）

1. 衡水市棉麻总公司
2. 中棉集团南宫棉业有限公司
3. 保定银河棉业有限公司保定库
4. 保定银祥棉业有限公司
5. 保定银河棉业有限公司固城棉库
6. 中国物资储运总公司石家庄宋家峪仓库
7. 秦皇岛市安润棉麻有限责任公司
8. 河北宏润新型面料有限公司
9. 潍坊中天棉麻有限公司
10. 青州弘大棉业有限公司
11. 滨州中纺银泰实业有限公司
12. 山东省棉麻有限公司济南库
13. 山东锦和棉麻有限公司黄台仓库
14. 德州中兴棉业有限公司
15. 山东苗宝种业有限公司
16. 菏泽市棉麻公司巨野棉麻站
17. 菏泽市棉麻转运站
18. 平原棉麻采购供应站
19. 立晨国际物流园中储棉专用库
20. 国家物资储备局832处
21. 连云港新苏豫棉花储运有限公司
22. 江苏省棉麻储运贸易有限公司
23. 南京市棉麻储运公司
24. 江阴市协丰棉麻有限公司
25. 徐州储运有限责任公司605库
26. 天门市昌丰仓储物流有限公司
27. 湖北银都仓储有限责任公司
28. 荆州市荆储棉业有限公司
29. 湖南银华6901库
30. 甘肃储备物资管理局六三八处
31. 甘肃储备物资管理局二七四处
32. 甘肃储备物资管理局五七四处
33. 甘肃储备物资管理局一七三处
34. 甘肃省棉麻总公司6961处
35. 甘肃省棉麻总公司6962处
36. 陕西棉麻西安转运站
37. 陕西棉麻205库
38. 陕西盛泰仓储有限公司
39. 陕西棉麻纺织兴平68098库
40. 山西棉麻侯马采供站
41. 山西棉麻655库
42. 山西省棉麻公司晋中分公司672库
43. 山西棉麻永济接运站
44. 山西棉麻襄汾接运站
45. 总后闻喜军需材料仓库
46. 山西物资储备局639处
47. 河南中方棉花交易有限公司

48. 南阳市棉花储运公司
49. 安阳市棉麻公司汤阴棉储库
50. 许昌棉麻实业有限公司
51. 安徽省合肥棉麻中转储备库
52. 安徽省棉麻公司巢湖经营站
53. 江西省银海棉麻有限公司
54. 彭泽县棉花交易市场库

中国储备棉管理总公司关于《2011年度棉花临时收储预案》准备工作的公告

【发布单位】中国储备棉管理总公司
【发布日期】2011年8月5日

8月4日，国家发展改革委等有关部门召开专题会议，研究落实《2011年度棉花临时收储预案》准备工作，要求认真贯彻落实《2011年度棉花临时收储预案》精神，稳定市场预期，保护棉农利益，做好2011棉花年度敞开收储的准备工作。会议讨论了《中国储备棉管理总公司〈2011年度棉花临时收储预案〉实施办法》等相关办法。

中储棉总公司根据《2011年度棉花临时收储预案》要求，已经做好按照19800元/吨的价格敞开收储2011年度棉花的一切准备工作。中储棉总公司定于8月9日召开《2011年度棉花临时收储预案实施工作暨业务工作座谈会》，宣贯《中国储备棉管理总公司〈2011年度棉花临时收储预案〉实施办法》，部署2011年度棉花临时收储工作。近期将在中储棉总公司官方网站发布相关实施办法和第一批收储库点。

中国储备棉管理总公司关于《2011年度棉花收储第一批备用仓库》的公示

【发布单位】中国储备棉管理总公司
【发布日期】2011年8月16日

根据2011年度棉花临时收储预案实施办法有关规定，中国储备棉管理总公司（以下简称“中储棉总公司”）按照以直属库及现存有储备棉和曾获得中储棉总公司安全或业务先进单位的代储库为主的原则，确定了2011年度棉花收储第一批备用仓库，现公示如下：

1. 天津宏棉公司杨柳青仓库
2. 保定棉麻定州仓库
3. 中棉廊坊储运公司
4. 衡水棉麻公司储备库
5. 江阴市协丰棉麻有限公司
6. 连云港新苏豫棉花储运有限公司

7. 南通市棉麻公司保税库
8. 高密采购供应站
9. 禹城棉麻公司
10. 苗宝种业公司
11. 平原采购供应站
12. 南阳棉花储运公司仓库
13. 河南豫棉物流有限公司
14. 湖北银都仓储有限责任公司
15. 荆州市荆储棉业有限公司
16. 襄阳市棉花中转储备库
17. 湖北仙桃市华泰纺织有限公司
18. 安徽省棉麻公司巢湖经营站
19. 陕西棉麻西安转运站
20. 山西棉麻侯马采供站
21. 甘肃省棉麻总公司六九六一处

公示时间为2011年8月16日至19日，公示期间，对公示仓库如有异议，请通过来电、来信（传真）形式，署名对公示库点安全条件、管理水平、资产状况等方面情况和问题进行实事求是、客观公正的反映。同时，请各有关直属库对公示名单中其监管范围内的第一批备用仓库安全条件及仓容情况进行复查核实，并于8月19日下午5点前将复查情况报总公司仓管部。

联系人：刘思名

联系电话：（010）58519393，传真：（010）58519394

中国储备棉管理总公司关于《2011年度新疆地区棉花收储第一批备用仓库》的公示

【发布单位】中国储备棉管理总公司

【发布日期】2011年8月18日

根据《2011年度棉花临时收储预案实施办法》有关规定，经中国储备棉管理总公司（以下简称“中储棉总公司”）研究，确定了2011年度新疆地区棉花收储第一批备用仓库，现公示如下：

1. 新疆新棉集团巴楚棉麻站
2. 新疆生产建设兵团棉麻公司阿克苏储运经销站
3. 石河子天银物流有限公司
4. 新疆伊犁伊欣棉业有限公司
5. 新疆欧亚大陆桥农产品运销有限公司米泉站

公示时间为2011年8月18日至19日，公示期间，对公示仓库如有异议，请通过来电、来信（传真）形式，署名对公示库点安全条件、管理水平、资产状况等方面情况和问题进行实事求是、客观公正地反映。

联系人：刘思名

联系电话：（010）58519393，传真：（010）58519394

中国储备棉管理总公司关于发布2011年度第一批收储库点的公告

【发布单位】中国储备棉管理总公司
【发布日期】2011年8月26日

各涉棉企业：

根据《2011年度棉花临时收储预案》和《中国储备棉管理总公司〈2011年度棉花临时收储预案〉实施办法》要求，中国储备棉管理总公司按照“有利于保护农民利益、有利于企业就近交储、有利于棉花安全储存、有利于监管、有利于调运”的原则，确定第一批收储库点，现公告如下：

省份	仓库名称	库容（吨）	业务联系人	手机	电话
山东省	山东棉麻公司平原采购供应站	40000	张健全	13465197126	0534－2160064
	地址			邮编	传真
	山东平原县兴平路			253100	0534－2160064
	仓库名称	库容（吨）	业务联系人	手机	电话
	山东棉麻公司高密采购供应站	31000	栾志宝	13706467810	0536－2335443
	地址			邮编	传真
	山东高密市文昌街637号（原经贸街7号）			261501	0536－2335443
	仓库名称	库容（吨）	业务联系人	手机	电话
	山东禹城棉麻公司	88000	邵宗立	13953458198	0534－2126256
	地址			邮编	传真
	山东禹城市人民路1211号			251200	0534－2126226
	仓库名称	库容（吨）	业务联系人	手机	电话
	山东苗宝种业有限公司	55000	许广强	13706396481	0534－8850345
	地址			邮编	传真
	山东陵县糜镇开发区			253509	0534－8850345
天津市	仓库名称	库容（吨）	业务联系人	手机	电话
	天津宏棉股份有限公司杨柳青仓库	60000	梁荣进	13002269803	022－27391240
	地址			邮编	传真
	天津市西青区杨柳青镇新胜利路增1号			300380	022－27391240

续表 1

省份	仓库名称	库容（吨）	业务联系人	手机	电话
河北省	衡水市棉麻总公司	70000	秋福深	13081809285	0318－2149000
	地址			邮编	传真
	河北省衡水市人民西路西段 98 号			053000	0318－2200719
	仓库名称	库容（吨）	业务联系人	手机	电话
	中棉集团廊坊储运有限公司	16000	马立国	18632604444	0316－6077118
	地址			邮编	传真
	河北省廊坊市开发区云鹏道 38 号			065001	0316－6077166
	河北保定银河棉业有限公司定州库	27000	朱键如	13703321357	0312－2381665
	地址			邮编	传真
	河北省定州市博陵街 32 号			073000	0312－5533311
湖北省	仓库名称	库容（吨）	业务联系人	手机	电话
	湖北荆州荆储棉业有限公司	20000	李刚	13872204950	0716－8180796
	地址			邮编	传真
	湖北省荆州市沙市区十号路同心村			434000	0716－8182805
	仓库名称	库容（吨）	业务联系人	手机	电话
	湖北银都仓储有限责任公司	35000	王非	15872109210	0716－5695245
	地址			邮编	传真
	湖北省公安县埠河镇益群路 6 号			434302	0716－5695235
	仓库名称	库容（吨）	业务联系人	手机	电话
	襄阳市棉花中转储备库	18000	熊中华	18608676228	0710－3544436
	地址			邮编	传真
	湖北省襄樊市襄城区见山路 43 号			441049	071－3544436
	仓库名称	库容（吨）	业务联系人	手机	电话
	仙桃市华泰纺织有限公司	30000	陈浩	13477518689	0728－3268668
	地址			邮编	传真
	湖北省仙桃市仙桃纺织工业园内			433066	0728－3268668
江苏省	仓库名称	库容（吨）	业务联系人	手机	电话
	江阴市协丰棉麻有限公司	60000	桑爱春	13961683090	0510－86060979
	地址			邮编	传真
	江苏省无锡市江阴华西村华西商贸城			214420	0510－86060500
	仓库名称	库容（吨）	业务联系人	手机	电话
	连云港新苏豫棉花储运有限公司	30000	李伟挚	13705137669	0518－85447039
	地址			邮编	传真
	江苏省连云港开发区沿新西路 16 号			222002	0518－85440700

续表 2

<table>
<tr><th>省份</th><th>仓库名称</th><th>库容（吨）</th><th>业务联系人</th><th>手机</th><th>电话</th></tr>
<tr><td rowspan="3">江苏省</td><td>南通棉麻公司保税仓库</td><td>15000</td><td>蔡超</td><td>13906298056</td><td>0513－85597011</td></tr>
<tr><td>地址</td><td></td><td></td><td>邮编</td><td>传真</td></tr>
<tr><td>南通崇川路 46 号</td><td></td><td></td><td>226000</td><td>0513－85470826</td></tr>
<tr><td rowspan="8">陕西省</td><td>仓库名称</td><td>库容（吨）</td><td>业务联系人</td><td>手机</td><td>电话</td></tr>
<tr><td>中国储备棉管理总公司泾阳直属库</td><td>32000</td><td>郭康宁</td><td>13389108078</td><td>029－36381434</td></tr>
<tr><td>地址</td><td></td><td></td><td>邮编</td><td>传真</td></tr>
<tr><td colspan="3">陕西省泾阳县永乐镇北街</td><td>713702</td><td>029－36381434</td></tr>
<tr><td>仓库名称</td><td>库容（吨）</td><td>业务联系人</td><td>手机</td><td>电话</td></tr>
<tr><td>陕西省棉麻公司西安转运站</td><td>12000</td><td>王锋桥</td><td>13759990136</td><td>029－83311441</td></tr>
<tr><td>地址</td><td></td><td></td><td>邮编</td><td>传真</td></tr>
<tr><td colspan="3">陕西省西安市灞桥区灞桥镇东歇架寺</td><td>710024</td><td>029－83311568</td></tr>
<tr><td rowspan="4">山西省</td><td>仓库名称</td><td>库容（吨）</td><td>业务联系人</td><td>手机</td><td>电话</td></tr>
<tr><td>山西省棉麻公司侯马采供站</td><td>15000</td><td>张晋全</td><td>13700573114</td><td>0357－4296520</td></tr>
<tr><td>地址</td><td></td><td></td><td>邮编</td><td>传真</td></tr>
<tr><td colspan="3">山西省侯马市晋生巷北二胡同</td><td>044300</td><td>0357－4296365</td></tr>
<tr><td rowspan="12">河南省</td><td>仓库名称</td><td>库容（吨）</td><td>业务联系人</td><td>手机</td><td>电话</td></tr>
<tr><td>中国储备棉管理总公司漯河直属库</td><td>30000</td><td>郑飞</td><td>15939519888</td><td>0395－3325118</td></tr>
<tr><td>地址</td><td></td><td></td><td>邮编</td><td>传真</td></tr>
<tr><td colspan="3">河南省漯河市孟南工业区纬三路东段</td><td>462300</td><td>0395－3396007</td></tr>
<tr><td>仓库名称</td><td>库容（吨）</td><td>业务联系人</td><td>手机</td><td>电话</td></tr>
<tr><td>南阳市棉花储运有限公司</td><td>20000</td><td>关仲</td><td>13507638377</td><td>0377－63299389</td></tr>
<tr><td>地址</td><td></td><td></td><td>邮编</td><td>传真</td></tr>
<tr><td colspan="3">河南省南阳市光武西路万商街 9 号</td><td>473063</td><td>0377－63299389</td></tr>
<tr><td>仓库名称</td><td>库容（吨）</td><td>业务联系人</td><td>手机</td><td>电话</td></tr>
<tr><td>河南豫棉物流有限公司</td><td>10000</td><td>孙连君</td><td>13937160659</td><td>0371－66713736</td></tr>
<tr><td>地址</td><td></td><td></td><td>邮编</td><td>传真</td></tr>
<tr><td colspan="3">河南省郑州市管城区南曹乡小李庄</td><td>450048</td><td>0371－66713107</td></tr>
<tr><td rowspan="5">安徽省</td><td>仓库名称</td><td>库容（吨）</td><td>业务联系人</td><td>手机</td><td>电话</td></tr>
<tr><td rowspan="2">安徽棉麻公司巢湖经营站</td><td rowspan="2">26000</td><td>朱新刚</td><td>13856598378</td><td>0565－2601925</td></tr>
<tr><td>俞莉</td><td>13966379941</td><td></td></tr>
<tr><td>地址</td><td></td><td></td><td>邮编</td><td>传真</td></tr>
<tr><td colspan="3">安徽巢湖巢庐路 4 公里处</td><td>238000</td><td>0565－2603488</td></tr>
</table>

续表 3

省份	仓库名称	库容（吨）	业务联系人	手机	电话
甘肃省	中国储备棉管理总公司兰州直属库	32000	殷兴红	13909486871	0931 - 6273812
	地址			邮编	传真
	甘肃兰州红古区花庄镇工农路 1 号			730086	0931 - 6273555
	仓库名称	库容（吨）	业务联系人	手机	电话
	甘肃棉麻总公司 6961 处	2000	董水林	13909383776	0938 - 2511126
	地址			邮编	传真
	甘肃天水市麦积区 019 信箱			741022	0938 - 2511126
湖南省	仓库名称	库容（吨）	业务联系人	手机	电话
	中国储备棉管理总公司岳阳直属库	11000	刘德华	13907303385	0730 - 8573370
	地址			邮编	传真
	湖南省岳阳市城陵矶			414002	0730 - 8573377
江西省	仓库名称	库容（吨）	业务联系人	手机	电话
	中国储备棉管理总公司九江直属库	15000	闫国群	13607928826	0792 - 8734688
	地址			邮编	传真
	江西九江庐山区新港镇			332013	0792 - 8734688
新疆自治区	仓库名称	库容（吨）	业务联系人	手机	电话
	新疆亚欧大陆桥农产品运销有限责任公司（米泉）	100000	李华程	13809913587	0991 - 7947068
	地址			邮编	传真
	米泉古牧地镇太平渠村			830000	0991 - 7947068
	仓库名称	库容（吨）	业务联系人	手机	电话
	石河子天银物流有限公司	100000	王海平	13999329801	0993 - 2833258
	地址			邮编	传真
	石河子东一路 37 小区 213 号			832000	0993 - 2833252
	仓库名称	库容（吨）	业务联系人	手机	电话
	伊犁哈萨克自治州棉麻公司	100000	车飚	13579163296	0992 - 3286633
	地址			邮编	传真
	奎屯市南环翠竹园 38 - 1			833200	0992 - 3286633
	仓库名称	库容（吨）	业务联系人	手机	电话
	新疆棉花产业集团巴楚棉麻站	100000	赵军胜	13909983420	0998 - 6175079
	地址			邮编	传真
	巴楚火车站旁			843800	0998 - 6175130

续表4

省份	仓库名称	库容（吨）	业务联系人	手机	电话
新疆自治区	新疆生产建设兵团棉麻公司驻阿克苏储运	100000	唐明	15599783333	0997－2663060
	地址			邮编	传真
	阿克苏市火车站东2公里处			843000	0997－2663060
	仓库名称	库容（吨）	业务联系人	手机	电话
	中储棉库尔勒有限责任公司	100000	允斌	139099602698	0996－2062018
	地址			邮编	传真
	库尔勒火车西站			841024	0996－2062018

中国储备棉管理总公司关于《2011年度棉花收储第二批备用仓库》的公示

【发布单位】中国储备棉管理总公司
【发布日期】2011年8月26日

根据《2011年度棉花临时收储预案实施办法》有关规定，经中国储备棉管理总公司（以下简称“中储棉总公司”）考察研究，确定了2011年度内地及新疆地区棉花收储第二批备用仓库，现公示如下：

1. 保定银祥棉业仓库
2. 河北宏润高阳仓库
3. 衡水中棉工业棉花产业化公司
4. 冀州恒通棉花仓储有限公司
5. 绍兴华通色纺有限公司
6. 连云港苏港棉业有限公司
7. 南通棉麻有限公司保税库
8. 江苏天储物流有限公司
9. 菏泽巨野转运站
10. 德州中兴棉业公司
11. 山东省立晨物流股份有限公司临沂开发区仓库
12. 锦和棉麻公司
13. 山东省棉麻公司章丘库
14. 山东滨城国家粮食储备库
15. 银华现代农业物流股份有限公司
16. 湖北储备物资管理局三三八处
17. 湖北银丰仓储物流有限公司
18. 湖北枣阳天宇棉业有限公司
19. 芜湖市棉麻有限责任公司
20. 甘肃酒泉敦煌种业农产品仓储有限公司
21. 甘肃省棉麻总公司六九六二处
22. 许昌棉麻实业有限公司
23. 商丘市棉麻总公司
24. 上海际华集团信阳公司
25. 新疆力源投资有限责任公司
26. 新疆农资集团北疆农佳乐有限责任公司
27. 新疆生产建设兵团棉麻公司库尔勒储运经销站

28. 新疆铁农物流有限责任公司

公示时间为2011年8月26日至30日，公示期间，对公示仓库如有异议，请通过来电、来信（传真）形式，署名对公示库点安全条件、管理水平、资产状况等方面情况和问题进行实事求是、客观公正的反映。

联系人：刘思名

联系电话：（010）58519393

传真：（010）58519394

中国储备棉管理总公司关于发布《2011年度棉花临时收储预案》实施办法的公告

【发布单位】中国储备棉管理总公司

【发布日期】2011年8月26日

各涉棉企业：

根据国家发展改革委等八部门联合下发《2011年度棉花临时收储预案》（公告2011年第5号，以下简称《预案》）规定，中国储备棉管理总公司（简称“中储棉总公司”）为更好落实《预案》有关要求，切实做好2011年度棉花临时收储工作，经有关部门研究同意，现发布《中国储备棉管理总公司〈2011年度棉花临时收储预案〉实施办法》（简称“实施办法”，见附件），2011年度棉花临时收储事宜按本实施办法执行。

附件

《2011年度棉花临时收储预案》实施办法

为稳定棉花生产、经营者和用棉企业市场预期，保护棉农利益，保证市场供应，国家发展改革委（以下简称“国家发展改革委”）等八部门联合下发《2011年度棉花临时收储预案》（公告2011年第5号，以下简称《预案》）。中国储备棉管理总公司（以下简称“中储棉总公司”）为更好落实《预案》有关要求，切实做好2011年度棉花临时收储工作，特制订本实施办法。

第一章　组织机构及职责

第一条　中储棉总公司成立“2011年度棉花临时收储领导小组”，姚明烨同志任组长，侯振武同志任副组长，储备部、仓管部、财务部、信息部等负责人为小组成员。领导小组部署、协调、指挥棉花临时收储的各项工作，负责政策落实，研究确定相关费用标准，统一调配人员、设备，协调解决《预案》执行中的相关问题等。

第二条　储备部负责储备棉收储业务的具体实施。根据国家有关部门要求和收储需要商仓管部启用具体收储库点，负责编制储备棉统计报表，指导储备棉入库工作，负责申报、协调储备棉公证检验工作，负责储备棉的中转调运工作，负责储备棉保险工作，根据相关规定商财务部拨付储备棉入库费、配合公检费、中转运费等专项费用。

第三条　仓管部负责在库储备棉安全管理工作及储备棉代储库的选定。根据《国家储备棉代储库资格认定及租用办法》选定储备棉备用仓库。经确认使用后，负责与备用仓库签订《国家储备棉仓储合同》，备用库正式成为储备棉代储库。中储棉总公司不向代储库、备用库承诺存储数量和时间。

2011年8月20日前，按照“有利于保护农民利益、有利于企业就近交储、有利于棉花安全储存、有利于监管、有利于调运”的原则，仓管部商储备部确定《预案》执行区域内的承储库（包括直属库和代储库，下同）布局和库容并报有关部门备案。第一批备用库仓容应不少于100万吨。根据收储进度，随时考察、确定备用仓库。

第四条 财务部负责向中国农业发展银行（以下简称“农发行”）总行营业部申请储备棉收储所需资金，根据国家有关规定与交储企业及承储库结算货款和相关费用，核算储备棉成本。

第五条 信息部负责主营业务系统和储备棉台账系统的维护及培训等，保障公司总部和承储库的正常使用，保障有关部门计算机等办公设备的配备和维护，为确保收储工作顺利进行，提供技术、设备支持。

第六条 承储库负责储备棉的入库、堆码和在库储备棉安全工作。负责收储棉花的入库初验，查验交储企业提供的籽棉收购单据，配合公证检验，入库堆码，做好储备棉数据的录入、上报等工作，负责收集和妥善保管棉花的小样和条码，以备查验。承储库要积极配合农发行总行营业部异地库存监管工作。

直属库（单位）根据《国家储备棉代储库安全监管办法》负责代储库的安全监管。负责代储库业务指导和派驻代储库人员的管理。

中储棉总公司派驻人员负责协助代储库进行储备棉入库初验工作，协调检验机构现场公证检验，指导代储库做好储备棉安全收储相关工作。

第二章 价格监测和启动收储

第七条 根据《预案》规定，《预案》执行期间，信息中心每个工作日在中储棉总公司网站和中国棉花网发布国内棉花、棉籽市场平均价格（国家棉花市场监测系统和中国棉花协会监测的国内棉花价格平均值和棉籽价格平均值）。

第八条 当监测的棉花市场价格连续五个工作日低于临时收储价19800元/吨时，经国家发展改革委确认后，中储棉总公司及时发布《2011年度棉花临时收储公告》，于第六个工作日正式启动收储预案。

第三章 签订合同

第九条 储备棉收储通过全国棉花交易市场（以下简称“交易市场”）储备棉交易平台进行，交易规则见《2011年度棉花临时收储交易办法》。

第十条 交储企业必须具备以下条件：

（1）经国家工商行政管理部门登记注册的企业法人。

（2）具备400型棉花加工资格的棉花企业。

（3）具备一般纳税人资格。

第十一条 储备部会同交易市场审核交储企业资格，通过审核的交储企业要在交易市场预存300元/吨的履约保证金。

第十二条 交储企业应按照合同约定，以不低于籽棉收购参考价向棉农收购籽棉，在交货时提供收购单据，并为单据的真实性承担法律责任。

第十三条 储备部每个工作日公布挂牌收储库点和数量，并根据需要及时调整。成交后，储备部在规定时间内与交储企业签订《国家储备棉购销合同》。

第四章 质量、包装及组批要求

第十四条 交储的棉花必须是2011年度生产并经仪器化公证检验的锯齿细绒棉。

第十五条 交储棉花品级要求为1至4级，长度要求为27毫米以上（含27毫米），马克隆值要求为A级、B级和C级的C2档，其他质量要求按国家有关标准执行。

第十六条 棉包包装材料和捆扎材料要符合“GB 6975－2007 棉花包装”国家标准规定，必须使用新包装材料，新疆库点交储的棉包捆扎物应使用塑钢带。棉包外形和尺寸要符合“GB 6975－2007 棉花包装”国家标准中Ⅰ型包规定，平均包重227公斤（允差幅度为±10公斤）。棉包刷唛要按照“GB 1103－2007 棉花细绒棉”国家标准中包装标识要求，做到内容齐全、字迹清晰，塑料套包两侧要粘贴不干胶标签。

第十七条 交储棉花要按品级组批，一个品级棉花组一批，新疆产区每批组批数量为93包或者186包，内地产区每批组批数量为60包或者120包。刷唛中要有批号，批号由11位数字或字母组成，第1位至第5位为仪器化检验加工厂代码，第6位至第7位为棉花年度，第8位为生产线代码，第9位至第11位为组批顺序号。例如，批号34011111001，其中第1位至第5位为加工厂代码“34011”，第6位至第7位为棉花年度“11”，第8位为生产线代码“1”，第9位至第11位为组批顺序号“001”。

第五章 入库初验

第十八条 交储企业要按照中储棉总公司规定时间将交储的棉花均衡运至指定承储库，交储企业运输前要及时与承储库联系，承储库做好接货准备工作。

第十九条 交储企业在指定承储库交货时需要提供以下单据：

（1）籽棉收购单据。收购单据要按合同装订成册，并加盖交储企业公章。

（2）交储棉花出厂公证检验证书。

（3）交储棉花的小样及条码，每包小样不少于125克。

（4）《申报入储公证检验表》及电子版，《条码汇总表》电子版，按照中纤局要求填写。

（5）提供与交储棉花包装材料相同的包皮和捆扎材料一套。

（6）《国家储备棉购销合同》复印件。

第二十条 承储库要在棉花入库时查验交储企业提供的相应籽棉收购单据，籽棉收购价格不低于合同中约定的籽棉收购参考价。凡是籽棉收购价格低于合同约定的籽棉收购参考价的棉花，一律不得接收，棉花由交储企业自行处理，因此发生的费用由交储企业承担。同时，承储库要书面上报储备部，将该合同按违约处理，并报相关部门将该交储企业列入行业黑名单。承储库应配合有关部门对交储企业收购价格和合同执行情况的监管。

第二十一条 承储库在初验过程中发现下列情况之一的棉花不符合收储条件，整批棉花退出，由交储企业自行处理：

（1）棉花品级低于4级。

（2）长度级低于27毫米。

（3）马克隆值级为C1。

（4）单包棉花回潮率超过10%。

（5）异性纤维含量超过L档。

（6）炸包、散包包数占总包数超过3%。

（7）露白棉包包数占总包数超过10%。

（8）货证不符的棉花。

（9）严重污染、霉变、水残、雨淋的棉花。

（10）混有地脚棉、回收棉等。

第二十二条 承储库在入库过程中发现炸包、散包包数不超过该批总包数3%的，可以正常入库，但交储企业应负责按原包数给予复包或调换，相应费用由交储企业自行承担。

第二十三条 入库棉花露白包数不超过该批总包数10%的，可以入库，由承储库负责整理，交储企业需承担相应整理费用。

第二十四条 入库棉花发现污染、霉变、水残、水渍等异常情况棉花包数不超过该批总包数5%的，剔除异常棉包，并由交储企业补齐后，可以正常入库和初验。

第二十五条 为了加快结算进度，原则上一个合同的棉花到齐后一次初验上报。

第二十六条 初验符合储备棉要求的，承储库要在1个工作日内出具《储备棉初验入库单》上报储备部，《储备棉初验入库单》中填报的棉花不得有污染、霉变、水渍等问题棉包。填报《储备棉初验入库单》的棉花，没有中储棉总公司出具的《公证检验不合格棉花出库单》或《储备棉出库单》一律不得出库。

第二十七条　初验不符合收储条件的棉花，承储库及时书面上报储备部，并通知交储企业在2日内将棉花自行移库，交储企业承担由此发生的各项费用。交储企业未能在规定期限内移库的棉花，承储库要与交储企业签订代保管合同，明确责任。

第六章　预付货款

第二十八条　储备部收到《储备棉初验入库单》1个工作日内进行登记，并交财务部。

第二十九条　财务部收到《储备棉初验入库单》2个工作日内，按照标准级（328）价格向交储企业预付80%货款。

第七章　公证检验

第三十条　储备部将启用收储库点提前通知中国纤维检验局（以下简称“中纤局”），中纤局安排承检机构现场检验。公证检验结果作为交储企业提供的棉花是否符合交储的质量依据，中储棉总公司按中纤局出具的公证检验结果与交储企业结算货款。收储棉花公证检验按照《2011年度国储棉收储公证检验预案》执行。

第三十一条　承储库要全力配合公证检验工作。为加快检验进度，有条件的承储库可以采取整批过磅方式，协调承检机构在棉花入库卸车过程中同步进行现场检验。

第三十二条　承储库接到承检机构出具的《国家储备棉入库公证检验结果汇总表》，对公证检验结果进行确认。如果对公证检验结果有异议，应及时反馈储备部，储备部按照《棉花质量监督管理条例》的规定向中纤局提出复检申请，对复检结论仍有异议的，可以申请仲裁或依法向人民法院提起诉讼。

承储库接到承检机构出具的《国家储备棉入库公证检验结果汇总表》后，应在1个工作日内通知交储企业对公证检验结果进行确认。如果交储企业对公证检验结果有异议，应及时向中纤局提出复验申请。

第三十三条　承检机构将双方确认的公证检验结果上报中纤局，中纤局将电子版检验数据传储备部。储备部根据公证检验结果合格部分出具《储备棉入库通知书》下发承储库，不合格部分开具《公证检验不合格棉花出库单》。承检机构现场出具《储备棉公证检验证书》，交承储库两份，其中一份承储库留存，随货同行，另一份收储结束对账后统一交储备部。

第三十四条　承储库接到《储备棉入库通知书》后，要在2个工作日内，根据《储备棉公证检验证书》、接货记录和系统数据进行核对，确认无误后填制《储备棉入库单》上传储备部。数据如有不符的要及时将情况反馈储备部。

第八章　货款结算

第三十五条　储备部收到《储备棉入库单》后，2个工作日内进行审核、登记后与《公证检验不合格棉花出库单》一并交财务部，财务部根据国家有关部门规定结算货款。

货款计算公式为：〔成交价×（1±等级差率）〕×每包公定重量。

品级和长度差率按《预案》规定执行。

第三十六条　财务部接到《储备棉入库单》2个工作日内出具《储备棉入库结算单》传真至交储企业，交储企业根据《储备棉入库结算单》开具增值税发票。财务部收到增值税发票并验证无误后3个工作日内向交储企业付清余款。

第三十七条　财务部接到《公证检验不合格棉花出库单》2个工作日内出具传真至交储企业，交储企业10个工作日内退回多付货款，财务部确认收回多付货款，在《公证检验不合格棉花出库单》签字确认交回储备部，储备部下发《公证检验不合格棉花出库单》，承储库为交储企业办理出库手续，不合格棉花发生的相关费用由交储企业承担。

第三十八条　财务部确认交储企业收到《储备棉入库结算单》后10个工作日内未将预付货款退回的，书面通知储备部。储备部将相应棉花通过交易市场公开拍卖，所得货款用于冲抵预付货款、入库费用、超期保管费、保险费等，如有余款，退回交储企业。拍卖所得货款不足以冲抵预付货款和相关费用时，由交易市场扣除该企业的全部保证金用于冲抵预付货款和相关费用，不足部分中储棉总公司将依法向交储企业追索。

第九章　违约责任

第三十九条　交储企业存在以下情况之一，按照违约处理，扣除300元/吨的履约保证金。

（1）交储棉花的籽棉收购价低于合同中约定的籽棉收购参考价。

（2）未按规定时间签订购销合同。

（3）未按照规定时间交货。

（4）棉花质量存在弄虚作假。

（5）实际交储棉花（公检合格）比合同约定数量少10%以上。

（6）交储棉花公检不合格，未按规定时间退回预付货款。

第四十条　交易市场在采购工作结束15个工作日内将交储企业由于违约扣留的履约保证金汇至中储棉总公司指定账户。

第十章　储备棉调运和集并

第四十一条　根据收储进度，中储棉总公司报有关部门批准后启动新疆棉调运工作。收储工作结束后，中储棉总公司报有关部门批准，将代储库库存少于5000吨的储备棉进行集并。

第十一章　附　则

第四十二条　本办法未尽事宜参照相关规定执行。

第四十三条　本办法自发布之日起实施。

第四十四条　本办法由储备部负责解释。

中国储备棉管理总公司等关于发布《2011年度棉花临时收储交易办法》的公告

【发布单位】中国储备棉管理总公司　北京全国棉花交易市场
【发布日期】2011年8月26日

各涉棉企业：

根据国家发展和改革委员会等八部门发布的《2011年度棉花临时收储预案》（2011年第5号公告）有关规定，2011年度棉花收储交易通过全国棉花交易市场收储交易系统进行，有关交易规则按照《2011年度棉花临时收储交易办法》（见附件）执行。

特此公告。

附件

2011年度棉花临时收储交易办法

第一章　总　则

第一条　根据《中华人民共和国合同法》、《2011年度棉花临时收储预案》（国家发展和改革委员会2011年第5号公告）及有关规定，制订本办法。

第二条　2011年度棉花临时收储是指由中国储备棉管理总公司（以下简称“中储棉总公司”）按照《2011年度棉花临时收储预案》要求，通过全国棉花交易市场（以下简称“交易市场”）棉花收储交易系统发布购棉邀约，由具有400型棉花加工资格的棉花企业就近选择库点点击成交，交易市场根据成交结果生成《国家储备棉棉购销合同》（以下简称《购销合同》），经中储棉总公司和交储企业分别签字盖章后，由交易市场作为第三方予以见证，交储企业在合同约定仓库货场交货的收储方式。

交储的棉花必须是2011年度生产加工、经仪器化公证检验、符合规定交储条件要求的锯齿细绒棉。

收储库点参见中储棉总公司相关公告。

第三条　除非本办法另行规定，参加本次临时棉花收储交易的交储企业须具备以下条件：

（1）经国家工商行政管理部门登记注册的企业法人。

（2）具有400型棉花加工资格的棉花企业。

（3）具备一般纳税人资格。

第四条　交易市场和中储棉总公司共同对参与2011年度棉花收储交易和交储企业的资格进行审核，审核结果于2个工作日及时回复有关交储企业。

通过资格审核的交储企业，需在交易市场开户方可参与收储交易。

对于租赁符合交储条件的400型棉花加工企业、或委托符合交储条件的400型棉花加工企业代为加工棉花的、或400型棉花加工企业本身为非独立法人的，需由有关企业出具租赁、委托加工以及交储企业属于非独立法人等证明后，方可由有关企业参与收储交易。交储企业为提供的资料承担相关法律责任。

第五条　棉花收储交易时间为每日16：00开市，16：30全场交易结束。

第二章　品种、质量、计量和计价单位

第六条　棉花收储的交易报价品种为328级锯齿细绒棉，卖方报价为送至中储棉总公司指定仓库货场以公定重量计算的交货价格即19800元/吨，其他等级棉花的收储价格按照3%的品级差率、1%的长度差率计算。实际交货的棉花品级要求为1至4级，长度要求为27毫米以上（含27毫米），马克隆值要求为A级、B级（含B1级和B2级）和C级的C2档，其他质量要求按照国家有关规定标准执行。

实际货款根据公证检验结果据实结算。

第七条　所有交储的棉花须为经过仪器化公证检验的大包棉花。

第八条　合同交易的计量单位为“吨”，合同交易的计价单位为“元/吨”（含税）。

第三章　棉花收储交易的程序

第九条　棉花收储交易的程序：

（一）卖方参与交易前，向交易市场交纳一定数额的保证金，交易系统根据成交情况按照每吨300元实时扣划；

（二）每日收储交易前由中储棉总公司发布当日收储总数量和各承储仓库具体收储数量；

（三）交易市场棉花收储交易系统于工作日16：00开市，已办理开户的交储企业可进入交易系统参与交易；

（四）交易开始后，具备交易资格的交储企业按照“时间优先”原则参与。内地库点成交数量须为30吨的整倍数，且单笔最小成交数量不少于90吨，单笔最大成交数量不超过180吨；新疆库点成交数量须为40吨的整倍数，且单笔最小成交数量不少于200吨，单笔最大成交数量不超过400吨。16：30全场交易结束；

（五）交易市场根据成交结果生成经国家工商行政管理部门登记备案的《国家储备棉购销合同》，中储棉总公司和卖方在3个工作日内签订，交易市场作为第三方予以见证，并具有法律效力；

（六）卖方于成交后3个工作日内未签订合同的，交易市场按其违约处理。

第十条　交储企业和中储棉总公司各自对其

通过交易市场棉花收储交易系统发出的“邀约”指令承担全部经济和法律责任。

第十一条 交储企业必须按照本办法及相关规定参与交易。对违反本办法和有关公告规定的交易商，除对有关成交按无效或违约处理外，交易市场有权视情节轻重分别给予口头警告、书面警告、暂停交易、取消交易商资格等处罚。

第四章 保证金和手续费

第十二条 交易市场于交易前向买卖双方收取保证金，其中，卖方交易商于交易前需在交易市场指定账户存放不少于人民币 20 万元的保证金。

保证金是指卖方交易商和中储棉总公司按照交易市场规定标准交纳的资金，专门用于 2011 年度棉花临时收储交易的履约保证。

第十三条 交易过程中，如卖方交易商保证金不足，将不能参与交易。

第十四条 成交后，交易市场分别向成交双方一次性暂扣 300 元/吨保证金作为履约保证。

第十五条 交易市场凭中储棉总公司出具的通知释放卖方交易商的保证金。

第十六条 交易市场按 10 元/吨（含税）分别向成交双方收取交易手续费。

第五章 质量保障和纠纷处理

第十七条 实际交储过程中，如交储企业提供的棉花质量、数量不符合规定的入储条件，无论棉花是否已运至中储棉总公司指定仓库，所发生的费用及所有责任均由交储企业承担，相应部分棉花按《中国储备棉管理总公司〈2011 年度棉花临时收储预案〉实施办法》处理。

第十八条 交储企业或中储棉总公司如对公证检验结果有异议的，按照《棉花质量监督管理条例》的规定向中纤局提出复检申请，中纤局按照规定程序进行复检，双方按照复检结果结算；对复检结论仍有异议的，可以申请仲裁或依法向人民法院提起诉讼。

第十九条 交储企业存在以下情况之一，按照违约处理：

1. 交储棉花的籽棉收购价低于合同中约定的籽棉收购参考价；
2. 未按规定时间签订《购销合同》；
3. 未按规定时间交货；
4. 棉花质量存在弄虚作假；
5. 实际交储棉花（公检合格部分）比合同约定少 10% 以上；
6. 交储棉花经公检不合格，未按规定时间退回中储棉总公司预付货款；
7. 其他严重违反本办法及有关规定情形。

第二十条 合同违约，交易市场按 300 元/吨将违约方的违约金支付给另一方。

第二十一条 交储企业对交储的棉花实行质量终身负责制，出库时发现掺杂使假、棉花大样与原验结果严重不符等问题，交储企业须承担相应的经济和法律责任。

第六章 附 则

第二十二条 交货流程、货款结算等按照《中国储备棉管理总公司〈2011 年度棉花临时收储预案〉实施办法》执行。

第二十三条 交易市场有权根据国家有关部门指示对本办法有关规定作出调整。所有调整以交易市场公告形式对外发布。

第二十四条 本办法由交易市场负责解释和修订。

第二十五条 本办法自发布之日起执行。

中国棉花协会关于发布2011年度棉花临时收储籽棉收购参考价格的通告

【发布单位】中国棉花协会

【发布日期】2011年8月26日

按照国家发展和改革委员会等八部门联合颁布的《2011年度棉花临时收储预案》（2011年第5号公告），2011年度棉花临时收储标准级皮棉到库价格为每吨19800元（公重）。中国棉花协会根据皮棉临时收储价和棉籽等副产品价格，以及皮棉/籽棉折算公式、相关合理参数，测算出籽棉收购参考价格。在完成调研、公示、审核等程序后，现予以公布，于2011年度试行。

附件

2011年度棉花临时收储籽棉收购参考价格（试行）

单位：元/公斤

试轧衣分率 / 毛棉籽价	30%	31%	32%	33%	34%	35%	36%	37%	38%	39%	40%	41%	42%	43%	44%	45%
1.6	6.76	6.93	7.10	7.28	7.45	7.62	7.79	7.96	8.14	8.31	8.48	8.65	8.82	9.00	9.17	9.34
1.7	6.83	7.00	7.17	7.34	7.51	7.69	7.86	8.03	8.20	8.37	8.54	8.71	8.88	9.05	9.22	9.40
1.8	6.90	7.07	7.24	7.41	7.58	7.75	7.92	8.09	8.26	8.43	8.60	8.77	8.94	9.11	9.28	9.45
1.9	6.97	7.14	7.31	7.48	7.65	7.82	7.98	8.15	8.32	8.49	8.66	8.83	9.00	9.17	9.34	9.51
2.0	7.04	7.21	7.38	7.54	7.71	7.88	8.05	8.22	8.38	8.55	8.72	8.89	9.06	9.22	9.39	9.56
2.1	7.11	7.28	7.44	7.61	7.78	7.95	8.11	8.28	8.45	8.61	8.78	8.95	9.11	9.28	9.45	9.62
2.2	7.18	7.35	7.51	7.68	7.84	8.01	8.18	8.34	8.51	8.67	8.84	9.01	9.17	9.34	9.50	9.67
2.3	7.25	7.42	7.58	7.75	7.91	8.08	8.24	8.41	8.57	8.74	8.90	9.07	9.23	9.40	9.56	9.73
2.4	7.32	7.48	7.65	7.81	7.98	8.14	8.30	8.47	8.63	8.80	8.96	9.12	9.29	9.45	9.62	9.78
2.5	7.39	7.55	7.72	7.88	8.04	8.21	8.37	8.53	8.69	8.86	9.02	9.18	9.35	9.51	9.67	9.84
2.6	7.46	7.62	7.78	7.95	8.11	8.27	8.43	8.59	8.76	8.92	9.08	9.24	9.40	9.57	9.73	9.89
2.7	7.53	7.69	7.85	8.01	8.17	8.34	8.50	8.66	8.82	8.98	9.14	9.30	9.46	9.62	9.78	9.95
2.8	7.60	7.76	7.92	8.08	8.24	8.40	8.56	8.72	8.88	9.04	9.2	9.36	9.52	9.68	9.84	10.00
2.9	7.67	7.83	7.99	8.15	8.31	8.47	8.62	8.78	8.94	9.10	9.26	9.42	9.58	9.74	9.90	10.06
3.0	7.74	7.90	8.06	8.21	8.37	8.53	8.69	8.85	9.00	9.16	9.32	9.48	9.64	9.79	9.95	10.11

续表

毛棉籽价 \ 试轧衣分率	30%	31%	32%	33%	34%	35%	36%	37%	38%	39%	40%	41%	42%	43%	44%	45%
3. 1	7. 81	7. 97	8. 12	8. 28	8. 44	8. 60	8. 75	8. 91	9. 07	9. 22	9. 38	9. 54	9. 69	9. 85	10. 01	10. 17
3. 2	7. 88	8. 04	8. 19	8. 35	8. 50	8. 66	8. 82	8. 97	9. 13	9. 28	9. 44	9. 60	9. 75	9. 91	10. 06	10. 22
3. 3	7. 95	8. 11	8. 26	8. 42	8. 57	8. 73	8. 88	9. 04	9. 19	9. 35	9. 50	9. 66	9. 81	9. 97	10. 12	10. 28
3. 4	8. 02	8. 17	8. 33	8. 48	8. 64	8. 79	8. 94	9. 10	9. 25	9. 41	9. 56	9. 71	9. 87	10. 02	10. 18	10. 33
3. 5	8. 09	8. 24	8. 40	8. 55	8. 70	8. 86	9. 01	9. 16	9. 31	9. 47	9. 62	9. 77	9. 93	10. 08	10. 23	10. 39
3. 6	8. 16	8. 31	8. 46	8. 62	8. 77	8. 92	9. 07	9. 22	9. 38	9. 53	9. 68	9. 83	9. 98	10. 14	10. 29	10. 44
3. 7	8. 23	8. 38	8. 53	8. 68	8. 83	8. 99	9. 14	9. 29	9. 44	9. 59	9. 74	9. 89	10. 04	10. 19	10. 34	10. 50
3. 8	8. 30	8. 45	8. 60	8. 75	8. 90	9. 05	9. 20	9. 35	9. 50	9. 65	9. 80	9. 95	10. 10	10. 25	10. 40	10. 55
3. 9	8. 37	8. 52	8. 67	8. 82	8. 97	9. 12	9. 26	9. 41	9. 56	9. 71	9. 86	10. 01	10. 16	10. 31	10. 46	10. 61

附　　录

第七部分

附录1 国内主要涉棉机构通讯录

涉棉机构	通信地址	电话
国家发展和改革委员会经济贸易司	北京市西城区月坛南街38号	010-68502000
财政部经济建设司	北京市西城区三里河南三巷3号	010-68551114
商务部对外贸易司	北京市东长安街2号	010-65197420
农业部种植业司	北京市朝阳区农展馆南里11号	010-64193366
农业部农村经济研究中心	北京市西城区西四砖塔胡同56号	010-66115901
中国海关总署信息中心	北京市建国门内大街6号	010-65195623
国家统计局农村司	北京市西城区月坛南街57号	010-68783311
国家统计局工交司	北京市西城区月坛南街57号	010-68782859
中国农业发展银行	北京市西城区月坛北街甲2号	010-68081453
中国纤维检验局	北京市东城区安定门东大街5号	010-51106110
中国棉花协会	北京市复兴门内大街45号主楼7层	010-66053900
中国棉花协会棉花加工分会	北京市西直门南大街2号成铭大厦	010-66118607
中国棉纺织行业协会	北京市东长安街12号	010-85229479
中国纺织品进出口商会	北京市朝阳区潘家园南里12号楼	010-67739316
中国储备棉管理总公司	北京市西城区华远街17号	010-58519365
中华棉花集团有限公司	北京市西城区金融街33号通泰大厦C座11层	010-88086549
中棉工业有限责任公司	北京市西城区西直门内南大街2号成铭大厦B1座10b	010-66118619
中纺棉花进出口公司	北京市建国门内大街19号中纺大厦7层	010-85112255
国家棉花市场监测系统	北京市海淀区紫竹院路116号嘉豪国际中心B座15层	010-58931122
全国棉花交易市场	北京市西城区宣武门外大街甲1号环球财讯中心B座15层	010-88086850
郑州商品交易所	河南省郑州市未来路69号	0371-65610069
中国农科院棉花研究所	河南省安阳市开发区黄河大道38号	0372-2562200
安徽财经大学棉花加工工程研究所	安徽省蚌埠市宏业路255号	0552-3112124
合肥国家棉花交易中心	合肥市新站区胜利路光大国际广场B座15层	0551-2117788

附录2　国内主要棉花纤维检验机构

单位名称	地　　址	电　　话
中国纤维检验局	北京市东城区安定门东大街5号	010－51106110
北京市纺织纤维检验所	北京市朝阳区朝外八里庄西里甲15号	010－65585598
天津市纺织纤维检验所	天津市南开区科研西路2号增6号	022－23003336
河北省纤维检验局	河北省石家庄市工农路368号	0311－85236200
山西省纤维检验局	山西省太原市并州西街15号	0351－2024189
内蒙古自治区纤维检验局	内蒙古自治区呼和浩特市新城区内蒙展览馆东路	0471－4963542
辽宁省纤维检验局	辽宁省沈阳市和平区永安北路8号	024－23894057
吉林省纤维检验处	吉林省长春市卫星路7440号	0431－85315584
黑龙江省纤维检验局	黑龙江省哈尔滨市香坊区珠江路100号	0451－82309475
上海市纤维检验所	上海市长乐路1228号	021－62495305
江苏省纤维检验所	江苏省南京市石鼓路227号	025－84670510
浙江省纤维检验局	浙江省杭州市天目山路222号	0571－85123534
宁波市纤维检验所	浙江省宁波市海曙区石板巷19号	0574－87306976
安徽省纤维检验局	安徽省合肥市包河工业园国家质检中心园区内	0551－3356467
福建省纤维检验所	福建省福州市仓山区照屿路17号	0591－87893970
江西省纤维检验局	江西省南昌市高新技术开发区火炬大街188号	0791－8101480
山东省纤维检验局	山东省济南市经二路343号（济南二环北路18号）	0531－87911540
青岛市纺织纤维检验所	山东省青岛市延安三路123号	0532－83890032
河南省纤维检验局	河南省郑州市东明路北15号	0371－63297181
湖北省纤维检验局	湖北省武汉市武昌区公平路6号	027－88224867
湖南省纤维检验局	湖南省长沙市新建西路41号	0731－5350227
广州市纤维产品检测院	广东省广州市海珠区滨江中路草芳围35－2号	020－34402303
广西壮族自治区纤维检验所	广西南宁市新竹路12号	0771－5863293
重庆市纤维织品检验所	重庆市渝北区高新园云杉北路50号	023－89232606
四川省纤维检验局	四川省成都市蜀都大道少城路7号	028－86639111
贵州省纤维检验局	贵州省贵阳市云岩区头桥海马冲街45号	0851－6518084
云南省纤维检验所	云南省昆明市教场东路21号	0871－5191011
陕西省纤维检验局	陕西省西安市西八路尚平路18号	029－87444832
甘肃省纤维检验局	甘肃省兰州市金昌南路208号质检大楼	0931－8828553
青海省纤维检验局	青海省西宁市西关大街31号古城台青海质监大楼	0971－6111169
宁夏回族自治区纤维检验局	宁夏银川市兴庆区凤凰南街193号	0951－7860500
新疆维吾尔自治区纤维检验局	新疆乌鲁木齐市新华南路167号	0991－2823582

附录 3 2010/2011 年度全国新体制棉花加工企业名录

（全国统计 1626 家，时间截至 2011 年 7 月 31 日）

序 号	棉花加工企业名称
	新疆 535 家
1	库尔勒新丰普惠棉业有限责任公司
2	新疆利华棉业股份有限公司第一棉花加工厂
3	巴楚县金谷棉业有限公司
4	巴楚县光大棉业有限责任公司
5	新疆利华棉业股份有限公司第五棉花加工厂
6	巴楚县鑫鹏棉业有限责任公司
7	库尔勒惠祥棉种有限公司
8	巴州承天棉业有限责任公司
9	尉犁县中良棉业有限责任公司
10	巴楚县震华棉纺有限责任公司
11	尉犁县九九棉业有限公司
12	巴楚县良种轧花厂（有限公司）
13	麦盖提县中联棉纺有限责任公司
14	莎车县叶尔羌棉业有限责任公司
15	巴楚县泰昌棉业有限公司
16	新疆利华棉业股份有限公司第二棉花加工厂
17	巴楚县嘉德棉业有限责任公司
18	新疆利华棉业股份有限公司第三棉花加工厂
19	新疆利华棉业股份有限公司第四棉花加工厂
20	轮台县塔河棉业有限责任公司
21	沙雅富力棉花有限责任公司
22	新和金泰实业有限公司
23	巴楚县华联棉业有限责任公司
24	新和县宏信棉业有限责任公司
25	克拉玛依市天地农牧实业有限公司
26	尉犁县棉麻公司县城收购站
27	巴州美华棉业有限责任公司普惠棉花加工厂
28	奎屯世丰棉业有限公司
29	莎车县新龙棉业有限责任公司
30	尉犁县棉麻公司琼库勒收购站
31	阿克陶县盛丰棉业有限责任公司
32	阿克苏地区友邦棉业有限责任公司
33	沙湾县棉花产业有限责任公司兴棉分公司
34	乌鲁木齐利华新创棉业有限责任公司沙雅分公司
35	库尔勒顺盛棉业有限责任公司
36	玛纳斯银天棉业有限公司乐土驿轧花厂
37	沙雅益康棉业有限公司托依堡分公司
38	新疆伊犁州伊欣棉业有限责任公司棉花油脂蛋白厂
39	巴州宏业统其克棉花加工有限公司
40	博州亚东有限责任公司
41	克州宏健棉业有限责任公司
42	温宿县银丰棉业有限公司
43	尉犁县诸旺农牧业有限公司
44	博乐银丰棉花加工有限责任公司
45	巴州正圣棉业有限公司
46	阿克苏建光棉业有限责任公司
47	奎屯准噶尔棉业有限公司
48	阿克陶县金泰棉业有限公司
49	巴州德润商贸有限公司普惠棉花加工厂
50	库车天润棉业有限公司
51	库尔勒市银翔棉业有限公司
52	尉犁县棉麻公司统其克第二收购站
53	巴州丰润棉业有限责任公司
54	乌苏市利达棉花加工有限责任公司
55	阿克苏地区金泰棉业有限责任公司
56	博湖宝丰棉业有限责任公司
57	奎屯瑞丰轧花有限公司
58	沙雅恒洋棉业有限责任公司
59	新疆农佳乐新丰棉花加工有限责任公司

续表1

序　号	棉花加工企业名称	序　号	棉花加工企业名称
60	库尔勒旭鑫棉花加工有限责任公司	95	阿克苏地区宏欣棉业有限公司
61	新疆益康集团有限责任公司轧花厂	96	沙雅益康棉业有限公司红旗轧花厂
62	沙湾德盛棉业有限责任公司	97	伊犁哈萨克自治州伊欣棉业有限责任公司奎屯棉花加工厂
63	巴州美华棉业有限责任公司托布力其棉花加工厂	98	尉犁县棉麻公司塔里木收购站
64	乌鲁木齐市米东区供销棉麻有限责任公司蒋家湾轧花厂	99	新疆鑫棉科技发展有限责任公司六户地镇轧花厂
		100	库尔勒玖润棉业有限公司
65	巴州泰昌农业开发有限公司轧花厂	101	新和益新棉业有限公司轧花厂
66	莎车县叶尔羌棉业有限责任公司二厂	102	玛纳斯县金海利棉业有限公司
67	克州欣汇联实业有限公司	103	玛纳斯新众棉业有限责任公司
68	温宿县银利棉业有限公司	104	阿克陶县奔达棉业有限公司
69	新疆千棉棉业有限责任公司	105	玛纳斯万盈棉业有限公司
70	尉犁县瑞华棉业有限责任公司	106	沙雅富红棉业有限公司
71	博尔塔拉蒙古自治州恒昌棉业有限责任公司	107	沙湾县棉花产业有限责任公司中棉分公司
72	莎车县利成海棉纺有限责任公司	108	阿克苏地区金翔棉业有限责任公司
73	库尔勒宝丰棉业有限责任公司	109	巴州孔雀棉业有限责任公司
74	阿克苏市同旺纺织有限责任公司	110	乌苏市光辉棉花加工有限责任公司
75	阿克苏地区天宇棉业有限责任公司	111	沙雅银鑫棉业公司县城一厂
76	新疆桑塔木种业股份有限公司	112	沙湾县秦岭棉业有限责任公司
77	库车县白钻石棉花油脂加工有限责任公司	113	精河县天福棉花加工有限责任公司
78	吐鲁番同润棉业有限责任公司	114	沙湾县棉花产业有限责任公司丰棉分公司
79	库尔勒鑫福棉业有限责任公司	115	新疆银星棉花加工有限责任公司
80	新疆华纺纺织有限公司	116	托克逊县工尚棉花加工有限责任公司
81	新疆鸿力棉业有限公司古勒巴格轧花厂	117	呼图壁县银丰棉业有限公司
82	轮台县远江农工贸有限责任公司棉花加工厂	118	库尔勒兴宇棉花加工有限公司
83	阿克苏地区宏丰棉业有限责任公司	119	乌苏市康隆棉业有限责任公司
84	巴州国棉配送棉业有限公司	120	尉犁兴平棉业有限责任公司
85	巴州浩鑫棉业有限公司轧花厂	121	精河县天顺祥棉花加工有限公司
86	乌苏市杨帅棉花加工有限责任公司	122	阿克陶县鲁丰棉业有限责任公司
87	呼图壁县鑫欧棉业有限公司	123	阿克苏地区永衡棉业有限责任公司
88	阿克苏地区华丰棉业有限公司	124	博乐市银博棉业有限责任公司
89	博乐市康瑞棉花加工有限公司	125	尉犁泰富棉业有限公司
90	新疆鸿力棉业有限公司海楼乡包孜墩轧花厂	126	柯枰县金泰棉业有限公司
91	莎车县良种场轧花厂	127	乌苏市江华棉业有限责任公司
92	轮台县家家旺棉业有限责任公司	128	阿克苏贝乐棉业有限公司
93	奎屯康瑞棉花加工有限公司	129	喀什金盛棉业有限责任公司
94	沙雅新源棉业有限责任公司	130	新疆金丰源种业有限公司良种棉加工一厂

续表2

序 号	棉花加工企业名称	序 号	棉花加工企业名称
131	新和县永红有限责任公司棉花加工厂	164	和硕县清水河宏岳棉花加工有限责任公司
132	托克逊县天马棉业有限责任公司	165	精河县贝正棉花加工有限公司南方分公司
133	博尔塔拉蒙古自治州恒昌棉业有限责任公司套特轧花厂	166	哈密天云棉业有限公司
		167	沙雅正大棉业有限责任公司
134	精河县康瑞棉花加工有限公司	168	玛纳斯银天棉业有限公司县城轧花厂
135	新疆银通棉业有限公司库尔勒轧花厂	169	乌苏市新棉光辉棉业有限公司
136	中棉集团新和棉业有限公司	170	博乐捷福棉业有限公司贝乡轧花厂
137	沙湾县元一棉业有限责任公司	171	阿图什市海纳棉业有限公司
138	哈密协力棉业有限责任公司棉花加工厂	172	呼图壁县隆祥轧花有限责任公司
139	巴州同庆丰棉业有限公司	173	沙雅银鑫棉业公司洋塔霞轧花厂
140	麦盖提基地军联棉业有限责任公司	174	乌鲁木齐利华新创棉业有限责任公司沙雅县监狱轧花厂
141	疏勒县润丰棉业有限公司		
142	伊犁州奎屯银和棉业有限公司	175	麦盖提九九棉业有限公司
143	呼图壁县东泉棉业有限公司	176	托克逊县西域棉业有限责任公司
144	精河县托里棉花加工厂	177	库尔勒市良种棉轧花厂
145	新疆丰汇棉业有限公司	178	库车新盛农牧有限责公司轧花厂
146	玛纳斯银天棉业有限公司北五岔轧花厂	179	克州百川棉业有限责任公司
147	新疆棉花产业（集团）麦盖提棉业有限责任公司库尔玛轧花厂	180	巴州鸿泰棉业有限公司轧花二厂
		181	哈密信合棉业有限公司
148	阿克苏地区天泉棉业有限责任公司	182	乌苏市星光棉麻有限责任公司
149	沙雅国泰种业有限公司良种棉轧花厂	183	新疆棉花产业（集团）麦盖提棉业有限责任公司吐曼塔勒轧花厂
150	新疆中纺锦华棉业有限公司大丰棉花加工厂		
151	巴州德福农贸有限责任公司	184	库车县龟兹种业公司比西巴格轧花厂
152	呼图壁县天丰棉业有限公司	185	库车县龟兹种业公司良种棉轧花厂
153	温宿博嘉棉业有限责任公司	186	沙湾县华瑞棉业有限责任公司
154	乌苏市星亚棉花加工有限责任公司	187	新疆棉花产业（集团）莎车棉业有限责任公司荒地轧花厂
155	沙湾县棉花产业有限责任公司荣棉分公司		
156	沙雅九九棉业有限公司	188	库尔勒包头湖棉花加工有限责任公司
157	新疆焉耆县棉麻有限责任公司	189	乌苏市石桥银翔棉业有限责任公司
158	墨玉县白金供销有限责任公司喀尔赛乡棉花收购加工厂	190	博尔塔拉蒙古自治州中亚有限责任公司
		191	克拉玛依市独山子华银棉花产业有限责任公司
159	乌苏市顺达棉业有限公司	192	呼图壁县宏昌棉业有限公司
160	沙湾县天鹰棉花产业有限公司	193	玛纳斯县大漠棉业有限责任公司
161	新疆棉花产业（集团）莎车棉业有限责任公司艾力西湖轧花厂	194	呼图壁县康瑞棉花加工有限公司
		195	阿克苏泰星棉业有限公司
162	玛纳斯银天棉业有限公司下桥子轧花厂	196	玛纳斯县丰棉棉业有限公司
163	尉犁县中良棉业有限责任公司库尔勒分厂	197	轮台鸿泰种业有限公司原种棉轧花厂

续表3

序　号	棉花加工企业名称	序　号	棉花加工企业名称
198	阿克陶县昌隆棉业有限公司	232	麦盖提易丰棉业有限公司
199	中棉集团昌吉市棉花有限公司榆树沟轧花厂	233	乌苏市隆兴天成农产品开发有限公司
200	沙湾县康瑞棉花加工有限责任公司	234	新疆银硕棉业有限责任公司
201	喀什天利纺织原料有限公司	235	巴州亚中棉业有限公司迎宾路棉花收购加工厂
202	乌苏市明新棉业有限责任公司	236	阿图什市供销合作社联合社棉麻公司
203	库车县棉麻公司哈尼喀塔木轧花三厂	237	新疆阿克苏天山种业有限责任公司良种棉加工一厂
204	新疆沙龙棉业有限责任公司沙龙分公司	238	沙湾县棉花产业有限责任公司云棉分公司
205	新疆曼福农业科技开发有限公司	239	新疆棉花产业集团伽师棉业有限公司卧里托呼拉克乡轧花厂
206	呼图壁县天鼎棉业有限公司	240	博乐市宝林棉油加工有限责任公司
207	呼图壁县新浙农业开发有限责任公司	241	沙雅塔里木兴农棉花有限责任公司
208	新疆棉花产业（集团）麦盖提棉业有限责任公司央塔克轧花厂	242	乌苏市汇银光辉棉业有限公司
209	沙雅纵横棉花有限责任公司	243	库车县棉麻公司英叶轧花十一厂
210	阿克苏金土地棉业有限责任公司	244	沙湾县鑫达有限公司
211	沙湾县思远棉业有限责任公司	245	库车县兴合棉花有限责任公司
212	库车中棉棉业科技有限公司	246	喀什天利纺织原料有限公司莎车县分公司
213	新疆棉花产业集团伽师棉业有限公司县城轧花厂	247	中棉集团克州棉业有限公司
214	沙湾县棉花产业有限责任公司沙棉分公司	248	沙湾县棉花产业有限责任公司恒棉分公司
215	乌苏市皇宫镇棉花加工厂	249	沙湾县康华工贸有限责任公司康华棉业分公司
216	新疆棉花产业（集团）莎车棉业有限责任公司依干其轧花厂	250	新疆棉花产业（集团）麦盖提棉业有限责任公司克孜勒阿瓦提轧花厂
217	乌苏市百泉棉业有限责任公司	251	新疆棉花产业集团伽师棉业有限公司夏普吐勒乡轧花厂
218	库车县白泉棉业有限责任公司	252	乌苏市隆兴棉业有限责任公司
219	乌苏市创锦棉业有限公司	253	新疆汇联棉花加工有限公司
220	玛纳斯县新民畜产品有限责任公司	254	阿克苏地区腾达棉业有限责任公司
221	新疆棉花产业（集团）莎车棉业有限责任公司吾达力克轧花厂	255	新疆维吾尔自治区国家农作物原种场库尔勒哈拉苏轧花厂
222	沙湾县棉花产业有限责任公司秦棉分公司	256	昌吉市新禾良种棉加工有限责任公司
223	新和县银花棉业有限责任公司	257	新疆中纺锦华棉业有限公司大桥棉花加工厂
224	轮台县银恒棉业有限公司	258	乌苏市新鑫棉业有限责任公司
225	精河县贝正棉花加工有限公司	259	阿克苏巨鹰棉业有限责任公司第四轧花厂
226	呼图壁县银弘棉业有限公司	260	新疆棉花产业（集团）麦盖提棉业有限责任公司希依提墩轧花厂
227	新疆利嘉棉业有限公司哈密市二堡镇轧花厂	261	呼图壁县嘉丰棉业有限公司
228	新疆奎屯云森纺织有限公司	262	阿克苏西部棉业有限责任公司
229	库车县棉麻公司草湖轧花十二厂		
230	阿克苏天山棉业有限责任公司		
231	托里县顺志棉业加工有限公司		

续表4

序　号	棉花加工企业名称
263	库车县棉麻公司阿克斯塘轧花十厂
264	乌苏市汇通棉花加工厂
265	乌苏市新棉红星棉业有限责任公司
266	新疆恒诚棉业有限公司
267	新疆棉花产业（集团）莎车棉业有限责任公司阿拉买提轧花厂
268	中棉集团阿瓦提棉花产业化有限公司
269	呼图壁县万源棉业有限公司
270	麦盖提良种棉业有限公司
271	阿克苏地区供销社兴农合作农场棉花加工厂
272	和布克赛尔蒙古自治县华丰有限责任公司察和特棉花加工厂
273	沙雅新垦棉花有限责任公司
274	新疆棉花产业（集团）莎车棉业有限责任公司阿扎提巴格轧花厂
275	昌吉金西域棉业有限责任公司
276	乌苏市银河棉业有限责任公司
277	新疆棉花产业（集团）莎车棉业有限责任公司巴格阿瓦提轧花厂
278	新疆鸿昌棉业有限公司
279	精河县精棉棉业有限责任公司托托轧花厂
280	阿克苏地区百隆棉业有限责任公司
281	新疆惠农棉业有限公司棉种轧花厂
282	新疆昌吉州棉麻有限责任公司二分公司
283	沙湾县银珠棉业有限责任公司
284	新疆棉花产业（集团）巴楚棉业有限责任公司色力布亚轧花厂
285	阿克陶县昌盛棉业有限责任公司
286	新疆阿克苏市广联实业有限公司
287	阿克苏地区顺通棉花加工有限责任公司
288	新疆惠农棉业有限公司大河沿子轧花厂
289	精河县托里棉花加工厂二牧场轧花厂
290	疏勒县利云棉业有限责任公司
291	库车银花棉业有限责任公司
292	和静银星棉业有限责任公司巴润镇棉花收购加工轧花厂
293	乌苏市鼎瑞棉业有限责任公司
294	哈密三达棉业有限责任公司
295	库尔勒庆升棉业有限公司
296	中棉集团昌吉市棉花有限公司老龙河轧花厂
297	新疆棉花产业集团英夏尔棉业有限公司阿拉甫乡轧花厂
298	温宿纵横棉业有限责任公司
299	精河县精棉棉业有限责任公司八家户轧花厂
300	温宿县棉麻公司佳木收购站
301	阿克苏天成棉业有限责任公司
302	呼图壁县红柳塘棉业有限公司
303	巴州鸿泰棉业有限公司轧花一厂
304	呼图壁县云龙棉业有限公司
305	乌苏市甘河子恒丰棉业有限公司
306	乌什县供销棉麻公司二厂
307	新疆棉花产业（集团）莎车棉业有限责任公司阿瓦提轧花厂
308	托克逊县天马棉业有限责任公司第一分公司
309	新疆棉花产业集团英夏尔棉业有限公司羊大曼轧花厂
310	库车县棉麻公司齐满轧花二厂
311	新疆棉花产业（集团）莎车棉业有限责任公司恰热克轧花厂
312	博湖县棉麻公司轧花厂
313	呼图壁县隆华棉业有限公司
314	新和县永红有限责任公司恰先拜棉花加工厂
315	玛纳斯乐丰棉业有限公司
316	和硕县棉麻公司县城轧花厂
317	莎车县良种棉轧花厂
318	阿克苏市金田农场有限责任公司
319	鄯善县新昱棉麻有限责任公司新城棉花加工厂
320	乌鲁木齐市米东区供销棉麻有限责任公司昌吉市五十户轧花厂
321	阿克苏地区友谊棉花加工有限责任公司
322	新疆棉花产业（集团）麦盖提棉业有限责任公司尕孜库勒轧花厂
323	新疆沙龙棉业有限责任公司柳毛湾分公司
324	柯坪县汇隆棉业有限责任公司

续表 5

序　号	棉花加工企业名称	序　号	棉花加工企业名称
325	博乐科纺棉花有限公司	354	呼图壁县农佳乐棉业有限责任公司
326	乌苏市种子加工厂	355	新疆惠农棉业有限公司阿合其轧花厂
327	精河县精棉棉业有限责任公司黑树窝子轧花厂	356	新疆农佳乐沙湾棉花加工有限责任公司
328	乌鲁木齐市米东区供销棉麻有限责任公司昌吉市黎明轧花厂	357	阿克苏英达雅军垦农场棉业有限公司
		358	托里县兵锦棉业有限公司
329	察布查尔县康泰棉麻有限公司	359	阿克苏昌盛实业轧花有限公司
330	精河县精棉棉业有限责任公司茫丁轧花厂	360	呼图壁县天源棉业有限公司
331	乌苏市锦泰棉花加工有限责任公司	361	博乐市银鑫棉业有限公司
332	新疆棉花产业集团岳普湖棉业有限公司铁力木乡轧花厂	362	新疆棉花产业（集团）巴楚棉业有限责任公司下马力轧花厂
333	叶城县良种场轧花厂	363	昌吉金西域棉业有限责任公司昌吉国家农业科技园区分公司
334	新疆大草原棉业有限公司		
335	英吉沙县棉麻公司克孜勒加工厂	364	新疆棉花产业（集团）巴楚棉业有限责任公司群库恰克轧花厂
336	巴州鸿泰棉业有限公司轧花四厂		
337	乌苏市立新棉花加工有限责任公司	365	阿克苏地区实验林场苏盖铁日克村轧花厂
338	新疆沙雅白云商贸有限责任公司努尔巴格轧花厂	366	阿克陶县棉麻公司轧花厂
339	新疆棉花产业（集团）巴楚棉业有限责任公司阿克萨克马热勒轧花厂	367	乌苏市古尔图锦纺棉业有限责任公司
		368	鄯善县新昱棉麻有限责任公司达浪坎棉花加工厂
340	新疆棉花产业集团泽普棉业有限公司阿克塔木乡轧花厂	369	新疆棉花产业集团伽师棉业有限公司玉代克力克乡轧花厂
341	温宿德丰棉花产业有限责任公司佳木轧花厂		
342	新疆金丰源种业有限公司良种棉加工二厂	370	沙湾县棉花产业有限责任公司泰棉分公司
343	柯坪县兴丰棉业有限责任公司	371	新疆沙雅白云商贸有限责任公司央塔克巴什轧花厂
344	新疆阿图什金泉商贸有限责任公司阿克陶县轧花厂	372	沙雅银花棉业有限责任公司
345	新疆棉花产业（集团）巴楚棉业有限责任公司英吾斯坦轧花厂	373	喀什实信棉业有限责任公司
		374	新疆福利棉花工贸有限公司
346	新疆棉花产业（集团）巴楚棉业有限责任公司唐巴扎轧花厂	375	和田天王纺织有限公司
		376	新疆棉花产业（集团）叶城棉业有限责任公司库其轧花厂
347	昌吉鑫京园棉业有限公司		
348	新疆泰昌实业有限责任公司轧花厂	377	温宿银花棉业有限责任公司
349	哈密双银棉业有限责任公司大泉湾棉花加工厂	378	伊犁八棉锡达棉业有限公司
350	轮台县永盛棉花工贸有限责任公司	379	新疆鲁泰丰收棉业有限责任公司第三加工厂
351	沙湾县棉花产业有限责任公司优质棉分公司	380	乌苏市康瑞棉花加工有限责任公司
352	伽师县银丰棉花有限责任公司	381	洛浦县玉河棉业有限责任公司恰尔巴格棉花收购加工厂
353	新疆棉花产业（集团）巴楚棉业有限责任公司阿拉根轧花厂	382	和硕县晨辉棉业有限责任公司

续表6

序 号	棉花加工企业名称	序 号	棉花加工企业名称
383	博乐捷福棉业有限公司乌镇轧花厂	415	乌苏市汇康棉业有限责任公司
384	疏附县良种轧花厂	416	阿克苏兴昌棉业有限公司
385	新疆宏祥棉业有限公司	417	新疆棉花产业（集团）莎车棉业有限责任公司阿斯兰巴格轧花厂
386	柯坪县海峰棉业有限责任公司	418	新疆棉花产业（集团）麦盖提棉业有限责任公司县城轧花厂
387	新疆恺缌珈棉业有限责任公司	419	温宿德丰棉花产业有限责任公司共青团加工厂
388	库车县棉麻公司东城轧花九厂	420	喀什宏岳润丰棉业有限公司
389	沙雅富红棉业有限公司库勒代西分厂	421	中棉集团玛纳斯棉业有限公司
390	乌苏市新棉创业棉业有限责任公司	422	英吉沙县棉麻公司城镇加工厂
391	克拉玛依市银祥棉麻有限责任公司九公里棉花加工厂	423	阿克苏久如棉业有限责任公司
392	沙雅塔里木润城农牧有限责任公司监狱轧花厂	424	阿克苏华荣工贸有限责任公司
393	库车县恒丰棉业有限责任公司	425	新疆棉花产业（集团）叶城棉业有限责任公司零公里轧花厂
394	新疆中纺锦华棉业有限公司东戈壁棉花加工厂	426	和田县白金棉业有限公司
395	阿克苏凤凰棉业有限责任公司	427	且末县昆仑棉业有限责任公司棉花加工二厂
396	新疆阿克苏昌盛棉业有限责任公司	428	新疆金宏祥高科农业股份有限公司
397	新疆棉花产业（集团）莎车棉业有限责任公司依什库力轧花厂	429	阿克陶县棉麻公司第一轧花厂
398	新疆中纺锦华棉业有限公司二十里店棉花加工厂	430	乌苏市昌茂纺织有限责任公司九间楼棉花加工厂
399	呼图壁县西域良种棉有限责任公司	431	呼图壁县金穗农业发展有限公司
400	哈密双银棉业有限责任公司二堡棉花加工厂	432	新疆棉花产业集团泽普棉业有限公司古鲁巴格乡轧花厂
401	洛浦县玉河棉业有限责任公司县城棉花收购加工厂	433	新疆棉花产业（集团）莎车棉业有限责任公司再热甫夏提轧花厂
402	中棉工业新疆棉业有限公司阿瓦提棉花加工厂	434	新疆银通棉业有限公司哈拉玉宫轧花厂
403	新疆棉花产业集团喀什纺织有限责任公司	435	巴州金运棉业有限公司
404	新疆中纺锦华棉业有限公司祁家户棉花加工厂	436	克州卓达棉业有限公司
405	克拉玛依市银祥棉麻有限责任公司第三棉花加工厂	437	且末县昆仑棉业有限责任公司棉花加工一厂
406	察布查尔锡伯自治县金泉棉业有限责任公司	438	阿图什市提间棉业有限责任公司
407	库车县棉麻公司莫明特力克轧花十四厂	439	阿克苏巨鹰棉业有限责任公司
408	库车利生棉业有限责任公司	440	新疆维吾尔自治区棉麻公司阿克苏棉麻站棉花加工厂
409	中棉集团昌吉市棉花有限公司滨湖轧花厂	441	阿克苏天玉种业有限公司原（良）种棉加工厂
410	玛纳斯县丰元棉花育种基地良种棉轧花厂	442	和布克赛尔蒙古自治县新久棉业有限公司
411	玛纳斯县沣泽棉业有限责任公司	443	新疆棉花产业（集团）叶城棉业有限责任公司加依提勒克轧花厂
412	泽普县富强商贸有限责任公司		
413	新疆大禾油脂有限公司沙湾县景远棉业分公司		
414	阿瓦提县天韵棉业有限责任公司		

续表7

序　号	棉花加工企业名称	序　号	棉花加工企业名称
444	吐鲁番市华泰棉业有限责任公司艾丁湖乡棉花加工厂	469	察布查尔锡伯自治县正元棉业有限责任公司
445	新疆棉花产业集团泽普棉业有限公司依玛乡轧花厂	470	新和佳利农业发展有限公司塔木托克拉克乡轧花厂
446	麦盖提县中联棉纺有限责任公司叶城恰其库木轧花厂二分厂	471	沙雅银鑫棉业公司托依堡轧花厂
447	昌吉州海天棉花加工有限责任公司滨湖棉花加工厂	472	伽师县中加棉业有限公司
448	昌吉一通工贸有限公司大西渠轧花厂	473	新疆棉花产业集团英夏尔棉业有限公司牙甫泉镇轧花厂
449	乌苏市锦鹏棉纺织有限公司城镇棉花加工厂	474	温宿德丰棉花产业有限责任公司青年加工厂
450	新疆棉花产业集团岳普湖棉业有限公司县城轧花厂	475	若羌玖润棉业有限公司棉花加工一厂
451	乌苏市振兴棉花加工有限责任公司	476	沙雅银鑫棉业公司英买力轧花厂
452	新疆棉花产业（集团）叶城棉业有限责任公司江格勒斯轧花厂	477	阿克苏鑫牛棉业有限公司
453	库车县棉麻公司阿拉哈格轧花七厂	478	呼图壁县新米棉业有限责任公司
454	乌鲁木齐市米东区供销棉麻有限责任公司十二户轧花厂	479	新疆棉花产业集团岳普湖棉业有限公司绿洲轧花厂
455	新疆棉花产业集团岳普湖棉业有限公司下巴扎乡轧花厂	480	新疆棉花产业集团泽普棉业有限公司阿依库勒乡轧花厂
456	新疆棉花产业（集团）莎车棉业有限责任公司伯什坎轧花厂	481	阿克苏大海实业有限公司
457	乌苏市阿克其棉业有限公司	482	岳普湖县良种棉轧花厂
458	喀什牌楼农场有限责任公司轧花厂	483	若羌玖润棉业有限公司棉花加工二厂
459	新疆国家棉花原原种繁殖基地库尔勒市阿瓦提乡轧花厂	484	新疆华孚恒丰棉业有限公司棉花加工厂
460	新疆棉花产业集团泽普棉业有限公司县城轧花厂	485	且末县新垦棉业有限责任公司
461	阿克苏恒信棉业有限公司	486	新疆棉花产业集团英夏尔棉业有限公司塔孜洪乡轧花厂
462	吐鲁番市华泰棉业有限责任公司胜金乡棉花加工厂	487	新和佳利农业发展有限公司玉其哈特乡轧花厂
463	浙江巨鹰集团股份有限公司阿克苏第二轧花厂	488	新疆棉花产业（集团）喀什棉业有限公司多来提巴格轧花厂
464	阿克苏立友棉业有限责任公司	489	新疆宝地种业有限责任公司棉花加工厂
465	博乐市协力棉花加工有限责任公司	490	阿克苏大自然棉业有限公司
466	沙雅富红棉业有限公司喀尔坤分厂	491	和静冠农棉业有限责任公司
467	库车县纵横棉业有限责任公司	492	新疆中纺锦华棉业有限公司北戈壁棉花加工厂
468	伊宁市日泰棉麻有限责任公司	493	阿克苏永翔棉业有限责任公司
		494	英吉沙县棉麻公司苏盖提加工厂
		495	新疆棉花产业（集团）叶城棉业有限责任公司恰瓦克轧花厂
		496	新疆棉花产业集团英夏尔棉业有限公司罕南力克镇轧花厂
		497	新疆棉花产业集团伽师棉业有限公司克孜勒苏乡轧花厂

续表 8

序 号	棉花加工企业名称
498	且末县昆仑棉业有限责任公司棉花加工三厂
499	新疆棉花产业（集团）巴楚棉业有限责任公司城镇轧花厂
500	和布克赛尔县察和特开发区禹杰棉花加工厂
501	库车县棉麻公司玉奇吾斯塘轧花五厂
502	呼图壁县银瑞棉业有限责任公司
503	克州建名棉业有限责任公司
504	乌苏市哈图布呼农牧发展有限责任公司
505	新疆棉花产业集团伽师棉业有限公司和夏瓦提乡轧花厂
506	新疆棉花产业（集团）巴楚棉业有限责任公司恰瓦克轧花厂
507	阿克苏市纵横棉业有限责任公司
508	吉木萨尔县庭州棉麻有限责任公司
509	新疆阗丰农贸实业有限责任公司
510	新疆棉花产业集团英夏尔棉业有限公司城区轧花厂
511	哈密市奔达棉业有限公司
512	巴楚县克拉克勤农牧有限责任公司
513	阿瓦提县富力棉业有限责任公司
514	和静银星棉业有限责任公司县城棉花收购加工轧花厂
515	阿瓦提县卡尔墩农场有限责任公司
516	和田巴格其棉业有限责任公司
517	喀什海源棉业有限公司
518	皮山县利兴棉业有限责任公司
519	新疆华孚纺织有限公司轧花厂
520	库车县白金棉花油脂加工有限责任公司
521	阿克苏溢达农业发展有限公司
522	于田瑞丰农牧有限责任公司轧花厂
523	阿克陶县托塔依农场轧花厂
524	新疆棉花产业（集团）巴楚棉业有限责任公司阿瓦提轧花厂
525	克拉玛依市银祥棉麻有限责任公司阿克陶县汇达隆棉花加工厂
526	克州富民棉业有限公司
527	阿瓦提县棉麻公司阿依巴格乡棉花收购加工厂
528	温宿县棉麻公司恰合拉克收购站
529	和田银丰棉业有限责任公司
530	和田县英阿瓦提棉业有限责任公司
531	新疆棉花产业（集团）喀什棉业有限责任公司浩罕轧花厂
532	阿克苏鸿泰棉业有限公司棉花加工厂
533	昌吉市下巴湖棉花加工厂
534	浙江巨鹰集团股份有限公司阿克苏第三轧花厂
535	阿克苏永兴棉业有限责任公司
建设兵团 190 家	
1	石河子一四四团加工厂
2	新疆生产建设兵团农一师三团粮油加工厂
3	新疆石河子一四七团联合加工厂
4	石河子炮台农场炮台联合加工厂
5	新疆华侨农场联合加工厂
6	农一师七团加工厂
7	石河子总场泉水地加工厂
8	石河子沙门子农场加工厂
9	农一师十三团综合加工厂
10	新疆生产建设兵团农一师一团加工厂
11	新疆塞里木现代农业股份有限公司霍热分公司
12	图木舒克市四十四团中心团场齐干却勒加工厂
13	图木舒克市五十团综合加工厂
14	新疆生产建设兵团农一师八团棉花加工厂
15	石河子一三四团加工厂
16	石河子农八师一四一团加工厂
17	新疆生产建设兵团农一师十二团棉花加工厂
18	新疆生产建设兵团农一师十团加工厂
19	石河子桃花农场加工总厂二分厂
20	石河子一四二团粮棉油加工总厂第二加工厂
21	新疆塔里木农业综合开发股份有限公司南口加工厂
22	新疆生产建设兵团农一师十一团棉副产品加工厂
23	图木舒克市五十三团综合加工厂
24	新疆赛里木现代农业股份有限公司塔斯尔海分公司综合加工厂

续表 9

序 号	棉花加工企业名称
25	农八师一四九团棉花加工二厂
26	农三师四十五团综合加工一厂
27	兵团农八师一四九团联合加工厂
28	新疆生产建设兵团农五师九十团
29	新疆塔里木农业综合开发股份有限公司阿拉尔加工厂
30	新疆塔里木农业综合开发股份有限公司幸福城加工厂
31	农一师十六团新开岭加工厂
32	图木舒克市五十一团综合加工厂
33	图木舒克市四十九团综合加工厂
34	新疆生产建设兵团农一师二团加工厂
35	农三师四十五团轧花二厂
36	农三师伽师总场综合加工厂
37	克拉玛依一三六团联合加工厂
38	新疆生产建设兵团农一师六团加工厂
39	新疆生产建设兵团农六师新湖农场一场轧花厂
40	新疆生产建设兵团农业建设第二师二十九团棉花加工厂
41	新疆生产建设兵团农业建设第二师三十团棉花加工一分厂
42	奎屯顺裕棉业有限公司
43	农八师一五〇团加工一厂
44	农一师十四团加工厂
45	新疆昌吉枣园加工厂
46	新疆生产建设兵团农业建设第二师二十九团棉种加工厂
47	新疆生产建设兵团农一师五团加工厂
48	新疆锦棉棉业股份有限公司锦盛棉花加工厂
49	农八师一五〇团加工三厂
50	霍城县六十三团综合加工厂
51	新疆生产建设兵团农六师新湖农场二场轧花厂
52	新疆锦棉棉业股份有限公司锦隆棉花加工厂
53	奎屯惠民棉业有限公司
54	新疆兵团农七师柳沟总场加工厂
55	新疆生产建设兵团农业建设第六师芳草湖农场二场轧花厂
56	石河子桃花农场加工总厂一分厂
57	石河子新安农场第三加工厂
58	农二师三十三团加工厂
59	农八师石河子市一四八团二加工厂
60	农一师塔里木灌区水利管理处轧花厂
61	农八师石河子市一四八团一加工厂
62	新疆锦棉棉业股份有限公司锦华棉花加工厂
63	农八师石河子市一四八团三加工厂
64	新疆生产建设兵团农业建设第六师芳草湖农场四场轧花厂
65	农五师八十六团综合加工厂
66	新疆生产建设兵团农业建设第六师芳草湖农场三场轧花厂
67	石河子新安农场第四加工厂
68	农二师三十三团乌鲁克机采棉花加工厂
69	新疆锦棉棉业股份有限公司锦弘棉花加工厂
70	新疆屯南棉麻有限责任公司
71	新疆生产建设兵团农六师新湖农场三场轧花厂
72	农二师群克棉业有限公司
73	石河子炮台农场东野联合加工厂
74	农三师四十二团加工厂
75	农八师一五〇团加工二厂
76	新疆生产建设兵团农六师一〇三团轧花厂
77	新疆生产建设兵团农二师三十一团加工厂
78	新疆生产建设兵团农五师八十三团场轧花厂一分厂
79	新疆生产建设兵团农业建设第六师芳草湖农场一场轧花厂
80	新疆生产建设兵团农十三师红星一场粮棉加工厂
81	新疆生产建设兵团农业建设第一师沙井子灌区水利管理处棉花加工厂
82	农四师六十七团棉花加工厂
83	呼图壁县锦源棉业有限责任公司
84	新疆生产建设兵团农五师八十五团轧花厂
85	新疆生产建设兵团农六师一零六团加工厂
86	农六师共青团农场综合加工厂

续表 10

序　号	棉花加工企业名称	序　号	棉花加工企业名称
87	新疆生产建设兵团农业建设第二师三十团棉花加工二分厂	117	新疆生产建设兵团农二师三十一团英库勒种子加工厂
88	新疆兵团农十三师红星二场粮棉加工厂	118	新疆阿拉尔水利水电工程总公司工副业开发公司
89	石河子桃花农场加工总厂三分厂		
90	巴州冠农棉业有限责任公司普惠轧花厂	119	新疆锦棉棉业股份有限公司锦鑫棉花加工厂
91	农三师四十八团综合加工厂	120	新疆生产建设兵团农五师八十二团联合加工厂
92	沙雅宏信棉花有限责任公司	121	伊犁农四师六十八团棉业有限公司
93	图木舒克市四十九团综合加工二厂	122	石河子开发区德威立业工贸有限责任公司基地轧花厂
94	农一师十六团绿园镇棉花加工厂		
95	新疆生产建设兵团农业建设第六师芳草湖农场五场轧花厂	123	农五师八十四团保尔德轧花厂
96	农二师三十五团加工连	124	新疆生产建设兵团农业建设第二师三十六团加工厂
97	新疆塔里木河种业股份有限公司阿拉尔分公司	125	新疆生产建设兵团农二师永兴供销有限责任公司棉麻二分公司
98	石河子市嘹远联合加工厂		
99	新疆生产建设兵团农业建设第十三师黄田农场加工厂	126	新疆生产建设兵团农六师新湖农场四场轧花厂
		127	巴州恒绵棉业有限责任公司
100	新疆生产建设兵团农五师种棉加工厂	128	新疆五家渠一〇二团轧花厂
101	新疆生产建设兵团农业建设第十三师红星四场粮棉加工厂	129	奎屯农工商总场加工厂
		130	农五师师直棉花加工厂
102	新疆生产建设兵团农四师六十四团加工厂	131	新疆塔里木河种业股份有限公司阿拉尔良种繁育场
103	巴州冠农棉业有限责任公司		
104	新疆生产建设兵团农七师棉麻公司轧花厂	132	新疆明瑞棉业有限公司
105	新疆生产建设兵团农业建设第六师芳草湖农场六场轧花厂	133	新疆生产建设兵团农三师四十一团草湖综合加工厂
106	克拉玛依市锦田棉业有限公司	134	呼图壁县宏盛棉业有限公司
107	新疆锦棉棉业股份有限公司锦兰棉花加工厂	135	石河子石大教学实验农场
108	新疆兵团农七师柳沟总场加工二厂	136	新疆兵团农四师棉麻公司六十五团轧花二厂
109	农七师农科所种子棉加工厂	137	新疆丰达农业有限公司
110	奎屯天裕棉业有限公司	138	农三师四十六团综合加工厂
111	尉犁银丰棉业有限公司	139	新疆生产建设兵团农业建设第二师三十一团卡拉加工厂
112	新疆生产建设兵团农业建设第二师三十四团轧花厂	140	阿克苏地区天绒棉业有限责任公司
113	沙湾县新赛棉业有限责任公司	141	新疆兵团农七师高泉总场加工厂
114	新疆生产建设兵团农业建设第六师一〇五团轧花厂	142	新疆华天种业有限公司
115	石河子开发区银祥棉业有限责任公司	143	新疆石河子八棉纺织有限公司
116	新疆塔里木河种业股份有限公司金银川种子加工厂	144	乌鲁木齐天翼通棉业有限责任公司
		145	奎屯天凯棉业加工有限责任公司

续表 11

序号	棉花加工企业名称
146	新疆生产建设兵团农业建设第十三师天元供销有限公司棉花加工厂
147	石河子市白杨月兴棉业有限公司
148	新疆生产建设兵团农十三师火箭农场粮棉油加工厂
149	克拉玛依市乌尔禾区锦宏棉业有限公司
150	石河子华宇良种繁育科技产业基地轧花厂
151	农四师六十二团综合加工厂
152	新疆生产建设兵团农六师新湖农场七场轧花厂
153	新疆生产建设兵团农业建设第六师芳草湖农场监狱轧花厂
154	新疆兵团农三师前海棉业有限公司东风轧花厂
155	阿克苏锦阿棉业有限责任公司
156	和田德华棉业有限责任公司
157	新疆生产建设兵团农六师新湖六场轧花厂
158	新疆新赛精纺有限公司
159	石河子市石城棉业有限公司棉花加工厂
160	新疆锦棉种业有限责任公司良种加工一厂
161	新疆生产建设兵团农七师奎东农场棉花加工厂
162	新疆兵团农十四师天骄棉麻有限公司
163	新疆生产建设兵团棉麻公司库尔勒轧花厂
164	石河子市农丰良种棉脱棉加工有限公司
165	新疆兵团农三师前海棉业有限公司叶莎轧花厂
166	伊犁州奎屯河水利工程灌溉管理处加工厂
167	奎屯创锦棉业有限公司
168	阜康市阜北农工商联合企业公司
169	新疆生产建设兵团农五师九十一团轧花厂
170	新疆兵团农三师前海棉业有限公司红旗轧花厂
171	哈密天宇农业科技发展有限责任公司棉花加工厂
172	石河子新安农场第二加工厂
173	阜康市六运湖天山棉业有限公司
174	新疆生产建设兵团农二师昆山棉业有限公司
175	新疆生产建设兵团农业建设第十三师红星二牧场棉花加工厂
176	新疆生产建设兵团农五师八十三团场轧花厂
177	玛纳斯县鑫裕棉业有限公司
178	新疆生产建设兵团农一师一团沙井子民族农场
179	农一师五团玉尔滚民族分场轧花厂
180	吐鲁番市雪绒棉业有限责任公司
181	石河子新安棉花加工厂
182	新疆鹏飞棉业有限公司
183	新疆生产建设兵团农业建设第十三师柳树泉绿柳加工厂
184	新疆生产建设兵团农二师卫东棉业有限公司
185	石河子下野地试验站棉花种子加工厂
186	新疆生产建设兵团农业建设第二师二十四团轧花厂
187	新疆生产建设兵团棉麻公司哈密加工经销站
188	新疆生产建设兵团农十四师皮山县农场加工厂
189	新疆大禾油脂有限公司克拉玛依市棉业分公司
190	吉木萨尔县东方棉业有限公司
湖北 130 家	
1	天门市银田棉麻布业有限公司
2	沙洋县李市兴隆棉花有限公司
3	昌丰棉麻有限公司天门小板分公司
4	沙洋县银鹏棉花有限公司
5	湖北宏丰棉业有限公司
6	天门市蒋湖龙升棉麻有限公司
7	枝江市白银纺贸有限责任公司江北棉花收购加工厂
8	湖北顺昌粮棉发展有限责任公司
9	湖北新裕农业发展有限公司
10	江陵县鑫顺农工贸有限公司
11	沙洋县广银棉花有限公司
12	荆州市南兴棉业有限公司
13	荆州新立基棉制品有限公司
14	荆门市恒祥棉业有限公司
15	公安县白银昌达棉业有限公司
16	应城市银海棉花有限公司
17	枝江市白银纺贸有限责任公司江南棉花收购加工厂
18	天门市新建棉贸有限责任公司
19	江陵县顺通棉业有限公司
20	天门市双丰棉贸有限公司

续表 12

序　号	棉花加工企业名称	序　号	棉花加工企业名称
21	钟祥市迎丰棉花有限公司	58	钟祥市永鑫工贸有限责任公司
22	公安县楚都棉贸有限公司	59	天门市金丰棉花有限公司
23	湖北宏远棉业有限公司	60	钟祥市红星棉花有限责任公司
24	湖北百盛棉花贸易有限公司	61	天门市兴龙棉花有限公司
25	钟祥市聚银棉业有限责任公司	62	荆州市瑞丰棉业有限责任公司
26	襄樊银基棉业有限公司	63	随州神农棉业有限责任公司
27	公安县银丰土产有限责任公司	64	荆州市凌辉棉花加工有限公司
28	沙洋县彭岭棉花有限公司	65	松滋市天兴农贸有限公司
29	枝江市龙洲工贸有限责任公司	66	松滋市银舟棉业有限公司
30	潜江市巨发棉业有限公司	67	武汉市湘口棉花有限公司
31	天门市瑞昌棉业有限公司	68	湖北富祥棉业有限公司
32	洪湖市龙口棉花有限公司	69	监利县银翔棉花有限公司
33	武汉恒丰达棉业有限公司	70	武穴市江隆棉业有限公司
34	汉川市祥杰农贸有限责任公司	71	湖北省仙桃银丰棉花有限公司
35	枝江八亩良种棉业有限公司	72	汉川市旺盛棉花有限责任公司
36	潜江市兴武棉业有限公司	73	仙桃市浩盛纺织有限公司
37	宜昌神燕棉花有限责任公司	74	湖北银海棉业有限责任公司北门分公司
38	湖北昌丰棉麻有限公司	75	湖北白银西湖棉业有限公司
39	黄石市方辰棉业有限公司	76	监利县荒湖银丰棉业有限公司
40	湖北恒鑫棉业有限责任公司	77	宜昌佳润棉花有限公司
41	荆门市五三棉业有限公司	78	沙洋县华纬棉花有限责任公司
42	潜江市恒发棉业有限公司	79	松滋市南五场棉贸有限公司
43	潜江市金城棉业有限公司	80	黄冈和泰棉业有限公司
44	枝江银丰棉业有限公司	81	湖北省枣阳市丰宝棉业有限公司
45	洪湖市盛玉源棉业有限公司	82	荆州市顺通棉业有限公司
46	武汉市盛发棉业有限公司	83	仙桃市江汉裕波棉花有限公司
47	湖北顺和棉业有限公司	84	湖北三湖天星棉花有限公司
48	天门市鸿源棉花有限公司	85	京山银丰棉业有限公司
49	天门市天一棉花有限责任公司	86	天门景天棉业有限公司
50	湖北银泰棉业有限责任公司	87	湖北银海棉业有限责任公司浩口分公司
51	松滋市银鑫棉花有限公司	88	洪湖市三友棉花有限公司
52	松滋市兰星农贸有限公司	89	湖北银海棉业有限责任公司总口分公司
53	荆州华丰棉业有限公司	90	玉沙集团监利五岭棉业有限公司
54	荆州市华盛棉业有限公司	91	荆州市鸿棉农贸有限责任公司
55	湖北银海棉业有限责任公司熊口分公司	92	湖北双马粮棉有限公司
56	湖北恒鑫棉业有限责任公司第二加工厂	93	湖北仙华棉业有限公司
57	湖北省西大垸龙信粮棉油有限公司	94	黄冈稳健棉业有限公司

续表 13

序　号	棉花加工企业名称	序　号	棉花加工企业名称
95	石首市声明纺织原料有限公司		山东 262 家
96	石首市裕丰纺织制衣原料有限公司	1	武城县南洋棉花加工厂
97	湖北富华棉业集团有限公司	2	金乡县银利农贸有限公司
98	潜江市源鑫纺织实业有限公司广华分公司	3	武城县银山棉花加工厂
99	枣阳银信棉业有限公司	4	金乡县泰升棉业有限公司
100	浠水县兴鑫棉花有限责任公司	5	武城县华兴棉花加工厂
101	黄梅小池银丰棉花有限公司	6	广饶县天鑫棉业有限公司
102	仙桃市永强棉业有限责任公司	7	金乡县锦花商贸有限公司
103	黄梅县高华棉业有限责任公司	8	武城县银雪棉业有限公司
104	宜城市襄大棉业有限公司	9	东营市庚泰棉业有限公司
105	湖北中威棉业有限公司	10	武城华一棉业有限责任公司
106	松滋市银丰棉业有限公司	11	广饶县胜源工贸有限责任公司
107	荆门市银旭棉花有限责任公司新丰棉花收购加工厂	12	东营市瑞丰油棉加工有限责任公司
		13	金乡县金昊源农贸有限公司
108	武汉银利棉花有限公司	14	嘉祥县金鲁棉业有限公司
109	潜江市鑫财商贸有限责任公司	15	滨州鑫源棉花加工有限公司
110	湖北银凌棉业有限责任公司	16	武城县金亿棉业有限公司
111	湖北德永盛纺织有限公司	17	广饶县华能油棉加工有限公司
112	武汉银汉棉花有限公司	18	武城县银恒棉业有限公司
113	黄冈银丰棉花有限公司	19	无棣荣达棉业有限公司
114	武穴市龙坪棉业有限公司	20	金乡县裕丰农贸有限公司
115	黄梅县力源棉业有限公司	21	武城县康桥棉业有限公司
116	枣阳市锦鹏棉业纺织有限公司	22	东营市富源棉业有限公司
117	武穴市长江棉业有限公司	23	夏津县宏丰棉业有限公司
118	武汉银帆顺达棉花有限公司	24	广饶县宏硕棉业有限公司
119	随州市长佳棉业有限公司	25	德州市银汇纺织原料有限公司
120	武穴市新矶棉业有限公司	26	武城县龙翔棉业有限公司
121	武汉银翔棉花有限公司	27	博兴县昌盛棉业有限公司
122	黄冈市龙感湖银瑞棉业有限公司	28	山东省博兴县新盛棉业有限公司
123	襄阳泰通棉业有限责任公司	29	东营市华茂棉花收购有限公司
124	湖北恒丰源棉业有限公司	30	武城县第九棉花加工厂
125	潜江市鑫成实业有限公司	31	武城县茂泰油棉有限公司
126	宜城市万洋棉业有限公司	32	山东省博兴县第二油棉厂
127	宜城市兴华工贸有限公司	33	武城县银海棉花加工厂
128	武穴市鸿达棉花有限公司	34	武城县久隆棉花加工厂
129	湖北伟业棉业有限公司	35	山东省博兴县恒信棉业有限公司
130	武汉市兴国农贸有限公司	36	山东五洋棉业有限公司

续表 14

序 号	棉花加工企业名称	序 号	棉花加工企业名称
37	武城县泰兴棉花加工厂	74	东营市润丰棉业有限公司
38	武城县福杨棉花加工厂	75	成武县鑫隆棉业有限公司
39	广饶县民丰工贸有限公司	76	广饶县盛鑫工贸有限公司
40	广饶县广源工贸有限公司	77	山东沾化天维棉业有限公司
41	夏津县新平棉业有限公司	78	鱼台县晨雨农副产品有限公司
42	武城县聚鑫棉花加工厂	79	山东惠民众友棉业有限责任公司
43	陵县银海工贸有限公司	80	高唐县兴隆油棉绒有限公司
44	武城县天宏棉业有限公司	81	武城县天利棉业有限公司
45	夏津县巨华棉业有限公司	82	山东省博兴县万达油棉有限公司
46	夏津县旺盛皮棉经营有限公司	83	武城县银江油棉有限公司
47	利津县津盛源棉业有限公司	84	武城县梁庄棉厂
48	惠民县丰源棉业有限公司	85	博兴县纳利达棉业有限公司
49	山东鑫诚棉业有限公司	86	山东圣源棉业有限公司
50	滨州市玉海棉业有限公司	87	利津县瑞兴油棉加工有限责任公司
51	山东沾化恒富棉业有限公司	88	山东省博兴县汇鑫源棉业有限公司
52	金乡县众鑫商贸有限公司	89	临清市锦鹏棉纺织有限公司
53	滨州市大地棉油有限公司	90	金乡县顺源棉业有限公司
54	乐陵市银海棉业有限公司	91	山东省博兴县鑫磊油棉有限公司
55	武城县银兴棉花加工厂	92	山东滨州亚光毛巾有限公司
56	滨州市银江棉业有限公司	93	巨野祥和棉业有限公司
57	滨州市滨河棉业有限公司	94	金乡县银星农贸有限公司
58	夏津县德鑫棉业有限公司	95	庆云县富民棉花收购加工有限公司
59	高唐县鑫洲棉业有限公司	96	武城县诚信棉业有限公司
60	滨州市滨城区第二油棉厂	97	无棣永昌棉业有限公司
61	山东省惠民县联谊棉业有限责任公司	98	武城县树国棉业有限公司
62	山东沾化银花农工贸有限公司	99	金乡县金丝源商贸有限公司
63	东营市瑞华工贸有限公司	100	山东沾化丰民棉业有限责任公司
64	无棣基德油棉有限公司	101	夏津县亨利棉业有限公司
65	金乡县宏大棉业有限公司	102	东营华孚纤维有限责任公司
66	成武县大田集供销专业合作社	103	利津县信益棉花加工有限责任公司
67	山东华东棉业（集团）有限公司	104	山东省博兴县润来油棉有限公司
68	山东省博兴县永盛棉业有限公司	105	滨州玉龙棉花加工有限公司
69	巨野县恒和棉业有限公司	106	成武县振兴棉业有限公司
70	山东省博兴县远洋棉业有限公司	107	德州顺发棉业有限公司
71	武城县鑫兴棉业有限公司	108	临清市银鑫棉花加工有限公司
72	武城县厚丰棉业有限公司	109	山东垦利天元棉业有限公司
73	东营市永信纺织有限公司	110	武城县兴宏棉花加工厂

续表 15

序　号	棉花加工企业名称	序　号	棉花加工企业名称
111	德州新新棉业有限公司	148	山东省棉麻有限公司利津分公司
112	武城县吉兴棉业有限公司	149	利津县鲁翔棉油加工有限责任公司
113	高唐金大地棉业有限公司	150	巨野县中信棉业有限公司
114	武城县华泰棉业有限公司	151	高唐县高声棉业有限公司
115	阳信第一油棉有限责任公司	152	邹平福海科技发展有限公司
116	金乡县富星棉业有限公司	153	巨野县鲁玉棉花加工有限公司
117	宁津县广润棉业有限公司	154	高密市锦昉棉业科技有限公司
118	高唐县永恒棉业有限公司	155	山东惠民银花棉业有限责任公司
119	金乡县恒昌商贸有限公司	156	成武县农丰棉业有限公司
120	东营银海棉业有限公司	157	利津县棉花良种加工服务站
121	无棣国泰棉业有限公司	158	夏津县聚旺棉业有限公司
122	高唐县福利棉业有限公司	159	临清市凯越棉绒有限公司
123	邹平县黄河油棉有限公司	160	利津宏骏油棉加工有限公司
124	武城县福顺棉花加工厂	161	山东省博兴县金泰良种棉加工有限公司
125	邹平佰郑油棉有限责任公司	162	高唐县瑞华棉业有限公司
126	沾化明德棉业有限公司	163	山东惠民通泰棉业有限责任公司
127	高唐县永兴棉业有限公司	164	沾化恒盛棉业有限公司
128	商河县元大棉业有限公司	165	巨野县恒升棉业有限公司
129	山东省惠民县洪贵棉制品有限责任公司	166	济阳良友棉业有限公司
130	山东省博兴县亿鸿工贸有限公司	167	沾化广明棉业有限公司
131	武城县银达棉业有限公司	168	沾化县华鹏棉业有限公司
132	夏津县发祥棉业有限公司	169	山东德利集团有限公司
133	山东锦花棉业有限公司	170	济南银奥斯棉麻有限公司
134	武城县泰和棉花加工厂	171	宁津县裕丰棉业有限公司
135	武城县鑫源棉业有限公司	172	武城县恒兴棉业有限公司
136	成武县海韵棉业有限公司	173	巨野县祥达棉业加工有限公司
137	武城县杨庄供销社棉花加工厂	174	成武县双福棉业有限公司
138	广饶县昊鑫工贸有限责任公司	175	利津齐赛纺织有限责任公司
139	临清市鲁丰棉业有限公司	176	东营市海辰伟业工贸有限公司
140	东营市东营区盈丰棉业有限公司	177	惠民县国科棉业有限公司
141	莘县大昌油棉有限公司	178	高唐县聚源棉业有限公司
142	武城县甲马营第一棉花加工厂	179	山东金乡天元棉业有限公司
143	武城县银泰棉业有限公司	180	成武县腾达棉业有限公司
144	武城县华源棉业有限公司	181	武城县恒瑞棉业有限公司
145	金乡县程前棉业有限公司	182	沾化伟业纺织有限公司
146	淄博清河棉业有限公司	183	武城县金鑫棉花加工厂
147	山东科腾棉业有限公司	184	巨野县金秋棉花有限公司

续表 16

序 号	棉花加工企业名称	序 号	棉花加工企业名称
185	巨野县国丰棉业有限公司	222	山东省惠民县樊氏棉业有限公司
186	广饶县华杰油棉加工有限公司	223	临清市天成棉业有限公司
187	高青鑫利源油棉有限公司	224	临邑县临邑镇油棉厂
188	曹县瑞星棉业有限公司	225	陵县德鑫物资贸易有限公司
189	临清市众鑫油棉有限公司	226	寿光市宏达棉业有限公司
190	鱼台县天源农副产品经营有限责任公司	227	临邑县锦源纺织贸易有限公司
191	山东鑫秋种业科技有限公司	228	泰安市华源棉业有限责任公司
192	临清光大棉业有限公司	229	山东滨州鲁北棉业有限公司
193	山东巨野鲁棉天元棉业有限公司	230	巨野县锦源棉花加工有限公司
194	德州市银源棉业有限公司	231	夏津县祥和棉业有限公司
195	临清市鸿利兴棉业有限公司	232	沾化天宝棉业有限公司
196	山东省寿光市巨兴油棉有限公司	233	山东虎震工贸有限公司
197	山东光大日月油脂股份有限公司	234	昌邑市龙信棉花加工有限公司
198	淄博银旭棉业有限公司	235	利津东辉棉业有限公司
199	临清市双丰棉花加工有限公司	236	东阿县华鑫纺织有限公司
200	淄博鲁诚纺织投资有限公司	237	济南东旭棉业有限公司
201	嘉祥县华强棉花经营有限责任公司	238	山东鸿润油脂有限公司
202	临清市宏基棉绒有限公司	239	无棣县兴业油棉有限公司
203	高青县银海棉花有限公司	240	临清市双和棉业有限公司
204	高唐县创鑫棉业有限公司	241	山东农兴种业有限责任公司
205	鱼台县鑫盛棉花加工有限公司	242	高唐恒丰棉业有限公司
206	山东锦和棉麻有限公司	243	成武县金鑫棉业有限公司
207	山东明胜纺织有限公司	244	山东省博兴县恒发棉业有限公司
208	东营市河口中纺银星棉花有限公司	245	巨野县申花棉花有限公司
209	山东高鑫种业有限公司	246	山东亿溪纺织有限公司
210	夏津县瑞生棉业有限公司	247	邹平县三利纺织有限公司
211	山东省棉花原原种场	248	章丘市农益油棉有限公司
212	山东惠民华棉种业有限责任公司	249	夏津丰润实业有限公司
213	夏津县新时棉业有限公司	250	临清市华岳棉业有限公司
214	山东禹城银龙棉业有限公司	251	阳信县红方油脂有限公司
215	广饶县福星工贸有限责任公司	252	东明县华鑫棉业有限公司
216	山东惠民明达油棉有限公司	253	山东浩瀚科技发展有限公司
217	滨州市金汇棉业有限公司	254	愉悦家纺有限公司
218	高唐新昊棉纺织有限公司	255	泰安雪彤棉业有限公司
219	菏泽市科迪棉制品有限公司	256	高唐县锦泰棉业有限公司
220	邹平县盛龙棉织原料有限公司	257	高青傲齐油棉有限公司
221	临清市忠义棉业有限公司	258	垦利县农星农副产品加工有限公司

续表 17

序　号	棉花加工企业名称	序　号	棉花加工企业名称
259	山东武城天元棉业有限公司	33	枣强县银强棉业有限公司
260	山东国信实业集团有限公司	34	吴桥银海棉业有限责任公司
261	沂水盛旺棉花加工有限公司	35	肥乡县常氏棉花购销有限公司
262	邹平县兴伟油棉有限公司	36	吴桥县联兴棉业有限责任公司
河北 196 家		37	献县万方棉花有限公司
1	河间市国欣棉花专业合作社	38	肥乡县付海棉纺有限公司
2	献县顺益棉粮有限公司	39	永清县金丰棉业有限公司
3	东光县龙鑫棉业有限公司	40	东光县帛源棉业有限责任公司
4	东光县全胜棉业有限公司	41	东光县宏利棉业有限责任公司
5	枣强县中泰棉业有限公司	42	河北九鼎棉业有限公司
6	河北力科纺织有限责任公司	43	永清县金土地棉业有限公司
7	唐山市丰南区久江棉花加工厂	44	献县保丰棉花有限公司
8	唐山市丰南区王兰庄镇兴海棉花收购加工厂	45	沧州东鹏棉油有限责任公司
9	东光县玉洁棉业有限公司	46	玉田县津玉棉业有限公司
10	永清县博源棉花购销有限公司	47	东光县于兴棉业有限公司
11	故城县华泰棉业有限公司	48	武强县富合棉业有限公司
12	东光县银瑞棉业有限公司	49	冀州市三益棉花收购加工厂
13	河北桦雪棉业有限公司	50	衡水市棉麻总公司轧花厂
14	东光县恒利棉业有限责任公司	51	故城县瑞丰棉业有限公司
15	东光县鸿昌棉业有限公司	52	中棉集团辛集棉业有限公司
16	威县信发棉业有限公司	53	沧州市棉麻有限公司盐山分公司
17	永清县东丰棉业有限公司	54	唐山市丰南宁丰棉业有限公司
18	永清县北方棉业有限公司	55	邯郸市昌盛棉业有限公司
19	唐山市丰南区鑫硕棉业有限公司	56	邯郸市银泰棉业有限公司
20	东光县东胜棉业有限公司	57	河北省广宗县银海棉花加工厂
21	献县华纶棉业有限责任公司	58	吴桥县隆源棉业有限公司
22	东光县鹏翔棉业有限公司	59	河间市八达棉业有限公司
23	吴桥鸿丰棉业有限公司	60	沧州本斋棉花有限公司
24	唐山市丰南区兴盛棉业有限公司	61	廊坊市安次区益民轧花厂
25	河北宏润新型面料有限公司	62	河北银浪棉业有限公司
26	吴桥县西林棉业有限公司	63	广宗县昌泰棉业有限公司
27	唐山市丰南区隆昌棉业有限公司	64	威县国龙棉业有限公司
28	河间市曙光棉花有限公司	65	故城县秦伟棉业有限公司
29	吴桥县保泰棉业有限公司	66	廊坊市中棉棉业有限公司
30	冀州市欧尚棉业有限公司	67	阜城县富德棉花加工厂
31	河北其岭棉业有限公司	68	河北荣坤棉业有限公司
32	吴桥德盛棉业有限公司	69	威县腾达棉业有限责任公司

续表 18

序 号	棉花加工企业名称	序 号	棉花加工企业名称
70	辛集市王下西棉业有限公司	107	河间市雪云农作物专业合作社
71	高阳县硕丰农产有限公司	108	威县冀丰棉业有限责任公司
72	衡水市棉麻总公司第二轧花厂	109	肥乡县长源棉花加工有限公司
73	冀州市鹏鑫棉源有限责任公司	110	邱县永兴棉花加工厂
74	河北聚鑫棉业有限公司	111	邱县农发棉花加工厂
75	河间市娄堤屯良棉有限公司	112	威县西环棉业有限公司
76	故城县恒裕棉业有限公司	113	景县兴龙棉业有限公司
77	邱县古城营棉花加工厂	114	广宗县宏兴油棉加工厂
78	河北银田种业有限公司第一分公司	115	景县晟通棉业有限公司
79	阜城县华旺棉花加工有限公司	116	河北金田棉业有限公司
80	河北省景县中原油棉有限公司	117	威县四通棉业有限公司
81	成安县翔宇棉业有限公司	118	河间市海玉棉花有限公司
82	石家庄市润泰棉花加工厂	119	威县银海棉业有限责任公司
83	枣强县冀中棉业有限公司	120	广宗县东兴棉花加工厂
84	河北昌荣棉业有限公司	121	广宗县顺兴棉业有限公司
85	冀州市鑫盛棉业有限责任公司	122	河北德宏棉业有限公司
86	邱县瑞丰棉花加工厂	123	阜城县南环棉花加工厂
87	衡水衡雪棉业有限公司	124	河北强达棉业有限公司
88	河间市银海棉麻有限公司	125	南皮县汉玉棉花加工有限公司
89	深州市振兴棉业有限公司	126	邢台市大曹庄管理区天和棉业有限公司
90	安平县宏业棉油厂	127	南皮县龙兴棉花有限责任公司
91	威县西街棉业有限公司	128	广宗县顺达棉业有限公司
92	河北伟胜种业有限公司	129	河间市同心棉业有限公司
93	景县龙腾棉业有限公司	130	枣强县枣花棉业有限公司
94	河间市银兴棉业有限公司	131	巨鹿县京花棉业有限公司
95	南宫市世潮纺织印染有限公司	132	中棉集团南宫棉业有限公司
96	冀州市宏远良棉有限责任公司	133	蠡县九龙棉业有限公司
97	故城县银花棉业有限公司	134	鸡泽县华正棉业有限公司
98	任丘市祥泰棉业有限公司	135	河北高环棉业集团有限公司
99	河北宏泰企业集团肥乡县佳诚棉业有限公司	136	临西县恒生棉花加工厂
100	威县全财棉业有限公司	137	肥乡县腾达棉花有限公司
101	南宫市永益棉业有限公司	138	冀州市冀辛棉花加工厂
102	辛集市俊泰棉花加工厂	139	冀州市利民棉花收购加工厂
103	河北宏祥棉业有限责任公司	140	广宗县侯寨棉花加工厂
104	任丘市惠丰棉业有限公司	141	景县冀龙油棉有限公司
105	阜城县六发棉花加工厂	142	河间市顺发棉花有限公司
106	沧州旭升棉业有限公司	143	南宫市昌达棉业有限公司

续表 19

序　号	棉花加工企业名称
144	河北雪峰棉业有限公司
145	冀州市洪杰农场棉花加工厂
146	威县裕华棉业有限责任公司
147	深州市魏桥镇深发油棉厂有限公司
148	青县棉麻有限责任公司
149	曲周县宏达棉业有限公司
150	邱县永裕棉花购销有限责任公司
151	南宫市大召棉花加工厂
152	曲周县三花棉业有限公司
153	曲周县华隆棉业有限公司
154	故城县联盟棉业有限公司
155	曲周县和祥棉业有限公司
156	威县梨固棉业有限公司
157	临西县兴临油棉加工厂
158	赵县天顺棉花有限公司
159	邱县庆鑫棉业有限公司
160	冀州市天和棉花加工厂
161	河北金盛世棉业有限公司
162	辛集市天苑良棉有限责任公司
163	威县聚力棉业有限公司
164	巨鹿县欣棉棉业有限公司
165	威县华鑫棉毛有限公司
166	广宗县塘町第一油棉加工厂
167	冀州市云山棉花加工厂
168	巨鹿县丰元棉花加工厂
169	新河县兴华棉花收购加工厂
170	邱县城北棉花加工厂
171	冀州市晟铠棉花加工厂
172	南皮华宇棉业有限公司
173	河北南虹棉业有限责任公司
174	河北新都棉业有限公司
175	邱县新马头镇第十二棉花加工厂
176	曲周县雪花棉业有限公司
177	河北宁达棉花加工有限公司
178	南宫市银海棉业有限公司
179	河北泽贯棉业有限公司
180	邱县汇力棉业有限公司
181	河北三昌纺织有限公司
182	河北常山富达棉业有限公司
183	曲周县华盛棉业有限公司
184	献县宏远棉花有限公司
185	南宫市金源棉花有限公司
186	曲周县建盛棉业有限公司
187	辛集市银华冀棉棉业有限公司
188	深州市护池镇五兴轧花厂
189	威县干集棉业有限公司
190	河北省广宗县棉花加工厂
191	邯郸市振兴油棉加工有限公司
192	辛集市银瑞棉油厂
193	临西县蔡辛棉花加工厂
194	冀州市天华棉业有限公司
195	广宗县良棉厂
196	赵县卓利棉业有限公司
安徽 71 家	
1	安徽省含山振华棉业有限公司
2	无为县华龙棉业有限公司
3	安徽英特工贸有限责任公司
4	无为县万友棉业有限公司
5	宣城市雄杰棉制品有限公司
6	安徽省无为县鑫洁棉业有限公司
7	东至县金湖工贸有限责任公司
8	宿松县皖农棉业有限责任公司
9	安徽省无为中兴棉业有限责任公司
10	安徽省含山县裕丰棉业有限公司
11	望江县润华纺织有限责任公司
12	安徽省无为县福临棉业有限公司
13	宣城市丁氏棉制品有限公司
14	安徽省无为县星源棉业有限公司
15	安庆市江花棉业有限责任公司
16	安徽省金松棉业有限责任公司
17	宿松县泰丰棉花有限公司
18	和县大江粮油棉有限责任公司
19	安庆市永丰棉业有限责任公司太湖分公司
20	东至县江南棉业有限公司

续表 20

序 号	棉花加工企业名称	序 号	棉花加工企业名称
21	安徽省全椒县棉麻公司	58	怀宁县益农工贸有限公司
22	望江县新丝路棉业有限责任公司	59	肥西高刘轧花厂
23	诚成棉业发展（安徽）有限公司	60	安徽省砀山鑫隆棉业有限公司
24	无为县新兴农贸有限责任公司	61	泗县南虹棉业有限公司
25	安徽白云棉业股份有限公司	62	安徽陵江棉业有限公司
26	安徽省金纺棉业有限责任公司	63	肥西县精棉棉业有限公司
27	安徽省无为县田桥棉业有限公司	64	安徽宿州润达纺织（集团）有限公司
28	安徽华茂华阳河农业股份有限公司	65	安徽省宿州市骏腾棉麻加工有限公司
29	宣城市众益棉业有限公司	66	合肥市银剑棉业有限责任公司
30	池州市秋江棉业有限公司	67	合肥银山诚大棉业有限公司
31	安徽省阜阳市瑞华纺织品有限责任公司	68	池州市华泽棉业有限责任公司
32	安庆市清怡良种轧花有限责任公司	69	亳州市润虹棉业有限公司
33	巢湖市茂盛棉业商贸有限公司	70	安徽金桥农业发展有限公司
34	宣城市金地棉业专业合作社	71	太和县太棉纺织原料有限公司
35	安徽白云棉业股份有限公司长岭轧花厂		**湖南 51 家**
36	安徽省巢湖瑞安棉业有限公司	1	安乡县长盛棉业有限责任公司
37	宿松县松厦棉花有限公司	2	桃源县维吾尔回族国钦棉业有限公司
38	繁昌县皖江棉麻有限公司	3	湖南恒盛棉业有限公司
39	潜山县宏宇棉业有限公司	4	岳阳九瑞棉麻有限公司
40	安徽省巢湖瑞丰棉业有限责任公司	5	华容县惠农棉业有限责任公司
41	东至良种棉业有限责任公司	6	湖南广益粮油棉有限公司
42	庐江县同大棉业有限公司	7	津市市兴发棉业有限公司
43	安庆市良公农副产品有限公司	8	华容县银海棉麻有限责任公司
44	安徽亚东棉业有限公司	9	湖南银华湘鄂棉业有限公司
45	安徽宇顺银瑞棉业有限公司	10	澧县中兴棉业有限公司
46	全椒县新宇棉制品有限公司	11	澧县继弘棉业有限责任公司
47	望江县宇洁工贸有限公司	12	临澧县长信棉麻有限责任公司
48	亳州市兴禾棉业有限责任公司	13	常德市西湖棉麻有限责任公司
49	安徽桐城振兴棉业有限公司	14	湖南华钦棉业有限责任公司
50	安徽亿嘉仁棉业有限公司	15	澧县鸿安棉业有限责任公司
51	六安市金安棉麻有限责任公司	16	安乡云锦棉业有限公司
52	安徽省金和棉业有限责任公司	17	岳阳市华昌棉麻有限公司
53	安庆市皖苏棉业有限公司	18	桃源县新源棉业有限公司
54	亳州市心诚实业有限责任公司	19	华容力宇纺织原料有限公司
55	安徽省金垅棉业有限公司	20	常德市鼎城区万利达棉麻加工有限公司
56	铜陵县华丰农业有限责任公司	21	湖南兆生棉业有限公司
57	安徽省枞阳县乐鹏粮油棉有限公司	22	华容县龙腾纺织品（集团）有限公司

续表21

序　号	棉花加工企业名称
23	安乡县亿棉棉业有限公司
24	湖南天恩棉业有限公司
25	岳阳市岳阳楼区棉麻有限公司
26	岳阳华隆棉业有限责任公司
27	岳阳市江南棉麻土产有限公司
28	南县常冠纺织原料有限公司
29	汉寿宏锦棉业有限公司
30	湖南华湘棉花产业有限公司
31	常德市正湘棉业有限公司
32	常德市湘农棉业有限公司
33	澧县益林棉业有限责任公司
34	湖南银华润华棉业有限公司
35	临澧县永盛棉业有限公司
36	南县汇华纺织有限公司
37	华容东华棉业有限责任公司
38	益阳市银源棉麻有限责任公司
39	安乡县富康工贸有限公司
40	湖南银华润华棉业有限公司鑫林轧花厂
41	安乡县金城棉花有限公司
42	湖南富华棉麻油脂有限公司
43	常德恒生棉业有限责任公司
44	湖南省沅江市南洞庭轧花厂
45	常德锦华棉业有限公司牛鼻滩分公司
46	安乡县华润棉业有限公司
47	常德锦华棉业有限公司蒿子港分公司
48	湖南娄星棉业有限公司
49	南县鑫友棉麻纺织原料有限公司
50	湖南天颐棉业有限公司
51	常德宏兴棉业有限公司
甘肃 41 家	
1	瓜州银地棉业有限公司
2	金塔县晟盛棉业有限公司
3	瓜州县长兴棉业有限责任公司
4	金塔县益盛棉业有限公司
5	敦煌联友棉业有限责任公司
6	瓜州县宏祥棉业有限责任公司
7	敦煌市宏石棉花加工厂
8	敦煌市飞天棉业有限责任公司
9	敦煌市莫高棉业有限公司
10	金塔县巨龙华盛棉业有限公司
11	瓜州县常鸿棉业有限责任公司
12	甘肃省高台县棉花公司
13	金塔县建兴棉花有限公司
14	瓜州县伊发棉业有限责任公司
15	甘肃省敦煌种业股份有限公司金塔万吨优质棉种加工厂
16	敦煌富民棉业有限责任公司
17	瓜州县金兴棉业有限责任公司
18	甘肃省敦煌种业股份有限公司瓜州优质棉种繁育加工厂
19	瓜州县张氏农业综合开发有限责任公司
20	瓜州巨龙新源棉业有限公司
21	金塔县金举棉业有限公司
22	甘肃省金塔县鼎元棉业有限责任公司
23	金塔县中亚棉业有限公司
24	敦煌（农场）大慧棉业有限公司
25	玉门市花海银棉有限公司
26	敦煌市鸣沙棉业有限公司
27	甘肃省国营小宛农场棉花公司
28	瓜州县金禾实业有限责任公司
29	玉门市豫丰棉业纺织有限公司
30	金塔县金盛棉业有限公司
31	玉门天玉棉业科技有限责任公司
32	金塔县龙腾棉业有限责任公司
33	敦煌市棉制品有限责任公司一分公司
34	玉门市亿林棉业有限公司
35	金塔县航天棉业有限公司
36	瓜州县环城棉絮厂
37	临泽县棉花公司
38	敦煌市银盛棉业有限公司
39	敦煌双银棉业有限公司
40	玉门市花海三友棉业有限公司
41	民勤县德盛贸易有限责任公司

续表22

序 号	棉花加工企业名称	序 号	棉花加工企业名称
江苏51家		37	兴化市伯祥棉业有限公司
1	海安县浦港棉业有限公司	38	盐城宇盛棉业有限公司
2	兴化市众心棉业有限公司	39	如东县佳丰棉种棉业有限公司
3	大丰市银利棉业有限公司	40	江苏银都棉麻股份有限公司
4	海安江海棉业有限公司	41	南京千里马纺织原料有限公司
5	南通银丰棉业有限公司	42	江苏方强农场棉业有限公司
6	启东市通兴棉业有限公司	43	兴化市兴星纺织有限公司
7	盐城日新棉业有限公司	44	盐城市云瑞轧花有限公司
8	如东县江海棉业有限责任公司	45	江苏盛源棉业油脂有限公司
9	如东县新光棉花实业有限责任公司	46	江苏拓翔粮油加工有限公司
10	盐城市鑫鑫棉业有限公司	47	射阳县临青棉业有限公司
11	海门市四甲棉业有限公司	48	盐城市宇洋棉纺有限公司
12	盐城宏新特纺有限公司	49	大丰市南方轧花剥绒厂
13	启东市新港棉业有限公司	50	姜堰市华星轧花油脂有限公司
14	江苏双山集团股份有限公司	51	东台市后港轧花剥绒厂
15	南通市通州区兴天益棉业有限公司	**江西26家**	
16	射阳德翔棉纺有限公司	1	彭泽县雷鸣棉业有限责任公司
17	南通新三维棉业有限公司	2	九江市皖江棉业有限公司
18	兴化市华丰棉业有限公司	3	九江县新洲长发棉花工贸有限公司
19	南通万盛棉业有限公司	4	彭泽县黄岭棉业有限公司
20	如东县东棉棉业有限公司	5	九江宝丰棉业有限公司
21	江苏华诚棉业有限公司	6	九江县新洲垦殖场棉业有限公司
22	高邮市宇鑫棉业有限公司	7	九江银丰棉业有限公司
23	盐城海盟工贸有限公司	8	九江市银鑫棉业有限公司
24	启东市向阳棉业有限公司	9	彭泽县杨梓兴发棉业有限公司
25	泰州市方兴棉业有限公司	10	彭泽县和盛实业有限公司
26	大丰市恒质棉业有限公司	11	新余市渝水区隆华棉麻有限公司
27	海门市悦来棉业有限公司	12	九江九州棉业有限公司
28	启东市江海棉业有限公司	13	永修县锦源棉业有限公司
29	启东市澳兴棉业有限公司	14	永修县三和棉花收购加工有限责任公司
30	丰县金丰棉业有限公司	15	江西省赣锦棉业有限公司
31	射阳县银港棉业有限公司	16	彭泽县太平棉业有限公司
32	江苏金棉棉业有限公司	17	彭泽县天汇棉花加工贸易有限公司
33	东台市唐洋棉业有限公司	18	共青城锦隆棉花贸易有限公司
34	江苏银花棉业有限公司	19	江西彭泽大丰棉业有限公司
35	大丰市华盛棉业有限公司	20	彭泽县粮洲棉业有限公司
36	江都市永益棉业有限公司	21	江西宗伟棉花有限公司

续表 23

序　号	棉花加工企业名称
22	九江市银田实业有限公司
23	彭泽县兴达棉业有限公司
24	新余市银海棉麻有限公司
25	鄱阳县天翔棉业有限公司
26	湖口县新盛棉业有限公司
天津 21 家	
1	天津市宁河县春意棉业有限公司
2	天津市宁河县福东棉业有限公司
3	天津市嘉华棉业有限公司
4	天津市田源棉业有限公司
5	天津市静宏棉花购销有限公司
6	天津市宁河县凤顺棉业有限公司
7	天津市宁河县余鑫棉业有限公司
8	天津胜利棉业有限公司
9	天津市宁河县恒利棉业有限公司
10	天津市兴丰棉业有限公司
11	天津市双益棉业有限公司
12	天津市宁河县伟业棉业有限公司
13	天津市武清棉麻有限公司
14	天津市岳丰农产品有限公司
15	天津市宁河县鑫旺棉业有限公司
16	天津市宁河县正通棉业有限公司
17	天津旺盛达棉业有限公司
18	天津瑞纺棉业有限公司
19	天津市德全棉业有限公司
20	天津市宁河县振兴棉业有限公司
21	天津市宁河县宏伟棉业有限公司
河南 42 家	
1	邓州市银和棉业有限公司
2	河南中棉农业产业化有限公司
3	唐河县银都棉业有限公司
4	南阳裕源棉业有限公司
5	河南省共赢棉业有限责任公司
6	南阳盛大棉业有限公司
7	南阳裕麒棉业有限公司
8	中棉集团南阳华棉实业有限公司
9	南阳卧龙岗轧花总厂
10	新野县华星棉纺织有限责任公司金鹏分公司
11	邓州市一帆棉业有限公司
12	南阳裕麒棉业有限公司
13	南阳大地棉业有限公司
14	南阳万达棉业有限公司
15	南阳市宛城区银海棉花有限公司
16	新野县三易棉业有限公司
17	南阳红棉裕诚棉业有限公司
18	新野县光辉棉业有限公司
19	商丘市金丰棉业有限公司
20	唐河县丁岗润源棉业有限公司
21	商丘市汇丰棉业有限公司
22	社旗县银兴棉业有限公司晋庄分公司
23	南阳市兴合棉花有限公司丰棉分公司
24	南阳市宛城区大丰棉业有限公司
25	国营河南省扶沟县农牧场棉花加工厂
26	社旗县华兴棉业有限公司
27	南乐县鑫地棉纺有限公司
28	新野县云丰棉业有限公司
29	虞城县洪各棉业有限公司
30	新野县立兴棉业有限责任公司
31	邓州市永泰棉纺有限公司
32	唐河县皓月棉业有限公司
33	河南中方棉业有限公司
34	社旗县庆裕棉业有限公司
35	社旗县银兴棉业有限公司桥头分公司
36	河南兴棉棉业有限公司
37	汤阴县宜沟轧花厂
38	河南省新野鹏升纺织有限公司
39	开封裕通棉业有限责任公司
40	唐河县豫蓉棉业有限公司
41	河南省华鹏棉业有限公司
42	商丘市金海棉业有限公司
浙江 1 家	
1	杭州临安银花贸易有限公司
山西 7 家	
1	运城市盐湖区天久棉业有限公司

续表24

序　号	棉花加工企业名称	序　号	棉花加工企业名称
2	临猗县鑫源棉业有限公司	7	运城市国磊棉麻有限公司
3	山西恒晟纺织有限公司	**陕西2家**	
4	永济市恒晟棉花加工有限公司	1	陕西英考棉业有限公司
5	山西富源棉花加工有限公司永济分公司	2	陕西龙宇棉纺实业有限公司
6	永济市鑫盛棉花加工有限公司